MANESSE BIBLIOTHEK DER WELTGESCHICHTE

HANS ROTHFELS

Die deutsche Opposition
gegen Hitler

Eine Würdigung

Mit einer Einführung von
Friedrich Freiherr Hiller von Gaertringen

MANESSE VERLAG
ZÜRICH

Inhalt

Bemerkungen zur Neuausgabe

Friedrich Freiherr Hiller von Gaertringen

Das seit 45 Jahren hier zum erstenmal wieder als gebundenes Buch veröffentlichte Werk von Hans Rothfels, «Die deutsche Opposition gegen Hitler», hat auf die Erforschung der deutschen Geschichte zwischen 1933 und 1945 und insbesondere die des Widerstands gegen Hitler, damit zugleich auf die Auseinandersetzung des deutschen Volkes mit dem «Dritten Reich», einen starken Einfluß ausgeübt. Als zeitgeschichtliche Untersuchung und Darstellung – seit 1958 in mehr als 150000 Exemplaren als Taschenbuch verbreitet – hat es einer ganzen Generation von Historikern Forschungsergebnisse und Einsichten vermittelt, hat Forschungen angeregt und auch zum Widerspruch herausgefordert. Viele bisherige Leser und eine breite historisch-politische Öffentlichkeit werden es daher begrüßen, daß es nunmehr nicht nur in gebundener Form vorliegt, sondern auch in einer Reihe Aufnahme gefunden hat, die als Sammlung von Klassikern der Geschichtsschreibung bekannt ist.

Neben dem einleitenden Vorwort des Autors bedarf das Werk an dieser Stelle keiner näheren Erläuterung, angesichts eingehender Würdigungen des

Lebenswerks von Hans Rothfels (s. S. 413) bedarf es auch keiner «Einordnung» in die historische Literatur. Für die heutigen Leser, zu denen eine jüngere Generation zählt, welche die Nachkriegszeit nicht mehr oder kaum noch miterlebt hat, dürfte dagegen ein kurzer Bericht über Entstehungszeit und Wirkung des Buches geboten sein. Daneben ist die Einrichtung der Neuausgabe zu erläutern, und schließlich sind für das Vierteljahrhundert seit der Fassung letzter Hand (1969), Literaturhinweise zu geben. Hans Rothfels war sich bewußt, daß andere Historiker, auch mit anderer Grundauffassung, an diesem Thema weiterarbeiten würden.

Als im Jahre 1948 dieses Werk in einer ersten Fassung in englischer Sprache und 1949 in deutscher Sprache erschien – Ausgangspunkt war ein 1947 an der Universität Chicago zum Gedächtnis des 20. Juli 1944 gehaltener Vortrag –, erregte es aus mannigfachen Gründen Aufsehen. Das galt schon hinsichtlich seiner politischen «Opportunität». In den Staaten der westlichen Siegermächte und in den westlichen Besatzungszonen des besiegten Deutschland beharrte man noch einige Jahre nach 1945 auf der im Kriege vertretenen Auffassung, daß es einen ernst zu nehmenden deutschen Widerstand gegen Hitler nicht gegeben, vielmehr das deutsche Volk die Schreckensherrschaft im Innern Deutschlands und über die besetzten Gebiete widerstandslos hingenommen habe. So konnten Zeugnisse von Angehörigen des Widerstands wie die Hassell-Tagebücher und Schlabrendorffs Bericht «Offiziere gegen Hitler» 1946 zuerst nur in der Schweiz erscheinen. Hans Rothfels hat

wiederholt erklärt, daß mit seiner Arbeit zum deutschen Widerstand auch die Absicht verbunden war,
«Vorurteile aufzulösen, eine undogmatische Erörterung in Gang zu bringen und der historischen Gerechtigkeit Raum zu verschaffen». Die Wirkung seiner Schrift erhielt ihr besonderes Gewicht dadurch,
daß hier nicht ein an den Vorgängen Beteiligter
schrieb, dem leicht eine apologetische Tendenz unterstellt wird, sondern ein Gelehrter, der im Sommer
1934 wegen seiner Herkunft aus einer jüdischen Familie – obwohl schwer versehrt aus dem Ersten Weltkrieg heimgekehrt – seinen Lehrstuhl in Königsberg
verloren hatte und kurz vor Kriegsausbruch 1939
mit seiner Frau nach England emigriert war, wohin
er schon im Anschluß an seine Verhaftung beim
Novemberpogrom 1938 seine Kinder gebracht hatte.
Wenn andererseits der Autor weder pharisäische
Maßstäbe aufstellte noch die Inflation des Widerstandsbegriffs fördern wollte, wenn seinem Buch
trotz scharfer Verurteilung der Verbrechen des Regimes jeder Ton einer allgemeinen Anklage gegen das
deutsche Volk fehlte, so mag auch dies die positive
Aufnahme erklären, die es in dem Nachkriegsklima
wechselseitiger Schuldvorwürfe fand. Nirgendwo
sonst war vorher mit solchem Gewicht auf das Dilemma oppositioneller Deutscher, mit dem Widerstand gegen das Regime zur Niederlage des eigenen
Landes beizutragen, hingewiesen worden. Der Historiker Gerhard Ritter, selbst Mitglied des Freiburger
Widerstandskreises und zuletzt in Gestapohaft, be-
grüßte aus seiner beginnenden eigenen Arbeit zur
Geschichte des Widerstands heraus dieses Buch, «in

dem eine edle Menschlichkeit das Wort führt, leidge-
prüft, aber völlig frei von blinder Leidenschaft und
Verbitterung, und in dem sich die erprobte Meister-
schaft eines bedeutenden Fachhistorikers bewährt»
(HZ 169/1949, S. 402). Aus dem Kreis der Königsberger Schüler hat später Theodor Schieder bekannt,
wie die Kriegsgeneration und in ihr gerade jene, «die
im Kriege den Sprung aus einer nationalen Loyalität
noch nicht gewagt hatten», im Innersten von diesem
Werk berührt wurden (VfZ 9.Jg., 1961, S. 123).

Das Thema des Widerstands gegen Hitler hat Hans
Rothfels, wie er selbst schrieb, nicht wieder losgelassen. Dabei boten sich ihm ganz neue Möglichkeiten,
als er 1951 im Alter von 60 Jahren nach Deutschland
zurückkehrte – nach ersten Besuchen und Gastvorle-
sungen im Jahre 1949, darunter sein als grundlegend
vielbeachteter Vortrag «Bismarck und das 19. Jahrhundert» auf dem ersten deutschen Historikertag
nach dem Krieg in München, hatte er einen Ruf an
die Universität Tübingen angenommen.

Für die Erforschung des Widerstands fand er jetzt
näheren Kontakt mit den wenigen Überlebenden und
mit Hinterbliebenen. In unzähligen Begegnungen
wurde ihm die Entwicklung in Deutschland aus persönlichem Erleben verdeutlicht für eine Zeit, in der
für ihn selbst «nahe innere Beteiligung» am Widerstand gegen Hitler «mit äußerer Entfernung» verbunden gewesen war. Das Schließen der «Erlebnislücke»
sah er als unentbehrliche Voraussetzung auch der Arbeit mit seinen Tübinger Studenten an. Die eigene
Arbeit wurde dadurch begünstigt, daß nunmehr ein
Strom wissenschaftlicher Untersuchungen einsetzte,

auch viele persönliche Erinnerungen zugänglich wurden.

Für zwei wesentliche Bereiche lagen bald umfangreiche, ergiebige Darstellungen vor: Eberhard Zellers Buch «Geist der Freiheit» zeichnete aus persönlicher Nähe aufgrund privater Aussagen und Unterlagen die Persönlichkeit des Grafen Stauffenberg und seiner Mitverschworenen; Gerhard Ritters große Biographie Goerdelers hatte mit der Untersuchung seiner unermüdlichen Aktivitäten eine umfassende Darstellung all der zahlreichen Gruppen verbunden, mit denen er in Beziehung stand. Dagegen waren die Nachrichten über den Kreisauer Kreis zunächst noch spärlich. Bei der Auswertung der Quellen in Seminaren und Colloquien wurde eine erste Generation Tübinger Schüler mit der Rothfelsschen Methode und seinem Ansatz der Widerstandsforschung vertraut: Sorgfältige Quellenkritik war stets mit der drängenden Frage nach der historischen und moralischen Bedeutung des Widerstands, mit der geistigen Durchdringung des Tatsächlichen verbunden.

Wirksam unterstützt wurde die Arbeit durch das Münchner Institut für Zeitgeschichte und dessen «Vierteljahrshefte für Zeitgeschichte», an deren Entstehen und Entwicklung Hans Rothfels mit großem Interesse mitarbeitete. Entsprechend einer maßgebenden Rothfelsschen Definition des Begriffs «Zeitgeschichte» als Erforschung der «Epoche der Mitlebenden», deren Beginn mit dem Jahr 1917, dem Eintritt der USA in den Ersten Weltkrieg und der Oktoberrevolution, angesetzt war, faßten Institut und Zeitschrift die Aufgabe weit auf, doch lag auch für sie anfangs ein Schwerpunkt in der Geschichte des Widerstands. Durch seine eigenen Beiträge und intensive redaktionelle Arbeit trug der Herausgeber Rothfels dazu bei, daß die Beschäftigung mit der jüngsten Geschichte sich gegen manche Bedenken als anerkannter Zweig der Geschichtswissenschaft in der Bundesrepublik Deutschland durchsetzte.

Als Theodor Heuss den 10. Jahrestag des 20. Juli 1944 zum Anlaß nahm, als Staatsoberhaupt der jungen Bundesrepublik ehrend des Widerstands gegen Hitler zu gedenken, konnte sich seine Würdigung der Taten und der Motive auf die hier erwähnten Arbeiten stützen. Das lange Zeit skeptische Ausland konnte die Existenz einer deutschen Widerstandsbewegung nicht mehr leugnen – für Stauffenberg, Tresckow und andere war dies angesichts der sich immer mehr verschlechternden militärischen Lage im Frühsommer 1944 schließlich ein Motiv gewesen, ohne Rücksicht auf eine Erfolgschance «vor der Welt und vor der Geschichte den entscheidenden Wurf zu wagen». Wenn die anerkannte Existenz eines «Andern Deutschland» das Hineinwachsen der Bundesrepublik als eines Rechtsstaats in die Gemeinschaft der demokratischen Staaten erleichterte, dann lag darin wie überhaupt in einer staatlichen Berufung auf «den Widerstand» allerdings auch eine Gefahr. Die im Grundgesetz von 1949 niedergelegten und mit seiner Bewährung von weiten Kreisen des Volkes mitgetragenen Prinzipien der staatlichen Ordnung konnten zum Maßstab werden für die verfassungspolitischen Entwürfe der verschiedenen, in anderer Zeit und mit anderen historischen Erfahrungen lebenden Widerstandsgruppen. Neben der gewiß bedeutsamen Durchsetzung des Rechtsstaats waren ihre Vorstellungen bei der Schaffung der neuen Verfassung und der Ausbildung der vom Parteiwesen geprägten politischen Verhältnisse ja keineswegs oder nur in einzelnen Bestimmungen zur Geltung gekommen.

Das Buch Margret Boveris, «Der Verrat im 20. Jahrhundert«, gab mit seinen vielfältigen Beispielen neue Impulse zur grundsätzlichen Erörterung der Widerstandsprobleme; für Hans Rothfels wurde der Gedanke verstärkt, daß das «Dritte Reich» mit dem Widerstand für den modernen Staat eine innere Krise der Loyalität zur Evidenz gebracht habe, «bei der die Rangordnung der Werte sich zurechtrückte und ethisch-religiöse Postulate anstelle politisch-säkularisierter wieder an die oberste Stelle traten».

Die Fülle neuer Erkenntnisse, die Verfeinerung und Vertiefung der Ergebnisse auf vielen Feldern der Forschung verlangten binnen weniger Jahre nach einer neuen Zusammenfassung. Um ihr eine weite Verbreitung, auch unter Studenten, zu sichern, entschloß sich der Autor dazu, die Neuauflage der anerkannten «Fischer Bücherei» als Taschenbuch anzuvertrauen; die mit der Ausgabe von 1958 verbundene Erwartung hat sich mit der Verbreitung von 100000 Exemplaren bis 1968 durchaus erfüllt. Das Buch war inzwischen ein Standardwerk geworden.

Das zweite Forschungsjahrzehnt, an dessen Anfang 1959 die Emeritierung des 68jährigen Gelehrten stand, war durch weitere Aufklärung wichtiger Vorgänge und Auffassungen, aber auch durch tiefgreifende Auseinandersetzungen gekennzeichnet. Neue

Kenntnisse in zentralen Fragen vermittelten Peter
Hoffmanns Arbeiten über Vorgeschichte und Verlauf
des 20. Juli, Harold C. Deutschs Buch «Verschwörung gegen den Krieg» sowie Ger van Roons Buch
über den Kreisauer Kreis, «Neuordnung im Widerstand». Dem Wirken dieses Kreises hatte Hans Rothfels stets besondere Aufmerksamkeit geschenkt. Die
bei seinen Persönlichkeiten erkennbare Überwindung
des herkömmlichen nationalstaatlichen Denkens war
ein bevorzugtes Arbeitsfeld für einen Historiker, der
schon in seiner Königsberger Zeit angesichts der ei-
gentümlichen Gemengelage der Sprachen und Volks-
gruppen zwischen dem deutschen und dem slawi-
schen Siedlungsgebiet Möglichkeiten erörtert hatte,
die ein Zusammenleben verschiedener Nationalitäten
unter einer übergreifenden politischen Ordnung vorsahen.

Grundfragen der Interpretation wurden dagegen
durch die beiden ertragreichen Aufsätze von Hans
Mommsen, «Gesellschaftsbild und Verfassungsplan
des deutschen Widerstandes», und von Hermann
Graml, «Die außenpolitischen Vorstellungen des
deutschen Widerstandes», aufgeworfen. Die ur-
sprüngliche Wirkung der beiden Arbeiten sah Hermann Graml 1984 anläßlich eines Wiederabdrucks in
folgendem: Bis dahin habe sich ein Verständnis des
Widerstands «fast ausschließlich als Aufstand der
Moral gegen ein kriminelles Regime» entwickelt, bei
dem die «Dimension des Politischen» weitgehend
verlorengegangen sei. Die beiden Aufsätze hätten
sich erstmals darum bemüht, «jene Dimension des
Politischen zu analysieren und mit deren Darstellung

den Weg zur Erkenntnis der realen Gestalt des deutschen Widerstands zu öffnen». Hans Mommsen, der
aus dem Tübinger Schülerkreis nach grundlegenden
Arbeiten auf anderen Gebieten am stärksten zur Widerstandsforschung beigetragen hat, veröffentlichte
seine Untersuchung in einer Zeit, als George K. Romoser und Hannah Arendt im deutschen Widerstand
die Fortsetzung der antidemokratischen Opposition
gegen die Weimarer Republik sehen wollten, während bei anderen – nicht bei Hans Rothfels – die Neigung bestand, den Widerstand zum «Ahnherrn der
Bundesrepublik» zu machen. Demgegenüber berück-
sichtigte Mommsen nachdrücklich die Bedingungen,
unter denen die Pläne entstanden waren: die Auseinandersetzung mit der Wirklichkeit des NS-Regimes,
die Isolierung vom westlichen Ausland, der Eindruck
des Versagens der Parteien vor 1933, der auch die am
Widerstand beteiligten Sozialdemokraten bestimmte.
Die Ergebnisse seiner Untersuchung – weitgehende
Ablehnung des parlamentarischen Regierungssy-
stems, das Zielbild einer «Volksgemeinschaft», die
Suche nach einem «deutschen Weg» – entsprachen so
wenig den Erfordernissen einer Verfassungsordnung,
die eine den Bedingungen einer modernen Industrie-
gesellschaft entsprechende Alternative zu Hitlers
Diktatur darstellen konnte, daß Mommsen zu sehr
negativer Beurteilung kam, allerdings betonte, daß
die Legitimation des Widerstands nicht an seinen verfassungspolitischen Vorstellungen zu messen sei.

Hans Rothfels erkannte durchaus den Wert dieser
«wesentlich soziologischen Interpretation» an, wies
allerdings Charakterisierungen wie «halbfaschistisch»

als überspitzt zurück. Grundsätzlich bezeichnete er es als eine ernsthaft zu erwägende Frage, «ob die im ganzen unwirksam gebliebenen Planungen ... nicht über ihren zeitweiligen Mißerfolg hinaus doch positivere Beachtung verdienen und ob die Suche nach dem deutschen Weg nicht der Lage zwischen ‹Westen und Osten› in bestimmter Hinsicht» entsprochen habe. Gramls Untersuchung berührte in vielem die Erfahrungen von Adam von Trott, dem das Interesse von Hans Rothfels über zwei Jahrzehnte gegolten hatte. Auch die wiederholt abgewandelten Vorstellungen über Grenzfragen und über die künftige Ordnung Europas unterschieden sich für westalliierte Augen zuwenig von denen Hitlers.

Kritik richtete sich schließlich auch gegen den Eindruck, daß das Rothfelssche Werk alle wichtigen Gruppen und Richtungen umfassend würdige; die Gegnerschaft breiter Volksschichten gegen Hitler trete völlig hinter der Aktion des 20. Juli oder dem Kreisauer Kreis zurück. Ein Ansatz für diese Kritik war die Bemerkung des Autors, daß er nie eine Geschichte des Widerstands geschrieben habe und nie habe schreiben wollen. Doch zeigt schon der an diese Äußerung sich anschließende Satz, was damit gemeint war: «... es ging immer mehr um Erörterung als Erzählung, d. h. es ging um den Versuch der Einordnung in bestimmte Sach- und Wertzusammenhänge, wobei freilich eine nach Möglichkeit gesicherte Grundlage des Tatsächlichen unentbehrliche Voraussetzung sein mußte.» Weder den 20. Juli noch den Kreisauer Kreis hat Hans Rothfels so eingehend dargestellt, wie es Peter Hoffmann und Ger van Roon getan haben. Aus der von

ihm gewählten Form der Erörterung der grundlegenden Probleme die Konsequenz zu ziehen, wie es Hermann Graml als der von der «Fischer Bücherei» bestimmte Herausgeber der Taschenbuchausgaben von
1977 und 1986 getan hat, in dem Titel «Die deutsche
Opposition gegen Hitler» sei der bestimmte Artikel
unberechtigt, geht fehl. Überblickt man die bis 1969
erschienene Literatur, so findet sich wohl kaum ein
Werk, in dem besser als bei Rothfels der Versuch gelungen ist, «die Breite des Phänomens auch in seinen
weniger zugespitzten Formen zu erfassen, soweit die
Quellen es nur irgend erlauben». Er hätte gewiß die
Bereicherung dankbar begrüßt, die er etwa aus den inzwischen erarbeiteten Monographien zum Arbeiter-
Widerstand erfahren hätte.

Die erwähnten sachlichen Auseinandersetzungen
der sechziger Jahre haben in der Ausgabe von 1969 ihren Niederschlag gefunden. Hans Rothfels hat danach
bis zu seinem Tod am 22. Juni 1976 den Fortgang der
Forschung, ohne daß er eine erneute Überarbeitung
seines Buches unmittelbar in Erwägung gezogen
hätte, mit großem Interesse weiterverfolgt.

Die neue Ausgabe folgt der Fassung letzter Hand, die
der Autor der Taschenbuchausgabe von 1969 gegeben hat. Dies gilt sowohl für die Darstellung als auch
für den Inhalt der Anmerkungen, die vom Verfasser
als wesentliche, aus der weitergeführten wissenschaftlichen Diskussion sich ergebende Ergänzungen
des Textes gedacht waren. Die Neuausgabe erscheint
wieder unter dem Titel, den das Werk von 1949 bis
1969 getragen hatte.

Verändert wurde in dieser Ausgabe die Form der
Belege. Die starke Erweiterung der Anmerkungen in
den beiden Jahrzehnten seit 1949 erschwerte bei
Rückverweisen das Auffinden schon zitierter Literatur mit dem früher üblichen «a.a.O.». An seiner
Stelle stehen direkte Hinweise auf die erste Erwähnung durch «Anm. ...», gegebenenfalls unter Hin-
zufügung der Seitenzahl im Anmerkungsapparat.

Bei der Intensität, mit der der Autor sich mit neuen
Quellen und neuer Literatur auseinandergesetzt hat,
ehe er sie in die Anmerkungen einarbeitete, verbot es
sich von selbst, die Veröffentlichungen seit 1969 in
den Anmerkungsapparat einfach nachzutragen. Um
dem Leser die Weiterarbeit zu erleichtern, ist weiter-
führende Literatur in einer Auswahl (s. S. 413) zu-
sammengestellt, für die allerdings Vollständigkeit
weder angestrebt noch erwartet werden kann. Der
Hinweis auf die wichtigsten Bibliographien zeigt den
Weg, auf dem weitere Arbeiten zu finden sind.

Vorwort
zur erweiterten Ausgabe von 1969

Die Studie zur deutschen Widerstandsbewegung, die hiermit in einer aufs neue revidierten und erweiterten Gestalt vorgelegt wird, geht im Kern und in der Grundauffassung auf einen öffentlichen Vortrag zurück, der 1947 zum Gedächtnis des 20. Juli an der Universität Chicago gehalten worden ist. Das Thema hat mich seitdem nicht losgelassen, wie es denn in der Zeit zu den zentralen Themen der jüngsten Geschichte, und nicht nur der deutschen, gehört. Dem ersten Ansatz folgte 1948 ein kleines, englisch geschriebenes Buch (The German Opposition to Hitler, Henry Regnery, Hinsdale/Ill.), und im Jahre darauf erschien in etwas erweiterter Gestalt die deutsche Ausgabe im Scherpe-Verlag, Krefeld. Sie trug den Untertitel «Eine Würdigung». Daran soll auch bei der jetzigen Neuausgabe festgehalten werden. Es war nie meine Absicht – und ist es auch heute nicht –, eine Geschichte des deutschen Widerstandes, geschweige denn eine nach Möglichkeit vollständige, zu schreiben.[1] Es ging immer mehr um Erörterung als um Bericht, d. h. es ging um den Versuch des Einordnens in bestimmte Sach- und Wertzusammenhänge, wobei freilich eine

nach Möglichkeit gesicherte Grundlage des Tatsächlichen unentbehrliche Voraussetzung sein mußte.
In dieser knappen, aber auf die Gesamterscheinung
und ihre Tragweite gerichteten Gestalt hat das Buch
durch die Jahre hin offenbar eine gewisse Lücke aus-
gefüllt und immer wieder Leser gefunden. Da die
zweite, stark revidierte Neuausgabe im Rahmen der
«Fischer-Bücherei» von 1958 nach einem Absatz von
mehr als 100 000 Exemplaren vergriffen ist[2], schien es
an der Zeit, eine dritte Neuauflage vorzulegen, die
dem heutigen Stand unseres sehr verbreiterten, in
einigen Kernpunkten auch vertieften Wissens entspricht, ohne doch den ursprünglichen Aufbau, die
Grundzüge der Darstellung und die Kategorie des
Urteils um der Fülle des Stofflichen willen zu opfern.
Ich habe mich dieser Aufgabe nicht entziehen zu
können geglaubt, um so weniger, als es sich bei dem
Thema um Fragen handelt, die an die geistig-mora-
lische wie die politische Bilanz unserer Tage rühren.

Gleichwohl sind weder Entschluß noch Ausführung leicht gewesen, und es wird deshalb angebracht
sein, kurz Rechenschaft von den Erwägungen zu geben, die für Art und Ausmaß der Revision bestimmend waren. Es versteht sich, daß aufs neue Irrtümer
beseitigt und notwendige oder wünschenswerte Ergänzungen vorgenommen wurden, daß Skizzenhaf-
tes, wo es das Material erlaubte, durch mehr An-
schauliches zu ersetzen und fraglich Gewordenes als
solches zu kennzeichnen war. Praktisch hat fast jede
Seite Änderungen erfahren durch Fortlassen oder –
öfter noch – durch Hinzufügen. Das letztere namentlich bei Fragen, die im Kreuzfeuer heutiger Erör-

terungen stehen, wie der «Roten Kapelle», dem Kirchenkampf, dem «Fall Oster», dem Generationenproblem innerhalb des Widerstandes oder dem Verhältnis zwischen restaurativen und progressiven Tendenzen, zwischen dem realpolitischen und dem weltanschaulichen Kräftefeld. Auch ganze Abschnitte waren hinzuzufügen. Aber alles hineinzunehmen, was aus Quellenveröffentlichungen und Quellenfunden, aus Prozeßaussagen und persönlichen Befragungen seit 1958 bekannt oder mindestens der kritischen Prüfung zugänglich geworden ist, würde den Rahmen des Buches ebenso sprengen, wie es die eingehende Auseinandersetzung mit dem vielen, was seitdem geschrieben und geäußert worden ist, notwendigerweise getan hätte. Der gegebene Ausweg in dieser Lage war, die Hinweise beider Art weitgehend in den Anmerkungen unterzubringen, die am stärksten ausgestaltet, zugleich aber auch von überflüssig Gewordenem entlastet worden sind. Auf jeden Fall sollte der Text auch ohne sie lesbar bleiben. Sie sind auch nicht bestimmt, dem Band die äußere Signatur der «Wissenschaftlichkeit» zu geben, wohl aber dem Benutzer, dem es darauf ankommt, die Kontrolle und eigenes Weitergehen zu ermöglichen, wie auch Art und Gründe der Abweichung von anderen Autoren zu erläutern. Die Auseinandersetzung mit einigen von ihnen und zugleich die Bilanz der eigenen Forschung sowohl wie die Frage der Perspektive, in der die deutsche Opposition gegen Hitler heute steht, sind einem Schlußabschnitt vorbehalten, der die frühere «Zusammenfassung» ergänzen soll.

Nicht ganz einfach war es zu entscheiden, ob der

Ausgangspunkt der Studie beibehalten werden konnte. Sie ist seinerzeit mit einer bestimmten Absicht unternommen worden, die nach meiner Überzeugung
dem Geist strenger Wissenschaftlichkeit nicht widerspricht, sondern in ihn recht eigentlich eingeschlossen
ist. Sie wollte dazu beitragen, Vorurteile aufzulösen,
eine undogmatische Erörterung in Gang zu bringen,
fern von aller «Mythologisierung», und so der historischen Gerechtigkeit Raum zu schaffen. Das richtete
sich damals im wesentlichen an die angelsächsische,
insbesondere die amerikanische Adresse und ist insoweit bis zu einem gewissen Grade, wenn auch keineswegs völlig, überholt. Gleichwohl schien es richtig,
den Ausgangspunkt nicht aufzugeben, wie das namentlich für den Abschnitt «Hindernisse auf dem
Wege zur Wahrheit» gilt. Es macht das kleine Buch,
das zum ersten Male neben den Memoiren Beteiligter
eine quellenmäßige und quellenkritische Darstellung
zu geben versucht hat, selbst zur «Quelle» im ge-
schichtswissenschaftlichen Sinn, aus der man den
Stand der internationalen Erörterung in den ersten
Nachkriegsjahren zu erkennen vermag. Auch wird
von hier aus um so deutlicher sein, daß der Umschwung im Urteil, wie er sich im westlichen Ausland in mehr als zwei Jahrzehnten vollzogen hat,
gewiß zum guten Teil auf ruhigerer Einsicht und besserer Kenntnis beruht, aber auch Ausdruck eines tiefgreifenden Wandels ist, nicht nur im Verhältnis der
beteiligten Völker und Länder, sondern in der Rolle
des Widerstandsproblems selbst, das in der heutigen
Weltlage und angesichts der Bedrohung des Menschlichen überhaupt eine allgemein-geschichtliche Trag-

weite gewonnen hat, zu der die deutsche Opposition
ein bedeutsames Vorspiel war. Und schließlich läßt
sich vom ursprünglichen Ausgangspunkt leicht der
Bogen schlagen zu einer anderen auch heute noch
wichtigen Abwehr von Vorurteilen enger nationalistischer Art und dogmatischer Verstocktheit, die
überwiegend von deutscher Seite her «Hindernisse
auf dem Wege zur Wahrheit» sind. Diese Doppelfront
wird im Schlußabschnitt unter abermaligem Rück-
griff auf das amerikanische Mißverstehen und einige
andere in Frage zu stellende Deutungen neuerer Pro-
venienz noch einmal aufgenommen.

So möchte ich der Hoffnung Ausdruck geben, daß
alte und neue Teile auch in dieser revidierten Ausgabe
des Buches sich einigermaßen nahtlos zusammen-
fügen, nicht nur im technischen und formalen Sinn,
sondern auch inhaltlich, und zwar deshalb, weil die
Auffassung im Prinzipiellen die gleiche geblieben ist
und durch neue Aufschlüsse und die Erkenntnisse
anderer nur an Substanz gewonnen, aber nicht in der
Grundfarbe sich verwandelt hat. Dazu seien noch
einige Worte hier gesagt.

Das Buch möchte zunächst einmal Abstand nehmen von jeder Art von Pharisäertum. Wie die ur-
sprüngliche amerikanische Ausgabe sich gegen diejenigen wandte, die nur Emigranten als oppositionell
gelten lassen wollten und die spezifischen Probleme
des Widerstandes in einem totalitären Staat verkann-
ten, weil ihnen die Erfahrung des Lebens unter einem
solchen Regime fehlte, so ist im Vorwort der ersten
deutschen Ausgabe schon betont worden, daß niemand das Recht habe, über Gewissenskonflikte und

die Möglichkeit unbedingter Haltung leichthin zu urteilen, der nicht selbst durch diese Erprobung voll hindurchgegangen ist. Dies bezog sich auf den Standpunkt eines Autors, der die letzte tragische Zuspitzung des Dilemmas, die mit dem September 1939 einsetzte, nur von außen hat beobachten können, und bezieht sich erst recht heute auf den einer Generation, der jede analoge Erfahrung fehlt. Aber die Vermeidung exklusiver und pharisäischer Maßstäbe sollte allerdings nicht zur Inflation des Widerstandsbegriffs führen, wie sie eine Zeitlang im Wege bequemer Selbsttäuschung oder im Zeichen der «Persil»-Scheine üblich war. Bei aller Anerkennung der Breite des Phänomens, der Vielgestaltigkeit und Vielschichtigkeit der Opposition, der zahlreichen Stufen und Übergänge, bei aller Sympathie gerade auch mit den stilleren Formen des Widerstands, die sich nur in ihrer Standhaftigkeit des Leidens, im unerschütterlichen Bestehen auf Glaubensüberzeugungen oder auf den Regeln sauberen menschlichen Verhaltens, in humanitärer Aktion und Hilfe für die Verfolgten äußerten, wird doch an bestimmten Grenzen des Themas «Opposition» festzuhalten sein.

Das gilt gegenüber aller bloßen Kritik an Fehlern oder Unzulänglichkeiten des Systems, an Einzelmaßnahmen verhängnisvoller Art oder an Korruptionserscheinungen, an lästigen oder auch empörenden Eingriffen in die eigene persönliche oder berufliche Sphäre, sofern eben diese Kritik oder diese Empörung nicht früher oder später vom Teil auf das Ganze und Prinzipielle eines verbrecherischen Regimes sich erstreckte und einer Regierung entgegen zu handeln zwang, die Menschen und Völker innerlich wie äußerlich ins Verderben führt und doch die Regierung des eigenen Landes ist.

Es bezeichnet dies ja den Punkt, an dem schon im Frieden und erst recht im Krieg das Eigentlichste und das besondere Dilemma des deutschen Widerstands zum Ausdruck gekommen ist, das ihn von älteren Revolutionen, in denen eine unterdrückte oder benachteiligte Klasse sich erhebt, ebenso unterscheidet wie von allen Freiheits- und Aufstandsbewegungen, allen Résistancen gegen eine von außen, insbesondere von einem «nationalen» Gegner, auferlegte Gewaltherrschaft. Die Art, wie dieses Dilemma in sehr verschiedenen Formen gewissensmäßiger Erwägung ausgetragen wurde, über die nicht simplifizierend abzuurteilen oder mit Verwischungen hinwegzugehen ist, muß ein wesentlicher Gegenstand der Erörterung sein. Ich denke, man kann dem Dabeibleiben, im Amte oder auch nur im Lande, um Widerstand von innen zu leisten, oder den immer erneuten Versuchen, Patriotismus und Opposition auf einer höheren Ebene zu vereinen, ebenso Gerechtigkeit widerfahren lassen wie den religiösen Bedenken gegen Gewalttat, Eidesbruch und Tyrannenmord, wie schließlich und vor allem doch auch der freien Gewissensentscheidung zum Handeln schlechthin und einem Ethos des Unbedingten, das um eines grundsätzlich begründeten Widerstands willen über traditionelle Interessen des Vaterlandes und auch über konventionelle militärische Gesichtspunkte hinweggeht. Im Grunde führte schon die Überzeugung, den Sieg des «Tiers aus dem Abgrund» nicht wünschen zu dürfen, ja ein bloßes

Zukunftsdenken, das die Niederlage als notwendiges Ergebnis der Hybris vorwegnahm, in die gleiche Grenzsituation. Auch Graf Moltke, der über die Art, wie das Regime «ausbrennen» würde, seine eigenen Vorstellungen hatte, aber zu diesem Ende nicht durch Anschluß an eine Verschwörung beitragen wollte, konnte an seinen englischen Freund schreiben: «Wir sind bereit Euch zu helfen, zum Gewinn des Krieges und des Friedens.»

Damit sind Fragen berührt, zu denen Margret Boveri in ihrem Buch «Der Verrat im 20. Jahrhundert» in sehr nachdrücklicher Weise das Wort genommen hat. Man kann gegen ihre Auffassungen mancherlei Einwendungen erheben, aber daß hier aus der heutigen Situation des «Weltbürgerkrieges» und der «Weltinnenpolitik» auf einen entscheidenden Punkt in der Analyse unserer Zeit der Finger gelegt wird, sollte nicht bezweifelt werden. Und ganz gewiß bedeutet die deutsche Opposition in dem Prozeß der Durchkreuzung von «Überzeugungsvaterländern» und «natürlichen Vaterländern» eine wichtige Etappe. Einfacher ausgedrückt, und das ist die Linie, auf die dieses Buch von Anfang an gestellt gewesen ist: Das Dritte Reich hat im Widerstand eine Krise des Nationalstaates zur Evidenz gebracht, nicht nur eine äußere, sondern eine innere Krise der Loyalität, bei der die Rangordnung der Werte sich zurechtrückte und ethischreligiöse Postulate an Stelle politisch-säkularisierter wieder an die oberste Stelle traten. Insofern wird Margret Boveri durchaus zuzustimmen sein, auch wenn man bei ihrer Darstellung der Opposition sich gegen die sehr ungleiche Verteilung von Licht und

Schatten wenden muß. Eine menschlich wie politisch begreifliche Sympathie mit den «Jüngeren» und den «Aktivisten» führt sie zu einem Absprechen über die «Älteren», die sogenannten «Honoratioren», insbesondere über Goerdeler, das so nicht hingenommen werden kann. Mit Recht hat Golo Mann in einer Besprechung des Buches gefragt: «Muß es ... immer noch sein, daß man Partei nimmt zwischen den Widerstandsgruppen, einer von ihnen voll gerecht wird, einer anderen weniger oder gar nicht?»

Die gleiche Frage indessen ist im Grunde auch an das gewichtige und durchweg aus Quellen schöpfende Goerdeler-Buch Gerhard Ritters zu richten. Zwar konnte der Verfasser in der dritten Auflage mit Recht abwehrend betonen, daß um eines plastischen Bildes willen für ihn perspektivische Verkürzungen nötig waren und daß nicht alle am Widerstand beteiligten Persönlichkeiten gleich ausführlich gewürdigt werden konnten. In der Tat ist es eher überraschend, wie weitgehend es ihm gelungen ist, das gesamte Phänomen der Opposition in den Rahmen einer Biographie einzubeziehen. Auch ist er keineswegs unkritisch seinem Helden gegenüber und wendet sich mit Recht gegen die Behandlung der Geschichte des Widerstands im Stil von Heiligenviten wie ebenso auch gegen ihre Behandlung mit den üblichen Maßstäben politischer Historie. Schließlich ist von jeher kein Zweifel daran gewesen, daß Goerdeler durch Jahre ein Hauptmotor und der Verbindungsmann verschiedener Oppositionsgruppen war. Aber man wird ihm im einzelnen doch auch wieder nicht zuviel zuschreiben dürfen, wo die Quellen mehr oder weniger deut-

lich dagegen sprechen. Vor allem aber ist es offenbar
schwierig, von den Kategorien seiner Politik und seines Denkens her anderen, mit denen er sich rieb und
die auch gegen ihn Bedenken taktischer wie grundsätzlicher Art auf dem Herzen hatten und mit denen
doch letzten Endes die Front gemeinsam war, Genüge zu tun, insbesondere Stauffenberg und den Kreisauern. Wo Margret Boveri und Eberhard Zeller (dessen seit 1963 in 4. Auflage vorliegendes Buch «Geist
der Freiheit» im übrigen seinen einen Schwerpunkt in
den hier nicht zu behandelnden Ereignissen des
20. Juli selber hat) – wo sie vornehmlich das Voraus-
greifende und das gedanklich Zwingende sehen,
herrscht für Ritter mystisches Dunkel.

Wenn hier ein Standpunkt zwischen diesen Positionen eingenommen wird, so ist das nicht im Sinne
eines lahmen Kompromisses gemeint. An deutlichen
Wertungen wird es auch so nicht fehlen, wie es denn
in Fragen dieser Art in der Tat keine Neutralität gibt.
Die Unterschiede zwischen den beiden Lagern gehen
in manchem wirklich ins Grundsätzliche. Sehr bewußt sind daher schon in der amerikanischen Ausgabe dieses Buches die Ideen der Kreisauer so ausführlich gewürdigt worden, wie es die damalige
Quellenlage nur irgend zuließ. Hierzu hat inzwischen
nun das Buch des Holländers van Roon («Neuordnung im Widerstand», München 1967) unsere Kenntnis sehr bereichert, insbesondere durch die Erschlie-
ßung von Korrespondenzen und Nachlässen. Auf
diesem Sektor der Opposition soll daher nach wie vor
starker Nachdruck liegen, wie auf allem Denken und
Handeln, das Aufstand des Gewissens war und dem

es um die «Wiederherstellung» menschlicher Freiheit, Verantwortung und Würde ging. Aber wer möchte behaupten, daß dieser Grundantrieb und diese Leitbilder Goerdeler, sosehr seine Politik auf «Wiederherstellung» auch in anderem Sinne, also auf ein gewisses Maß von «Restauration» gerichtet war, fremd gewesen wären? Bei aller Verschiedenheit oder «Polarisation», die in dem vom Klassenkampfdogma beherrschten Schrifttum oft sehr zugespitzt betont worden ist, ging es in allen Lagern der Opposition im letzten Grunde um ein Gemeinsames, um eine «anthropologische» Frage, um das Schicksal des Menschen in der modernen Gesellschaft.

Ich habe daher geglaubt, auf der letzten Seite der Neuauflage wiederum die gleichen Sätze (wenn auch etwas anders eingeleitet und begründet) aus einer Gedächtnisschrift Marion Dönhoffs zitieren zu sollen, die am Ende der «Zusammenfassung» in der ersten Auflage standen.

Es bleibt mir noch, all denen Dank zu sagen, die mich durch Kritik oder Auskünfte unterstützt, sowie denen, die mir bei der Textherstellung, dem Register und der Korrektur geholfen haben: cand. phil. Margot Bader, cand. phil. Hartmut Weber und meiner Frau.

Tübingen
25 Jahre nach dem 20. Juli 1944　　　　　　H. R.

Einleitung

1. Grundsätzliches zum Charakter der Opposition

Wer immer sich mit den Problemen der deutschen
Opposition gegen Hitler beschäftigt, wird zunächst
sich dem sichtbarsten Ausdruck des Widerstandes zu-
wenden, der in dem Anschlag auf das Leben des
«Führers» am 20. Juli 1944 zutage trat.[1] In der Reihe
von Aktionen, die entweder im Stadium des Planes
steckengeblieben oder in der Ausführung mißglückten, war dies die einzige, die tatsächlich durchgeführt
wurde und nahe zum Ziele kam. So hat das Datum
des 20. Juli eine Art symbolischer Bedeutung gewonnen. Was auch gesagt werden mag über technische
oder andere Versäumnisse der Verschwörung, über
ihren Mangel an «Glück» oder den Einfluß widriger
Umstände – die erste Pflicht des Historikers sollte es
sein, den Männern Tribut zu zollen, die für den Tag
der Befreiung von Tyrannei und Schande, für das Ende des Blutvergießens und die Reinigung des deutschen Namens arbeiteten oder bereitstanden, wie den
vielen Tausenden, die dafür gelitten haben oder ge-
storben sind. Nur einige wenige Offiziere wurden auf
der Stelle erschossen oder hatten die Möglichkeit, ihrem Leben selbst ein Ende zu machen. Die meisten

Opfer mußten durch kürzere oder längere Zeit «Befragungen» erdulden; sie wurden nächtlichen Kreuzverhören unterworfen, die unter grellem Lichtschein vor sich gingen und abwechselten mit direkter Folterung. Zudem mußten sie einer Bedrohung ihrer Frauen und Kinder gewärtig sein, die oft genug Wirklichkeit wurde. In der französischen Widerstandsbewegung soll es eine anerkannte Regel gewesen sein, daß von niemandem erwartet wurde, den Methoden, mit denen die Gestapo Bekenntnisse erpreßte, länger als 24 Stunden zu widerstehen. Wenn ein Gefangener es fertigbrachte, seine Mitverschworenen so lange zu decken, mochten sie inzwischen Mittel finden, sich in Sicherheit zu bringen.

Wendet man diesen Maßstab, der wahrlich schon Mut und Leidenskraft überdurchschnittlicher Art voraussetzt, auf die Männer und Frauen an, die in den gefürchteten Kellern der Gestapo in der Prinz-Albrecht-Straße oder anderswo in Einzelhaft gehalten wurden, oft in Löchern, zu eng zum Niedersitzen, so erscheint ihre Standhaftigkeit allein schon als ein Zeugnis von historischem Belang.[2] Man wird sich mit dieser summarischen Feststellung begnügen müssen, da die Gestapoberichte über die Einzelvernehmungen höchst unzuverlässig sind. Bedenkt man indessen, daß die Zahl der nach dem 20. Juli Verhafteten sich auf rund 7000 belief,[3] und unterstellt man sowohl, daß einige von ihnen erzwungene Geständnisse machten, wie, daß andere, die lediglich in das Schleppnetz der Verfolgung, die sogenannte «Gewitteraktion», hineingezogen waren, nichts mit dem 20. Juli zu tun hatten, so ist das Ergebnis der «Befragungen» offenbar immer noch mager gewesen. Während die Auffindung dokumentarischer Unterlagen auf viele Spuren führte, hat die Standfestigkeit derer, die zum mindesten von einem oder dem anderen Abschnitt der Oppositionsfront Kenntnis hatten, die Gestapo verhindert, jemals der vollen Ausdehnung der Widerstandsbewegung gewahr zu werden.[4] Darüber hinaus haben viele, die direkt oder indirekt als Opfer des 20. Juli fielen, die letzte Probe in einer Haltung bestanden, die sie in einem allgemein menschlichen Sinne denkwürdig machen sollte, was immer die politische Tragweite ihrer Pläne und deren Bedeutung für die dunkelste Phase deutscher Geschichte gewesen sein mögen. In den Gerichtsverhandlungen erschienen einige der Angeklagten eher als Ankläger denn als angeklagte Verbrecher. Sie nahmen ihr Martyrium als eine Ehre auf sich, als ihren Beitrag zur Verwirklichung brüderlicher Gemeinschaft zwischen Menschen. Und das Bewußtsein, für eine Sache zu sterben, die über ihr eigenes Leben hinausreichte, blieb unerschüttert im Vorhof eines schmachvollen Todes. Als der Jesuitenpater Delp zum Galgen geführt wurde, sagte er lächelnd zu dem katholischen Gefängnisgeistlichen: «In wenigen Minuten werde ich mehr wissen als Sie.»[5] Der lutherische Pastor in Tegel, Poelchau, der selbst ein aktives Mitglied der Opposition war, hat Zeugnis von der gleichen Jenseitigkeit in der Haltung der Männer abgelegt, denen er als Geistlicher beistand.[6] Auch von den «Abschiedsbriefen» aus dem Gefängnis, deren viele erhalten sind, rühren nicht wenige an die letzten Fragen menschlicher Existenz und

gehören einige in die Reihe klassischer «documents
humains».[7]

Diese wenigen Hinweise schon mögen erlauben,
eine vorläufige und sehr allgemeine Folgerung zu ziehen: Keine Würdigung der deutschen Opposition gegen Hitler wird ihrer Aufgabe genügen, die sich nur
innerhalb der begrenzten Sphäre politischer Betrachtungen und Möglichkeiten bewegt, die etwa nach den
«Klassen»-Motiven der an der Verschwörung stark
beteiligten «alten Elite» fragt und so nach bestimmten
Methoden sozialwissenschaftlicher, wenn nicht gar
psychoanalytischer, Untersuchung verfahren zu sollen glaubt, oder die in der Hauptsache die «nationalen» Ziele des Widerstands herausstellt, um schließlich ihren Beurteilungsmaßstab in der äußerlichen
Ansicht von Erfolg oder Mißerfolg zu finden. Solche
sogenannten «realpolitischen» Deutungen sind berechtigt, soweit die Tatbestände in ihren Bereich fallen. Aber um auf den Grund zu sehen, muß man zum
Prinzipiellen vorzustoßen suchen, zu den Kräften
moralischer Selbstbehauptung, die über die Erwägung des bloß politisch Notwendigen hinausgehen.
«Man sieht dann auch», schrieb Ernst Jünger aus der
Kenntnis vieler Beteiligter im Frühjahr 1944 in sein
Tagebuch, «daß die moralische Substanz zum Zuge
drängt, nicht die politische.» Gewiß sind die sittlichen und religiösen Antriebe des Widerstandes keineswegs nur in Deutschland lebendig gewesen, aber
sie mußten hier unter dem Druck beispielloser Umstände in einer beispielhaften Weise in Erscheinung
treten. Zu einer solchen Auslotung des Konfliktes bekannte sich Graf Moltke, wenn er wenige Tage vor

seiner Hinrichtung an seine Frau schrieb, daß nur ein Gedanke übrigbleibe, der an das Christentum als «Rettungsanker» im Chaos.[8]

Aber dieses Urgestein tritt nicht nur im Zusammenhang mit den Ereignissen des 20. Juli hervor. Als ein weiteres sehr sinnfälliges Beispiel seien die Geschwister Scholl und ihre Freunde genannt. Wir wissen heute genug von der Studentenrevolte in München im Februar 1943,[9] um in ihr mehr als bloß die Folge der Katastrophe von Stalingrad oder einer besonders provozierenden Rede des Gauleiters von Oberbayern zu sehen. Die Münchener Studenten Hans und Sophie Scholl hatten seit ihrer Gymnasiastenzeit im Kampf gegen die Partei gestanden; an der Universität waren sie Mitglieder einer Gruppe, die mit den Briefen der «Weißen Rose» einen Flugblatt-Feldzug führte. Die Gruppe unterhielt Verbindungen mit der katholischen Zeitschrift «Hochland», mit dem katholischen Schriftsteller Theodor Haecker wie mit anderen Universitäten. Auch Beziehungen zu militärischen Kreisen knüpfte man wohl schon an. Schwerlich können die Münchener Studenten geglaubt haben, daß ein Aufstand der Jugend allein den Lauf der Dinge ändern würde. Wohl aber waren sie fest überzeugt von der Notwendigkeit, ihren Glauben zu bekennen und sich selbst sowohl wie den Namen Deutschlands zu reinigen. «Ist es nicht eine Tatsache», fragte eins der Flugblätter, «daß heute jeder anständige Deutsche sich seiner Regierung schämt?» So rief denn das Manifest vom 18. Februar 1943 die deutsche Jugend auf zu «rächen und zu sühnen», damit sie beitragen könnte zum Aufbau «eines neuen

geistigen Europa». Auch in den Flugblättern, die
Hans Scholl und seine Freunde verfaßten oder verteil-
ten, fehlte es nicht an hintergründigen metaphysi-
schen Tönen: «Überall und zu allen Zeiten», heißt es
da, «haben die Dämonen im Dunkeln gelauert auf die
Stunde, in der der Mensch schwach wird, da er seine
ihm von Gott auf Freiheit gegründete Stellung im or-
do eigenmächtig verläßt, da er dem Druck des Bösen
nachgibt, sich von den Mächten höherer Ordnung
loslöst und so, nachdem er den ersten Schritt freiwillig getan, zum zweiten und dritten und immer mehr
getrieben wird mit rasender Geschwindigkeit.» Es
war in der gleichen Gesinnung, daß Kurt Huber – der
unter den Professoren der Universität der Förderer
dieser Gruppe war und mit fünf ihrer Mitglieder das
Schicksal der Hinrichtung teilte – in seinem letzten
Brief schrieb, daß der Tod die «Reinschrift» seines
Lebens sei. Und an den Mauern vieler Münchener
Häuser erschien die Inschrift: «Der Geist ist lebendig.»[10]
    Man wird ohne weiteres vermuten, daß die unter
dem Namen «Rote Kapelle» bekanntgewordene Widerstandsgruppe eine andere, sozusagen «realistische-
re» Farbe trug. Sie hatte ihre Zellen in Berliner Groß-
firmen, wie der AEG, Shell und Borsig, aber gewann
eine entschiedene Anhängerschaft auch unter den Intellektuellen. Von ihren führenden Köpfen war Arvid
Harnack in der Amerika-Abteilung des Reichswirt-
schaftsministeriums tätig und Harro Schulze-Boysen
als Hauptmann in Görings Ministerium dem Forschungsamt der Luftwaffe zugeteilt. Man wird einen
weiteren und engeren Kreis der Roten Kapelle unter-

scheiden müssen. Während der erstere wesentlich in
Flugblattpropaganda gegen das Regime sich betätig-
te, stand mindestens seit dem Bruch zwischen Hitler
und Stalin der engere Kreis in Funkverbindung mit
den Sowjets. Wieweit das nur ein Vorspiel zu einer
umfassenderen Spionageorganisation war, der Wilhelm Ritter von Schramm in kritischer Auseinandersetzung mit einer französischen Reportage den Namen «Die Rot-Weiße Kapelle» gegeben hat, kann
noch als ungeklärt gelten. Außer Frage steht, daß
Schulze-Boysen und sein engerer Kreis, bis die Aufdeckung ihres Geheimdienstes im August 1942 erfolgte, die russische Armeeführung über einen Sender
mit militärischen Informationen versorgt hat. Das
sollte in keiner Weise verwischt werden.[11] Aber ebensowenig ist eine summarische Abschüttelung der
Männer und Frauen dieses Kreises als bloße Kreml-
Agenten und daher nicht zum Bereich der echten Opposition gehörig am Platze.[12] Auf das Problem des
Landesverrats wird noch zurückzukommen sein.
Hier mag nur einstweilen gesagt sein, daß man nicht
wohl ex post eine eindeutige Linie ziehen kann zwischen dem, was der «Rettung» des Landes, und dem,
was seiner «Preisgabe» dient. Auch geht es nicht an,
die Perspektive und die Erfahrungen des Satelliten-
Daseins in die damalige Situation hineinzudenken.
Männer wie Schulze-Boysen und Arvid Harnack waren nicht «linientreu». Sie blieben von der Episode
des Hitler-Stalin-Paktes unberührt, eben weil in einem idealistischen und eigenständigen Kommunismus gegründet.[13] Auch bei ihnen handelt es sich, wie
A. Grimme einen Gedenkartikel für ein anderes Mit-

glied des Kreises, den Dichter Adam Kuckhoff, über-
schrieb, um «Widerstand vom Geist her»[14]. Mochten
ihre Ziele und Mittel von denen der übrigen Gruppen
abweichen, Gesinnung und Haltung taten es nicht.
Von Arvid Harnack sagte selbst der Anklagevertreter
Roeder, der als «Bluthund» berüchtigt war: «Er starb
wie ein Mann.» Und Schulze-Boysen schrieb an seine
Eltern: «In Europa ist es einmal üblich, daß geistig
gesät wird mit Blut.»[15]

Neben diesen ausgewählten und besonders dramatischen Beispielen gab es unzählige andere von Mut,
Opferwillen und Martyrium. Es ist selbstverständlich, daß nicht jeder, der vom Krieg desertierte, beanspruchen kann, als Zeuge edler Gesinnung auf den
Schild gehoben zu werden. Und Verfolgtsein war
bekanntlich ein Kollektivschicksal, insbesondere der
«Nichtarier» bis zur «Endlösung» hin, einerlei, ob
der Betroffene sich als Gegner des Regimes betätigt
hatte oder nicht. Auch wer wegen gelegentlicher
Äußerungen der Kritik oder der Empörung als
«volkszersetzendes» oder defätistisches Element dem
Todesurteil verfiel, wird nicht ohne weiteres zum
Widerstand zu rechnen sein. Darüber sollte kein Mißverständnis bestehen. Aber die Tatsache als solche,
daß diese Kritik bestand und daß ein beträchtlicher
Teil des nationalsozialistischen Apparats (die Gestapo
allein zählte in den Jahren 1943–45 über 40 000 Mann)
gebraucht werden mußte, um einen zum mindesten
ebenso beträchtlichen Teil des deutschen Volkes in
Schach oder hinter Schloß und Riegel zu halten,
ja, daß nach und nach eine ganze Armee von Partei-
funktionären und Sicherheitsorganen durch diese

Aufgabe gefesselt wurde, darf nicht außer Ansatz bleiben. Nach einem SS-Dokument gab es bei Kriegsausbruch allein in 6 Lagern 21 400 Internierte.[16] Aber diese Zahl gibt keinen Anhalt dafür, wie viele Männer und Frauen bereits durch Konzentrationslager hindurchgegangen oder hinter Stacheldraht umgekommen waren. Die Schätzungen, die hierzu im Kreise der deutschen Emigranten angestellt wurden, bewegen sich zwischen 750 000 und 1,2 Millionen, wobei für die politischen Gefangenen eine Zahl von 500 000 bis 600 000 angegeben wird. Todesurteile, die aus politischen Gründen verhängt wurden, sind auf 12 000 beziffert worden.[17]

Was immer genauere Untersuchungen einmal feststellen mögen[18] – keine verantwortungsbewußte Würdigung der deutschen Opposition gegen Hitler kann an der brutalen Sprache solcher Zahlen vorübergehen. Sie geben einige Hinweise schon auf das Ausmaß der passiven oder aktiven Resistenz von Namenlosen, wie verschieden immer die Anlässe zur Verhaftung gewesen sein mögen. Auch die Jugend in «Edelweiß»-Gruppen oder in den «Packs» war stärker am Widerstand und stärker an den Opfern, die er forderte, beteiligt, als man gemeinhin weiß. So wird berichtet, daß in Krefeld «zum mindesten 30 Prozent der Hitler-Jugend geheime Edelweiß-Mitglieder waren... Das Konzentrationslager in Neuwied (April 1944) war ausschließlich für Jungen unter 20 bestimmt.» In einer Gerichtsverhandlung im Jahr 1939 bezeugte ein Agent der Gestapo, daß «zum mindesten 2000 Jungen und Mädchen» über das Reich im «Pack» organisiert seien.[19]

Zu erinnern ist ferner in diesem ersten Überblick
an die Intellektuellen und Künstler der sogenannten
«inneren Emigration», die das Herdfeuer vor dem
Verlöschen bewahrten, und zwar mit weit besserem
Erfolg, als Beobachter jenseits der Grenzen vermuten
konnten oder sich vorstellten. Das sehr scharfe Urteil
von Thomas Mann wird diesem Tatbestand nicht gerecht. Auch sollte man gewiß nicht die Männer und
Frauen übersehen, die Mut genug aufbrachten, ihren
jüdischen Freunden und Nachbarn zu helfen, sie zu
verstecken und mit Nahrung zu versehen, gefälschte
Papiere für sie zu besorgen oder ein geheimes Trans-
portsystem (eine Art «Untergrund-Eisenbahn», wie
man in den Vereinigten Staaten eine solche Rettungs-
aktion für entwichene Sklaven nannte) zugunsten
verfolgter Menschen aufzubauen. Alle diese Tätigkei-
ten oppositioneller Art können mit Zeugnissen belegt
werden, und einige Nachweise verdienen eine eingehende Erörterung. Vor allem aber bedürfen sie der
Einordnung in ein Gesamtbild, das in Beziehung zu
setzen ist zu dem Hintergrund von Bedingungen und
Möglichkeiten, wie sie in Deutschland bestanden. Es
geht dabei darum, den inneren Sinn der deutschen
Oppositionsbewegung, möglichst ohne Vorliebe für
eine spezielle Gruppe, in ihren mannigfaltigen Formen zu ergreifen – in ihrer Art und ihrer Ausdehnung, in ihrer Zusammensetzung und ihren Zielen,
in ihren Etappen wie in den Hauptrichtungen ihrer
Tätigkeit innerhalb wie außerhalb Deutschlands. Nur
so wird einer Würdigung dessen, was an den geschichtlichen Vorgängen wesentlich war, der Weg be-
reitet werden können.

2. Hindernisse auf dem Wege zur Wahrheit

Zuvor aber wird es angebracht sein, sich die Schwierigkeiten zu vergegenwärtigen, denen ein solcher Versuch in den ersten Jahren nach Kriegsende, insbesondere im Ausland, begegnen mußte. Es handelt sich dabei nicht nur um einen geschichtlichen Rückblick auf die Strecke, die inzwischen zurückgelegt worden ist. Sosehr sich die Situation verwandelt hat – in einem Maße, daß die «Hindernisse auf dem Wege zur Wahrheit» mitunter heute in Deutschland größer zu sein scheinen als draußen –, sowenig handelt es sich hier um völlig überwundene Vorurteile. Ihre Erörterung führt zudem noch einmal von einer anderen Seite auf das Grundsätzliche im Charakter der Opposition zurück. Es wird auszugehen sein von der durch den Krieg hin und bei seinem Abschluß – mindestens im bisher feindlichen Ausland – durchaus vorherrschenden These, daß es niemals eine nennenswerte deutsche Opposition gegen Hitler gegeben habe.[20] Man hegte die Überzeugung, daß die Deutschen als politische Nation von allen anderen Völkern verschieden seien. Hatten sie sich doch, wie man glaubte, infolge eingeborener Verruchtheit oder einer anerzogenen Gewohnheit blinden Gehorsams oder unter der Einwirkung einer spezifisch verderblichen Philosophie, der tyrannischen Herrschaft von Verbrechern freiwillig angeschlossen oder feige unterworfen. Man nahm an, sie hätten – und zwar die ganze Nation – bewußt die Augen geschlossen vor grauenhaften Verbrechen, die durch Deutsche begangen wurden. Und die Art, wie die schließlich doch nicht zu übersehenden Zeugnisse

einer Gegenbewegung bis hin zum Attentat gegen
Hitler gedeutet wurden, war in genauem Einklang
mit solchen Auffassungen. Opposition begann erst,
so glaubte man, als die «preußischen Generale» sich
der Niederlage gegenüber sahen und nun den Versuch
machten, ihr eigenes Leben zu retten oder – den Generalstab für einen dritten Weltkrieg aufzubewahren.

Diese Fehldeutung läßt sich teilweise durch objektive Schwierigkeiten erklären, die der Wahrheit im
Wege standen. Eine Bewegung, die sich einem terroristischen und weitgehend totalitären System widersetzt[21], arbeitet unter Bedingungen, die für jeden, der
nicht selbst in einem solchen «Polizeistaat» gelebt hat,
schwer vorstellbar sind. Einen oppositionellen Standpunkt einzunehmen, geschweige denn ihn öffentlich
zu vertreten, verlangte eine Art von persönlichem
Heldentum, das unter den Voraussetzungen moderner Gesellschaftsordnung in allen Ländern ein seltenes
Phänomen geworden ist. Man könnte aus der amerikanischen Geschichte Beispiele dafür zitieren, wie
lange es in bestimmten Fällen gedauert hat, bis Gruppen von Bürgern den Mut fanden, sich gegen den
Terror von amtlich lokaler Allmacht zusammenzu-
schließen. Im deutschen Fall ging es nicht nur um die
Übernahme des persönlichen Risikos, sondern zugleich um die ernsteste Gefährdung für Familie und
Freunde. Nur wenige Ausländer waren – noch dazu
im Kriege – bereit, sich klarzumachen, wie es Allen
Dulles tat, daß Deutschland nach 1933 trotz allen Ju-
bels der Massen – und selten ist eine «Vergewaltigung» so frenetisch begrüßt worden – im Grunde ein
«besetztes Land» war.

Die Bedingungen, die dabei obwalteten, wichen freilich sehr stark von denen in anderen Ländern ab, die diesem Schicksal später zum Opfer fallen sollten. In Deutschland war nichts von dem Glorienschein zu verspüren, der eine Widerstandsbewegung verdientermaßen umgibt, wenn sie sich gegen einen fremden Eroberer oder eine von außen auferlegte Gewaltherrschaft zur Wehr setzt. Im Gegensatz dazu war die deutsche Opposition, besonders in späteren Jahren, gehalten, sich zu tarnen (sie hat es weniger getan, als man vermuten sollte) und sich mit dem Anschein der Stille zu umgeben, die wahrscheinlich eine große Anzahl Deutscher ebenso getäuscht hat, wie sie der Öffentlichkeit in England und den Vereinigten Staaten ein falsches Bild gab. Jede Erwähnung von Namen oder Daten in unterirdischer Propaganda oder im ausländischen Rundfunk konnte Verderben bringen. Diese Gefahr wurde naturgemäß noch akuter seit Ausbruch des Krieges, der jede irgendwie geartete Opposition dem Vorwurf des Landesverrates aussetzen mußte und zugleich doch die Gegner des Regimes mehr oder weniger bewußt in die Zwangslage versetzte, sich von patriotischen Erwägungen herkömmlicher Art lossagen zu müssen. Dazu kamen ein ständiges Herumgeworfenwerden der Bevölkerung und die Wirkung der Bombenangriffe, die Gegner und Anhänger des Regimes gleichermaßen trafen. Beides konnte leicht dazu führen, bestehende Widerstandszellen zu zerstören und Teilnahmslosigkeit zu verbreiten.[22]

So gab es denn viele Gründe für ein täuschendes Bild der angeblich «monolithischen» Geschlossenheit

der Nation. Zudem achtete die deutsche Nachrich-
ten- und Abwehrabteilung im Oberkommando der
Wehrmacht (OKW), in deren Dienst sich einige der
tätigsten Mitglieder der Opposition befanden, wohl-
weislich darauf, daß der verhüllende Schleier nicht
zerriß, und schirmte nach Möglichkeit die führenden
Männer der Verschwörung ab.

Aber dies allein erklärt noch nicht das Ausmaß und
die Beharrlichkeit der vorwaltenden Irrtümer. Vielmehr haben andere als in der Situation gegebene und
sehr andere als objektive Faktoren erheblich zu jener
Fehldeutung beigetragen, die im Ausland so verbreitet war. Das hängt zum Teil mit Eigenheiten durchaus menschlicher Art zusammen, die in Gleichgültig-
keit oder offensichtlicher Parteilichkeit zum Ausdruck kamen. Gewiß war jedermann in der Lage, zu
wissen oder festzustellen, daß die NSDAP vor der
Machtergreifung bei den Reichstagswahlen niemals
mehr als 37 Prozent der Stimmen auf sich vereinigt
hatte (Juli 1932), daß sie im November 1932, als sich
die wirtschaftliche Lage etwas zu bessern schien, auf
32 Prozent zurückgegangen war und daß sie selbst
im März 1933, bei den manipulierten und hysteri-
schen Wahlen, die auf den Reichstagsbrand folgten,
nur 44 Prozent erreichte. Aber wer in der großen
Öffentlichkeit außerhalb Deutschlands behielt diese
Tatsache im Gedächtnis? Hingegen war es überall in
der Welt bekannt, daß seit Anfang 1933 eine Verfol-
gungswelle über Deutschland dahingegangen war
und daß diejenigen, von denen die energischste Gegnerschaft erwartet werden konnte, in sogenannte
«Schutzhaft» genommen worden waren oder ins

Ausland hatten fliehen müssen. Aber solange die Insassen von Konzentrationslagern lediglich Deutsche
waren, wurde den dort begangenen Greueln im Ausland wenig Beachtung geschenkt. Als das «Brown
Book of the Hitler Terror», das die Aufmerksamkeit
auf diese Untaten zu lenken suchte, in New York veröffentlicht wurde, fand es eine Besprechung in der
New York Times vom 15. Oktober 1933, deren Verfasser kein Geringerer als der frühere amerikanische
Botschafter in Berlin, James W. Gerard, war.[23] Den
Enthüllungen des Buches zum Trotz hielt er es für
richtig zu schreiben: «Hitler tut viel für Deutschland,
seine Einigung der Deutschen, seine Schaffung eines
spartanischen Staates, der durch Patriotismus belebt
ist, seine Einschränkung der parlamentarischen Re-
gierungsweise, die für den deutschen Charakter so
ungeeignet ist, sein Schutz der Rechte des Privatei-
gentums – all dieses ist gut.» Wenn Deutsche, die aus
der Heimat hatten fliehen müssen, ihren englischen
oder amerikanischen Bekannten von ihren eigenen
oder ihrer Freunde Erlebnissen in Buchenwald, Ora-
nienburg oder Dachau erzählten, so trafen sie oft genug auf ein leichtes Kopfschütteln. Und die Ungläu-
bigkeit verstärkte sich, wenn es sich um die Zahl der
Betroffenen oder um die angewandten Methoden
handelte.

Dies alles änderte sich selbstverständlich grundlegend im Frühjahr 1945. Die unerhörten Greuel, die
damals in den befreiten Lagern ans Licht kamen, und
dazu die Ausgrabungen der Zeugnisse, aus denen die
in Polen und Rußland begangenen Verbrechen abzu-
lesen waren, erregten einen Sturm der Entrüstung in

der westlichen Welt. Die tatsächlichen Funde gingen selbst über das noch hinaus, was die bestunterrichteten Kenner nationalsozialistischer Methoden erwartet hatten. Aber als diese Beweise «deutscher Bestialität» zutage traten, hörte man wenig von der großen Anzahl Deutscher, die unter den Opfern gewesen waren. Victor Gollancz, der Herausgeber des Brown Book von 1933 und ein Autor, der wie wenige Unrecht bekämpft hat, wo immer und gegen wen immer es verübt wurde, hat nicht verfehlt, dieses Übersehen in scharfes Licht zu stellen. Er schreibt im Rückblick von «dem Aufschrei, der uns zur Zeit der Buchenwalder Enthüllungen» betäubte, und er fügte hinzu, daß sie schlechterdings keine «Enthüllungen» für diejenigen bedeuteten, «die ständig von 1933 an versucht hatten, ein lässiges und skeptisches Publikum aufzurütteln und für Männer und Frauen zu sprechen, die ... in diesen Lagern unsagbare Qualen durchlitten...»

Es ist keine Frage, daß die Neigung zum bequemen «Übersehen», die hier gegeißelt wurde, nicht nur fortbestand, soweit es sich um die deutschen Opfer der Konzentrationslager handelte, sondern auch durch offizielles Schweigen noch planmäßig gefördert wurde. Auf Jahre hin ist die amerikanische Öffentlichkeit nicht amtlich davon unterrichtet worden, daß bis in den Sommer 1943 hinein praktisch keine Ausländer in Buchenwald waren und daß – bei einer Gesamtzahl von 51 000 Todesopfern – sich unter den 20 000 Überlebenden immer noch mehr als 2000 Reichsdeutsche befanden.[24] Auch von der Zusammensetzung der Bewachungsmannschaften erhielt sich ein sehr einseitiges und schematisches Bild. Es ist kein Versuch gemacht worden, aus den in den Händen der westlichen Alliierten befindlichen Akten etwa Angaben darüber zu gewinnen, wie viele Ausländer in den besonderen «Totenkopf»-Verbänden oder in anderen SS-Einheiten dienten, die mit der «Sorge» für die Konzentrationslager betraut waren.

Für den, der ein abgewogenes Bild gewinnen will, fehlt es indessen nicht – und es fehlte auch nicht vor 20 Jahren – an Belegen für das Bestehen einer solchen «schwarzen Internationale»[25]. Man weiß, um ein paar Beispiele zu geben, daß unter den Bewachungsmannschaften deutscher Lager Kroaten und Ukrainer sich befanden und daß aus Litauern, Letten und Esten sogenannte «Schutzkorps» gebildet wurden, deren Mitglieder für ihre eigenen Landsleute zu «sorgen» hatten. Offenbar bot sich in den besetzten Gebieten für die Erfüllung dieser Aufgabe ein ähnlicher Menschenschlag an oder konnte dort ebenso gefunden werden wie in Deutschland. So sind zahlreiche Holländer angeklagt worden, weil sie ihre Landsleute gefoltert haben, und in dem berüchtigten Lager von Gurs, das schon vor der Vichy-Ära bestand und stets eine rein französische Verwaltung hatte, war die Todesrate kaum geringer als in «normalen» deutschen Lagern. Daß es sich hierbei tatsächlich um eine «Internationale» handelte, ist in besonders schlagender Weise von einem Schweizer Journalisten bezeugt worden, der auf Einladung von General de Lattre de Tassigny an einer Inspektionsreise durch Südwestdeutschland teilnahm. Er berichtete, daß die Franzosen in ihrer Besatzungszone auch ein typisches Greuellager entdeckten. Bei näherem Zusehen stellte es sich jedoch heraus, daß die Bewachungsmannschaft zu einem erheblichen Teil aus französischen miliciens bestand.[26]

Es ist verständlich, daß über dieses Lager niemals «Enthüllungen» gemacht worden sind. Sie würden zu offensichtlich der Linie widersprochen haben, die von der amtlichen Propaganda innegehalten wurde. Während alle verfügbaren Zeugnisse und die Ergebnisse jeder nüchternen Prüfung geeignet sind darzutun, daß die moderne Massenzivilisation aus sich selbst heraus ein Reservoir dunkler Kräfte erzeugt, deren Freisetzung nackte Barbarei bedeutet, während gleicherweise deutlich sein sollte, daß mögliches Material für Folterknechte sowohl wie für Märtyrer in jeder Nation vorhanden ist, entschied eine Politik des Hasses und der Rache, dies zu übersehen. Das geschah in Nachwirkung des «totalen» Krieges, aber auch unter dem Einfluß jenes Bildes vom «ewigen» Deutschen, das Vansittart vor allem propagiert hatte und das dem Morgenthau-Plan als Grundmotiv unterlag. Hatte doch selbst General Eisenhower solche Ansichten unterstützt, indem er die ganze deutsche Bevölkerung als «a synthetic paranoid» charakterisierte.[27] So bemühte man sich – nebenbei gewiß auch um der «Moral» und der «Sicherheit» der Besatzungstruppen willen –, die These aufrechtzuerhalten, daß es keine «guten Deutschen» gebe, mit Ausnahme der Toten (ein Wort, das zuerst in den Vereinigten Staaten während der Kämpfe mit den Indianern geprägt worden war), und daß Bestialität die spezifische Eigenart eines so verderbten Volkes sei.

Es geht hier nicht um die Berichtigung dieses Zerrbildes, das so kaum noch besteht, wenn es auch an Wiederbelebungsversuchen nicht fehlt, und erst recht nicht um einen Gegenangriff etwa unter Hinweis auf das Ausmaß an Bestialität, das nach dem Zusammenbruch vor allem im deutschen Osten praktiziert wurde. Das Wort vom «Quitt-Sein» ist eine der bedenklichsten nihilistischen Redewendungen unserer Tage. Es geht uns gewiß um Gerechtigkeit gegenüber einer kollektiv diskriminierten Nation, aber mehr noch gegenüber dem Menschlichen in der Grenzsituation überhaupt, wie sie der Widerstand im totalitären Staat exemplarisch zum Ausdruck bringt, und um die fortwirkenden Forderungen, die dieses geschichtliche Phänomen enthält. Der Weg zu einer solchen Erkenntnis ist ein schwieriger gewesen. Zwar gab es genug Menschen, auch in den alliierten Ländern, die um die Wahrheit oder einen Teil der Wahrheit wußten, ohne sie zunächst zu Gehör bringen zu können. Es läßt sich insbesondere nachweisen – worauf zurückzukommen ist –, daß der Nachrichtendienst der westlichen Alliierten ein recht klares Bild von dem hatte, was während des Krieges in Deutschland vor sich ging. Das war bereits der Fall, noch ehe Allen Welsh Dulles die Leitung des Office of Strategic Services (OSS) auf dem europäischen Festland übernahm und – seit November 1942 – von der Schweiz aus eine dauernde Verbindung mit der deutschen Untergrundbewegung unterhielt. Auch ist in keiner Weise zweifelhaft, daß die führenden Politiker und Diplomaten in England wie in den Vereinigten Staaten über die Struktur und die Ziele der deutschen Oppositionsbewegung im einzelnen unterrichtet waren, daß sie um ihre Ausdehnung von der Rechten bis weit in die Linke hinein wußten, um die führenden Persönlichkeiten aus Bürokratie und Offizierskorps, um die Teilnahme der Kirchen ebenso wie um die der Gewerkschaften.

Man kann sehr wohl begreifen, daß dieser Einblick in die Wirklichkeit und daß die Tatsachen, auf die diese Erkenntnis sich gründete, als Geheimnisse ersten Ranges gehütet wurden, solange der Krieg noch nicht entschieden und Hitlers Stellung noch unerschüttert zu sein schien. Das konnte Rücksicht auf die Gefährdung der Mittelsmänner sein, in manchen Fällen beruhte aber die Zurückhaltung auch auf Mißtrauen, ja paradoxerweise auf einem in konventionellem Denken begründeten Verdacht oder gar einem Gefühl der Verachtung gegenüber Männern, die ihre eigene Regierung in Zusammenarbeit mit dem Ausland stürzen wollten. Als David Astor kurz vor Kriegsausbruch einen der von der Opposition nach London gesandten militärischen Emissäre mit einem hohen Offizier im Kriegsministerium in Verbindung setzen wollte, empfing er die Antwort: «I know who this man is and if you want to know what I think of his coming over here... I think, it's a damned cheek.»[27a] Wenn schon eine solche Äußerung heute überrascht, so ist noch weniger einzusehen, warum die offizielle Rundfunkmeldung von Washington am Abend des 20. Juli Hitlers Propagandalüge von der «kleinen Clique» ehrgeiziger Offiziere wiederholte und sogar noch überbot. Auch nach dem Ende der Feindseligkeiten wurde die gleiche propagandistische Linie aufrechterhalten. So bemühte man sich, die Zeugnisse, die in-

zwischen ans Licht gekommen waren, in ihrer Bedeutung zu verkleinern und die Verschwörung gegen
Hitler als Angelegenheit einer Adelskaste oder eines
«Herrenklubs» hoffnungslos überlebter und anachro-
nistischer Aristokraten darzustellen.

Man mag anerkennen, daß selbst solche irreführenden Deutungen einen gewissen Fortschritt bilden
gegenüber einer Phase völligen Schweigens. Während einer beträchtlichen Zeitspanne ist die deutsche
Opposition «tabu» gewesen.[28] Es darf indessen gesagt werden, daß gegen dieses Schweigen gerade einige frühere Mitglieder des amerikanischen Nachrichtendienstes ihre Stimme erhoben und damit aus ihrer
Kenntnis heraus der Wahrheit mit auf den Weg geholfen haben. Voran ging Alexander B. Maley, vormals
Offizier im Marine-Nachrichtendienst, mit einem
Artikel unter dem Titel: «Das Epos der deutschen
Untergrundbewegung.»[29] Ihm folgte Franklin L.
Ford, ein früherer Armee-Offizier, der dem OSS mit
einem Sonderauftrag zugeteilt war. Er veröffentlichte
1946 einen Artikel: «Der 20. Juli in der Geschichte des
deutschen Widerstandes.»[30] Sodann hat der kürzlich
verstorbene Allen Welsh Dulles, dessen Schlüsselstellung bereits erwähnt wurde, in seinem Buch «Verschwörung in Deutschland» eine Reihe unbestreit-
barer Tatsachen enthüllt, wenn auch nicht immer in
zutreffender Deutung.[31] Schließlich erlaubten auch
die Besatzungsbehörden das Erscheinen von Artikeln
zu diesem Thema[32], und 1947 veröffentlichte Rudolf
Pechel, allerdings noch in Zürich, sein Buch «Deutscher Widerstand». Seitdem ist in zwei Jahrzehnten
mit Hingabe geforscht und unendlich viel publiziert

worden, ohne daß deshalb diese Darstellung mit allzu
vielen Titeln belastet werden soll.[33] Aber daß die alten Vorurteile ganz abgeklungen sind, wird man
nicht sagen können, sie wirken in der englischen Geschichtsschreibung etwa bis in die Studien von L. B.
Namier und in J. W. Wheeler-Bennetts Buch «Die
Nemesis der Macht» aufs stärkste nach. Auch das in
Amerika sehr erfolgreich gewesene Buch von William L. Shirer behandelt die deutsche Opposition mit
«spürbarer Kälte».[34] Immer noch besteht für diese
Autoren der Verdacht, daß es sich bei Bekundungen
und Schritten der Opposition um einen schlecht genug verhüllten Nationalismus oder um engere Grup-
penziele gehandelt habe, nicht um einen wirklichen
Durchbruch durch in der Tat sehr starke traditionelle
Bindungen und eben wegen dieses Konfliktes um so
mehr um ein Handeln aus dem Gewissen. Wenn hier
die «patriotische» oder «staatsgläubige» Haltung, eine wirkliche oder eine mißdeutete, als Vorwurf erscheint, so hat sich in einigen innerdeutschen Angriffen, die sich heute hervorwagen, die Front verkehrt.
Es gibt Stimmen, die eine an sich unleugbare kata-
strophale Entwicklung nicht, wie es das Ausland
einst tat, im «Erbübel» deutscher Fügsamkeit auch einem verbrecherischen Führer gegenüber begründet
sehen, sondern in einem anderen «Erbübel», dem der
«Deutschen Zwietracht». In Ribbentrops Erinnerungen erscheint diese Zwietracht, bzw. die Kenntnis,
die man in England von ihr gewann, geradezu als
auslösendes Moment für den Zweiten Weltkrieg.[35]
Was Hitler als Sünde vorgeworfen wird, beschränkt
sich dann darauf, daß er den Kopf des «eklen Wurms»

nicht rechtzeitig zertreten habe. Auch von solchem Angriff her bestätigt sich, daß es bei dem Thema des Widerstandes um keinen abgetanen, sondern einen sehr aktuellen Gegenstand und zugleich um Maßstabsfragen sittlichen wie politischen Handelns geht, die aus den Bedingungen unserer Epoche mit ihren weltanschaulichen Fronten über nationale Grenzen hin eine neue Aktualität gewonnen haben.

Bedingungen und Möglichkeiten

1. Deutsche «Unterwürfigkeit»

Unsere Studie beschäftigt sich mit Problemen der Opposition gegen ein totalitäres oder mindestens ein diktatorisch-autoritäres Regime von neuem Typus, das heißt mit spezifischen Problemen unserer Zeit, die nicht nur ein einzelnes Volk angehen, und mit geschichtlichen Tatsachen, die demgemäß Bezug haben auf das grundsätzliche Thema des Widerstandes. Es ist daher nicht beabsichtigt, historisch zurückzugreifen auf den so oft erörterten (und überschätzten) «geistigen Stammbaum» des Nationalsozialismus oder auf die Formen und Ursachen seines Aufstiegs. Insbesondere kann es sich nicht darum handeln, das weitschichtige Thema des Zusammenbruchs der Weimarer Republik und das Problem des «Machtverfalls» (K. D. Bracher) zu behandeln oder die Vorgänge, die zur «Machtergreifung» geführt haben, im einzelnen zu untersuchen. In dieser verhängnisvollen Wendung wirkten, wie man in aller Kürze wohl sagen darf, sehr besondere Bedingungen des deutschen öffentlichen Lebens und durchaus individuelle Verantwortungen mit sehr allgemeinen, politisch-sozialen Umständen schicksalhaft zusammen, mit den Folgen des Ersten

Weltkriegs und des Versailler Friedens sowohl wie
mit denen der Inflation und einer weltweiten Depres-
sion. Darüber hinaus war die Katastrophe durch ein
Absinken der schöpferischen und religiösen Kräfte,
durch eine Kultur- und Moral-Krise vorbereitet worden, die nicht auf Deutschland allein beschränkt blieb
und für die der Schweizer Max Picard mit seinem
Buch «Hitler in uns selbst» eine beziehungsreiche
Formel geprägt hat.

Dies alles sollte nicht mißverstanden werden als ein
Versuch zu «entschuldigen», was in Deutschland geschah. Es besteht keinerlei Anlaß, nachsichtig zu sein
mit Rohlingen und Terroristen oder mit den Karrie-
remachern und Revolutionsgewinnlern, die rechtzeitig auf den Siegeswagen zu klettern sich bemühten.
Auch sind die verbreiteten Phänomene von Feigheit
oder Massenhysterie an und für sich gewiß kein mil-
dernder Umstand. Und die Angehörigen der oberen
Schichten in Deutschland, die einer faschistischen
Ideologie zum Opfer fielen, das heißt der gleichen
klassenbefangenen Selbsttäuschung, wie sie in den
erwähnten Worten von James W. Gerard und denen
vieler anderer Ausländer bezeugt ist, verdienen sicherlich nicht deshalb bemitleidet zu werden, weil
ihnen ein so rauhes Erwachen bevorstand.

Es kann lediglich als Tatsache festgestellt werden,
daß nur wenige Menschen eine klare Einsicht in die
wahre Natur der Vorgänge besaßen, die mit dem
Aufstieg der Nationalsozialisten sich vollzogen. Und
selbst heute noch erscheint dieser Dammbruch viel zu
vielen Betrachtern als eine Art Normal-Revolution
im Stil des 19. Jahrhunderts. Aus dieser Ansicht folgt

eine Neigung, auch die Oppositionsbewegungen in
einem falschen Licht zu sehen. Man begnügt sich damit, die gleichen Maßstäbe anzulegen, die üblicher-
weise auf politische Umbrüche einer abgelaufenen
Epoche angewandt werden. Man fragt nach Klassen-
zugehörigkeit oder Parteigruppierung der oppositionellen Elemente und übersieht zu leicht die grundsätzliche Bedeutung einer Front, die man wohl als die
des Menschlichen gegen das Untermenschliche bezeichnen darf. Was nach der pseudolegalen Revolution von 1933 faktisch triumphierte, waren in der Tat
und in einem sehr wesentlichen Betracht die dunklen
Kräfte, die den Bodensatz jeder modernen Gesellschaft bilden. Es ist mit Recht gesagt worden[1], daß
sie die Macht mit einem überraschenden Flanken-
angriff an sich rissen, der in der Hauptsache durch
Deklassierte ausgeführt wurde. Sie fanden ihre zahlenmäßig breiteste Unterstützung unter den Arbeits-
losen und im verarmten Kleinbürgertum, gewisser-
maßen in einem gesellschaftlichen «Niemandsland».
Aber nachdem einmal die Herrschaft einer energi-
schen und fanatischen Minderheit fest etabliert war,
verwandelten sich die Bedingungen der Machtergreifung in solche der Machtbehauptung, die naturgemäß
von beträchtlich anderem Charakter waren.

Gewiß wird niemand, der auch nur einigermaßen
mit den Methoden und Praktiken eines Regimes dieser Art vertraut ist, die an 100prozentigen Volksab-
stimmungen zugunsten Hitlers als echte Zeugnisse
ansprechen wollen. Und doch kann schlechterdings
kein Zweifel über die weitgehende Wirksamkeit jener
teuflischen Mischung von Terror und Propaganda

bestehen, die für das nationalsozialistische System charakteristisch war. Es ist nicht nur die Furcht vor den offenen oder den verdeckten Waffen des Regimes, vor dem Gummiknüppel oder dem Blockwart gewesen, die das Wettrennen in die Partei oder die ihr angegliederten Organisationen veranlaßte. Zu gutem Teile war es die Notwendigkeit wirtschaftlicher Existenz, der seit der Inflation alle Reserven fehlten. Aber zu alledem kamen unbestreitbar ein emotioneller Drang, auf den Hitlers Rhetorik meisterlich eingestellt war, und eine schein-idealistische Zugkraft oder das Trugbild der «Volksgemeinschaft», die besonders viele junge Menschen in ihren Bann zogen. Auch spielte der Anschein einer Besserung in den sozialen Verhältnissen, insbesondere die Herabdrückung der Arbeitslosenzahlen, im Anfang ebenso die Rolle einer psychologischen Trumpfkarte des Regimes, wie das in späteren Jahren von Hitlers außenpolitischen Erfolgen gelten sollte. Es ändert nichts an der symptomatischen Bedeutung dieses Propagandaerfolges, wenn man darauf verweist, daß die ausländischen Bewunderer Hitlers und diejenigen, die «Frieden um jeden Preis» wollten, nicht unwesentlich zum Sieg der Methoden einer wohlberechneten Massenpsychologie beigetragen haben. Die Männer der deutschen Opposition freilich waren berechtigt, in solchen Einwirkungen von draußen, wenn nicht einen wahren «Dolchstoß in den Rücken» zu sehen, so doch das Maß der Kooperation oder Ermutigung zu vermissen, auf das sie vielfach hofften. Selbst eine Persönlichkeit vom politischen Scharfblick Winston Churchills sprach im Jahr 1935 von Hitler in Worten der

Bewunderung «für den Mut, die Beharrlichkeit und die vitale Kraft, die ihn befähigten, allen Mächten oder Widerständen, die seinen Weg versperrten, zu trotzen oder sie herauszufordern, sie zu versöhnen oder sie zu überwinden»[2].

Ein Nachhall dieser Bewunderung findet sich bei dem längst zum Gegner der Appeasement-Politik gewordenen Churchill noch zu einem so späten Zeitpunkt wie November 1938, wenn auch die Art, wie er sie aussprach, damals eine sehr bewußte Absicht der Beschwichtigung hatte.[3] Aber die Frage, wieweit und aus welchen Gründen Hitlers Regime Beifall im Ausland fand, ist nicht Gegenstand dieser Studie.[4] Was hier in Betracht kommt, ist die Tatsache, daß Massen von Deutschen einem Regierungssystem und einer Führerschaft begeistert huldigten oder gehorsam anhingen, über deren verbrecherischen Charakter kaum Zweifel bestehen konnte – sicher nicht mehr nach den ersten eineinhalb Jahren des Regimes und dem Blutbad des 30. Juni 1934. Man wird hinzuzufügen haben, daß selbst diejenigen, die nur Lippendienst taten, oft genug in ein Netz von Zugeständnissen und größeren oder kleineren Lügen verstrickt wurden, die sich als Entmannung auswirken mußten.

Es ist eine viel erörterte Frage, ob dieser moralische Erdrutsch auf konstitutionelle Schwächen des deutschen Charakters zurückgeführt werden kann oder auf eine Art Wachstumsstörung in der deutschen politischen Entwicklung. War er nicht, wie die schärfer zugespitzte These es will, das Ergebnis verhängnisvoller Tendenzen, die sich im ganzen Verlauf deut-

scher Geschichte, mindestens aber seit Luther, Friedrich dem Großen und Bismarck gezeigt haben? Solche Fragen sind oft gestellt und in Büchern oder
Streitschriften mit größerer oder geringerer Einsei-
tigkeit bejaht worden. Nicht alle diese Veröffentlichungen gehören zur Propagandaliteratur oder sind
ein bloßer Ausdruck von Vansittartismus gewesen.
Ein besonders lebhaftes Plädoyer in dieser Richtung
ist von William L. Shirer vorgelegt worden. Aber
wer immer im Hochgefühl moralischer Überlegenheit den Stein wirft, sollte zuvor sein eigenes Gewissen sorgfältig erforschen oder bereit sein, sich entsprechenden Erprobungen zu stellen. Es ist verhältnismäßig einfach und mag oft genug pharisäisch sein,
einen Urteilsspruch zu fällen, wenn man niemals Erfahrungen ausgesetzt gewesen ist, die denen der
Deutschen nach 1933 irgendwie vergleichbar sind,
oder wenn man selbst, vielleicht in kleineren Dingen
und ohne es gewahr zu sein, nicht weniger kläglich
versagt hat, als es für viele Deutsche zutrifft.

Von sehr anderem Charakter sind einige der Schriften, in denen Deutsche selbst in den ersten Jahren
nach Kriegsende nachdrücklich die Frage aufgenommen haben, wie es möglich war, daß ein hochkulti-
viertes Volk sich einem verbrecherischen Regime
unterwerfen konnte.[5] Dies hat zu sehr kritischen
Untersuchungen bestimmter politischer und sozialer, geistiger und religiöser Züge der deutschen Überlieferung und zu einer ohne Zweifel vertieften
Fragestellung geführt. «Das wirkliche Problem», so
schrieb ein Jesuitenpater, «ist nicht Hitler, sondern die
Möglichkeit, von Hitler angesteckt zu werden.»

Es braucht kaum gesagt zu werden, daß diese kritische Selbstprüfung sich auf das wohltuendste von der
Haltung derer unterscheidet, die im Jahre 1945 plötz-
lich entdeckten, daß sie niemals Nationalsozialisten
gewesen waren. Der persönlichen Verantwortung in
Begehung und Unterlassung bewußt zu sein und vor
der eigenen Haustür zu kehren ist in der Tat ein not-
wendiger Bestandteil jeder gründlichen Reinigungs-
aktion. Oder, wie es der katholische Dichter Reinhold Schneider in aufwühlenden Worten in seiner
Schrift «Das Unzerstörbare» (1945) gesagt hat:
«Wenn einmal der Name einer Familie oder eines
Volkes angeklagt ist, so wird jedes einzelne Mitglied
aufgerufen, nach einer neuen und reineren Würde zu
streben.» Solche Selbstprüfung und solcher Aufruf
lassen nun freilich die Frage politischer oder juristi-
scher Schuld weit hinter sich, sie erheben statt dessen
die metaphysische und religiöse Natur des Problems
der Verantwortung zu voller Klarheit. Es mag schon
hier und im voraus angemerkt werden, daß diese
Haltung aufs genaueste mit derjenigen übereinstimmt, die führende Männer der deutschen Oppositionsbewegung eingenommen haben. Lange ehe sie
die Niederlage Deutschlands zu gewärtigen hatten,
folgten sie einem aufgestörten Gewissen. Sie erkannten ihre persönliche Mitverantwortlichkeit für Verbrechen an, die im Namen Deutschlands begangen
wurden, und unternahmen es, durch Taten oder
durch Opfer Sühne zu leisten. Dies war dann freilich
eine Wachheit gegenüber der «Sünde», die selbst tiefer greift als irgendeine Vorstellung «fehlerhafter» geschichtlicher Entwicklung. Was diese betrifft, so darf

man wohl als Konzentrat vieler neuerer Erörterungen eine doppelte Verneinung festhalten: Der National-sozialismus war weder ein bloßer «Betriebsunfall» der deutschen Geschichte noch ihr logisches Ergebnis.

Aber wenn es richtig ist (wofür sich vieles sagen läßt), daß Unsicherheit in den Traditionen und der moralischen Struktur des deutschen gesellschaftlichen Lebens oder daß Mangel an Erziehung zu individuel-ler Initiative und bürgerlichem Selbstvertrauen die Hinnahme eines tyrannischen Systems erleichtert ha-ben, so bleibt auch hierbei noch die Gefahr unange-messener Verallgemeinerung. In der Tat ist die Frage nach dem Grad deutscher «Unterwürfigkeit» durch eine leichthin vorausgenommene Antwort in hohem Maße verdunkelt worden. Es ist nicht möglich, zu ei-ner zutreffenden Beurteilung zu gelangen, wenn man die Tatsache roher Gewalt außer acht läßt, mag diese sich auf Drohung beschränkt oder die Form tatsächli-cher Mißhandlung und Folter angenommen haben. Hunderttausende haben sich «unterworfen», weil sie in einer solchen Lage recht- und schutzlos waren, und nicht, weil sie sich von dem System «angezogen» fühlten oder irgendwelche materiellen Vorteile von ihm erwarteten. Denkt man an die ständige Bedro-hung durch den Gummiknüppel und läßt dann die Schwächen an sich vorbeiziehen, die als typisch deutsch gelten, insbesondere die anerzogene Neigung zum Gehorsam gegenüber der «Obrigkeit», so mag in Wahrheit mehr Anlaß sein, über die *Begrenztheit* als über die *Verbreitung* von «Unterwürfigkeit» zu stau-nen. In der Tat läßt sich sagen, daß die Opposition ausgedehnter und prinzipieller war, als verbreitete

Ansichten über den deutschen Volkscharakter oder
die Kenntnis der totalitären Dynamik je hätten vermuten lassen. Ja, es wird die Behauptung zu vertreten
und sie wird noch näher zu begründen sein, daß die
deutsche Opposition gegen Hitler – in Ansehung der
beispiellosen Erschwerungen, unter denen ihre Aufgabe stand, wie auch ihrer grundsätzlichen Ausrichtung auf die Integrität des Menschentums und auf
Ziele, die sich weder auf ein Land noch auf eine Klasse beschränkten – eine potentielle Bedeutung gewonnen hat, die über die jeder nur nationalen oder sozialen Freiheitsbewegung weit hinausgeht.

2. Stufen der «Nicht-Gleichschaltung»

Man kann sagen, daß das deutsche Volk während des
Dritten Reiches, grob gesprochen, in vier Gruppen
zerfiel: tatsächliche und nominelle Nazis, Nicht-Nazis und Anti-Nazis. Über ihr Verhältnis zueinander
genaue Angaben zu machen, ist naturgemäß unmöglich; die Scheidelinien werden sich durch die Jahre hin
mannigfach verschoben haben, und eine Gruppe ging
in die andere über. Als die amerikanische Militärre-
gierung eine Zahl von mehr als 1 Million Bewerbern
für Anstellung in der US-Zone überprüfte, ergab
sich, daß in 50 Prozent der Fälle «kein Anzeichen von
Nazi-Betätigung» vorlag.[6] Nun wird man gewiß
nach allen Fragebogen-Erfahrungen die berechtigt-
sten Zweifel haben dürfen am Genauigkeitswert
solch negativer Feststellungen, insbesondere bei dem
Anlaß, um den es ging. Es mag dabei ein gut Teil er-

folgreicher Camouflage mit im Spiel gewesen sein,
und in dieser Kunst hatte man während der Hitler-
Zeit eine sehr gründliche Schulung durchgemacht
und erneuerte sie in der Besatzungszeit. Es bedurfte
dazu nach 1945 keiner «re-education». Aber auch
wenn man diese Fehlerquelle einsetzt, bleibt der Prozentsatz anerkannter Nicht-Nazis überraschend hoch.
In einer weiteren kritischen Auswertung mag man
annehmen, daß die Zahl der 50 Prozent in unmerk-
lichen Abstufungen in die der nominellen Nazis
hinübergeht. Und man mag sich ferner der Klagen
v. Schlabrendorffs über die Nicht-Nazis erinnern. «Ihr
mangelnder Charakter», so drückt er es aus, «hat uns
mehr zu schaffen gemacht als die Willkür und Brutalität der Nazis.»

In Wahrheit ist das Problem solch einer amorphen
und nur negativ bestimmten Gruppe offenbar von
sehr komplizierter Art. Die gleiche Erscheinung tritt
in allen totalitären Staaten auf. Sie dürfte in der Sowjetunion Stalins nicht weniger bemerkbar gewesen
sein als unter anderen Diktaturen und wäre einer
gründlicheren Erforschung wert. In Deutschland
waren sicher unter den Nicht-Nazis viele, die eine
Vogel-Strauß-Politik trieben und denen jene Züge der
Lauheit und der Neutralität eigen waren, die im Vergleich einen überzeugten Pg. sympathisch machen
konnten. Aber die gleiche Gruppe schloß auch jenes
sehr zahlreiche Element ein, das man als «schweigende Opposition» bezeichnen darf. Und dies Phänomen
muß gemessen werden an dem totalen Anspruch des
herrschenden Systems gegenüber allen, auch den privatesten Formen bürgerlichen Lebens. Dieser An-

spruch war – in der Theorie jedenfalls – in Deutschland umfassender als irgendwo sonst und fand seinen klassischen Ausdruck in Dr. Leys, des Führers der Arbeitsfront, prahlender Feststellung: «Im nationalsozialistischen Deutschland gibt es nicht so etwas wie ein privates Individuum.» Wenn man dies in Rechnung stellt, so wird klar, daß es schon eine Art von Opposition war oder besser eine «potentielle» Form des Widerstands, «kein Anzeichen von Nazi-Betätigung» zu geben.

Solch eine Haltung der Abstinenz war nicht ohne Gefahr, wenngleich sie durch Unauffälligkeit gemildert werden konnte. Es war daher für namenlose Männer und Frauen leichter, zur schweigenden Opposition zu gehören, als für «Prominente» oder solche, die irgendwie im Rampenlicht standen. Aber die Bedeutung des Phänomens sollte nicht unterschätzt werden. Es zeigt ein Reservoir von Kräften an, auf die der aktive Widerstand für den Augenblick zählen konnte, wenn die Macht den Unterdrückern aus der Hand geschlagen war. Auf jeden Fall läßt diese «Reserve-Front» vermuten, daß relativ breite Schichten des Volkes sich in ihrer Weise undurchdringlich zeigten. Sie ließen nicht ab von den Geboten einfach menschlichen Anstands in den gewöhnlichen Dingen des täglichen Lebens. Während sie das unerläßliche Minimum von Konzessionen machten, blieben sie moralisch unberührt. Sie nahmen das Regime nicht als Dauerzustand an und gaben die Hoffnung auf sein Ende nie auf, wenngleich sie wohl wußten, daß sie sich nicht mit ihren bloßen Händen gegen die Gestapo erheben konnten.

Diese Verhaltensweise entzieht sich zwar der ausdrücklichen Definition, aber sie ließ sich in vielen Fällen mit überraschender Anschaulichkeit beobachten. In Fabriken und Dienstzimmern pflegte das Gesprächsthema automatisch zu wechseln, sobald die wohlbekannten Parteimitglieder oder die Aufpasser außer Hörweite waren. Wer die Zeit bis August 1939 in Deutschland miterlebt hat und zwecks Ermöglichung der Auswanderung mit Polizeibüros und Finanzämtern zu tun hatte, wird sich mancher solcher Szenen erinnern. Es gab zwischen den Nicht-Nazis eine schweigende, mitunter fast geheimnisvolle Verständigung. Nur in einer Form wurde sie laut: in jenen beißenden Witzen, die sich mit rätselhafter Schnelle verbreiteten.[7] Als die Nazi-Behörden es gelegentlich für weise hielten, ein Sicherheitsventil zu öffnen, indem sie eine unzensierte Ausgabe der Münchener Faschings-Zeitung, der «Blauesten Nachrichten», gestatteten, müssen sie recht unliebsam überrascht worden sein, und zwar nicht nur durch den Inhalt des Blattes, sondern auch durch die Geschwindigkeit seiner Verbreitung über ganz Deutschland.

Ein anderer auffallender Zug, der die schweigende Opposition bezeugt, war die sich ausdehnende «Vereinsmeierei», d. h. das zahlenmäßige Anwachsen kleiner Kreise, die philosophische oder religiöse, künstlerische oder zwischenstaatliche Probleme erörterten. Auch diese Form von «Separatismus» konnte sich zuzeiten als gefährlich erweisen und mochte eines Tages mit dem gefürchteten Läuten der Wohnungsklingel um 5 Uhr morgens beantwortet werden. Die Gruppe der Nicht-Nazis ging tatsächlich zum minde-

sten ebensosehr in die der Anti-Nazis über wie in die
der nominellen Parteianhänger. Als Graf Moltke, bei
Gelegenheit des Mussolini-Besuches in Berlin im Jahre 1937, sich weigerte, die Fenster seines Büros Unter
den Linden mit dem üblichen Festschmuck zu versehen, und die anderen Mieter zu der gleichen Haltung
überredete, geschah sicherlich mehr, als daß «kein
Anzeichen von Nazi-Betätigung» an der Schauseite
dieses Hauses erschien.

Nicht weniger entzieht sich die Gruppe der nominellen Nazis einer schematischen Beurteilung. In der
Haltung derer, die «mitmachten», waren egoistische
und idealistische Motive oft unentwirrbar verwoben.
Es kann die Ansicht vertreten werden, daß es keine
gefährlichere Fehlmeinung gab als den Glauben, daß
man Exzesse mildern und «Schlimmeres verhüten»
könne, wenn man sich nur beteilige oder in die Partei
eintrete. Im Gesamtbild und ins Große gesehen war
dies ohne Zweifel eine Fehlmeinung. Es war oft nicht
mehr als ein Mittel bequemer Selbsttäuschung. Manche rückblickende Beobachter sind der Ansicht, daß
es ohne die Mitarbeit und Sachkunde von Beamten,
Betriebsführern und anderem geschulten Personal
sehr frühzeitig schon zu einem Zusammenbruch in
Verwaltung und Wirtschaft des nationalsozialistischen Regimes gekommen wäre. Darüber hinaus läßt
sich die These vertreten, daß die Gläubigen der Technik und die hochspezialisierten «Fachleute» eine besondere Verantwortung auf sich genommen haben
durch die sozusagen abstrakte Hingabe an Höchstlei-
stungen, die mit dem dahinter liegenden Zweck
nichts zu tun zu haben vorgibt.[8]

Aber das viel erörterte Problem des «Dabei-Bleibens», das als Gewissensfrage etwa die Erinnerungen des Staatssekretärs von Weizsäcker durchzieht, ist mit solchen Bemerkungen nicht abzutun. Es gab Männer, die in sehr bewußter Einsicht und mit dem Opfer der Selbstdemütigung wie auch der vorauszusehenden Teilnahme an der für sicher gehaltenen Niederlage in ein Amt oder die Partei eintraten, weil nur «von innen» eine wirksame Gegenfront aufzubauen war. So hat es Adam von Trott zu Solz, als er noch die Wahl hatte, im Ausland zu bleiben, für sich in sehr persönlicher Weise bezeugt. Es wird für manchen anderen ähnlich gelten. Auch ist durchaus erkennbar, daß einige derjenigen, die in hohen Stellungen verblieben und mittaten, nicht nur ein gewisses Maß innerer Unabhängigkeit sich bewahrten, sondern auch früher oder später, mit geringerer oder größerer Entschiedenheit, am Widerstand teilhatten.[9]

Mehrere unter ihnen waren oder wurden Mitglieder der aktiven Opposition. Sie arbeiteten wirksam unter den deckenden Falten ihrer Zugehörigkeit zum offiziellen Macht-Apparat und wohl gar unter dem Schutz einer hohen Stellung in der Gestapo oder SS.[10] Aber neben diesen zugespitzten Fällen gab es noch ein anderes, sehr wichtiges, wenngleich weniger greifbares Phänomen. In den technischen Zweigen des Beamtentums blieb die Zahl der Nicht-Parteimitglieder verhältnismäßig hoch; hier konnten auch nominelle Nazis, die der Form nach mitmachten, oft und mit Erfolg gewisse «anachronistische» Grundsätze beruflicher Ethik aufrechterhalten.[11] Nicht wenige Männer und Frauen, die der Verfolgung und dem Terror ent-

kamen, danken ihr Leben dieser Tatsache oder fanden
Sympathie und Hilfe von höchst unerwarteter Seite.
Bei einer «nicht-arischen» Frau, die nach einer der
diskriminierenden Verordnungen, in denen das Regime so erfinderisch war, zwangsweise den Namen
Sarah führen mußte, mochte ein Polizeibeamter bei
der Meldung diesen Zusatznamen stillschweigend
unter den Tisch fallenlassen und ihr damit in aller
Wahrscheinlichkeit das Leben retten. Es ist nicht zu
bezweifeln, daß innerhalb des gleichgeschalteten Beamtentums ganze Gruppen in schweigender, aber
wirksamer Opposition standen und Notausgänge
öffneten, wo immer sie konnten.

Dies ist in einem Nachtrag zu dem amtlichen amerikanischen Bericht über die Wirkungen des Luftkrieges anerkannt worden, der im Jahre 1947 erschienen
ist. Unter dem Stichwort «Deutsche Moral» heißt es
da[12]: «Es gab Elemente, die sich dem Nationalsozialismus widersetzten, indem sie unauffällig innerhalb
des Bereiches der amtlichen Maschinerie an der Arbeit waren. Soweit dies die Polizei betrifft, ist es klar,
daß sie unter den Kriminalbeamten eine beträchtliche
Anzahl von alten Anhängern der Republik enthielt,
die meist zu der sozialdemokratischen Partei gehört
hatten. Leute dieser Art mochten so weit gehen, die
Flucht von vorgemerkten Opfern der Gestapo zu ermöglichen, indem sie ihnen eine warnende Mitteilung der bevorstehenden Verhaftung zukommen ließen und dann ihre Namen in den Listen ‹vermißter
Personen› eintrugen. Unter ‹Eingeweihten› war es
bekannt, daß recht aktive Zellen solcher Art in hohen
Regierungsbehörden bestanden, so etwa im Ministe-

rium des Innern, im Justizministerium, im Arbeitsministerium, in gewissen Gerichtshöfen und Staats-
anwaltschaften sowie besonders in lokalen Regierungsbehörden. Mitglieder solcher Zellen konnten
wirksam die Vollziehung von Strafmaßnahmen sabotieren und taten es nicht selten.»

3. Haltung gegenüber Juden

Im Rahmen einer schweigenden Opposition, die Widerstand und eine Sabotage dieser Art organisierte,
bedarf die Haltung des deutschen Volkes gegenüber
den verfolgten Juden besonderer Aufmerksamkeit.
Daß Anti-Semitismus zum Urbestand der nationalsozialistischen Bewegung gehörte – auf der Grundlage
einer tendenziösen Rassentheorie, aber auch in Verbindung mit Anti-Kapitalismus oder Anti-Kommu-
nismus –, daß er auf breite Schichten eine starke An-
ziehungskraft hatte und Gelegenheit zu schlimmsten
Exzessen wie auch widerlicher Bereicherung bot,
braucht nicht betont zu werden. Aber daß diese Ge-
sinnungen und Handlungsweisen sich mehr oder weniger allgemeiner Zustimmung erfreuten oder bereitwillig hingenommen wurden, trifft keineswegs zu.
Als die britische Regierung nach Kriegsausbruch ein
Weißbuch betreffend «Behandlung von deutschen
Staatsbürgern in Deutschland» veröffentlichte[13], erschienen darin auch die Briefe einiger Deutscher. Sie
gaben der Empörung Ausdruck, die nach den sogenannten «spontanen» Pogromen des 9. November
1938 sicherlich in weiten Kreisen der Bevölkerung

verbreitet war. Nicht weniger interessant ist der Bericht des britischen Generalkonsuls in Frankfurt, der am 14. Dezember 1938 schrieb: «Es scheint mir, daß eine sexuelle Massenperversion die Erklärung für diesen sonst unerklärlichen Ausbruch bieten mag. Ich bin überzeugt, daß, wenn die Regierung Deutschlands von der Wahl des Volkes abhinge, die Machthaber, die für diese Schandtaten verantwortlich sind, von einem Sturm der Entrüstung hinweggefegt worden wären, wenn man sie nicht an die Wand gestellt und erschossen hätte.»

Es mag sein, daß dieser britische Beobachter zu optimistisch war. Und sicherlich geht jener deutsche Beamte zu weit, der an einen anderen Engländer schrieb, daß «das deutsche Volk nicht das geringste mit diesen Tumulten zu tun gehabt habe». Aber es verdient immerhin festgehalten zu werden, daß, während Goebbels die These von der spontanen Reaktion des deutschen Volkes auf die Ermordung des Herrn vom Rath unaufhörlich propagierte, das oberste Parteigericht an Göring berichtete: «... auch die Öffentlichkeit weiß bis auf den letzten Mann, daß politische Aktionen wie die des 9. November von der Partei organisiert und durchgeführt sind, ob dies zugegeben wird oder nicht...»[14] Nicht ohne Interesse ist ferner, was ein SS-Brigadeführer in einem Brief an Himmler zugeben mußte[15]: «Einheimische antisemitische Kräfte», so schrieb er, «wurden während der ersten Stunden *veranlaßt,* mit Pogromen gegen die Juden zu beginnen..., wenngleich es sich *als sehr schwierig erwies,* sie dazu zu bringen.»

Diese Zeugnisse des Widerstrebens werden ergänzt

durch viele Beispiele von Sympathie, Hilfe und positiver Unterstützung, die sich einwandfrei belegen lassen. Bestimmte Gruppen wie die Quäker und protestantische sowohl wie katholische Vereine waren in
solcher Art tätig. Propst Heinrich Grüber mit seiner
Berliner «Hilfsstelle für Nichtarier» sei als Beispiel
herausgegriffen.[16] Hingegen konnte, nach allen
menschlichen und allzu menschlichen Gegebenhei-
ten, die Zahl derer, die einen öffentlichen Protest
wagten, nur gering sein. Ihre Stimmen wurden bald
zum Schweigen gebracht. Unter denen, die Mut genug hatten, sich unmißverständlich zu äußern, mag
der Dekan der Hedwigs-Kirche in Berlin, Monsigno-
re Bernhard Lichtenberg, genannt werden.[17] Seit den
Pogromen des November 1938 pflegte er selbst und
veranlaßte er die Gemeinde der Berliner Kathedrale,
«für Juden und Insassen von Konzentrationslagern»
zu beten. Diese und andere Demonstrationen, wie
der Protest gegen die «Gnadentötung» von Geistes-
kranken, führten zu seiner Verhaftung im Oktober
1942. Während er im Gefängnis war, bot er an, sich
freiwillig in das Ghetto von Lodz verlegen zu lassen.
Er starb auf dem Wege nach Dachau im November
1943. Parallelen auf protestantischer Seite fehlten
nicht.[18] Auch gab es viele Einzelfälle von Hilfe durch
Individuen und Gruppen, über die naturgemäß keine
Akten geführt worden sind. Juden wurden versteckt
gehalten, im Entweichen über die Grenze unterstützt
oder mit Lebensmittelkarten versorgt. Aus der Zahl
derer, die an der illegalen Arbeit für die Verfolgten
teilnahmen, mag der Solf-Kreis hervorgehoben werden, der sich um die Witwe des früheren deutschen

Außenministers und Botschafters in Tokio und ihre Tochter sammelte. Enge Beziehungen bestanden zu Beamten des diplomatischen Dienstes, insbesondere zum früheren deutschen Generalkonsul in New York, Otto C. Kiep, der wegen Teilnahme an einer Ehrung Einsteins dieses Postens enthoben worden war, und zu Geheimrat Kuenzer im Auswärtigen Amt. Wie in vielen anderen Fällen führte nicht zuletzt der Rassenfanatismus des Regimes Menschen humanitärer Gesinnung zur Gegenwehr zusammen. Auch eine Gestalt wie Elisabeth von Thadden, Direktorin eines Landschulheims für Mädchen und Mitglied des Solf-Kreises, sollte nicht unerwähnt bleiben.[19] Sie trieb nicht aktive Opposition im politischen Sinne, aber in ihrem beispielhaften Sein war sie eine Quelle der Kraft für andere und ein Vorwurf gegen das Regime, solange sie lebte.

Eine weitere Einsicht in die mehr systematische und ausgesprochen verschwörerhafte Tätigkeit solch humanitärer Kreise läßt sich aus Ruth Andreas-Friedrichs Buch «Der Schattenmann» gewinnen.[20] Ihr Bericht über die Widerstandsgruppe «Onkel Emil», in Tagebuchform vorgelegt und sicher nicht frei von romanhaften Zügen, trägt doch in allem Wesentlichen den unverkennbaren Stempel der Wahrheit. Für den, der etwas Fühlung mit solchen Vorgängen hatte, sind selbst einige der Pseudonyme durchsichtig genug. Es gab kein politisches Ziel, über das alle Mitglieder dieses Kreises sich einig gewesen wären. Ihr gemeinsamer Ausgangspunkt waren leidenschaftliche Abneigung gegen die Hitler-Tyrannei, der sie mit allen, auch defätistischen Mitteln entgegenarbeiteten, und

vor allem eine grundsätzliche Entschlossenheit, «der
Menschlichkeit zu dienen» und die Mühsal der Bela-
denen nach Kräften zu mildern. Es wird sich im Verlauf dieser Studie immer wieder herausstellen, daß
für viele die innerste Triebkraft der Opposition und
daß ihre über den Einzelfall hinausgehende Tragweite
auf ethischen und religiösen Überzeugungen oder
auf den ununterdrückbaren Forderungen einfach
menschlichen Anstands beruhten. «Was wir tun»,
schreibt Frau Andreas in ihrem Tagebuch, «ist Einzelarbeit.» Aber sie fügt die sehr berechtigte Mahnung hinzu: «Nur daß diese Einzelarbeit Tausender
und aber Tausender Deutscher im Dienste der
Menschlichkeit getan wird, trotz Drangsal, Verfolgung und Tyrannei, das sollte, wenn der Tag der Abrechnung kommt, von denen nicht vergessen werden, die es leichter haben als wir, gute und hilfreiche
Menschen zu sein.»

Es muß solche Gruppen in anderen Städten gleichfalls gegeben haben. Beispiele sind bekannt aus München und Augsburg. Auch war in Berlin «Onkel
Emil» sicher keine vereinzelte Erscheinung. Im Jahre
1947 stellte der Sachbearbeiter jüdischer Angelegenheiten beim Berliner Magistrat fest, daß die Mehrheit
der «Arier» niemals den Nazi-Antisemitismus angenommen habe, was vielleicht eine zu summarische
Behauptung ist, und daß in der Reichshauptstadt allein, was er nachprüfen konnte, 5000 Juden von ihren
Landsleuten mit Erfolg versteckt worden seien.[21] Das
ist gewiß eine erbarmungswürdig kleine Zahl, wenn
man sie mit denen vergleicht, die zugrunde gingen.
Aber die Zahl der Deutschen, die ihr Leben aufs Spiel

gesetzt haben, um auch nur dieses verhältnismäßig
geringe Ergebnis zu erreichen, muß um ein Mannig-
faches größer gewesen sein – und sie sollten nicht der
Vergessenheit anheimfallen.

4. Intellektuelle und Kirchen

Die Erörterung einer schweigenden Opposition, die
gradweise übergeht in offene Nicht-Gleichschaltung
oder sehr bestimmte Formen von Untergrundarbeit,
führt zu dem zentralen Problem, vor das sich Intellektuelle und Kirchen in besonderem Maße gestellt
sahen. Ihnen, so möchte man sagen, fiel es spezifisch
zu, menschliche Unantastbarkeit zu bewahren und
geistigen Widerstand zu leisten. Die Frage ist, wieweit sie dieser Aufgabe genügt haben.

In Antwort darauf ist keine Gruppe heftiger geta-
delt worden als die der Professoren und Journalisten,
der Schriftsteller und Künstler. Und wenn es wahr ist,
daß sie, zu einem gewissen Grade, das Gewissen eines
Volkes repräsentieren, so kann in der Tat kein Maßstab streng genug sein. Auch hier, wie im Fall des Beamtentums, ist geltend gemacht worden, daß ein
weitverbreiteter oder, wie manche fordern, ein «ein-
mütiger» Protest der deutschen Intellektuellen das nationalsozialistische Regime hoffnungslos komprommit-
tiert und vielleicht gar zum Einsturz gebracht haben
würde, ehe es noch Zeit fand, seine Machtstellung
auszubauen. Es mag einiges für diese Auffassung sprechen, obwohl sie an sehr überlebte Formen und eine
jedenfalls der Sozialstruktur des frühen 20. Jahrhun-

derts nicht mehr adäquate Rolle des «politischen Pro-
fessorentums» erinnert und insofern «anachronisti-
scher» ist, als die tatsächlichen Pläne und Handlungen
der deutschen Opposition waren. Wie dem auch sei,
es ist richtig, daß kein Aufstand der Intelligenz im Jahr
1933 erfolgte und daß Beispiele von Schwäche und
Zersetzung sich häuften. Nur mit einem Gefühl der
Scham kann man sich der Erfindung «deutscher» Ma-
thematik und «deutscher» Physik erinnern oder der
vielen anderen Formen geistiger Prostitution; und die
zahlreichen «Umfälle» von Gelehrten und Schriftstellern waren kläglich genug. Auch ist es unzweifelhaft
wahr, daß manche Richtungen im deutschen akademischen Leben nicht nur einem übersteigerten Nationalismus vorgearbeitet, sondern auch zu jener «Anarchie der Werte» beigetragen hatten, die für die Brutalität der nationalsozialistischen Diktatur und für die
Flachheit des Rosenbergschen «Mythus» einen nur zu
fruchtbaren Nährboden schuf. Zwar war die Zahl «alter Kämpfer» an den Universitäten ganz außerordentlich gering, und fast in jedem dieser Einzelfälle ließen
sich persönliche Beweggründe beruflicher Zurückset-
zung oder menschlichen Versagens leicht genug nachweisen. Aber die Gleichschaltung des Akademischen
und des Lebens überhaupt ging mit einer beschämenden Hast vor sich und kam oft der tatsächlichen Er-
zwingung, an der es nicht gefehlt haben würde, mit
unnötigen Verbeugungen zuvor.[22]
　　Dies alles muß so nachdrücklich festgestellt werden, wie es der Ernst des Phänomens erfordert. Es
fällt unter das Stichwort des «Verrats der Intellektuellen» oder ist Teil jener breiteren Erscheinung, die ein

französischer Autor als *«trahison des clercs»* bezeichnet
hat. Aber die Anklage ist einseitig. Um sie ins Gleich-
gewicht zu rücken und um der Gerechtigkeit genug-
zutun, würde es nötig sein, auch diejenigen zu nennen, die sich nicht unterwarfen. Es gab führende
Männer in Philosophie und Erziehungswissenschaft,
in Geschichte und Jurisprudenz – übrigens auch in der
juristischen Praxis – wie in den philologischen Fä-
chern, in Nationalökonomie und Physik, und es gab
jüngere unter ihren Kollegen, die sich intakt erhiel-
ten. Auch die Studentenschaft war keineswegs durch-
gehend gleichgeschaltet. Im Durchschnitt schloß sich
nur etwa ein Viertel nicht dem nationalsozialistischen
Studentenbund an, obwohl eine solche Enthaltung
den Verbleib an der Universität wie die spätere berufliche Laufbahn ernstlich gefährden mußte. Auch kann
man auf weitere Umstände verweisen, die das Bild
positiver erscheinen lassen und vermutlich einen
mehr ins Allgemeine gehenden Einfluß hatten. Es
ist bekannt, daß eine Reihe von Zeitschriften ihre
weltanschauliche Linie und ihre redaktionelle Unabhängigkeit keineswegs aufgegeben haben, das
«Hochland» und «Die Weißen Blätter» etwa oder die
«Corona» und die «Deutsche Rundschau». Eine beträchtliche Anzahl von Schriftstellern, Dichtern und
anderen Künstlern weigerte sich gleichfalls, offiziellen Parolen zu folgen und mit dem Strom zu schwim-
men, oder stand in offener Opposition. Man wird
nicht annehmen dürfen, daß irgendeine dieser Haltungen dem Regime merklichen Abbruch tat; die
Wirkung war vielmehr eine moralische Verstärkung
der Front derer, die aktiven Widerstand leisteten.

Auch sonst läßt sich im Rückblick gerade auf die
Jahre stärksten Druckes einiges sagen, das für die Un-
zerstörbarkeit geistigen Lebens und seine reinigende
Kraft spricht. Man kann dies sowohl in der Intensität
intellektueller Bemühung in kleinen Kreisen und
nachbarlichen Vereinigungen bezeugt sehen wie in
der Haltung des lesenden Publikums im Ganzen, in
Theaterprogrammen und in den allgemeinen Richtungen der literarischen Produktion. Am 18. April
1942 erörterte die «Frankfurter Zeitung», was sie
vorsichtig eine «gewisse Reaktion» nannte, das heißt
die Vorliebe der Leser für «alte» Bücher und «Werke
von größerer Tiefe». In die gleiche Richtung weist
das Beispiel eines Buchhändlers in einer kleinen württembergischen Stadt, der seinen Laden zum Mittelpunkt eines lebhaften Austausches zwischen Autoren
und Kunden zu machen wußte.[23] In den Schaufen-
stern der Verleger und Buchhändler war zwar, wie
nicht anders zu erwarten, das offizielle Schrifttum der
Partei breit ausgelegt, aber das wirkliche Geschäft
ging andere Wege und bot dem Käufer Ware, notfalls
«unter dem Ladentisch», die nicht den Stempel öder
Gleichmacherei und staatlich verordneter Langeweile
trug. Große Nachfrage war nach theologischen Ab-
handlungen und sowohl nach «Klassikern» wie nach
Übersetzungen ausländischer Literatur. Es erschienen
Volksausgaben antiker Schriftsteller, darunter eine
zweisprachige der Vor-Sokratiker. Die populären
Texte schlossen chinesische Denker ebenso ein wie
Dante und Thomas von Aquino.

Auch wissenschaftliche Literatur wurde weiterhin
mit erstaunlicher Stetigkeit veröffentlicht. Nicht sel-

ten erweist sie sich frei von jeder Nazifärbung, ja, gelegentlich ist sie noch imstande gewesen, ihren legitimen Beitrag zur Abwehr von Legenden zu leisten.
Das gilt sogar von der Geschichtswissenschaft, die
naturgemäß unter stärkstem Druck stand. Eine kritische Durchsicht der Fachzeitschriften führt zu dem
Schluß, daß die Zahl der von offiziellen Parolen unbe-
rührten Aufsätze und Besprechungen größer war, als
zu vermuten stand.[24] Es konnte immerhin 1940 in der
Zeitschrift «Deutsches Archiv» ein Artikel erscheinen
mit dem Nachweis, daß das von Himmler zum Na-
tionalheiligtum erklärte «Grab Heinrichs I.» – das einer christlichen Heiligen sei. Und auf dem deutschen
Historikertag von 1937 erklärte ein auf dem Gebiet
des Mittelalters führender Forscher in sehr unortho-
doxen Worten, daß das Herauswachsen des «Deutschen» aus dem «Germanischen» dem Einfluß von
Altertum und Christentum zu verdanken sei. In der
Tat trifft es nicht zu, daß der Acker so sehr schrumpf-
te. Im Jahr 1946 brachte die Bonner Universität eine
Liste wissenschaftlicher Veröffentlichungen aus der
Zeit von 1939 bis 1945 heraus.[25] Es waren darin sichtlich alle nationalsozialistischen oder dem Parteigeist
hörigen Bücher und alle sonstigen Werke, die auf
dem «Index» der Alliierten stehen mochten, ausgelas-
sen worden. Gleichwohl enthielt der Katalog ungefähr 3000 Titel, vornehmlich aus dem Gebiet der Gei-
steswissenschaften. Von ihnen deuten gewiß viele ein
Ausweichen (einen «escapism») in entlegene Gebiete
oder zum mindesten eine Themenwahl an, die von
der Gefahrenzone sich fernhält. Aber die Gegenstän-
de, auf denen der Nachdruck liegt, sind nicht weniger

auffallend als die Breite der Interessen im Ganzen. In
erster Linie ist die Blickrichtung gesamteuropäisch.
Soweit sie sich mit deutscher Kultur befaßt, geht sie
aufs entschiedenste zu älteren Überlieferungen zurück, zu biblischen Traditionen, zu Plato und Aristo-
teles oder zu Meister Eckhart, Nikolaus von Cusa
und Jakob Böhme, zu Humboldt und Schleierma-
cher, zu Goethe und Stifter. Ein deutscher, in die
Schweiz emigrierter Professor wie W. Röpke, der im
allgemeinen recht kritisch gegen seine Kollegen jenseits der Grenze ist, hat 1945 mit gutem Recht festgestellt[26], daß man in dem Bestehen auf geistiger Konti-
nuität «bereits eine Art von Opposition» erblicken
könne, wenn auch nur eine passive. Aber er spricht
auch von dem Übergang, der von da aus zu den Kräften aktiven Widerstands führe, und fügt hinzu: «Wir
haben allen Anlaß, vor der Zivilcourage, die da bewiesen wurde, tief den Hut zu ziehen.»

In der Tat überkreuzte sich «Nicht-Gleichschaltung» wiederum mit mehr oder weniger verhüllten
Formen des Widerstands. Von der Abstinenz war es
nur ein Schritt bis zu einer Haltung, die mit vollem
Bewußtsein nationalsozialistische Lehrmeinungen
unterminiert oder zur Opposition gegen ein tyranni-
sches Regime in allen seinen Formen und Auswirkungen aufruft. Selbst die dem Anschein nach gleichgeschalteten «bürgerlichen» Zeitungen, so das «Berliner Tageblatt»[27] und die «Frankfurter Zeitung»,
konnten gewisse Angriffswaffen benutzen, wie z. B.
den Handelsteil. Wenn kein anderes Mittel mehr verfügbar war, blieb immer noch der scheinheilige Abdruck parteioffiziöser Äußerungen, wie der, daß die

Japaner «Gelbe Arier» oder daß Tomaten die «nor-
dische Frucht» des Südens seien.

Individuen mochten weitergehen. Im Jahr 1935 gab
Adam von Trott zu Solz, ein früherer Cecil-Rhodes-
Stipendiat, der zu den führenden Männern der Verschwörung gegen Hitler gehören sollte, die Schriften
Heinrich von Kleists heraus und begleitete sie mit einem Kommentar.[28] Es war klar genug, welchen Bezug die Angriffe des Dichters auf Napoleons Tyrannei zu den Ereignissen des Tages hatten. Und Trotts
Einleitung stellte unmißverständlich fest, daß Kleist
zum Rebellen wurde, weil er die «göttliche Bestim-
mung» des Menschen in den Staub getreten sah, und
daß er seine Hoffnung auf den «rechtschaffenen Sinn
des einzelnen Staatsbürgers», der sich gegen einen
unmoralischen und demoralisierenden Despotismus
erheben würde, setzte. – Auch an Beispielen aus der
– im engeren Sinn – «schönen Literatur» fehlt es
nicht. Genannt sei Reinhold Schneider, der 1937 in
seinem Buch «Las Casas vor Karl V.» den spanischen
Dominikaner den Kaiser anflehen läßt, den Leiden
der Indios ein Ende zu setzen, und ihm zur Begründung die Worte in den Mund legt: «Herr, Dein Volk
ist krank, laß es gesunden. Zerbrich das Unrecht, an
dem es erstickt.» Selbst ein durchschnittlicher Leser
konnte verstehen, worauf sich diese Worte bezogen,
und das Buch war ein großer Erfolg. Dasselbe gilt
von dem Königsroman von Jochen Klepper vom
gleichen Jahr – einem Roman, in dem es scheinbar
um einen nationalsozialistischen Vorläufer, den «Führer von Potsdam» ging, tatsächlich aber um das Bild
eines preußischen Menschen in seiner Verantwortung

vor Gott. Auch in Werner Bergengruens «Der Groß-
tyrann und das Gericht» von 1935 konnte, wer
immer sich mit dem Nationalsozialismus kritisch
auseinandersetzte, die Handschrift an der Wand erblicken. Es gab viele Beispiele für ein solches «indirektes Richtverfahren», wie es der Artillerist nennen
würde. Man konnte ins Ziel treffen, wenn man sich
mit Demosthenes gegen Philipp von Mazedonien
wandte oder mit Burckardt gegen Nietzsche. Man
konnte dem Angriff die Form eines Buches geben,
das von Cromwell oder von Robespierre, von Pilsud-
ski oder von der Massenhysterie der Münsterer Wie-
dertäufer im 16. Jahrhundert handelte. Die gleiche
Technik der Camouflage wurde von der «Deutschen
Rundschau» erfolgreich in Artikeln angewandt, die
für ein breiteres Publikum bestimmt waren und in
der Tat in hektographierten Abschriften umliefen. Sie
beschäftigten sich mit Themen wie Sibirien oder dem
südamerikanischen Diktator Lopez, und es war gewiß nicht schwer, die zeitgeschichtliche Nutzanwen-
dung herauszufinden. Mit allem Freimut erklärte zudem die gleiche Zeitschrift im April 1941, daß Groß-
mannssucht «eine der gefährlichsten Erkrankungen
eines Volkes» sei.

Die Frage kann aufgeworfen werden, wie es überhaupt möglich war, solche indirekten Angriffe vorzu-
tragen und eine gewisse Selbständigkeit zu bewahren,
während doch die Augen und Ohren der Gestapo und
des Propagandaministeriums für allgegenwärtig galten. Dazu wird zu sagen sein, daß es gerade wegen
der Vielfalt und der Konkurrenz der Kontrollorgane
einige Ausweichmöglichkeiten gab. In einem be-

stimmten Fall, dem der «Marmorklippen» Ernst Jün-
gers, ist wohl vermutet worden, daß Goebbels selbst
trotz der Beschwerde des Reichsleiters Bouhler seine
geheime Freude an dem Buch hatte, weil es den
Hauptangriff gegen die düstere Gestalt eines «Ober-
försters» (Göring) zu richten schien. Jedenfalls war
Goebbels klug genug, sich keine Illusionen über die
tödliche Langeweile der offiziellen Literatur und Par-
teipresse zu machen. Dem Theater zum mindesten
gewährte er einige Freiheit. Und auch sonst verdank-
te das kulturelle Leben den Rivalitäten innerhalb der
Führungsschicht gewisse Schlupflöcher. In den Jahren 1933/34 erlaubte der Machtkampf zwischen Rosenberg und Goebbels einer studentischen Gruppe in
Berlin, der offiziellen völkischen Kunstdoktrin Widerstand zu leisten und in aller Öffentlichkeit einen
Kampf für die moderne Kunst zu wagen, der dann
freilich mit Unterdrückung endete.

Somit hatte das alles doch sehr bestimmte Grenzen.
Rudolf Pechel, der Herausgeber der «Deutschen
Rundschau» und ein Angehöriger der aktiven Widerstandsbewegung von ihren Anfängen an, wurde im
April 1942 verhaftet, als einer seiner Artikel das Mißgeschick hatte, vom Britischen Rundfunk in London
nach Deutschland gesendet zu werden. Er, wie auch
seine Frau und seine Freunde, wurden mit den üblichen Methoden verhört, und in den drei Jahren bis
Kriegsende, die er in Untersuchungshaft und in Konzentrationslagern zu verbringen hatte, entging er dem
Tod mit knapper Not. Auch an Ernst Wiechert wird
zu erinnern sein. In einer «Ansprache an die deutsche
Jugend», die er 1935 in der Münchener Universität

hielt, beschwor er seine Zuhörer, «... nicht zu schweigen, wenn das Gewissen ... zu reden befiehlt, ... weil nichts und nichts das Mark eines Mannes so zerfrißt wie die Feigheit». Wiechert selbst mußte für seine kompromißlose Haltung schließlich in Buchenwald büßen.[29] Auf andere Intellektuelle und Universitätslehrer, die sich der aktiven Opposition anschlossen, wird später zu verweisen sein. Jedenfalls, ein Bild, das nur in schwarzen Farben malt, wäre sehr ungerecht. Auch trifft es keineswegs zu, daß die Opposition von Intellektuellen sich auf einen exklusiven Zirkel «reaktionärer» oder «liberalistischer» Geistigkeit beschränkte und nur vom Eingeweihten verstanden werden konnte. Es wäre angemessen, von einer Bewegung der «Reaktionäre» im besten Sinne des Wortes zu sprechen, das heißt von einer Rückwendung zum Wertbeständigen, von einer Wiederbelebung von Energien, die der politischen Opposition eine breitere und grundsätzlichere Basis gaben.

Das gleiche gilt für die Kirchen, und zwar für sie mehr als für irgendeine andere Gruppe der Opposition. Auch hier war es nicht leicht, Zögern und die Neigung zum Kompromiß zu überwinden. Der unüberbrückbare Widerspruch im Prinzipiellen war nicht von allem Anfang an klar. Nur Sekten wie die Quäker und die Mennoniten blieben von Schwankungen verschont. Sie haben unausgesetzt passiven Widerstand geleistet. Die «Ernsten Bibelforscher» – in ihrem Glauben ebenso «totalitär» wie der nationalsozialistische Gegner – ließen es darüber hinaus an literarischer Agitation und Untergrundarbeit nicht fehlen. Aber die Zahl der Anhänger von «Freikir-

chen» war im Ganzen gering.[30] Was die katholische
Kirche betrifft, so versuchte der Vatikan zunächst,
durch den Abschluß eines Konkordats (20. Juli 1933)
eine Politik fortzusetzen, die zur Weimarer Zeit nicht
zum Erfolg gekommen war, und zugleich gewisse
Dämme gegen die Ansprüche des totalitären Systems
wie gegen die Ausbreitung des Neu-Heidentums zu
errichten. Für Hitler ging es bei diesen Verhandlungen um möglichste Eliminierung des Zentrums oder
irgendwelcher Opposition von seiten des deutschen
Klerus und um eine propagandistisch nutzbare Widerlegung des Vorwurfs eigener Kirchenfeindlich-
keit. Mit überschwenglichen Worten telegraphierte
der Vizekanzler von Papen nach dem Abschluß aus
Rom: «...Dank Ihrer großzügigen und weisen
staatsmännischen Auffassung von der bedeutsamen
Aufgabe der christlichen Kirchen beim Aufbau des
Dritten Reiches ist damit ein Werk vollendet, das späterhin als eine historische Tat des Nationalsozialismus
anerkannt werden wird...»[31] In der Praxis war dieser
«Vorschuß an Vertrauen» seitens der Kurie, wie sich
am Weitergang der Gleichschaltung, an den Eingriffen in die Jugenderziehung und katholisches Vereins-
wesen bald genug zeigen sollte, wirkungslos, zudem
bedeutete das Konkordat politisch, daß die höchste
kirchliche Autorität die Reihe internationaler Verträ-
ge eröffnete, die mithalfen, das nationalsozialistische
Regime zu legitimieren oder sozusagen respektabel
zu machen.

Was andererseits den deutschen Protestantismus
betrifft, so war er im Widerstand gehemmt durch die
Tradition des Landeskirchentums und die herkömm-

liche Auffassung «christlicher Obrigkeit» sowie
durch bestimmte Eigenheiten der sozialen Zusammensetzung seiner Anhänger. Es kam hinzu, daß der
überwiegend lutherische Teil des deutschen Protestantismus auf eine Lehre zurückging, die mehr
Nachdruck auf die übersinnliche als auf die sichtbare
Welt legte, die mehr interessiert war an Seelsorge als
an der christlichen Gestaltung gesellschaftlichen Lebens. In der Tat ist für Luther die äußere Ordnung
der Dinge, die sowieso zum Reich der Sünde gehörte,
von verhältnismäßig geringer Bedeutung gewesen.
Sie konnte nicht durch menschliche Anstrengung
«reformiert» werden, sondern nur durch Glauben
und christliche Liebe. Die Ansätze zu einem religiös
begründeten Widerstandsrecht, an denen es auch bei
ihm nicht fehlte, waren durch die geschichtliche Entwicklung des deutschen Protestantismus überdeckt
worden[32]; nach herkömmlicher Auffassung war Luthers Lehre von den «Zwei Reichen» im Vergleich
mit der Calvins durch ihre transzendentale Ausrichtung unterschieden. All dies waren Überlieferungen
und Haltungen, die Konservatismus im politischen
und sozialen Sinn nahelegten, sie waren ein Hindernis
im Wege der Gehorsamsverweigerung oder gar direkter Aktion und betonten das biblische Gebot,
«dem Kaiser zu geben, was des Kaisers ist».

Gleichwohl fand auf kirchlichem Gebiet der Widerstand gegen die Gleichschaltungstendenz frühzeitig einen bedeutsamen Ansatzpunkt.[33] Während die
nationalsozialistische Führung in den ersten Wochen
beflissen und gemäß der damaligen Koalition mit
einem konservativen Partner den christlich-nationa-

len Charakter der Neuordnung betonte und ja auch das NS-Programm sich zum positiven Christentum bekannte, setzte die von der Partei begünstigte, schon seit 1932 aktive «Deutschchristliche Bewegung» zu einer eigenen Art von Machtergreifung an mit der Proklamierung der rassischen Säuberung und des Führerprinzips zur Gleichschaltung von Staat und Kirche. Es kam zu heftigen Zusammenstößen.[34] Aber nach dem manipulierten Wahlsieg vom Juli 1933 drang die «SA Jesu Christ», wie die Deutschen Christen sich nannten, maßgeblich in die Kirchenbehörden ein. Demgegenüber erhob sich jetzt die Stimme des Protests. Am 7. September 1933 rief der Dahlemer Pfarrer Martin Niemöller zusammen mit Dietrich Bonhoeffer zum Kampf gegen den kirchlichen Antisemitismus des Arierparagraphen und zur theologischen Neuorientierung auf. Während eine Nationalsynode wenige Tage später den Königsberger Wehrkreispfarrer Ludwig Müller zum Reichsbischof wählte, stimmten dem Dahlemer Aufruf innerhalb weniger Wochen an 2000 Pfarrer zu, und bis zum Jahresende wuchs der «Pfarrer-Notbund» auf 6000 Mitglieder an.

Damit war von protestantischer Seite das Signal zum Kirchenkampf gegeben. Zu seiner Geschichte gibt es eine umfängliche und auch dokumentarisch reich belegte Literatur. Selbst im Ausland, das sonst so ungern vom Widerstand Kenntnis nahm, ist dieser Teil einer oppositionellen Bewegung frühzeitig bekanntgeworden.[35] Es wird hier nicht auf Einzelheiten des Verlaufs einzugehen sein, auch nicht auf die aufgebauschten oder künstlich fabrizierten Anklagen gegen einzelne katholische Priester oder Orden. Vollends die auf Hochhuths Drama «Der Stellvertreter» folgende lebhafte Diskussion über die Stellungnahme Pius XII., insbesondere zur Judenfrage, fällt aus der Themastellung dieses Buches heraus oder berührt sie nur insofern, als die Publikation aus den vatikanischen Archiven in der Korrespondenz des Papstes mit den deutschen Bischöfen deren in der Taktik zum Teil verschiedene Haltung deutlicher erkennen läßt.[36] Aber was immer diese Verschiedenheiten waren, an denen es, wie zu zeigen sein wird, auch auf protestantischer Seite nicht fehlte, der nationalsozialistische Angriff auf die beiden Kirchen brachte den zum Teil noch schleichenden Konflikt mehr und mehr zu offenem Ausbruch. Mit innerer Folgerichtigkeit – und das ist für den Charakter der kirchlichen Opposition entscheidend – brach der grundsätzliche Widerstreit der Prinzipien auf, für die Kreuz und Hakenkreuz die Symbole waren. Somit erhoben die katholischen Bischöfe und die im Verfolg der Dahlemer Aktion gegründete Bekenntniskirche ihre Stimmen nicht nur gegen Gestapo-Einmischung oder die Versuche, die Kirchen von innen her zu zersetzen. Was sie angriffen, war vielmehr das nationalsozialistische System selbst in seinen wesenhaften Zügen: der Totalitätsanspruch mit seiner vollständigen Mißachtung der Heiligkeit persönlichen Lebens und seiner Verspottung elementarster Rechtsbegriffe; die rassendogmatische Umdeutung des christlichen Glaubens; die Vergöttlichung Hitlers und die Verherrlichung der Blutsgemeinschaft des auserwählten deutschen Volkes.

Sobald dieser wesenhafte Widerstreit einmal klar geworden war, gab es keine Möglichkeit, ihm auszuweichen. Und es ist ihm nicht ausgewichen worden. Wer Kardinal Faulhabers Predigten über das Alte Testament oder die Hirtenbriefe der deutschen Bischöfe schon aus dem Sommer 1933, die «Barmer Erklärung» vom Mai 1934 oder die amtlichen Verkündigungen der Bekenntniskirche liest, wird nicht länger anzunehmen bereit sein, daß «feige Unterwerfung» die Regel war. Mit den Ereignissen selbst verschärfte sich die Tonart: Im März 1935 wurde ein Manifest gegen die «Rassenmystik» von protestantischen Kanzeln verlesen. Die Folge war die Verhaftung von 700 Geistlichen. Noch weiter ging die Denkschrift, die zu Pfingsten 1936 von den Führern der Bekenntniskirche entworfen wurde, um Hitler selbst eingereicht zu werden. Darin hieß es[37]: «Wenn Blut, Rasse, Volkstum und Ehre den Rang von Ewigkeitswerten erhalten, so wird der evangelische Christ durch das erste Gebot gezwungen, diese Bewertung abzulehnen. Wenn der arische Mensch verherrlicht wird, so bezeugt Gottes Wort die Sündhaftigkeit aller Menschen. Wenn dem Christen im Rahmen der nationalsozialistischen Weltanschauung ein Antisemitismus aufgedrängt wird, der zum Judenhaß verpflichtet, so steht für ihn dagegen das christliche Gebot der Nächstenliebe.» Mit der gleichen Hinwendung zu einer grundsätzlichen menschheitlichen Fragestellung erklärte ein Hirtenbrief der deutschen Bischöfe im Jahre 1942: «Wir möchten ganz besonders betonen, daß wir nicht nur für religiöse und kirchliche Rechte eintreten, sondern auch für menschliche Rechte schlechthin... Ohne ihre Gewähr muß der ganze Bau westlicher Kultur zusammenfallen.»

All dies wurde nicht nur gepredigt, sondern es wurde gelebt und bekräftigt durch Hunderte von Pastoren und Kirchenbeamten, die von ihren Kanzeln und Ämtern entfernt oder in Gefängnisse und Konzentrationslager gebracht wurden. Dachau insbesondere scheint für Priester – polnische, von denen an 800 starben, andere ausländische, aber auch deutsche Priester und evangelische Geistliche (an Zahl etwa 70 bis 80) – bestimmt gewesen zu sein.[38]

Dies ist das allgemeine Bild eines geistlichen Widerstandes, über das insoweit Einverständnis vorausgesetzt werden darf. Aber innerhalb eines solchen Rahmens bedürfen einige Einzelfragen der kritischen Erörterung. Zunächst einmal: Wie weit dehnte sich die kirchliche Opposition aus? Es gab sicherlich, wie schon erwähnt, Unterschiede taktischen Verhaltens bei den beiden Konfessionen und in allen kirchlichen Lagern; es gab aus der gegebenen Situation heraus Unterschiede zwischen den sogenannten «unzerstörten» protestantischen Kirchen in Süd- und Westdeutschland wie auch in Hannover, die in der Kirchenverfassungsfrage weniger gefährdet waren, und der altpreußischen Kirche, der Union, die tatsächlich mit dem Rücken gegen die Wand stand. Es gab den Antagonismus zwischen Bischof Heckels kirchlichem Außenamt und seinen Mitarbeitern in der Ökumene (die für eine Zeitlang in Fühlung mit dem offiziellen Kirchenregiment zu bleiben versuchten) einerseits und den entschlossenen Widerständlern in der Bekennenden Kirche andererseits, einen Antagonismus, für

den Bonhoeffer unter anderen ein Zeuge ist und den
Karl Barth 1945 in seiner Kritik an Gerstenmaier (im
Kirchenblatt für die Reformierte Schweiz) so scharf
betont hat. Auch gegen den württembergischen Lan-
desbischof Wurm, dessen «spontanes tapferes Handeln» gerühmt wird, der aber den Bruch mit der
Reichskirchenleitung zu vermeiden suchte, stellten
sich im Lande selbst, in einer mehr kämpferischen
Front, die «Dahlemiten» der «Kirchlich-Theologi-
schen Sozietät». Sogar in Berlin, das mit Dahlem das
inoffizielle Hauptquartier der Bekennenden Kirche
stellte, gab es 1937 nur 160 Geistliche, die der B. K. angehörten, 40 waren Deutsche Christen und 200 hielten eine mittlere Position.[39] Diese Zahlen können
gewiß nicht irgendwie in schematischer Weise auf
Parteiungen im «Kirchenvolk» übertragen werden, sie
deuten auch – mit der breiteren Mittelgruppe – weniger eine Spaltung in der menschlichen als eben gerade
in der theologischen Haltung an. Damit wird ein Problem von erheblicher Bedeutung berührt.

In mancher Hinsicht kann der Nationalsozialismus
als eine letzte Gipfelung und Übersteigerung der Sä-
kularisationsbewegung des 19. Jahrhunderts betrachtet werden. Es ist daher nicht überraschend, daß der
«liberale» Protestantismus, der mit einer idealistischen
Kulturphilosophie und einer «Fortschrittsmetaphy-
sik» (Tillich) durchsetzt war, mehr einem Geschehen-
lassen der äußeren Dinge zuneigte und weniger Wi-
derstandskraft gegenüber dem Nazitum besaß. Man
muß klar herausstellen, daß die «radikalen» Gegner
des Regimes überwiegend im Lager der Orthodoxie
standen, das heißt im Lager derjenigen, die einer un-

verdünnten Glaubenslehre und einer pessimistischen Auffassung von den sogenannten natürlichen oder den «dämonischen» Kräften in der Welt anhingen. Während die Widerstandsbewegung unzweifelhaft von dem orthodoxen Teil der Geistlichkeit und dem «Bruderrat» geführt wurde, wird man gewiß zweifeln dürfen, ob und wieweit der dogmatische Ansatz den vielen bewußt wurde, die in die Kirchen strömten. Aber auch unter dem Laienelement breitete sich theologisches Interesse zu einem erstaunlichen Grade aus.

Eine zweite Frage, die sich erhebt, ist die, ob nicht die energische Hinwendung zu religiöser Opposition nur eine andere Art des «Ausweichens» war und die politische Gegenwehr geradezu verzögern half. Martin Niemöller, der meistgenannte unter den Leitern der Bekenntniskirche, hat die Berechtigung dieses Vorwurfs offen zugegeben oder ihn zum mindesten in dem Ausmaß anerkannt, daß die evangelische Kirche zur Erkenntnis der allgemeinen Gefahr erst erwachte, nachdem sie in ihren eigensten und innersten Anliegen angegriffen worden war. Als protestantische Vertreter Deutschlands mit denen der westeuropäischen Länder und der Vereinigten Staaten im Herbst 1945 in Stuttgart zusammentrafen, erklärten sie sich der Unterlassung schuldig, dem Nationalsozialismus nicht früher und wirksamer Widerstand geleistet zu haben. Sie übernahmen für die Kirche einen Teil der «Kriegsschuld» in dem Sinne, daß kein rechtzeitiger Versuch gemacht worden war, die Regierung zu stürzen.[40]

Eine solche Feststellung, wie jeder andere Ausdruck kritischer Selbstprüfung, hat in sich selbst ei-

nen Wert, der nicht durch die Unterstellung taktischer oder gar opportunistischer Motive verdunkelt
werden sollte. Eine pharisäische Werkgerechtigkeit
würde in besonderem Maße den Antrieben widersprochen haben, die in der kirchlichen Opposition
ans Licht getreten waren. Ob diese Impulse der
Selbstkritik jedoch dazu führen konnten oder in
einem früheren Stadium dazu hätten führen sollen, in
unmittelbare politische Aktion umzuschlagen, ist
eine ganz andere Frage. Bei einer dynamischen Persönlichkeit wie Bonhoeffer geschah diese Wendung in
sehr entschiedener Weise. Aber es lag offenbar in der
Natur der Dinge, und man sollte es in der historischen Betrachtung nicht bedauern, daß im allgemeinen geistlicher Protest und die Verteidigung des
Evangeliums als erstes Anliegen voranstanden. Nur
so konnte eine Festigkeit der Haltung erreicht werden, die im Leiden für die Sache des christlichen
Glaubens wurzelte. Nur so konnte passiver Widerstand sich, wenngleich langsam, in einen Frontalan-
griff gegen den Kernbestand des Nationalsozialismus
fortbilden und damit zur «totalen» Opposition gegen
jeden weltlichen Totalitätsanspruch werden – nicht
nur gegen einzelne Übergriffe der Staatsgewalt, sondern gegen ihren Anspruch auf Manipulierung des
Menschen überhaupt. Vom Standpunkt geschichtlicher Würdigung liegt es nahe zu fragen, ob die Kirchen nicht dadurch, daß sie innerhalb ihres eigensten
Bereichs sich zur Wehr setzten, die Kräfte des aktiven
Widerstands mit einem härteren Kern und einer
schärferen Schneide versahen, als irgendeine äußere
Revolte es hätte tun können.

Dies führt zu einer letzten Frage, die den Grad der Wirksamkeit kirchlicher Opposition betrifft. Sie hat zweifellos mehr als einmal die Regierung vor extremen Maßregeln zurückscheuen lassen. Es ist zum Beispiel bekannt, daß der Gauleiter von Ostpreußen die Parteiführung vor einer Politik warnen mußte, die das Bauerntum der Provinz, deutsche und masurische Protestanten, zu offener Auflehnung treiben würde. Die Einsetzung des «Reichsbischofs» Müller endete mit einem kläglichen Mißerfolg. Eine Art Volkserhebung im Münsterland setzte im Jahr 1936 die Wiederaufstellung des Kruzifixes in Schulgebäuden durch.[41] Es gab mehr als einen solchen Rückschlag, wenn auch manchmal nur in der Form, daß Maßnahmen, gegen die sich der geistliche Protest richtete, in der Folge mehr im geheimen vollzogen wurden. Immerhin war die kirchliche Opposition die einzige, von der sich sagen ließ, daß sie in ihrem Bereich einige sichtbare Erfolge hatte. Zusammen damit aber wuchs die Zahl der Verfolgten an, bis seit Kriegsausbruch die «kalte» Methode, mit der man Geistliche durch vorzugsweise Einberufung zum Frontdienst aus dem Wege schaffte, zu weitgehender Anwendung kam.[42] Aber allzu drastische Zusammenstöße mußten vermieden werden. So wurde zum Beispiel im Fall des Bischofs von Münster Zurückhaltung geübt. Es fand kein Eingriff der Staatsgewalt und der Partei statt, als Graf von Galen 1941 seine berühmten «Drei Predigten» hielt oder als er im folgenden Jahr die verbrecherischen Methoden des Regimes in den besetzten Gebieten und die «Gnadentötungen» angriff.

Noch wesentlicher indessen war wohl die Wirkung

der Opposition auf die Kirchen selbst. Sie gewannen unverkennbar an innerer Lebendigkeit. Obwohl dogmatische Fragen ernster genommen wurden als in den vorhergehenden Jahrzehnten, so verloren zugleich doch die Grenzlinien zwischen den Bekenntnissen erheblich an Bedeutung. Liturgische Bewegungen, die zur Una Sancta tendierten, machten ihren Einfluß geltend, und eine gemeinsame Front wurde offenbar. So erklärte der Bischof von Berlin, Graf Preysing, im Jahr 1937: «Niemals zuvor ... sind wir so tief in Liebe und Mitleiden mit unseren Brüdern verbunden gewesen, die im Glauben von uns abweichen.»[43] Diese christliche Solidarität war ein wesentlicher Zug im Bilde der deutschen Opposition. Sie fand ihren Ausdruck in vielen Fällen wechselseitiger Unterstützung oder vereinten Handelns. Dazu kam, daß zum erstenmal seit der Mitte des 19. Jahrhunderts die Kirche verlorenen Raum zurückgewann. Nicht allein lernten sich kommunistische und christliche Häftlinge gegenseitig in der Echtheit der Gesinnung und im Opferwillen schätzen, wie das Pechel, Wiechert und Poelchau bezeugt haben und wie es viele erlebten. Offenbar erwies sich der Mut, den Geistliche und Männer der Kirche bewährten, auch als ein werbendes Element in marxistischen Kreisen, die seit langem dem Christentum entfremdet waren. Eindrückliche Beweise dafür lassen sich in der Zusammenarbeit zwischen den leitenden Gruppen der Verschwörung oder im Christlichen Sozialismus des Kreisauer Kreises finden. Gewiß waren die Menschenmengen, die sich trotz aller Bespitzelungen in die Gottesdienste etwa der Dahlemer Kirche drängten, nicht nur von religiösen Motiven getrieben. Sie suchten sichtlich nach einem Ausdruck der Opposition in der einzigen Form, die ihnen erreichbar war. Aber es konnte nicht ausbleiben, daß sie von der Intensität des Glaubens, die ihnen hier entgegentrat, ergriffen wurden. Mitunter, wenn ein Manifest verlesen war oder die Gestapo mit Beschlagnahme der für die Verfolgten gesammelten Spenden eingriff, begann die Gemeinde aus eigenem Antrieb Luthers Lied zu singen: «Ein feste Burg ist unser Gott.» Die alte Hymne wurde ein Ausdruck politischer sowohl wie religiöser Protestation.

Doch noch eine andere Seite des Kirchenkampfes muß betont werden. Gerade weil die Opposition, um die es sich hier handelte, letztlich religiösem Grunde entstammte, richtete sich ihre Front gegen jede Form von Unterdrückung. Es war daher nicht entscheidend, ob der Angriff auf die Menschenwürde nationalsozialistische oder irgendwelche andere Farbe trug. Das totalitäre Prinzip (wie der Friede) war «unteilbar», und rote Konzentrationslager waren nicht besser als braune oder schwarze. Diese Einstellung führte zu gewissen Schwierigkeiten, als amerikanische Behörden nach Kriegsende zuerst mit Männern der deutschen Kirchen Fühlung nahmen. War die Opposition gegen das Sowjetsystem, die ihnen hier entgegentrat, nicht ein Nachhall Goebbelscher Propaganda oder ein Überbleibsel nationalistischer und reaktionärer Bestrebungen oder eine plumpe Spekulation auf die wachsende Uneinigkeit zwischen den damaligen Alliierten?[44] Man wird annehmen dürfen, daß ein besseres Verständnis der Motive und der inneren Notwendigkeit dieser Haltung sich inzwischen eingestellt hat. Auf jeden Fall ist es nötig, sich darüber klar zu sein, daß eine echte kirchliche Opposition nur möglich war auf dem Boden von Prinzipien, die nichts mit Opportunismus zu tun hatten und die daher die gleiche anti-totalitäre Front aufrechterhielten auch nach dem Sturz der Nazis. «Wenn wir Christen zu sein beanspruchen», sagte Bonhoeffer einmal – wenngleich in anderem Zusammenhang –, «dürfen wir keinerlei taktischen Rücksichten Raum geben.»[45]

Nur auf solcher Grundlage konnte eine kompromißlose Haltung gepredigt und der Protest der Kirchen hinüberentwickelt werden in Untergrundarbeit und aktiven politischen Widerstand. Es war nicht leicht für die Bekenntniskirche, zum Zweck der Ausbildung ihrer Geistlichen eine Geheimorganisation aufzubauen, die alle Listen politischer Verschwörung anwenden mußte. Solche Methoden mochten wohl empfindliche Gewissen bedrücken. Es war noch schwieriger für Christen des 20. Jahrhunderts, gleichsam zurückzufallen auf die «monarchomachischen» Theorien, die von Calvinisten und Jesuiten mehr als 3 Jahrhunderte früher entwickelt worden waren und die es dem «Frommen» auferlegten, «gottlose» Regierungen zu stürzen oder gar aus dem Weg zu räumen. Das heißt nicht, daß der Konflikt notwendigerweise in solch historischer Perspektive gesehen wurde. Bonhoeffer in seinen tiefgreifenden Aufzeichnungen im Gefängnis meinte, der Deutsche beginne jetzt erst zu entdecken, «was freie Verantwortung heißt. Sie beruht auf einem Gott, der das freie Glaubensbekenntnis verantwortlicher Tat fordert und der dem, der darüber zum Sünder wird, Vergebung und Trost zuspricht.» Die Besten des Widerstands wußten, daß ihr Handeln der «letzten Gerechtigkeit» entbehrte und der Gnade unterworfen blieb. Es wird hier das innere Gewicht deutlich, das die Tiefe solcher Auseinandersetzung, wenn sie einmal ausgekämpft war, der politischen Oppositionsfront hinzufügen mußte.[46]

Diese Front gilt es nunmehr ins Auge zu fassen.

Pläne und Aktionen

1. Frühe Widerstandszentren

Es ist müßig zu fragen, zu welchem Zeitpunkt der aktive politische Widerstand gegen Hitler tatsächlich begonnen hat. In manchen der Erscheinungsformen des Anfangs handelte es sich um eine bloße Fortsetzung der Kämpfe, die der Machtergreifung durch die Nationalsozialisten vorangegangen waren. Träger dieser frühen Oppositionen waren vor allem linksgerichtete und insbesondere sich selbst schon mit dem späteren Sammelbegriff als «antifaschistisch» bezeichnende Kreise. Aber die Bedingungen der «Illegalität» zwangen ihnen neue Methoden auf. Die erste Partei, die in Ausnahmezustand versetzt wurde, waren die Kommunisten. Sie sahen sich mit einem Schlage fast all ihrer Funktionäre (an 4000) und ihres Führers Thälmann beraubt. Von 300 000 Mitgliedern sollen 150 000 schon 1933 gefangengesetzt worden sein. Aber die Partei hatte den Vorzug einer Schulung in revolutionärer Technik und schuf so ein Muster für die Organisation von Widerstandszellen. Eine Zusammenstellung der Richtlinien, die für die Untergrundarbeit erlassen wurden, ist erhalten geblieben.[1] Ein Haupterfordernis war, daß «die Mitglieder unter keinen Umständen von der Tätigkeit irgendeiner anderen Zelle als ihrer eigenen Kenntnis haben durften». Neben ausgedehnten Maßnahmen zum Zwecke der Geheimhaltung wurde in den Anweisungen großer Nachdruck auf Sabotage in Fabriken und auf Flugblatt-Propaganda gelegt. Die These, daß die Kommunisten «die standhaftesten und entschlossensten Kämpfer gegen die faschistische Diktatur» gewesen seien, die u. a. der russische Historiker Melnikow vertritt, wird sich so freilich nicht halten lassen. Nach dem Stalin-Hitler-Pakt setzte eine erhebliche Verwirrung ein, und die Liquidierung deutscher Altkommunisten in Moskau war gleichfalls ein lähmendes Ereignis. Erst in den späteren Kriegsjahren, insbesondere nach dem Angriff Hitlers auf die Sowjetunion, trat eine Erholung und, wie noch zu erwähnen sein wird, eine Belebung der kommunistischen Agitation durch namhaft zu machende Gruppen und in bestimmten lokalen Zentren ein.

Was die Parteien der Weimarer Koalition betrifft, die sozialdemokratische, die demokratische und die Zentrumspartei, so gaben sie sich für einige Zeit der Selbsttäuschung einer möglichen legalen politischen Opposition hin. Es schien noch Hoffnung auf die Wiederherstellung einer Herrschaft des Rechts und einer Kontrolle durch den Reichstag zu bestehen. Hatten die Wahlen vom März 1933 nicht klar bewiesen, daß trotz massenhaftem Terror und schlimmster Einschüchterung die nicht-nationalsozialistischen Parteien noch die Mehrheit besaßen? Von einer solidarischen Aktion ihrerseits konnte indessen nicht die Rede sein. Während die Kommunisten in der dogmatischen Auffassung verharrten und vom Exekutiv-Komitee der Komintern in einer Resolution vom 1. April 1933 darin bestärkt wurden, daß Hitler ihnen in die Hände arbeitete und «das Tempo der Entwicklung zur proletarischen Revolution» nur beschleunige, waren die Sozialisten zunächst geneigt, in dem Regime einen bloß zeitweiligen Rückschlag gegenüber einer normalen demokratischen Ordnung zu sehen. So erklärte der Vorsitzende der Sozialdemokraten, Otto Wels, bei der letzten Massenversammlung seiner Partei in Berlin: «Gestrenge Herren regieren nicht lange.»² Aber diese Illusionen wurden Stück um Stück zerstört durch den Reichstagsbrand und die Verhaftungen, die ihm folgten, durch das «Ermächtigungsgesetz» vom 23. März, das praktisch die Befugnisse des Reichstages wie die des Reichspräsidenten aufhob und dem nur Wels in offener Sitzung zu widersprechen wagte, durch die Auflösung und Enteignung der Gewerkschaften und schließlich durch das Verbot aller Parteien mit Ausnahme der Nationalsozialisten im Juli 1933. So blieb nichts übrig als die Illegalität.

Es ist oft gefragt worden, warum man nicht von den ersten Anfängen an Gewalt mit Gewalt erwiderte oder, wenn das offenbar nicht möglich war, Zuflucht zum Generalstreik nahm, der sich 13 Jahre früher in der Niederwerfung des Kapp-Putsches so erfolgreich erwiesen hatte. Wer so argumentiert, ist geneigt, die verwirrende und lähmende Wirkung völlig neuer Erfahrungen ebenso zu übersehen wie das Gewicht der evolutionären und legalistischen Überlieferungen, denen Sozialdemokraten und Gewerkschaften anhin-

gen.³ Dazu kam, daß die Machtübernahme der Nationalsozialisten eben kein «Putsch» war; sie wurde
ausgeführt in pseudorechtlichen und scheindemokra-
tischen Formen, als eine «stufenweise» Revolution⁴,
die Unterstützung in breiten Schichten, besonders
des unteren Mittelstandes, fand. Selbst wenn man davon absieht, so fiel weiterhin die Uneinigkeit des
deutschen Proletariats schwer ins Gewicht. Kommunisten und Nationalsozialisten hatten, ungeachtet ihrer häufigen blutigen Kämpfe, mehr als einmal sich
als Bundesgenossen die Hände gereicht. Das war der
Fall gewesen im Sommer 1931, zur Zeit der gemeinsamen Attacken gegen die sozialdemokratische Regierung in Preußen, und ebenso im Herbst 1932, als
beide Parteien einen wilden Streik bei den Berliner
Verkehrsbetrieben unterstützten. Auch ist keine Frage, daß nach dem Januar 1933 manche der aktiven
Rotfrontkämpfer zur SA hinüberschwenkten, wenn
auch die Fälle wohl kaum so zahlreich und drastisch
waren, wie behauptet wird⁵ und wie sie in umgekehr-
ter Richtung sich in der Sowjetunion nach 1945 ereig-
nen sollten. Weiterhin leuchtet ein, wie sehr die Phase
des Hitler-Stalin-Bündnisses (August 1939 bis Juni
1941) zu einer Verwirrung der innerdeutschen kommunistischen Front führen mußte, wie sie noch ausgesprochener die französische Kriegführung gegen
Hitler lähmte. Wenn es darüber auch nicht zu einem
taktischen Bündnis der beiden Extreme kam – das der
außenpolitischen Konstellation entsprochen hätte –,
so sahen beide doch gerade in der SPD – wenn auch
aus verschiedenen Gründen – die eigentlichen «Verräter», die Sklaven des Finanzkapitals oder die Sozial-

Faschisten, während diese weniger als je Anlaß hatte, sich Moskau zu unterwerfen.

Dies sind Tatsachen, die eine sehr erhebliche Rolle in der Geschichte der deutschen Opposition spielen sollten. Sozialisten und Kommunisten fuhren fort, ihre getrennten Wege zu gehen. Auch nicht in der Zeit der «Volksfront»-Politik (1936–1939)[6] trat – trotz der Beschlüsse des VII. Weltkongresses der Kommunistischen Internationale und der parallelen Brüsseler Konferenz der KPD gegen die «ultralinke» Taktik – eine wirkliche Verständigung ein. Wohl hat auch die zunächst nach Prag ausgewanderte Exekutive der SO(zialdemokratischen) PA(rtei) DE(utschlands) 1934 ein revolutionär-klassenkämpferisches Programm angenommen. Aber sie kehrte in der Grundhaltung bald zum Reformismus zurück, besonders nachdem das Exil nach Paris, London und Washington hatte verlegt werden müssen. Und der 3. Internationale (auch einer getarnten) sich zu unterstellen, wurde durchweg abgelehnt.[7]

Nun gab es daneben freilich noch mancherlei sozialistische Sondergruppen radikaler Art, wesentlich von der jüngeren Generation getragen, die sich von den vorhitlerschen Gruppierungen und den überholten Parteibegriffen loszusagen wünschten. Im Herbst 1933 erschien, noch in Deutschland geschrieben, aber in Karlsbad veröffentlicht, eine Broschüre unter dem Titel «Neubeginnen, Faschismus oder Sozialismus».[8] Der Verfasser («Miles») drängte nicht nur auf Einigkeit innerhalb der proletarischen Front, sondern versuchte, die Wesensart der nationalsozialistischen Diktatur realistisch zu deuten und daraus praktische

Folgerungen zu ziehen. Er wandte sich gegen die
Hoffnung auf eine zwangsläufige Selbstauflösung des
Gewaltregimes als einer bloßen Erscheinungsform
des Spätkapitalismus, die an ihren Widersprüchen
zugrunde gehen werde. Es gelte vielmehr, «Elite-
Kader» zu schaffen, eine geschlossene Geheimorganisation erfahrener Funktionäre, die, theoretisch wie
praktisch geschult, mit wichtigen industriellen Beleg-
schaften Kontakt halten würden. Während dieses
Programm, das von vornherein mit einer großen internationalen Krise rechnete, sich in langer Sicht als
der Lage entsprechend erwies, gingen die «Illegalen»
in der Zwischenzeit durch bittere Erfahrungen hindurch. Auch die «Neubeginner» mußten bis auf kleine Reste ins Exil gehen. Führer der demokratischen
und der Zentrumspartei, zunehmender Verfolgung
ausgesetzt,[9] wurden gleichfalls früher oder später gezwungen, die Heimat zu verlassen. Sie alle hielten
nach Möglichkeit Verbindung mit den Resten ihrer
Parteien. Aber die Zusammenarbeit zwischen den
drei Weimarer Hauptgruppen wurde vielfach durch
Mißtrauen gehemmt. Und das geringe Maß von Unterstützung, das sie im Ausland fanden, bedeutete
eine schwere Enttäuschung.

Trotz dieser Rückschläge stieg die Geheimtätigkeit
eine Zeitlang steil an. Deutschland wurde überflutet
mit illegalen Broschüren und Flugblättern. Sie wurden eingeschmuggelt durch die «Grenz-Sekretariate»
oder in geheimen Druckereien hergestellt. Alle möglichen Listen und Tricks wurden angewandt, um den
Propaganda-Feldzug zu tarnen und die Verteilung an-
onym zu machen. Man könnte Seiten füllen mit der

Beschreibung dieser Praktiken oder mit Zitaten aus
der Untergrundliteratur.[10] Ein anderes Arbeitsfeld
war das Herausschmuggeln von Berichten aus
Deutschland. Sie gaben Nachrichten über politische,
wirtschaftliche und militärische Vorgänge weiter
oder über Beispiele von Widerstand, über planmäßi-
ge Verzögerungstaktiken der Arbeiter oder über die
Niederlage der Nazikandidaten bei Betriebswahlen.
Auch die politischen Ausschüsse in der Verbannung
bemühten sich, in ihren Berichten «Aus Deutschland» alles, was zur Ermutigung der Opposition
drinnen oder draußen dienen konnte, zu verbreiten.

Aber die Gestapo verbesserte ihre Technik und
schloß ihre Netze immer dichter. Insbesondere in
kommunistische Gruppen gelang die Infiltration.[11] Es
war die arbeitende Bevölkerung, die das Hauptge-
wicht der Gegenangriffe zu tragen hatte. Die Verluste
waren schwer. Im Jahr 1934 schrieb der «Manchester
Guardian» mit Bezug darauf von den «zehntausend
unbekannten Helden»[12]. Im folgenden Jahr setzte eine
neue Terrorwelle ein. Beobachter, die Erfahrung in
Untergrund-Parteiarbeit hatten, stimmten darin
überein, daß im Hinblick auf die bestehenden Bedingungen eher zuviel als zuwenig in Deutschland vor
sich ging. Sie kritisierten die Beteiligung einer großen
Menge von Menschen, die, wie der österreichische
Sozialist Otto Bauer meinte, sich durch die Romantik
des Geheimbündlerwesens angezogen fühlte oder
deren Abenteuerlust im Kampf mit der Polizei Befrie-
digung fand. Konnte Massenpropaganda irgendwie
das Nazi-Regime ernstlich gefährden, oder konnte
das Stehlen und Verstecken von einigen Waffen zu

irgendeiner Änderung der Situation führen, die dem
Ausmaß der dabei in Kauf zu nehmenden Verluste
entsprach? Stand der moralische Nutzeffekt von Pla-
katen, die man anschlug, oder von Parolen, die man
an die Mauern malte, in einem verantwortbaren Verhältnis zu dem Wagnis? Wohl mochte es seinen Reiz
haben, die Gestapo in Bewegung zu halten oder irre-
zuführen. Aber diese Methoden erwiesen sich letzten
Endes als selbstmörderisch. Es erschien wichtiger, die
Zellen des Widerstandes in der Arbeiterbewegung
wie in den sozialistischen und christlichen Gewerkschaften zu retten. Es galt, alte Zentren intakt zu halten, neue Mitglieder sorgfältig zu wählen und metho-
disch zu schulen. Man darf die Wirkung nicht außer
acht lassen, die diese Umorientierung auf weitere
Sicht haben mußte. Sie trug zur Bildung jener früher
erörterten «Reservefront» einer schweigenden Opposition bei, auf die man zählen konnte. Aber das unmittelbare Ergebnis des Wechsels in der Taktik war,
daß von 1935 an eine gewisse Verringerung in dem
Umfang nachweisbarer agitatorischer Tätigkeit eintrat.

Inzwischen freilich hatte sich innerhalb der Partei
die schwere Krise ereignet, die unter dem Namen des
Röhm-Putsches in die offizielle Geschichte des Dritten Reiches eingegangen ist und im Blutbad des
30. Juni 1934 und der Tage danach sich entlud.[13] Die
Frage erhebt sich, ob sich hier nicht Möglichkeiten einer frühen Aktion des Widerstandes ergaben oder in
die Krise hineingewirkt haben und diese deshalb zum
Gegenstand unserer Studie gehört. In unmittelbarem
Sinn ist das gewiß nicht der Fall. Es handelte sich pri-

mär bei den Juni-Ereignissen um die Niederwerfung
der Unzufriedenen und der Tendenzen zur «zweiten
Revolution» innerhalb der Partei, sekundär um den
Machtkampf zwischen Armee und SA und dies mit
dem Erfolg, daß die SS der eigentliche Gewinner war.
Auf indirektem Wege allerdings hat das Massaker
entschieden etwas mit der Geschichte der aktiven Widerstandsbewegung zu tun. Es gab zunächst manchen, die dessen noch bedurften, endgültige Klarheit über den Charakter des Regimes. Zwar war es
damals noch nicht bekannt, daß die Zahl der Opfer
sich auf das Vielfache der offiziell zugegebenen «nur»
77 Ermordungen belief. Aber auch so öffnete die
zynische Brutalität der herrschenden Clique und die
Erklärung des Mordes zum legalen Mittel vielen
die Augen.[14] Zudem führt die Ausdehnung des Blutbades den heutigen Betrachter auf die Frage hin, ob
dabei nur «alte Konten» gleichsam mit beglichen
wurden oder ob Gegner außerhalb der Partei an der
Krise mindestens teilhatten.

Ein Symptom in dieser Richtung bedeutete der ungewöhnlich polemische Wortlaut einer Rede, die der
Vizekanzler von Papen am 17. Juni 1934 an Marburger Studenten richtete. Als ihr Inspirator, ja nach neueren Feststellungen weitgehend als ihr Verfasser, darf
der Münchener Rechtsanwalt Edgar J. Jung gelten.
Wieweit Papen selbst aus den erhobenen Vorwürfen
Konsequenzen zu ziehen bereit war, bleibt eine offene
Frage. In seinen Memoiren distanziert er sich bei aller
Hochschätzung Jungs von dem «Kugelgießer» und
meint, er würde noch am Leben sein, wenn er sich
nicht als «Seele des Papenschen Widerstands» dekla-

riert hätte.[15] Für Jung jedenfalls ist an echter Opposition und an einer Beziehung zur Juni-Krise nicht zu zweifeln. Er gehörte zu einer Gruppe der «Jungkonservativen», die in den späten zwanziger Jahren einen nicht unerheblichen Einfluß hatten und deren Ideen in führenden Kreisen der Opposition vielfach wieder auftauchten.[16] Sie hatten, gleich anderen Anhängern der Rechten, seit langem mit den nationalistischen und materialistischen Anschauungen des Hugenbergschen Pseudo-Konservatismus gebrochen. Aber sie erkannten auch die Gefahren, die mit gewissen Auswüchsen eines Pseudo-Liberalismus verbunden waren, mit der Bindungslosigkeit einer atomisierten und entchristlichten Gesellschaft oder einer verweltlichten Massenzivilisation, die dem Umschlag in Demagogie und Diktatur ausgesetzt waren. Die meisten von ihnen sympathisierten mit föderalistischen Prinzipien und einer europäischen Ordnung, gegründet auf nationale Autonomie (nicht auf zentralisierte souveräne Staaten) und auf genossenschaftliche Organisationen, für die ein Muster in den Gewerkschaften vorlag. Jung selbst, der den Aufstieg und den Charakter der nationalsozialistischen Bewegung in München aus nächster Nähe hatte beobachten können, war gegen das Weimarer «System» mit einem polemischen Buch, das den herausfordernden Titel «Die Herrschaft der Minderwertigen» trug, (1928/30) hervorgetreten. Daß er auf Hitler als den «Antichristen» noch schärfer reagierte, steht außer Frage. Er mochte (wie auch andere) an dem durch die Entwicklung desillusionierten Vizekanzler den Hebelpunkt zum Handeln zu finden hoffen, insbesondere dann, wenn der sich abzeich-

nende Konflikt in der Partei zum Ausbruch kam.
Pechel, der zum gleichen Kreis der «linken Leute
von rechts» gehörte, versichert, daß Jung und seine
Freunde bestimmte Pläne für den Sturz der Regierung hatten und daß die Marburger Rede als Signal
gedacht war.[17] Wie dem auch sein mag, es bestanden
Beziehungen zu Treviranus, der zu Beginn der dreißiger Jahre eine Anti-Hugenberg- und Anti-Nazi-Front
der gemäßigten Rechten aufgebaut hatte, und zu Dr.
Brüning, dem Zentrumsführer und letzten demokratischen Kanzler der Weimarer Republik. Es scheint,
daß beiden Männern ein aktiver Anteil in der Krise
zugedacht war: Beide entgingen dem Blutbad mit
knapper Not. Hingegen sind andere außerhalb der
Partei, die ihm zum Opfer fielen, wohl als Gegner bekannt und verhaßt gewesen, auch wohl aus dem Instinkt heraus hingemordet worden, daß hier mögliche Ansatzpunkte einer Opposition bestanden, ohne
daß diese Männer indessen in Aktionen oder Planungen verwickelt gewesen zu sein scheinen. Das gilt
von Papens Referenten, dem Oberregierungsrat von
Bose, wie seinem Ministerialdirektor, dem Führer
der «Katholischen Aktion», Erich Klausener[18]. Und
es gilt wohl auch von den Generalen von Schleicher
und von Bredow.[19] Von konspirativen Beziehungen
ihrerseits zu Röhm oder zu Frankreich, wie der öffentlich erhobene Vorwurf lautete, kann ernsthaft
nicht die Rede sein.

Was immer sonst im Hintergrund dieser Tage gespielt haben mag – im Hin und Her von Beziehungen
aus verschiedenen gesellschaftlichen Lagern und über
alle Parteigrenzen hinweg bestätigt sich der Eindruck,

daß die Opposition in ihrem Charakter sich wandelte
und mehr aus Einzelpersönlichkeiten profilierter Art
oder aus Gruppen zu bestehen begann, die sich spon-
tan zusammenschlossen auf Grund von Motiven, die
oft in moralischer Empörung ihren gemeinsamen
Nenner haben mochten oder in wechselseitiger Sympathie mit jeder Form der Auflehnung, was auch ihr
spezifischer Ansatzpunkt war. Ein bezeichnendes
Beispiel dafür bietet die Figur eines so typischen
Nonkonformisten und nationalrevolutionären Radikalen wie Ernst Niekisch. Nach einem Überfall
durch die SA im März 1933 holte er sich Rat bei
Schlabrendorff und Ewald v. Kleist-Schmenzin. Dieser seinerseits, Abkömmling einer altpreußischen
Junkerfamilie aus Pommern und von Anfang an ein
entschiedener Gegner des Regimes, wußte sich nach
dem 30. Juni 1934, als er selbst verhaftet werden sollte, keinen besseren Rat, als bei Niekisch in Berlin um
Unterschlupf zu bitten.[20] Verbindungen dieser Art
sind von großem symptomatischem Interesse. Niekisch war bekannt als Leiter eines Verlages und Herausgeber einer Zeitschrift, die beide den Namen «Widerstand» trugen. Seine national-revolutionäre Form
richtete sich ursprünglich ebenso gegen Weimar wie
gegen die NSDAP und die KPD.[21] Und wenn er 1932
eine Schrift mit dem Titel «Hitler – ein deutsches Verhängnis» veröffentlichte, so griff er damals den kommenden Diktator mit deshalb an, weil er als «West-
ler» die echte Revolution verderbe. Zugleich aber
war in Niekisch ein Stück Preußentum lebendig, das
ihn in dieser Schrift niederschreiben ließ: «Hitler ist
die Rache für Königgrätz.» In Broschüren von äußer-

ster Schärfe und – wie es scheint – nicht ohne Unterstützung aus Kreisen der Reichswehr setzte Niekisch
die Polemik fort. Daß ein Mann dieser Art mit der
jungkonservativen Opposition zusammenarbeiten
konnte, weist auf gewiß ungewöhnliche Querverbin-
dungen hin. Im Jahre 1937 wurde Niekisch wegen
Vorbereitung zum Hochverrat verhaftet und zu le-
benslänglichem Zuchthaus verurteilt.

Es gab viele andere Gruppen oppositioneller Män-
ner und Frauen, die in lockerer Form, in örtlicher
Verbundenheit oder mit einer Persönlichkeit als
Kristallisationskern, organisiert waren. Eine dieser
Gruppen, um einen Haudegen aus dem Freikorps
Oberland, «Beppo» Roemer, geschart, bekannte sich
in einem frühen Stadium zur Notwendigkeit der Er-
mordung Hitlers. Durch Verbindungsleute in der
Berliner Kommandantur und dem Auswärtigen Amt
erhielt der Kreis regelmäßig Informationen über des
Führers jeweilige Reisedispositionen, aber die Attentatspläne verwirklichten sich nie.[22] Nikolaus von
Halem, ein oberschlesischer Industrieller und Freund
Schlabrendorffs, der schon nach dem 30. Juni zur Erkenntnis kam, daß nur Gewaltanwendung gegen den
«Postboten des Chaos» helfen könne, unterstützte
Roemers Vorbereitungen und wurde durch ihre Aufdeckung zusammen mit dem Legationsrat Mumm
von Schwarzenstein in den Untergang hineingeris-
sen. Während er dem Tod entgegensah, schrieb er an
seinen Freund Karl Ludwig Freiherr von Guttenberg
von der in alle Tiefen dringenden Erfahrung, wenn
«... das Ich so schattenhaft zu werden beginnt», und
an die Mutter wenige Minuten vor der Hinrichtung:

«Jetzt habe ich auch die letzte kleine Unruhe überwunden, die den Baumwipfel faßt, ehe er stürzt...»

Von wesentlich anderer Farbe waren vermutlich
die «R. R.» (Rächer Röhms). Daneben verfolgten
Einzelgänger und Außenseiter ihre besonderen Wege.
Freilich, ob man den Tischler G. Elser, der am 8. November 1939 den Anschlag im Bürgerbräukeller verübte, unter die einsamen Fanatiker zu rechnen hat, ist
eine umstrittene und noch immer unstreitbare Frage.
Man hat wohl versucht, ihn als kommunistischen
Meisterattentäter in die Geschichte des Widerstandes
einzureihen.[23] Aber ganz abgesehen von der merkwürdigen Form seiner Inhaftierung zuletzt im «Prominentenflügel» des Dachauer Lagers und der Tatsache, daß Elser erst unmittelbar vor Kriegsende
beseitigt worden ist, bleibt es schwer erklärlich, wie
die Installation einer Höllenmaschine für einen einzelnen technisch möglich gewesen sein soll und warum
Hitler seine Rede früher als sonst üblich begann, so
daß er vor der Explosion den Saal verlassen konnte.
Übrigens arbeitete der Anschlag in gewisser Weise
gegen die Opposition, indem er nicht nur Hitlers
Missionsbewußtsein stärkte und die Reihe der «providentiellen» Rettungen zu eröffnen schien, er hat
auch, wie noch zu belegen sein wird, als ausgesprochener Störungsfaktor in eine wirklich geplante Aktion hineingewirkt. Im übrigen benutzte Himmler
den Vorfall, um die Verhaftung von 40 bayerischen
Legitimisten als Komplicen zu fordern, und offiziell
wurde der britische Geheimdienst der Anstiftung
beschuldigt. Dies ist das einzige Bombenattentat,
das aus der Zeit vor dem Kriege der Öffentlichkeit

mitgeteilt wurde, aber es kann angenommen werden, daß es andere Sprengstoffexplosionen gab, die
nicht so allgemein bekannt wurden. Selbst der amerikanische Korrespondent William L. Shirer, der
gewiß nicht grade den Symptomen von Widerstand
in seiner Umgebung besondere Aufmerksamkeit
schenkte, berichtet in seinem «Berliner Tagebuch»
von zwei solchen Explosionen in einer einzigen
Nacht.[24]

Im Rahmen dieser Studie erscheint es jedoch wichtiger, zu betonen, daß bereits innerhalb der frühen
Widerstandszentren viele der Namen erscheinen, die
vorausdeuten auf die Geschichte des 20. Juli 1944. Die
Zusammensetzung dieser Gruppen veranschaulicht
die Verbreitung eines oppositionellen Geistes, der
herauswuchs aus grundsätzlich neuen Erfahrungen
unter dem Nazi-Regime. So wurden in diesen Jahren
von Individuen und Gruppen die Keime einer Saat
gelegt, die nicht so sehr für unmittelbare Aktion als
für die Vorbereitung zum Handeln bedeutsam war.
Pechel, der vielseitige Berührungen hatte, führt unter
anderen die folgenden wohlbekannten Persönlichkeiten an: die Kommunisten Saefkow, Jacob und Bäst-
lein; die Sozialisten Ernst von Harnack (den Sohn des
Theologen), Dr. Mischler und Markwitz; die Zen-
trumsangehörigen Andreas Hermes und Jakob Kaiser. Er erwähnt mit besonderem Nachdruck Männer
wie Schulze-Boysen und Arvid Harnack, die uns
schon als Führer der «Roten Kapelle» begegneten. Er
nennt ferner Industrielle wie von Halem und Reusch
oder den Kreis um Robert Bosch in Stuttgart, der neben anderen oppositionellen Unternehmungen die

«Deutsche Rundschau» finanzierte und von dem noch im Zusammenhang mit Goerdeler mehr zu sagen sein wird. Weiterhin umfaßt Pechels Liste Künstler und Professoren, Anwälte, Ärzte und Einzelpersonen aus allen Lebenssphären.[25]

Von besonderem Interesse für dieses Entwicklungsstadium ist eine Beobachtung, die Schlabrendorff im Jahre 1938 machte.[26] Nachdem er für einige Zeit als Rechtsanwalt in der Provinz (Rhein-Hessen und Pommern) am Aufbau anti-nationalsozialistischer Zellen gearbeitet hatte, fand er bei seiner Rückkehr nach Berlin ein «verändertes» Bild vor. Während die Opposition früher ein loses Mosaikbild der vor 1933 führenden Kräfte gewesen sei, bestand jetzt zwar «keine feste Organisation», aber ein Zusammenspiel, in dem diese Kräfte sich entfalteten. «Es war eine Vielfalt von Kreisen vorhanden, die sich gegenseitig überschnitten...» Das Band, das so mannigfache Elemente zusammenhielt, war offenbar mehr die Gemeinsamkeit sittlicher Überzeugung als die sozialer Interessen. Zum verwandelten Bild paßt die Gründung der «Deutschen Freiheitspartei» in den Jahren 1937/38. Ihr erstes Flugblatt betonte «die Würde der menschlichen Persönlichkeit» als den Vereinigungspunkt aller Gegner des Nazi-Regimes. Es unterstrich weiterhin die Tatsache, daß das politische Ziel nicht eine bloße Rückkehr zu Weimar sein dürfe. Auch das war eine Forderung grundsätzlicher Umstellung, die auf verbreitete Zustimmung rechnen konnte.[27]

Es erhebt sich die Frage, ob es noch andere und festere Kerne neben den Untergrundzellen der Arbeiterschaft und der Linksparteien gab sowie neben den lockeren, neuerdings sich formenden Gruppen von Menschen, die in ihrem Gewissen aufgerüttelt waren. Gab es insbesondere solche aktiven Kerne innerhalb der staatlichen Schlüsselstellungen, die bisher vom Nazi-Geist noch nicht oder vergleichsweise wenig durchsetzt waren, d. h. im Auswärtigen Amt, in der Verwaltung und in der Armee?

Es ist früher schon einmal das Problem des «Dabei-Bleibens» berührt worden, das für hohe Beamte eine besondere Dringlichkeit hatte. In einer tiefgreifenden Studie über Obrigkeit und Widerstand («Zur politischen Soziologie des Beamtentums»)[28] ist Herbert von Borch zu der Folgerung gekommen, daß Opposition unter der Diktatur «am ehesten in den allerersten Anfängen effektiv werden» könnte; und zugleich, daß sie, wenn überhaupt, so nur «innerhalb des zivilen oder militärischen Herrschaftsapparates wirksam erfolgen kann». Das führt auf die Frage einer «Institutionalisierung» des Rechts oder der Pflicht des Beamten zum Widerstand, die hier nicht zu behandeln ist.[29] Das Problem als solches war zweifellos 1933 nicht im Bewußtsein lebendig, obwohl es ein gewisses Vorspiel gehabt hatte im «Widerstand der Staatssekretäre» während des Kapp-Putsches. Aber, wie schon betont, die Machtergreifung war ja eben kein Putsch. Irgendeine solidarische Front des hohen Beamtentums gegenüber der Scheinlegalität war praktisch undenkbar, und nur in Ansätzen individueller Art wird man von einer frühen Opposition in diesen Kernbereichen staatlichen Lebens sprechen können.

Für das Auswärtige Amt etwa läßt sich durch die
Jahre hin, ohne daß in jedem einzelnen Falle genaue
Datierungen möglich sind, eine Reihe von Persönlichkeiten der frühen Opposition zurechnen.[30] Neben
denen, die schon erwähnt wurden oder noch besondere Erwähnung finden werden, seien Namen
genannt wie die von Dr. Johannes Ullrich, E. von
Selzam, Dr. Siegfried, von der Heyden-Rynsch, Dr.
Georg von Bruns, Dr. Ad. Velhagen, Herbert Blankenhorn, Gottfried von Nostiz, Dr. von Twardowski
und Dr. Aschmann. Auf der Ehrentafel in der Deutschen Botschaft in London stehen die Namen von Albrecht Graf von Bernstorff, Eduard Brücklmeier und
Herbert Mumm von Schwarzenstein. Bei der feierli-
chen Enthüllung der Tafel sprach Harold Nicolson
mit Bezug auf diese Namen von dem Mut, der «fak-
kelgleich durch die Finsternis und den Propagandanebel strahlt». Die Gegenarbeit gegen das Regime
innerhalb des Amtes wurde ferner durch Weitergabe
von Informationen an die oppositionellen Kreise ergänzt. In diesem Betracht war Dr. Paul Schmidt eine
nicht unwichtige Figur, da er als Dolmetscher an allen
internationalen Besprechungen Hitlers teilnahm. Es
ist gewiß, daß viele Mitglieder des Auswärtigen Amtes (wie die anderer Behörden) Anstoß nahmen,
wenn nicht an Schlimmerem, so doch an der Korruption und Willkür, der sie in Erfüllung ihrer Pflichten
auf Schritt und Tritt begegneten. Sie waren sich bewußt, der Nation und nicht einer besonderen Regierungsform oder gar einer Ideologie und dem daraus
hergeleiteten System zu dienen. Es trifft fernerhin zu,
daß Bernhard Wilhelm von Bülow, der Staatssekretär

in den Anfangsjahren des Regimes, erfolgreich die Versuche nationalsozialistischer Infiltration abwehrte und Zugeständnisse auf ein Minimum beschränkte. Noch im Herbst 1944 beklagte sich Gauleiter Bohle bei Himmler, daß unter 690 hohen Beamten des auswärtigen Dienstes mehr als 600 noch nicht «den richtigen Glauben» hätten.[31] Die Außenpolitik der nationalsozialistischen Regierung mußte sich daher ihr eigenes Organ schaffen, zunächst in dem wenig erfolgreichen Außenpolitischen Amt der NSDAP unter Rosenberg, dann im Büro Ribbentrop. Als dieses im April 1934 errichtet wurde, zunächst mit einem Spezialauftrag für «Abrüstung», aber mit der deutlichen Tendenz, mehr und mehr Angelegenheiten an sich zu ziehen, wurde Dr. Erich Kordt dem Büro als Verbindungsmann zugeteilt. Bei seiner Ernennung wurde ihm die Anweisung gegeben, dem Auswärtigen Amt laufend über die Tätigkeit Ribbentrops zu berichten und seine Einmischung in Dinge, die ihn nichts angingen, möglichst zu verhindern.[32] Damit begann ein «Kleinkrieg», der gewiß technisch Opposition war; aber die Maxime hieß zunächst offenbar abwarten, bis das Regime, möglicherweise nach gewissen Anfangserfolgen, in einer Sackgasse enden werde. Auf die Länge hin war das Ergebnis dann allerdings die Bildung eines wichtigen Widerstandszentrums in der unmittelbarsten Umgebung von Ribbentrop. Die Bedeutung dieser Tatsache wird noch zu belegen sein. Es sei hier nur erwähnt, daß Kordt auch laufende Beziehungen zu Dr. Brüning unterhielt. Die Verbindung zwischen dem Auswärtigen Amt und dem Oberkommando der Wehrmacht lag gleichfalls in nazi-gegnerischen Händen. Von Kessel, ein Freund Kieps, und von Etzdorf waren mit dieser Aufgabe betraut.

In der Inneren Verwaltung wird man gleichfalls nicht (und noch weniger als im Auswärtigen Amt) von der Bildung einer frühen und bestimmten Oppositionsfront sprechen dürfen. Aber auch hier gab es neben dem erwähnten Phänomen schweigenden Widerstands oder geheimer Sabotage einige hervorragende einzelne, die im Anfangsstadium sich schon zur Wehr setzten. Als Beispiel sei der Fall des Staatssekretärs im Preußischen Innenministerium, Herbert von Bismarck, erwähnt. Er protestierte gegen die Gesetzwidrigkeit der Verfolgungen und trat zurück, als es ihm nicht gelang, die Nicht-Nazi-Minister (insbesondere von Blomberg) zum gleichen Schritt zu bewegen.[33] Ein weiteres Beispiel ist das des Landrats Theodor Steltzer im Kreis Rendsburg, dessen Name im Zusammenhang mit dem Kreisauer Kreis uns wieder begegnen wird. Im April 1933 schrieb er für den österreichischen Bundeskanzler Schuschnigg eine sehr kritisch gehaltene Denkschrift, «Grundsätzliche Gedanken über die deutsche Führung»[34], von der eine Abschrift in die Hände der Gestapo fiel. Es wurde ein Verfahren wegen Hochverrats gegen ihn eingeleitet, das aber, um kein zu großes Aufsehen in der Provinz zu erregen, unter einem Amnestievorwand eingestellt wurde. Von einem anderen Opponenten in der Verwaltung, Carl Friedrich Goerdeler und den ihm Nahestehenden, wird noch ausführlicher zu berichten sein. Er ist ja zu einer der Zentralfiguren des Widerstands geworden. Aber auch er blieb zunächst «im

Amte»: Aus der Selbstverwaltung herkommend und
zu einem führenden Kommunalpolitiker Deutschlands geworden, erst als zweiter Bürgermeister in
Königsberg, dann als Oberbürgermeister in Leipzig,
dazu unter Brüning Preiskommissar, hat er später
wohl bedauert, die Möglichkeit eines Ministeriums
unter Papen nicht ergriffen zu haben. Aus tief gefaß-
tem Verantwortungsgefühl und in dem bei ihm je
und je wiederkehrenden Glauben, durch «vernünftiges Zureden immer noch Gutes wirken zu können»
(Ritter), übernahm er im November 1934 erneut den
von Hitler ihm angebotenen Posten des Preiskommissars im Nebenamt und hat ihn bis Juli 1935 inne-
gehabt. Sein Denkschriften-Kampf blieb jedoch erfolglos. Es ist keine Frage, daß er, auch schon ehe es
zum Bruch kam und weiter dann durch die Vor-
kriegsjahre hindurch, für den engen Zusammenhalt
zwischen Nazigegnern innerhalb wie außerhalb
Deutschlands arbeitete. Er widmete sich dem Aufbau
einer aktiven Opposition in seinem Bekanntenkreis,
vornehmlich unter hohen Beamten und Männern der
Wirtschaft.[35] Zu Schachts Finanzpolitik stand er
schon als Preiskommissar in sich verschärfendem Gegensatz. Dieser selbst, über dessen intellektuelle Fä-
higkeiten kein Zweifel besteht, ging wohl spätestens
im Jahr 1936 und im Protest gegen das Aufrüstungs-
programm zur Opposition über. Gisevius hat einen
dramatischen (und vermutlich überdramatisierten)
Bericht gegeben von einer geplanten, aber gescheiter-
ten Geheimzusammenkunft zwischen Schacht und
dem Kommandierenden General in Münster, von
Kluge, die er selbst zu Beginn des Jahres 1937 arran-

giert haben will.[36] Nach einer anderen Informations-
quelle hat Schacht spät im Jahre 1936 einen Vertrauten
zu Generaloberst Beck mit der Anfrage gesandt, ob er
zum Vorgehen gegen Hitler bereit sei. Beck soll geantwortet haben, daß eine Änderung des Regimes eine zivile Angelegenheit sei, daß aber, wenn die zivile
Opposition die Initiative ergreife, die Armee es nicht
an sich fehlen lassen würde.[37] Es war in der Tat eine
Angelegenheit der Zivilisten, d. h. der Staatsbürger,
und dieser Charakter eines im Wesen bürgerlichen
Widerstands sollte der Opposition erhalten bleiben.
Und doch stimmten um das Jahr 1937 herum alle Wi-
derstandskreise in einer Erfahrung überein: Es gab
unter dem Nazisystem schlechterdings nicht die geringste Aussicht für den Erfolg einer oppositionellen
Bewegung, weder für eine Revolution im Barrika-
denstil, für einen Volksaufstand oder irgendeine andere Form spontaner Erhebung, noch für eine Revolution von oben, sei sie ausgelöst durch eine
Verschwörung innerhalb des Regimes oder durch
führende Männer der Gesellschaft und der Beamtenschaft. Was immer die vorbereitende Bedeutung der
frühen Widerstandszentren war, das nächste Erfor-
dernis mußte sein, die Ketten der Gestapo und der SS
zu zerbrechen. Das konnte nur durch die «Waffenträger» der Nation geschehen. Man begann von der
«Generalität» zu sprechen – ein Begriff, der in
Deutschland früher nicht üblich gewesen war.

Damit tauchten eine Reihe von Problemen auf, die
einer besonderen Erörterung bedürfen.

2. Krise im Herbst 1938

Zunächst freilich – vor der Erörterung militärischen Widerstands und der erneuten Betonung des grundsätzlich zivilen Charakters der Opposition – muß des ersten Versuchs gemeinsamen Handelns gedacht werden, der sich aus allen bisherigen Ansätzen scharf heraushebt und durch die zur Katastrophe drängende Kriegspolitik Hitlers sein besonderes Profil erhält. In der Besprechung vom 5. November 1937, deren Hauptinhalt in der Aufzeichnung durch Oberst Hoßbach vorliegt, hatte Hitler zum erstenmal seinen Entschluß zur gewaltsamen, kurzfristig in Aussicht zu nehmenden Lösung der deutschen Raumfrage enthüllt, und zwar vor dem Außenminister, dem Kriegsminister und den Oberbefehlshabern der drei Wehrmachtsteile.[38] Er erfuhr Widerspruch – zeitweilig in scharfen Formen, wie sich Hoßbach erinnert – von seiten Neuraths sowohl wie von Blomberg und Fritsch – einen Widerspruch, der sich naturgemäß im diplomatischen und militärisch-technischen Rahmen hielt.[39] Schärfer noch war die Reaktion des Generalstabschefs, Generaloberst Beck, der von der Hoßbach-Aufzeichnung, wie bezeugt ist, einen niederschmetternden Eindruck empfing.[40] Die Einwände des Fachmannes gegen dilettantischen Leichtsinn, die übrigens von der Seekriegsleitung geteilt wurden, wie die Gewissensbedenken des an verantwortlicher Stelle Stehenden gegenüber einer Katastrophenpolitik wuchsen in dem Maße, wie Hitlers Angriffsplan gegen die Tschechei sich verdichtete und Ende Mai 1938 in der Weisung «Grün» als «unabänderlicher

Entschluß» festgelegt wurde. In drei tiefgreifenden
Denkschriften hat der Generalstabschef gegenüber
dem Befehlshaber des Heeres, von Brauchitsch, dem
Nachfolger von Fritsch, seinen Widerspruch entwik-
kelt und ihn durch mündliche Vorträge ergänzt. In
Ausführungen vom 16. Juli finden sich die seitdem
oft zitierten Worte von der «Grenze» des soldatischen
Gehorsams: «Es ist ein Mangel an Größe und an Erkenntnis der Aufgabe, wenn ein Soldat in höchster
Stellung in solchen Zeiten seine Pflichten und Aufgaben nur in dem begrenzten Rahmen seiner militärischen Aufträge sieht, ohne sich der höchsten Verantwortung vor dem gesamten Volk bewußt zu werden.
Außergewöhnliche Zeiten verlangen außergewöhnliche Handlungen.»

Der Widerstand, der bei Beck so zu Worte kam,
sollte sich indessen nicht auf Kritik vom Standpunkt
des Sachverständigen oder auf rein militärische Ob-
struktion beschränken, die vom Generalstabschef zunächst als solidarische Verweigerung der Mitwirkung
am Kriegsplan seitens der höheren Führung geplant
war. Schon die Vortragsnotiz vom 16. Juli rechnete
darüber hinaus mit «innerpolitischen Spannungen».
Am 29. Juli hieß es dann deutlicher: Das Heer müsse
sich nicht nur auf einen möglichen Krieg, sondern
auch «auf eine innere Auseinandersetzung, die sich
nur in Berlin abzuspielen braucht», vorbereiten. Es
seien entsprechende Aufträge zu erteilen, wobei von
Witzleben, der Kommandierende General in Berlin,
und der Polizeipräsident, Graf Helldorff, genannt
wurden.

Mit Recht hat man diesen Vortrag vom 29. Juli

1938 als ersten Keim für eine Staatsstreichplanung bezeichnet[41], die von Becks Nachfolger Halder fortgesetzt worden ist. Insbesondere die Berater des Generalstabschefs im Nachrichten- und Abwehrdienst waren der Ansicht, wenn das deutsche Volk über die immer deutlicher werdende, verhängnisvolle Perspektive einer Aggressionspolitik aufgeklärt würde, so werde der Zauber weichen, den die Kette der außenpolitischen Erfolge Hitlers – von der Erlangung der Wehrfreiheit über die Rheinlandbesetzung bis zum Anschluß hin – auf viele ausgeübt hatte. Wenn die Politik des Regimes sich als unzweifelhaft zum Kriege treibend erwies, dann würde es leicht sein, die Regierung zu stürzen. Die verschiedenen Gruppen von Verschwörern, die sich seit 1937 einander genähert hatten, waren in diesen Folgerungen einig. Sie beschlossen, nicht nur alles zu tun, um einen europäischen Krieg zu verhindern. Darüber hinaus sahen sie in der Bedrohung des Friedens eine einmalig günstige Gelegenheit, sich eine breite Front der Unterstützung für einen Staatsstreich zu sichern.

Es ist kein Zweifel, daß ihre Analyse der öffentlichen Meinung zutraf. Das kann von jedermann bestätigt werden, der in Deutschland die kritischen Wochen vor dem Münchener Abkommen bewußt erlebt hat. Nicht nur feierte das Publikum auf der Straße, das nach einem Wunschbild und ohne Kenntnis der inneren Zusammenhänge urteilte, den britischen Premierminister, den Friedensbringer «in unserer Zeit», ebenso enthusiastisch, wie es die englische Öffentlichkeit tat. Es ereigneten sich noch andere sehr auffallende Dinge. Als Hitler am 27. September, im Sin-

ne einer drohenden Geste, aber wohl auch um die
Stimmung zu erproben oder zu heben, eine der neuen
Panzerdivisionen durch Berlin marschieren ließ, wurde diese Demonstration mit eisigem Schweigen beantwortet. Ein ähnliches Echo erfuhr Hitler selbst, als
er auf dem Balkon der Reichskanzlei «sich dem Volke
zeigte». Die gewohnte Huldigung blieb aus.[42] Auf
dem Höhepunkt der internationalen Spannung waren
deutliche Anzeichen für eine schwere Vertrauenskrise
des Regimes erkennbar.

Ob das von den Verschwörern in vollem Umfang
vorausgesehen wurde, steht darin. Jedenfalls rechneten sie mit einem Rückschlag, der entweder zum
Nachgeben und damit zum Gesichtsverlust des Dik-
tators führen oder, wenn er auf dem Weg zur Katastrophe fortschreite, es möglich machen werde, ihn
als Kriegstreiber vor Gericht zu stellen. Neben den
schon von Beck genannten und für die Machtlage in
Berlin entscheidenden Persönlichkeiten (von Witzleben und Graf Helldorff, ferner auch noch dessen
Stellvertreter Graf Fritz-Dietlof von der Schulenburg) war der Stadtkommandant von Potsdam, Graf
Brockdorff-Ahlefeldt, für die Verschwörung gewonnen. Zudem stand in Thüringen eine Panzerdivision
unter General Hoepner bereit, die einen etwaigen
Versuch zum Entsatz Berlins von seiten der Münchener Leibstandarte auffangen sollte. Es besteht kein
Grund und würde anmaßend sein zu sagen, daß die
Pläne vom technischen Standpunkt aus mangelhaft
waren oder daß nicht genug Kräfte zur Verfügung
standen, um den Putsch durchzuführen.[43] Die
Schwäche des Plans lag vielmehr in der Annahme, die

westlichen Demokratien würden sich Hitlers Vorgehen gegen die Tschechoslowakei widersetzen und dadurch die drohende Gefahr eines allgemeinen Krieges sichtbar machen. Man muß jedoch hinzufügen, daß alles nur Erdenkliche getan wurde, um zum mindesten England zu einer solchen Handlung zu bewegen.

Dies führt zur politischen Seite der Aktion. Goerdeler, der es im Sommer 1937 in England nicht an Warnungen hatte fehlen lassen, war in diesem Stadium unbeteiligt. Er befand sich von August bis Oktober 1938 auf Reisen.[44] Die im August einsetzende außenpolitische Initiative ging teils von der Abwehr, teils vom Widerstandskreis in der Wilhelmstraße aus und hat zu Schritten sehr ungewöhnlicher Art geführt.

Ein gewisses Vorspiel mag darin erblickt werden, daß der Rittmeister a. D. von Koerber im Laufe des August mehrmals mit dem Militärattaché der Britischen Botschaft in Berlin in Verbindung trat und unter Andeutung monarchistischer Restaurationspläne erklärte, der Umsturz müsse zwar von innen geschehen, könnte aber von außen unterstützt werden.[45]

Diese reichlich naiv erscheinende Anregung einer Unterstützung von außen wird in ihrem konkreten Bezug deutlicher und gewinnt ihre eigentliche politische Dimension durch den Auftrag, den der früher bereits erwähnte preußische Junker Ewald von Kleist übernahm und im August 1938 ausführte. Schon 1932 hatte er eine Schrift geschrieben «Der Nationalsozialismus – Eine Gefahr». Aus Protest gegen das Eindringen der «Deutschen Christen» in die Schmen-

ziner Gemeinde war er 1935 der Bekennenden Kirche
beigetreten; von Anfang an entschlossen zum Widerstand, scheute er sich nicht, sein Leben einzusetzen.
Die ihm vorschwebende Mission nach London
zu übernehmen hieß in der Tat «den Kopf in die
Schlinge» stecken. Kleist besprach seinen Plan mit
dem Berliner Korrespondenten des «London News
Chronicle», Jan Colvin, der bereit war, den Besuch
durch einen Brief an Lord Lloyd vorzubereiten, und
der auch sonst detaillierte Angaben über die Inszenie-
rung der Reise überliefert hat. Man wird ihnen nur
insoweit folgen dürfen, als sie durch andere Zeugnisse gestützt sind. Sicher ist, daß Kleists Plan von den
Männern der Abwehr, von Canaris und Oster, zu denen er durch seinen Schwager Zutritt hatte, lebhaft
begrüßt worden ist. Nach Colvin hat Canaris Kleist
auch Beck zugeführt, der geäußert habe: «Bringen Sie
mir den sicheren Beweis, daß England kämpfen
wird, wenn wir die Tschechoslowakei angreifen, und
ich werde diesem Regime ein Ende bereiten.» – Es
muß im Gegensatz zum Biographen Kleists betont
werden, daß diese Worte – in der deutschen Ausgabe
von Colvins Buch sind sie etwas anders formuliert –
weder von Schlabrendorff noch von Kleists Sohn bestätigt werden. Hier bleibt ein Fragezeichen. An der
mindestens nachträglichen Mitwisserschaft Becks ist
indessen nach anderen Indizien nicht zu zweifeln.[46]
    Nachdem die Abwehr technisch die Wege zur Reise
nach England wie auch für die Rückkehr geebnet hatte und der britische Botschafter in Berlin informiert
worden war, traf Kleist am 18. August in London
ein. Außer mit Lord Lloyd, dem «zweiten Mann» der

Konservativen, hatte er Unterredungen mit Vansittart und Churchill. Er machte rückhaltlos klar, daß Hitlers Kriegsplan gefaßt sei und nach dem 27. September ausgeführt werden würde. Die Generale, die gegen einen solchen Kurs stünden, bedürften indessen der Ermutigung von außen. Kleist regte daher eine feste Erklärung Englands und einen Appell an die Opposition an. Wenn der Krieg vermieden werden könne, würde dies das Vorspiel zum Ende des Regimes sein. Churchill gegenüber ging er weiter und betonte, daß, wenn die Generale auf Frieden bestünden, eine neue Regierung innerhalb von 48 Stunden gebildet werden würde. Während Vansittart dem Premierminister berichtete, schrieb Churchill einen Brief an Kleist, in dem er die Folgen eines allgemeinen Blutbades vorausschilderte, wenn die Deutschen zum Angriff schritten, und – freilich nur als Führer der Opposition – versicherte, daß England mit Frankreich marschieren werde. Der Premierminister, Neville Chamberlain, aber gab keine der gewünschten Erklärungen ab, seine Gedanken über die Erhaltung des Friedens gingen in anderer Richtung. Und während er die Echtheit der Nazigegnerschaft Kleists anerkannte, schrak er sichtlich vor dessen Bereitschaft zu «civil disobedience» zurück, die doch in den Glaubenskämpfen eine sehr rühmliche englische Tradition gewesen war: Das Ganze erinnere ihn, so schrieb er, an die Jakobiten in Frankreich (d. h. die Stuartanhänger) zur Zeit Wilhelms III.

Das nächste, was geschah, war, daß der Staatssekretär von Weizsäcker, der auf Drängen oppositioneller Elemente hin von Bülows Nachfolge angenom-

men hatte, mit dem Herannahen des kritischen Ter-
mins, d. h. der Eröffnung des Nürnberger Parteitages
(5. September) im Einvernehmen mit Beck zu einer
höchst ungewöhnlichen Maßnahme schritt. Eine
Cousine Erich Kordts wurde mit einer Botschaft, deren Wortlaut sie auswendig gelernt hatte, an seinen
Bruder Theo, der damals Geschäftsträger in London
war, gesandt. Nach einer Fühlungnahme mit Sir Ho-
race Wilson, dem nächsten Berater Chamberlains, bat
Theo Kordt, vom Außenminister insgeheim empfangen zu werden. In der Nacht des 7. Septembers betrat
er Downing Street 10 durch den Garteneingang. Er
legte Lord Halifax eine von Staatssekretär von Weizsäcker formulierte Erklärung vor.[47] Sie wurde ausdrücklich im Namen «politischer und militärischer
Kreise in Berlin, die mit allen Mitteln einen Krieg
verhindern wollen», abgegeben. Die Erklärung betonte die Notwendigkeit einer unzweideutigen Stellungnahme der britischen Regierung gegen Hitlers
Kriegstreiberei. Lasse man seiner Gewaltpolitik freie
Bahn, so werde «der Weg für eine Rückkehr zu den
Begriffen von Anstand und Ehre unter europäischen
Nationen endgültig versperrt». Es sei wahrscheinlich, daß eine offene britische Erklärung den Krieg
verhindern werde, und eine solche diplomatische
Niederlage könne das nationalsozialistische Regime
nicht überleben. Sollte gleichwohl Hitler auf seiner
kriegerischen Politik bestehen, so erklärte Kordt, in
der Lage zu sein zu versichern, daß die politischen
und militärischen Kreise, für die er spreche, «will
take arms against a sea of troubles and by opposing
end them».

Indem das Zitat aus Hamlets großem Monolog über «Sein oder Nichtsein» den dramatischen Charakter der Unterredung unterstrich, endete Weizsäkkers Botschaft in einer klaren Zusage: «Wenn die erbetene Erklärung gegeben wird, sind die Führer der Armee bereit, gegen Hitlers Politik mit Waffengewalt aufzutreten.» Der britische Außenminister, der diesen höchst freimütigen Eröffnungen aufmerksam zugehört hatte, erwiderte, er werde den Premierminister und ein oder zwei Kollegen unterrichten, und versprach, die Angelegenheit aufs vertraulichste zu behandeln.

Während man in Berlin auf entsprechende Schritte wartete – und nur eine öffentliche Warnung hätte dem Zweck der Aktion entsprochen –, waren unter den Militärs die verschiedensten Pläne für eine Aktion im Gange. Ein Rückschlag erfolgte naturgemäß, als Chamberlain sich entschloß, nach Berchtesgaden zu fliegen. Aber in den kritischen Tagen von Godesberg, als die erhöhten Forderungen Hitlers zu einem Stillstand in den Verhandlungen führten, schien noch einmal die Aussicht zu bestehen, die früher gefaßten Pläne wiederaufzunehmen. Beck war inzwischen entlassen worden, wenngleich diese Tatsache absichtlich für einige Zeit noch verhüllt blieb. Aber auch sein Nachfolger Halder, der am 27. August sein Amt antrat, aus dem bayerischen Generalstab hervorgegangen und an sich ein Offizier von typischer Korrektheit, verschloß sich der Einsicht nicht, daß Hitler und sein Regime beseitigt werden müßten, ehe es zu einem bewaffneten Konflikt mit der Tschechoslowakei kam. Der «Aktionsplan Halder–Witzleben–Oster» –

unter dieser Überschrift ist er in die Darstellung des
militärischen Widerstandes eingegangen[48] – rechnete
mit den schon früher als bereitstehend erwähnten
Kräften, er zielte auf eine Besetzung der Reichskanzlei, der zentralen Nachrichtenanlagen und der
Hauptstützpunkte der SS und der Gestapo, auf die
Gefangennahme Hitlers und möglicherweise auf seine Verwahrung als Geisteskranker, wenn ein entspre-
chendes Gutachten einer Ärztekommission unter
Vorsitz des Berliner Psychiaters Bonhoeffer ergangen
sei. Mitte September 1938 fand eine Besprechung in
der Wohnung Osters statt, der eigentlich zentralen
Figur. An ihr nahm neben Witzleben u. a. ein früherer Stahlhelmführer, Friedrich-Wilhelm Heinz, teil. Er
sollte mit einem Stoßtrupp, der tatsächlich auch aufgestellt wurde, Witzleben in die Reichskanzlei beglei-
ten, war aber seinerseits zu drastischerem Handeln
bereit. Er wollte – im Einverständnis mit Oster – es
gar nicht erst zur Verhaftung Hitlers kommen lassen,
sondern ihn sogleich während des zu erwartenden
Tumultes erschießen. Auch Erich Kordt war in die
Verschwörung eingeweiht. Er beschaffte Oster einen
Grundriß der Reichskanzlei und stellte fest, daß keine
besonderen Sicherheitsmaßnahmen getroffen waren.
Auch erbot er sich, da er Zugang zu dem Gebäude
hatte, die Doppeltür hinter den Posten zu öffnen. Am
Morgen des 29. September sollte die Aktion erfolgen.
Auch der Oberbefehlshaber von Brauchitsch scheint
angesichts der offenbaren Zuspitzung der Kriegsge-
fahr dafür gewonnen gewesen zu sein. Da traf am
Mittag des 28. September die Nachricht ein, daß
Chamberlain und Daladier die Einladung zur Zusam-

menkunft in München angenommen hatten. Wie «ein
elektrischer Schlag», so ist bezeugt, lief diese sensa-
tionelle Mitteilung durch die beteiligten Kreise, und
das Ergebnis war, daß die Grundlage des Planes zu-
sammenbrach.

Zwei Wochen später schrieb Goerdeler an einen
amerikanischen Freund: «... das deutsche Volk wollte keinen Krieg; die Armee würde alles getan haben,
ihn zu vermeiden; ... die Welt war rechtzeitig gewarnt und unterrichtet worden. Wenn man die Warnung beachtet und danach gehandelt hätte, würde
Deutschland schon heute frei von seinem Diktator
sein und sich gegen Mussolini wenden. In wenigen
Wochen könnten wir damit beginnen, einen dauerhaften Weltfrieden zu gestalten, der auf Gerechtigkeit, Vernunft und Anstand beruht. Ein geläutertes
Deutschland mit einer Regierung anständiger Menschen würde bereit gewesen sein, zusammen mit
England und Frankreich unverzüglich auch das spani-
sche Problem zu lösen, Mussolini zu beseitigen und
in Zusammenarbeit mit den Vereinigten Staaten Frieden im Fernen Osten zu schaffen. Der Weg wäre für
eine gute Zusammenarbeit auf wirtschaftlichen und
sozialen Gebieten offen gewesen, für eine Befriedi-
gung der Beziehungen zwischen Kapital, Arbeit und
Staat, für eine Hebung der sittlichen Begriffe und für
einen neuen Versuch, den allgemeinen Lebensstan-
dard zu heben...»[49]

Man mag diese Deutung zu optimistisch finden in
dem Vertrauen, das sie auf eine grundsätzliche Wendung und ihre Tragweite setzte. Es liegt in der Natur
der Dinge, daß niemand festzustellen vermag, ob al-

lein schon der erste Schritt, der geplante Staatsstreich,
Erfolg gehabt haben würde. Außer Zweifel aber
steht, daß es sich hier um eine in sehr allgemeinem
Sinn verheißungsvolle und eine mehr als militärische
Perspektive handelte. Die Aktion war nicht nur geplant, um einen Krieg zu vermeiden, den Deutschland nach nüchterner Abschätzung der Möglichkeiten
verlieren mußte. Sie war vielmehr Bestandteil einer
Zielsetzung, die auf europäische Befriedung und auf
die Wiederherstellung menschlichen Anstands im
zwischenvölkischen sowohl wie im innerstaatlichen
Bereich ausgerichtet war. Es ist diese Sicht auf ein
«Bündnis der Friedensfreunde» über Landesgrenzen
hin, die der Episode geschichtliche Bedeutung und
menschliche Würde im scheinbar unaufhaltsamen
Strom tragischen Geschehens gibt. Mit dem ausge-
sprochenen Sinn für Gerechtigkeit, den schon die In-
der an dem früheren Vizekönig Lord Halifax gerühmt hatten – den «tall Christian» nannten sie ihn –,
sagte der britische Außenminister zu Theo Kordt
einige Tage nach München: «Wir sind nicht imstande
gewesen, so freimütig zu Ihnen zu sein, wie Sie zu
uns waren. Zu der Zeit, als Sie uns Ihre Botschaft
übermittelten, erwogen wir bereits die Entsendung
Chamberlains nach Deutschland.»[50] Dieselbe Gerechtigkeit sollte auf den Gesamtverlauf der Krise angewandt werden, während deren deutsche Generale
und Diplomaten im Interesse einer höheren Aufgabe
die üblichen Maßstäbe amtlicher Pflichterfüllung entschlossen beiseite setzten. Ihre Haltung beweist ganz
gewiß nicht die so oft berufene «Unterwürfigkeit»
gegenüber einer abstrakten Staatsidee und zeugt von

allem anderen eher als von einer Gewohnheit blinden Gehorsams.

Es würde zu weit führen, hier noch von den zahlreichen Einzelakten oppositioneller Diplomatie vor und nach München zu berichten. Parallel mit der Aktion Kordt suchte Weizsäcker durch den Hohen Kommissar des Völkerbundes in Danzig, den Schweizer Historiker Carl J. Burckhardt, auf London im Sinne einer kräftigen und sofortigen diplomatischen Aktion zu wirken. Man solle, so äußerte er sich, Hitler gegenüber eine unzweideutige Sprache führen, nur davor werde er zurückweichen. Am geeignetsten sei etwa «ein General mit einem Reitstock», der Hitler aufhorchen lassen könnte. – Aber Weizsäcker machte auch kein Hehl daraus, daß eine Rettung des Friedens und Deutschlands nur möglich sei, wenn «die eine verderbliche Person» verschwinde. Burckhardt sah die ihm zugedachte Mission als so wichtig an, daß er ohne Aufenthalt von Berlin nach Bern durchfuhr, um sich der Aufgabe beim britischen Gesandten dort zu entledigen.[51] Mehr und mehr ging es dann für die oppositionellen Elemente des Auswärtigen Amts um das Ziel des «Vermeidens», wie es der italienische Botschafter Attolico für sich und von Weizsäcker formuliert hat. Eine solche Politik stand in klarem Widerspruch zu Hitlers Plänen und Ribbentrops Anweisungen. Sie führte die Linie von 1938 fort, d. h., sie warb für Festigkeit in London gegen Erpressungen unter Gewaltandrohung, aber sie warb auch für friedliche Lösung der deutsch-polnischen Streitfragen. Für beide Linien liegen reichlich Zeugnisse vor. Diese Studie ist jedoch nicht so sehr an der

Politik der Friedensbewahrung als solcher interessiert
– wie sehr diese auch unter die moralischen Titel der
deutschen Opposition gehört – als vielmehr an ihrer
Verbindung mit direkter Auflehnung gegen das Regime und mit Plänen zu seinem Sturz. Sie verschwanden auch nach München nicht, ohne doch an die
schicksalsschwere Dramatik der Krise vom September 1938 heranzureichen. Halder selbst war nicht eine
Persönlichkeit von der unbedingten Entschlossenheit
Becks, und Hitlers Erfolg in München wie auch die
Hinnahme der Besetzung von Prag im März 1939 erhöhten das Prestige des «Schlafwandlers». Es erschien zudem einerseits fraglich, ob die westlichen
Demokratien wirklich je zu bewaffnetem Widerstand
bei einem Hitlerischen Angriff bereit sein würden,
auf der anderen Seite konnte der Wilhelmstraße nicht
daran gelegen sein, daß das englische Schutzbündnis
mit Polen die Möglichkeit eines Kompromisses in der
Korridorfrage zunehmend ausschloß.

Während es unter diesen Umständen zu einem dramatischen Akt der Opposition nicht kam, gingen einzelne Elemente des Widerstands sehr weit in ihren namentlich nach England gerichteten Bemühungen. Es
sei nur kurz der Besuche Goerdelers, Pechels und
Schlabrendorffs in London oder Schritte von Trotts
gedacht.[52] Ein besonders dramatischer Versuch, die
amtliche Politik zu durchkreuzen, ist wiederum mit
dem Namen der Brüder Kordt verknüpft. Laut aus-
drücklicher Anerkenntnis durch Lord Halifax haben
sie – und zwar durch den in seiner eidesstattlichen
Erklärung zum Wilhelmstraßenprozeß so «vergeßli-
chen» Baron Vansittart – die englische Regierung von

der Verfinsterung des politischen Horizonts laufend
in Kenntnis gesetzt und insbesondere sie rechtzeitig
vor der Gefahr des bevorstehenden Abschlusses zwischen Hitler und der Sowjetunion gewarnt.[53] – Auch
das gehört zu den auffallenden Vorgängen auf dem
diplomatischen Gebiet, die aus aller Konvention her-
ausfallen. Wenn ein «Balancezustand», auf den Weizsäcker im Sinne des «Vermeidens» des Krieges noch
hoffte, nicht erreicht werden konnte, so war es immer noch besser, der Westen kam seinerseits zur Einigung mit Moskau. Wie Theo Kordt gegenüber Vansittart formulierte: «Wir müssen in der jetzigen Lage
selbst das Risiko einer zeitweiligen Einkreisung des
nationalsozialistischen Deutschlands der Gewißheit
eines zweiten Weltkrieges vorziehen, der das Ende
der westlichen Zivilisation bedeuten kann.» Man bewegte sich also mit der Opposition gegen das Regime
auf schmalem Grat, indem man schon um der Frie-
denserhaltung willen eine diplomatische Niederlage
Deutschlands wünschen mußte.

Von den Einzelheiten, die ein Nachspiel des Handelns zusammen mit der «Generalität» in der Herbst-
krise 1938 sind, wenden wir uns zu einer mehr
grundsätzlichen Erörterung der Rolle, die der militärische Sektor unter der Naziherrschaft und im Gesamtrahmen der Widerstandsbewegung gespielt hat.
Dabei soll in diese Erörterung auch die nächste größere Aktion eingeschlossen werden, die wesentlich
von der Abwehr ausging und in der Zeit zwischen
Polenfeldzug und Westoffensive spielte, als die volle
Katastrophe noch aufhaltbar zu sein schien.

3. Militärischer Sektor

Das Verhältnis zwischen Armee und Partei bildet eines der Hauptprobleme in der Geschichte des Dritten Reiches.[54] Es läßt sich nicht mit einer von zwei einfachen Formeln erledigen. Weder trifft die Goebbelsche abwertende Erklärung zu vom angeblich «natürlichen» Zusammenstoß zweier «Eliten», einer alten aristokratischen und einigermaßen degenerierten mit einer jungen, die aus dem Volke kam mit allen Anzeichen einer angeblich biologischen Höherwertigkeit. Noch ist die während des Krieges in den westlichen Ländern so weit verbreitet gewesene polemische Ansicht haltbar, die von einer «natürlichen» Allianz zwischen «preußischem Militarismus» und «Nazismus» sprach. In Wirklichkeit hat das Problem dieses Verhältnisses sehr vielfältige Aspekte, es hat eine Reihe von Stadien durchlaufen und entzieht sich jeder vereinfachenden Plakatierung.

Zunächst muß man feststellen, daß in den einzelnen Zweigen der Wehrmacht unterschiedliche Voraussetzungen für die Stellungnahme gegenüber der Partei bestanden. Die deutsche Marine, deren eigentlicher Ausbau den Tagen Wilhelms II. angehört, war schon durch den Auslandsdienst in einem höheren Grad weltzugewandt und von den imperialistischen Strömungen ergriffen, also in einem geringeren Grad «preußisch» als diejenigen militärischen Institutionen, die hinter die Reichsgründung von 1870 zurückgingen. In ihrer modernen Gestalt rekrutierte sie sich aus ganz Deutschland; sie hatte ein Offizierskorps, in dem bürgerliche Elemente überwogen, ein «ausge-

zeichnetes Spezialistenkorps» (Baum). Dies trifft in
noch höherem Grade für die Luftwaffe (und die ihr
unterstellte Luftabwehr) zu. Als eine Neugründung
ohne Tradition hatte sie keinerlei Wurzeln im geschichtlichen Erdreich, auch übte sie naturgemäß
besondere Anziehung auf Männer mit technischen Interessen und technischer Ausbildung aus. Daß «Fall-
schirmjäger» soziologisch eine besondere Kategorie
darstellen, drängt sich dem zeitgeschichtlichen Beobachter späterer nordafrikanischer, speziell algerischer
Vorgänge auf, hat aber in der Geschichte des Dritten
Reiches noch keine politisch erhebliche Rolle gespielt. Soweit man in diesen Dingen überhaupt ver-
allgemeinern kann, läßt sich indessen die Behauptung
vertreten, daß Marine und Luftwaffe wenig vom
Geist der Opposition zeigten, sie waren mehr vom
Nazitum durchdrungen oder mehr gleichgeschaltet
als die «preußische» Armee mit ihrem überwiegend
«aristokratischen» Offizierkorps. Während der Kor-
vettenkapitän Kranzfelder, der Verbindungsoffizier
zum Auswärtigen Amt, sich unter den Opfern des
20. Juli befand, und Graf Berthold von Stauffenberg,
im Dienst des Oberkommandos der Marine, zusammen mit anderen Zivilisten den Anstoß seines Bruders weitergab, war Canaris der einzige Admiral unter den führenden militärischen Verschwörern, und er
kann, in seiner damaligen Stellung zumal, sicherlich
nicht als ein irgendwie typischer Marineoffizier gelten. Erst recht waren die Verschwörer in Görings
Luftfahrtministerium Außenseiter. Hinzu kommt,
daß die Armee naturgemäß in Kriegszeiten die größte
Massenorganisation und im Frieden die einzige

schlagkräftige Macht darstellte, die es mit der Gestapo und der SS aufnehmen konnte. Es muß bezweifelt werden, daß, rein technisch gesehen, die Luftwaffe für solche Zwecke einsatzfähig war. Eher fürchtete man, sie würde gegen oppositionelle Truppenbewegungen verwendbar sein. Und was die Marine betrifft, so sind die Unterschiede gegenüber der Lage deutlich, die den Matrosenrevolutionen von Kronstadt oder Kiel in den Jahren 1917 und 1918 ihre Bedeutung gab. Ja, die Vorwürfe wegen der Flottenmeuterei von 1918 hatten in der deutschen Marine, wie Baum betont, ein Trauma geschaffen, das jede Abweichung von der Legalität besonders erschweren mußte.

Es ist daher die Armee und die mit ihr verbundene Begriffswelt preußischer und aristokratischer Traditionen, auf die sich der Blick vor allem richten muß. Soweit dieser militärische Sektor des Dritten Reiches in Betracht kommt, bestand ein bestimmter Zwiespalt ohne Zweifel von Anfang an. Wie hoch man auch immer den Beitrag der Münchener Reichswehr zum Aufstieg der Partei oder den Beitrag des Königsberger Wehrkreiskommandeurs von Blomberg und seines Stabschefs von Reichenau auf dem Wege zu Hitlers Machtergreifung veranschlagen mag, es war eine Unterstützung, die nicht der Ideenwelt des Nationalsozialismus galt (sosehr manche jüngere Offiziere und Aktivisten wie andere Teile der Jugend von ihr ergriffen sein mochten), sondern ihre Nutzbarmachung für die Landesverteidigung und die Wiederbelebung des Wehrwillens. Sie wurde vielfach mit denselben Vorbehalten gegeben, wie sie auf seiten an-

derer gesellschaftlicher Gruppen, innerhalb wie außerhalb Deutschlands, bestanden. Man gefiel sich in
der Hoffnung, daß man den «Trommler», den «böh-
mischen Gefreiten» als Werkzeug benutzen und belie-
big wieder loswerden könne, wenn er «seine Schuldigkeit» getan habe. Dies war ein *proton pseudos,* das
weithin verhängnisvoll nachwirken sollte. Aber
neben dieser Art von Verständigungsbereitschaft
militärischer Opportunisten gab es genug der hohen
Offiziere, die als unbedingte Gegner gelten durften.
Unter ihnen stand an erster Stelle der Chef der Heeresleitung von 1930 bis 1934, Generaloberst Freiherr
von Hammerstein-Equord – der «rote General», wie
er mitunter genannt wurde.[55] Unter der Kanzlerschaft Schleichers sah er nach seinem eigenen Zeugnis
keinen Anlaß, «sich mit Politik zu befassen». Als sie
zu Ende ging, hat er beim Reichspräsidenten interve-
niert, offenbar nicht nur gegen ein Diktaturkabinett
Papen–Hugenberg, sondern auch gegen den Eintritt
der Nationalsozialisten in die Regierung. Das geht
daraus hervor, daß Hindenburg, indem er sich die
Einmischung des Militärs höchst empfindlich verbat,
Hammerstein zugleich beruhigte, er denke nicht daran, den österreichischen Gefreiten zum Wehrminister
oder Reichskanzler zu machen.

   Die Maxime des «Sich-Heraushaltens» blieb mehr
oder weniger bewußt die maßgebliche während der
ersten Jahre des Regimes. Sie schien im Einklang mit
preußischen militärischen Traditionen und mit aristokratischen Standesbegriffen zu stehen. Aber das Prinzip der Absage an politische Tätigkeit konnte je nach
der Situation sehr verschiedenartige Inhalte decken.

Es bedeutete vor 1914 das Vermeiden einer Einmischung in öffentliche Angelegenheiten, die damals «unangemessen» erschien. Es bedeutete nach 1919, daß die Reichswehr eine Art Staat im Staate bildete und sich ihre eigene Politik reservierte, wie das Seeckt beim Kapp-Putsch und bei anderen Gelegenheiten deutlich zu erkennen gab. Unter den Bedingungen, die das Naziregime schuf, erhielt jedoch die gleiche Haltung des «Hände weg» einen völlig veränderten Sinn: Sie bedeutete praktisch die Duldung von Verbrechen und Mord durch diejenigen, die im Besitz der Machtmittel zu ihrer Verhütung waren. Die traditionelle Maxime des Sich-Heraushaltens widersprach insoweit einer anderen militärischen und aristokratischen Tradition, der des *noblesse oblige* und der Pflicht, dem Schwachen Schutz zu gewähren.

Gewiß waren viele Offiziere empört über die Ermordung Schleichers und die Art, wie die Sühne der Tat umgangen wurde, oder über das Ränkespiel, dem ihr eigener Oberbefehlshaber von Fritsch zum Opfer fiel, oder, soweit sie das nicht durchschauen konnten, über seine schmachvolle Behandlung, die keine formale Rehabilitation gutzumachen vermochte. Gewiß fühlten sich viele durch die Rassengesetzgebung beschämt, die so manche ihrer Kameraden oder manche Familie ihrer Kameraden traf und die das Band mit den jüdischen Kriegsveteranen zerriß oder deren Platz in der nationalen Gemeinschaft – oft genug deren Leben selbst – zerstörte.[56] Es mag wohl sein, daß viele mit Empörung auf die brutalen Vorgänge reagierten, die sich außerhalb des militärisch-beruflichen Bereichs ereigneten, auf die Schandtaten und Greuel,

von denen sie nicht umhin konnten zu hören, oder
die sie in den Straßen beobachten mochten. Es war
vielleicht ein Zeichen des Protestes und jedenfalls ein
ungewöhnlicher Anblick, daß Offiziere in großer
Zahl und in Uniform an öffentlichen Gottesdiensten
teilnahmen. Auch ist kein Zweifel, daß die Armee der
Bekennenden Kirche Rückhalt gewährte und im Angriff auf die christliche Religion eine Bedrohung der
sittlichen Grundlagen des Soldatentums erblickte.
Das «wehrpsychologische» Handbuch, das im Auftrag des Reichswehrministeriums veröffentlicht wurde, betonte diesen Gesichtspunkt sehr stark, wie denn
überhaupt die ganze Atmosphäre, die das Regime
umgab, seine Prahlsucht, seine Demagogie, sein Appell an niedrige Instinkte sicherlich so «unpreußisch»
wie möglich waren. Und doch folgte aus diesem
Zwiespalt keine unmittelbare Gegenwehr oder Auflehnung.

Man kann sehr wohl verstehen, daß Generaloberst
von Fritsch nicht das Zeichen zu einem militärischen
Aufstand gab, als es sich um seine eigene Verteidigung handelte. Aber es gab genug Angriffe auf Ehre
und Moralität, die allgemeineren Charakter hatten
und zum Ausgangspunkt einer Säuberungsaktion
hätten dienen können. In der Tat wurden Berichte
über die Verbrechen des Regimes, worauf noch zurückzukommen ist, von der «Abwehr» systematisch
gesammelt, um sie als Material für ein Vorgehen an
der Hand zu haben. Aber naheliegende Anlässe dazu
wurden nicht ausgenutzt. Als im November 1938
Mord, Plünderung und brennende Synagogen das
Antlitz vieler deutscher Städte und den deutschen

Namen schändeten, erwies sich das Band der Diszi-
plin so stark, daß kein spontaner militärischer Eingriff erfolgte. Es war, wenn man diese Linie zunächst
weiterverfolgt, erst im Polen-Feldzug, daß eine aus
echtem militärischem Geist gespeiste Empörung sich
Luft machte und zu Taten führte. Man weiß von Re-
gimentskommandeuren, die mit Waffengewalt dem
Rauben und Morden der SS ein Ende zu machen
suchten, ohne jedoch bei ihren Vorgesetzten Deckung
zu finden. Und man hat das bedeutsame Zeugnis eines hohen Offiziers, des späteren Generalmajors Helmuth Stieff, der gerade aus den im Polenfeldzug empfangenen Eindrücken heraus als aktives Mitglied zur
Verschwörung gestoßen ist. Angesichts der Offenba-
rungen des «Untermenschentums» schrieb er damals
an seine Frau: «Ich schäme mich, ein Deutscher zu
sein.» Aber solche Einzelreaktionen, so wichtig sie –
im Falle Stieffs – auf weitere Sicht werden sollten,
konnten angesichts der konkreten Vorgänge keine
Wendung herbeiführen. Das gilt auch von den kriegs-
gerichtlichen Verfahren, die der General von Küchler
im Befehlsbereich seiner Armee einleitete. Die Verbrechen der Einsatzgruppen nahmen gleichwohl immer größeren Umfang an. Vergebens protestierten
Reichenau und vor allem der Armeeführer, Generaloberst Blaskowitz. Er ging so weit, in einer Denkschrift für den Führer nicht nur auf die Kompromit-
tierung einer – «Verbrechen tatenlos zusehenden» –
Wehrmacht hinzuweisen, sondern auch auf die
«massenhafte Verrohung und sittliche Verkommen-
heit», die sich in kürzester Zeit unter wertvollem deutschem Menschenmaterial wie eine Seuche ausbreiten

werde. Er wurde bald darauf auf einen anderen Posten abgeschoben, und die anfängliche Empörung
machte einem Gefühl der Ohnmacht und Resignation
Platz. So wurde wieder eine Gelegenheit versäumt,
die Ehre der deutschen Armee zu bewahren.[57]

Während manche Unterlassungssünden solcher
Art unmißverständlich festgestellt werden müssen,
ist freilich zugleich zu sagen, daß militärisches «Sich-
Heraushalten» doch auch ebenso eine Art von Opposition war, wie das für andere «undurchdringliche»
Teile der Bevölkerung festgestellt wurde. Im Falle
der Armee galt das in noch höherem Maße. Sie war
in der Tat das einzige gesellschaftliche Gefüge innerhalb des Staatsganzen, das in der Lage war und entschlossen schien, die Poren des Einsickerns zu ver-
schließen. Soldaten war es nicht erlaubt, Mitglied der
Partei zu sein, Politik wurde vom militärischen Leben
ausgeschlossen, und die wiederholten Versuche von
Dr. Ley, die Organisation «Kraft durch Freude» mit
der «Freizeitgestaltung» der Soldaten zu betrauen,
wurden erfolgreich abgewehrt. Überdies war es ge-
nugsam bekannt, daß Nazi-Funktionäre, die zu den
Fahnen eingezogen wurden, sich nicht gerade der
Vorliebe des Feldwebels zu erfreuen pflegten und daß
ihnen ihre Arroganz in der Regel bald ausgetrieben
wurde. Ein Autor im Exil hat mit Recht gesagt[58]:
«Die Reichswehr versuchte nie, die Ansicht zu
verhehlen, daß junge Leute, die direkt aus den Nazi-
Schulungslagern kamen, erst einmal von dem größten Teil der ideologischen Phrasen, die ihnen beigebracht worden waren, befreit werden mußten...»
In den Kriegsschulen gab es keinen «neumodischen»

Unsinn dieser Art. Auch die vormilitärische Erziehung durch die Hitler-Jugend wurde keineswegs mit günstigeren Augen angesehen.[59] Wie ein alter Offizier sarkastisch bemerkte: «Das einzige Resultat des beständigen Marschierens sind Widerwille gegen alles Militärische und – Plattfüße.» Nicht selten wurden Rekruten bevorzugt, die Mitglieder sozialistischer Jugendorganisationen gewesen waren. «Dies sind die Art Leute, wie wir sie uns wünschen.»

Das Ergebnis läßt sich dahin zusammenfassen, daß in den ersten Jahren des Regimes die Armee in hohem Maße nazifrei war. Diese Tatsache stärkte vermutlich ein Selbstgefühl, das sich doch als Illusion erweisen sollte. Man glaubte, auf einige der Früchte Hitlerscher Politik in Fragen der Vertragsrevision und der Aufrüstung warten zu können, ohne in Gefahr zu sein, mitgerissen zu werden. Die Armee erschien in der Tat als eine Zufluchtstätte für junge Leute, die von der Partei sich freihalten und die Möglichkeit des Widerstands innerhalb Deutschlands sich sichern wollten. Als man von Hammerstein einmal von der wachsenden Zahl von Abiturienten erzählte, die sich für die Offizierslaufbahn erklärten, soll er geantwortet haben: «Ich weiß wohl, das ist auch so eine Form der inneren Emigration.»

In Wahrheit jedoch wurde die Integrität der Armee Schritt für Schritt abgebaut, teils durch die Schuld der Führung, besonders von Blombergs, teils durch die berechnende Politik, die Hitler verfolgte. Im Februar 1934 wurde Hammerstein verabschiedet, und die Niederlage der SA am 30. Juni des gleichen Jahres erwies sich als ein Pyrrhussieg der Generale. Nicht nur

erntete die SS den Erfolg, sich eines Wettbewerbers
entledigen und den eigenen Machtbereich ausdehnen
zu können, auch Röhms Plan, die Reichswehr durch
eine Masseneingliederung der SA in eine dem Regime
verpflichtete «Volksarmee» zu verwandeln und damit
unschädlich zu machen, kam auf indirektem Wege
zum Zuge. Der erste Schritt geschah im August 1934.
Wenige Stunden nach dem Tode des Reichspräsidenten ordnete Blomberg die Vereidigung der Angehörigen der Wehrmacht auf die Person des Führers des
Deutschen Reiches an. Der Wortlaut der neuen Formel, die Reichenau nach dem Zeugnis von General
Röhricht selbst einem Offizier des Ministeramtes dik-
tierte, verpflichtete an Stelle der bisherigen Eidesleis-
tung gegenüber Volk und Vaterland die Reichswehr,
Hitler als Oberstem Befehlshaber unbedingten Gehorsam zu leisten. Dies bedeutete eine moralische
Bindung, wie unmoralisch immer sie sich auswirken
mochte, und ein Hindernis, das nach allen überlie-
ferten Maßstäben nicht leicht zu überwinden war,
selbst im Fall von offenbar ungesetzlichen Befehlen
oder einer verbrecherischen Führung. Der nächste
Schritt war die Wiederherstellung der allgemeinen
Wehrpflicht im März 1935. Beck, der Freund von
Hammerstein, der seit 1. Oktober 1933 Chef des
Truppenamtes, seit 1. Juli 1935 des Generalstabs war,
hat sich dieser Maßnahme als einer «Frühgeburt» widersetzt, zum mindesten ihrem Tempo und ihrem
Ausmaß. Er hatte technische sowohl wie politische
Bedenken. Er sah nicht nur eine Minderung der rein
militärischen Qualität der Armee und die ansteigende
Gefahr tollkühner Abenteuer voraus, sondern auch

eine Vermassung und Erweichung des Gefüges, auf dem der vergleichsweise nazifreie Charakter der Armee beruht hatte.

In der Tat öffnete das rasche Anwachsen der Zahlen die Dämme. Es führte zu einer Aushöhlung jener Abseitsstellung, die unter normalen Umständen zweideutig sein mochte, aber unter den Bedingungen des Naziregimes immerhin noch positive Möglichkeiten einschloß. Die schlagartige Vermehrung bedeutete zugleich rasche Karriere für junge Offiziere und ein ungewöhnlich rasches Aufrücken für die höheren Führer. Ohne Zweifel trieb Hitler mit alldem eine planvolle Politik der Bestechung. Während allein schon die Tatsache, daß die Armee das Instrument eines verbrecherischen Regimes war, zu Korruption Anlaß gab, breitete das Lockmittel materieller Versuchung den Ansteckungsherd aus. Man begann ironisch von der «Fachschaft Wehrmacht» zu sprechen. In vielen Fällen erwies sich die Fassade des «Preußentums» als ebenso hohl wie andere Überlieferungen einer bescheideneren Vergangenheit, die für breite Kreise des deutschen Volkes längst zur Schauseite geworden waren. Mit anderen Worten: Das Offizierkorps wurde genauso wie die Mitglieder anderer Gruppen von dem materialistischen Geist verseucht, der sich seit dem späteren 19. Jahrhundert ausgebreitet hatte. Man kann schlechterdings keine Verbindung zwischen «militärischem Geist» oder zwischen dem «kategorischen Imperativ» einer Offizierskaste und der Haltung von Generalen herstellen, die sich vom Führer ihre Mesalliancen sanktionieren und ihre Privatschulden bezahlen ließen oder die späterhin «persönliche» Dotationen in Geld oder Land von ihm annehmen werden.

Hinzu kam, daß noch andere Faktoren den Elementen des Widerstands in der Armee entgegenarbeiteten. Einmal erhöhte sich Hitlers Prestige durch jene Reihe überraschender Erfolge, die von der Aufkündigung der Militärklauseln des Versailler Vertrages und dem Marsch ins Rheinland (März 1936) über die Angliederung Österreichs und des Sudetenlandes bis zur Besetzung von Prag (März 1939) eine, wie es schien, lückenlose Kette bildeten. In jedem dieser Fälle schlug Hitler die Warnungen der Armeeführung in den Wind, und er schien allemal in der Beurteilung der Gegner den Militärs überlegen zu sein. Dies steigerte sein Selbstgefühl ganz ungemein und untergrub die Autorität aller derer, die aus «altmodischen» Gesichtspunkten ihm mit Bedenken entgegentreten mochten. Weiterhin geschah dann, kurz vor dem Einmarsch in Wien, eine «Wachablösung» in der Führung der Armee, die ihre Selbständigkeit entscheidend schwächte. Im Verlauf einer heimtückischen Intrige wurden sowohl der in der privaten Lebenssphäre schwer kompromittierte Reichskriegsminister von Blomberg wie auch der moralisch völlig integre Oberbefehlshaber des Heeres von Fritsch entlassen.[60] Am 4. Februar 1938 übernahm Hitler persönlich die oberste Befehlsgewalt. Er errichtete ein neues Einheitskommando, das Oberkommando der Wehrmacht (OKW) mit einem typischen Ja-Sager (Keitel – oder «Lakaitel», wie die Mitglieder der Opposition ihn wohl nannten) als Chef des Führungsstabes. Das Oberkommando des Heeres (OKH) ging auf Brau-

chitsch über. Im gleichen Zeitpunkt wurde eine Anzahl von Generalen (zehn bis zwölf Korps- und Divi-
sionskommandeure), die sich als unzugänglich erwiesen hatten, entlassen. Die meisten von ihnen waren
Träger altpreußischer Namen.

Dies war die Lage, in der sich die Armee bei Ausbruch des Krieges befand. Die Niederlage, die der
militärische Teil der Revolte am 20. Juli durch «loya-
le» Offiziere erfuhr, läßt sich bis zu einem gewissen
Grade, wenn auch bei weitem nicht zureichend, aus
der Aufweichung des alten Gefüges erklären. Sie liegt
auch als einer der mitwirkenden Umstände dem Fehlschlag aller Bemühungen und der «Sisyphus»-Arbeit
der Opposition in den Jahren 1939 bis 1944 zugrunde.
Es war eine Sisyphusarbeit vom Standpunkt derer,
die auf eine militärische Aktion drängten, und der geschichtliche Betrachter kann sich angesichts so vieler
Ansätze dem gleichen Eindruck quälender Vergeb-
lichkeit nicht entziehen.

Einige wenige Worte werden genügen, den «Widerstand gegen den Widerstand» zu charakterisieren.
Alle Zeugen, wie sehr sie auch in der Tonart voneinander abweichen, die Gisevius und Goerdeler, die
Hassell und Schlabrendorff, stimmen praktisch in ihren Klagen über das Zögern und Ausweichen der
Oberbefehlshaber von Armeen und Heeresgruppen
überein. Einige Frontkommandeure konnten schließlich für die Sache der Opposition gewonnen werden,
wie vor allem gegen Ende hin Marschall Rommel.
Andere mußten monatelang bearbeitet werden und
glitten doch immer wieder in Entschlußlosigkeit zurück oder fielen im letzten Moment um. Es wird im

Einzelfall schwer zu entscheiden sein, ob solche Haltung auf herkömmliche Loyalität oder mißverstandener Vaterlandsliebe oder auf Schwächen des Charakters beruhte. Der Hauptmann der Reserve Hermann Kaiser, der sich im Stabe des Generalobersten Fromm, des Befehlshabers des Ersatzheeres, befand und ein wichtiger Verbindungsoffizier zwischen Goerdeler und den Militärs war, schrieb über die Generale in seinem Tagebuch (20. Februar 1943): «... der eine will handeln, wenn er Befehl erhält, der andere befehlen, wenn gehandelt ist.»[61] Dies ist vermutlich die beste und objektivste Darlegung der durchschnittlichen militärischen Haltung, die man geben kann. Von den meisten der höheren Kommandeure mochte angenommen werden, daß sie den oppositionellen Führern folgen würden, wenn es zum Bruche kam oder, besser noch, wenn das Band des Eides durch die Ermordung Hitlers fortfiel. Aber während sie nicht bereit waren, sich festzulegen, neigten sie doch auch in keiner Weise dazu – wie sich in zahlreichen Fällen kontrollieren läßt –, diejenigen etwa anzuzeigen, die sie zum Abfall zu überreden versuchten.[62] Auch waren sie gelähmt durch den Zweifel, wie die jüngeren Offiziere sich stellen würden. Die Verschwörer sahen mit Verachtung auf eine solche Haltung herab. Von Beck wird der Ausruf berichtet: «Diese Feiglinge machen aus mir, einem alten Soldaten, einen Antimilitaristen.»[63] Hassell zürnte in seinem Tagebuch über die «hoffnungslosen Feldwebel».[64] Und Kaiser schrieb sich die Bemerkung auf: «Man braucht nur an Scharnhorst oder Clausewitz oder Gneisenau zu denken, um gewahr zu werden, auf welche Stufe der Offizier von heute herabgesunken ist.»

Goerdelers Briefe äußern die gleiche Empörung in schneidenden Worten. An General Olbricht, den Stellvertretenden Befehlshaber des Ersatzheeres, der dem Verschwörerkreis von Anfang an zugehörte, schrieb er, es komme nicht darauf an, den «psychologisch richtigen» Zeitpunkt abzuwarten, sondern ihn herbeizuführen.[65] Eine besonders bittere Klage richtete er an Feldmarschall von Kluge, dessen ausweichende Haltung ein Haupthindernis bildete. Er erklärte, nicht mehr länger in der Lage zu sein, den «preußischen Militarismus» gegenüber seinen Freunden, besonders in Süddeutschland, zu verteidigen. Es seien das Männer, schrieb er, «die ein warmes Herz für Deutschland und für den deutschen Soldaten haben, die aber darüber verzweifeln, daß man sehenden Auges, denkenden Verstandes und fühlenden Herzens von Verbrechern und Narren das Vaterland in den Abgrund führen und die deutsche Jugend und die deutschen Männer willenlos in Tod und Verstümmelung treiben läßt».

Von diesem Hintergrund heben sich um so heller die Namen der Berufssoldaten ab, die zu handeln entschlossen waren. Beck, obwohl in den Ruhestand versetzt, blieb unter den Militärs und über sie hinaus die «geheime Mitte» (Zeller) des Willens zum Widerstand. Er stammte aus einer bürgerlich-westdeutschen Familie. Der Vater war Fabrikant, doch fehlte es in der nahen Verwandtschaft und unter den Vorfahren nicht an Berufssoldaten, so daß man aus der sozialen Umwelt kaum Schlüsse auf eine besondere

Wesensart des zum Generalstabschef aufsteigenden
Offiziers ziehen kann. Man hat ihn beschrieben als
«eine der seltenen Erscheinungen, in welchen sich
die universale Bildung und europäische Weite des
18. Jahrhunderts mit den wesentlichen Prinzipien
preußischer Tradition verband».[66] In der Tat erinnert
er an die gedankenreichen Offiziere der preußischen
Reformzeit nach Jena, deren Namen Kaisers Tagebuch heraufbeschwor. Beck galt gleich ihnen als ein
militärischer Denker von hohem Rang, und die
Zeugnisse aus seiner Feder bestätigen diesen Ruf. Zugleich war er tief verwurzelt im christlichen Glauben
und alles andere eher als ein «Militarist». Er stand in
lebendiger Beziehung zu den Problemen der Zeit
weit über sein Fachgebiet hinaus. Und wenn man
ihm in Kreisen der hohen Militärs – und zwar keineswegs nur seiner Anhänger und Schüler – die höchsten
Führerqualitäten für den Ernstfall zutraute, so nicht
nur wegen seiner intellektuellen Klarheit, sondern
vor allem wegen der Festigkeit seines Charakters.
Aus charakterlichen Gründen hatte er sich 1930 vor
die drei jungen Offiziere seines Ulmer Regiments gestellt, die wegen nationalsozialistischer Propaganda
gerichtlich verfolgt wurden. Er mißbilligte zwar ihre
Handlungsweise, aber ebenso ihre Verhaftung in aller
Öffentlichkeit und protestierte mit einem Abschieds-
gesuch. Er wird geurteilt haben wie ein anderer Offizier (Stieff), der zum Widerstand stieß: «Wir reinigen
uns selbst.» Als Charakter trat er dann Hitler in den
Weg – nicht nur weil dessen Kriegspolitik zur ver-
nichtenden Niederlage Deutschlands führen müsse,
sondern weil ein Regime von Verbrechern Land und

Volk überhaupt und in jedem Falle – auch dem des Sieges – verderbe. Aus dieser ethischen Grundkraft, aus «Festigkeit der Seele und Härte des Geistes» lebte sein Widerstand. «Auch im totalen Krieg», so hatte er 1942 formuliert, «geht es um die Hervorhebung der sittlichen Postulate aller Politik.»

Nicht weniger ungewöhnlich als militärischer Typ war der Oberst Claus Graf Schenk von Stauffenberg. Nach einer schweren Verwundung, die ihm ein Auge, die rechte Hand und zwei Finger der linken raubte, wurde er im Oktober 1943 erster Gehilfe Olbrichts, des Chefs des Allgemeinen Heeresamtes, und – mit seiner Zustimmung – schließlich Stabschef bei Generaloberst Fromm, dem Befehlshaber des Ersatzheeres. Er rückte dadurch in eine Schlüsselstellung ein, die er mit seiner eigenen Dynamik erfüllte und die ihn kraft der Möglichkeiten, die sie bot, sowohl zum organisatorischen Leiter und Vorantreiber der Verschwörung wie zum Täter des 20. Juli werden ließ. Ein Katholik aus alter schwäbischer Familie und mütterlicherseits ein Nachkomme Gneisenaus, ein Mann von musischer Begabung und humanistischer Bildung, in jungen Jahren schon ein Mitglied des auserwählten Kreises um den als «Meister» verehrten Dichter Stefan George, ließ er sich wohl vom «nationalen Aufbruch» des Jahres 1933 mit ergreifen, wenn auch die Überlieferung, er sei – was durchaus nicht gegen den damals 26jährigen zu sprechen brauchte – am 30. Januar in Uniform an der Spitze eines begeisterten Demonstrationszuges marschiert, sich als legendär erwiesen hat.[67] Was immer ihm an der «Volkserhebung» oder an Hitler als «Massenlenker» positiv erscheinen mochte, wurde von der Brutalität der Tatsachen bald genug widerlegt. Es läßt sich Schritt für Schritt verfolgen, ohne daß die Zitate hier gehäuft werden sollen, wie Stauffenberg schon vor dem Kriege und erst recht nach seinem Ausbruch zum Opponenten grundsätzlicher Art wurde, zu einem Feind des totalitären Systems in allen seinen Auswirkungen, den politischen und sozialen wie den kulturellen und religiösen. Seit etwa Herbst 1936, so hat ein nahestehender Freund bezeugt, hatten alle ihre Zusammenkünfte das gleiche Thema: «Wann, wie und wo konnte der Durchbruch geschehen?» Man braucht nur das Bild Stauffenbergs, des «Bamberger Reiters», zu betrachten oder die Urteile nachzulesen, die von seiner faszinierenden Erscheinung sprechen, um dessen gewahr zu sein, daß dies kein gewöhnlicher Kavallerist und kein Mann von engem militärischem Ehrgeiz war – wie sehr er sich auch als Soldat ausgezeichnet hatte. In ihm, wie in anderen, verband sich die intellektuelle Klarheit des in der preußischen Schule erzogenen Generalstabsoffiziers mit einer Reinheit und Geistigkeit, die ihn zum natürlichen Führer im Kampf gegen die dunklen Kräfte der Zeit, gegen jede Art entmenschlichter Politik in Krieg und Frieden machte. Durch seinen gleichgesinnten Vetter, Peter Graf Yorck von Wartenburg, sowie durch seinen Bruder Berthold, der Berater in Völkerrechtsfragen beim Oberkommando der Marine in Berlin war, stand er in Verbindung mit dem Kreisauer Kreis. Manche der dort erörterten politischen und sozialen Reformgedanken fanden bei ihm Widerhall. Durch Fritz-Dietlof von der Schulenburg kam er in nahen

Kontakt auch mit dem Sozialdemokraten Julius
Leber. Im Freundeskreis liebte Stauffenberg, das
Gedicht Stefan Georges über den «Widerchrist» zu
rezitieren, in dem des Sehers Auge in einer ebenso erstaunlichen wie schaurigen Vision im voraus erblickt
hatte, was jetzt mit Deutschland zu geschehen droh-
te. In ihm wie den Stauffenberg nah verbundenen
Mitgliedern der Opposition lebte ein Bild geistlich-
sittlicher, aber auch gesellschaftlicher Erneuerung,
die für den Soldaten von der erlösenden Tat abhing:
«Wenn einst dies geschlecht sich gereinigt von
schande / Vom nacken geschleudert die fessel des
fröners ...»

Daneben aber gab es genug andere, zum Widerstand entschlossene Offiziere, die in erster Linie Soldaten waren, und zwar durchaus Soldaten des normalen beruflichen Typs.[68] Viele dieser Oppositionellen
trugen altpreußische Adelsnamen, und man könnte
aus ihren Reihen ohne Mühe eine eindrucksvolle Liste
von Generalen und anderen Offizieren zusammen-
stellen, von Obersten, Stabsoffizieren, Hauptleuten
und Leutnants. Eine stattliche Anzahl von ihnen findet sich unter den Namen, die auf der Ehrentafel der
Opfer des 20. Juli verzeichnet sind. Nicht wenige
hielten Schlüsselstellungen. Der stellvertretende Befehlshaber des Ersatzheeres, General Olbricht, ist
schon erwähnt worden. In seinem Stabe wird neben
Stauffenberg der Oberst Mertz von Quirnheim zu
nennen sein. Feldmarschall von Witzleben gehörte –
wie der Generaloberst Hoepner – von Anfang an zu
dem oppositionellen Kreis. Er war, wie gezeigt wurde, schon während der Septemberkrise von 1938 zum

Handeln bereit, er verfolgte bestimmte Pläne der Konspiration zusammen mit Goerdeler im Sommer 1939, und seine Haltung blieb die gleiche durch die Jahre. Ihm sollte, im Fall der Beseitigung Hitlers, der Oberbefehl der Wehrmacht übertragen werden. Im OKW waren die Obersten von Freytag-Loringhoven und Hansen Mitglieder der Verschwörung, im OKH die Abteilungsleiter Heusinger, Stieff, Wagner, von Roenne, Fellgiebel und Lindemann. Eine Abteilung «zur besonderen Verwendung» stand unter Oberstleutnant Groscurth und wurde im Winter 1939 (von Halder und Canaris) mit der Vorbereitung des damals bestehenden Umsturzplans beauftragt. Durch Legationsrat von Etzdorf hatte die Abteilung Verbindung mit dem Auswärtigen Amt, sie verbreitete Material über die Kirchen- und Judenverfolgungen sowie über die Polengreuel der SS unter den höheren Stäben.

Wieweit die Truppenführung für die Opposition gewonnen war, läßt sich nicht mit Sicherheit feststellen. Es ist gewiß zu Recht gesagt worden, daß die militärische Gegnerschaft zu Hitler sich in konzentrischen Kreisen von verschiedener Dichte bewegte. Es bestanden Unterschiede zwischen denen, die wußten, daß etwas unternommen werden sollte, denen, die sich bereit hielten, falls etwas geschah, und denen, die nicht eingeweiht wurden, weil man gewiß war, daß sie ohnehin mitmachen würden. Aber während man eine gesunde Skepsis gegen manche Zugehörigkeitsansprüche bewahren mag, die sich nur auf eine in der Tasche geballte Faust berufen können, steht man in vielen Fällen doch auf sicherem Grund. Der Stadtkommandant von Berlin, General von Hase, gehörte der Verschwörung an, und Olbricht, zusammen mit Oberst Mertz von Quirnheim, und der Generalquartiermeister Wagner übernahmen es, die Befehlshaberstellen in anderen Großstädten mit eingeweihten oder in ihrem Sinn verläßlichen Offizieren zu besetzen. An der östlichen Front war der wichtigste unter den Verschworenen der Generalmajor Henning von Tresckow, bis Oktober 1943 erster Generalstabsoffizier der Heeresgruppe Mitte. Was ihn – und zwar schon lange vor dem Krieg – zum Gegner Hitlers machte, war in den Worten des ihm besonders nahestehenden Schlabrendorff: «... Widerwillen gegen alles, was der Wurzel der Gemeinheit entsprang...» Er hat «seine ganze Persönlichkeit für den politischen Kampf eingesetzt».[69] Es gelang ihm, eine Gruppe entschlossener Nazigegner in seinen Stab zu ziehen, darunter Berndt von Kleist und Rudolf von Gersdorff, Graf Hardenberg und Graf Lehndorff-Steinort. Er hatte gleichfalls Vertraute im Stab der Heeresgruppe Süd. Im Westen war der Militärbefehlshaber in Belgien, General von Falkenhausen, frühzeitig für die Verschwörung gewonnen worden; er wurde allerdings kurz vor dem 20. Juli abberufen. Vor allem gehörte zu ihrem Kreis General Karl Heinrich von Stülpnagel, der 1941 seinem gleichnamigen Vetter als Befehlshaber in Frankreich folgte. Er war eine bedeutende, universell gebildete Persönlichkeit, Beck nahestehend und wesensverwandt. Schon in den Jahren 1939/40 hatte er an den Putschplänen, von denen noch zu sprechen sein wird, teilgehabt. Sein Stab in Paris, dem eine Zeitlang Graf Fritz von der Schulenburg angehörte und in dem der Oberstleutnant der Reserve Cäsar von Hofacker,

ein Vetter Stauffenbergs, besonders zum Handeln
drängte und die Verbindung mit der Berliner Gruppe
unterhielt, wurde ein Zentrum des Widerstandes.
Stülpnagel vor allem gelang es, Rommel zu gewinnen, wobei er in dessen Stabschef General Speidel einen entschlossenen Helfer fand. Es ist eine paradoxe
Tatsache, daß nur in Paris der Aufstand des 20. Juli zu
erfolgreicher Ausführung kam. Wenige Tage vor
dem Attentat schrieb Hofacker: «Heute wäre jedes
ungenützte Verstreichenlassen auch nur weniger
Stunden eine Sünde wider den heiligen Geist...» –
Auf das Stichwort «Abgelaufen» gab Stülpnagel den
Befehl zur Verhaftung der Pariser Gestapo, des SD
und der SS-Führer, die sich reibungslos vollzog.[70]

Hier drängt sich die Frage auf, wie es kam, daß
trotz der Teilnahme oder Bereitschaft so vieler Offiziere in wichtigen Stellungen alle militärischen Pläne
zum Handeln schließlich mißglückten. Eine Teiler-
klärung liegt in der Tatsache, daß im allgemeinen das
preußisch-deutsche Militär – vielleicht mit Ausnahme
derer, die im Nachrichten- und Abwehrdienst standen – nicht gerade für ein Verschwörerhandwerk vor-
gebildet war.[71] Es gab keine revolutionäre Tradition,
wie sie – und zwar im allgemeinen Urteil nicht gerade
als ein Ruhmestitel – in südeuropäischen und südamerikanischen Armeen bestand.

Eine andere Erklärung liegt nahe und hat weitgehend Annahme gefunden: Die Nazi-Anhänger oder
die schwankenden Nicht-Nazis vereitelten alle Versuche. Bis zu einem gewissen Grade trifft dies zu. Wie
schon festgestellt wurde, verbrauchte sich ein gut Teil
der Energie der Verschwörer in einer wahren Sisy-

phusarbeit: Immer wieder rollte der Stein zurück. So geschah es bei den Vorstößen, die man u. a. bei den Heerführern von Manstein, von Bock, von Kluge unternahm. Über Brauchitsch, um den bei dem Aktionsplan von 1939/40 intensiv gerungen worden ist, schrieb Hassell in seinem Tagebuch unter dem 29. September 1938: «...schlägt den Kragen hoch und sagt: Ich bin Soldat und habe zu gehorchen.» Trotzdem wurde seine Entlassung in der schweren Winterkrise im Dezember 1941 als ein Rückschlag empfunden, der – nach der Meinung wiederum Hassells – «die Arbeit von Monaten zunichte machte». Freilich, ob Brauchitsch je den Absprung gefunden hätte, bleibt zweifelhaft. Auch der Befehlshaber des Ersatzheeres, Generaloberst Fromm, war in seiner Haltung mehr als unsicher. Und die meisten der Kommandeure von aktiven Feldtruppen beobachteten wohl eine Art abwartender Neutralität. Es gab gewichtige Argumente, die dafür anzuführen waren. Sollte man es riskieren, daß sich eine neue «Dolchstoßlegende» bildete, und zwar diesmal eine, die sich gegen das Offizierkorps wenden würde? Wie konnte man das deutsche Volk und die deutsche Armee davon überzeugen, daß Hitler sie ins Verderben führte, während der Weg zum Siege noch offen zu sein schien? Und umgekehrt, wie konnte man angesichts der drohenden Niederlage die Katastrophe noch beschleunigen oder verschärfen durch eine Revolutionierung der Front? General Halder, in seiner Aussage im Weizsäcker-Prozeß, hat seine Auffassung von diesem Dilemma in etwas anderer Weise so ausgedrückt: Außenpolitisch war ein militärischer Erfolg, innenpolitisch ein Rückschlag die Voraussetzung erfolgreicher Auflehnung. Wir sahen, daß Goerdeler mit Schärfe vor dem Warten auf den «psychologisch richtigen» Zeitpunkt warnte. Und es ist anzunehmen, daß in manchen Fällen dieses Warten und seine Begründung in der Tat ein Sichvorbeidrücken an der Entscheidung war.

Aber innerhalb des rein militärischen Gedankenkreises gab es kaum einen Ausweg aus diesem Zirkel. Auch kann man sehr wohl verstehen, daß in den späteren Jahren die Kommandeure fechtender Truppen, besonders derer im Osten, die einen Damm gegen eine Überflutung der Heimat und gegen ein sozialrevolutionäres System bildeten, sich für grimmiges Ausharren entschieden. Die Männer des deutschen militärischen Widerstands wären sicherlich die letzten gewesen, der opferreichen Kameradschaftsgesinnung, in der ihre Söhne, Verwandten und Freunde lebten, und der illusionslosen Härte der Pflichterfüllung, wie sie tagaus, tagein an der Front geübt wurde, die Hochachtung zu versagen, die ihnen für immer gebührt. Daß die «Heimatstäbe» die Front im Stich gelassen, ihre Versorgung sabotiert, oder daß Verrat zum schweren Zusammenbruch der Heeresgruppe Mitte beigetragen habe, ist schlechterdings nicht wahr.[72] So wie Zuckmayer in seinem Ingenieur Oderbruch sich mit dem Problem der Sabotage abfindet, erscheint es zugleich übergrell belichtet und in unzulässiger Weise vereinfacht. Die sittliche Frage, um die es hier geht, hatte indessen noch eine andere Dimension. Wer am tiefsten lotete, war überzeugt, daß man unter dem gegebenen Regime einen deut-

schen Sieg nicht einmal wünschen dürfe. Daß er unwahrscheinlich war, auch im äußeren Triumph der
ersten Jahre, und immer unwahrscheinlicher wurde,
daß, als es schließlich zur Erhebung kam, die Lage
völlig aussichtslos war und daher die Opposition gewiß nicht die Niederlage des Vaterlandes «herbeige-
führt» hat, steht außer Frage, sollte aber nicht den
Blick trüben für die Schwere des Konflikts, vor dem
eine militärische Opposition gegen die eigene Regierung mitten im Kriege der Natur der Dinge nach
steht.[73] Einige Offiziere von hohem sittlichem Bewußtsein (wie von Fritsch oder der deutsche Kommandierende General vor Cherbourg, der Sohn des
Historikers Erich Marcks) suchten den Tod auf dem
Schlachtfeld als die einzige ehrenvolle Lösung eines
tragischen Dilemmas. Die Verschwörer hofften naturgemäß ihrerseits, nach Möglichkeit eine Aufspaltung der Armee oder den offenen Bürgerkrieg zu vermeiden. Ihre Pläne bewegten sich im Rahmen einer
«Blitz-Revolution», die mit ungeteilter bewaffneter
Macht durchgeführt werden sollte. Die Folge war,
daß eine Reihe an sich wohl bestehender «psychologischer» Momente versäumt wurde.

Doch der Hinweis auf Widerstände und Hemmnis-
se reicht nicht zur Erklärung hin. Es ist eine unleugbare Tatsache, daß viele Aktionen geplant wurden,
obwohl sie der Unterstützung durch die höhere
Truppenführung entbehrten. Und der Grund für ihr
Fehlschlagen lag nicht im Vorhandensein rückgratlo-
ser Neutralität oder eines Widerstandes gegen den
Widerstand. Als im August und September 1943 Anweisungen ausgearbeitet wurden für «den Tag» – das

Stichwort war «Walküre» –, setzten sie Hitlers Tod
als ein fait accompli voraus und ebenso einen Putsch-
versuch «frontfremder Parteiführer».[74] Die Befehle
verhängten den Belagerungszustand, währenddessen
die Ausführungsgewalt bei dem neuen Oberbefehlshaber von Witzleben liegen sollte. Sie wurde delegiert
an die Kommandierenden Generale des Ersatzheeres
und der Besatzungsarmee. SS-Truppen waren zu ent-
waffnen und nötigenfalls mit Waffengewalt niederzu-
werfen. Konzentrationslager sollten von der Armee
besetzt werden und so fort. Den einen dieser Befehle
unterschrieb Witzleben «ohne Zögern», der andere
trug den Namen des Generaloberst Fromm, der jedoch tatsächlich nicht eingeweiht war, und dazu die
Unterschrift Stauffenbergs. Die Ausfertigung beider
Befehle geschah durch Frau von Tresckow und eine
frühere Sekretärin Hammersteins, Fräulein von
Oven. Sie wurden – versiegelt – von Olbricht in Verwahrung genommen. Man kann nicht sagen, daß dieses Arbeiten mit Fiktionen ein sehr orthodoxes militärisches Verfahren war; es zeigt, daß man keine
Rücksicht nahm auf formale Hindernisse oder im
Weg stehende Persönlichkeiten. Das gleiche läßt sich
von einer Reihe anderer Versuche sagen, die nahe an
den Punkt der Ausführung kamen und deren Scheitern wenig mit der Erwägung zu tun hatte, was die
Haltung der Abseitsstehenden oder Nazihörigen sein
würde.

Der erste, der bereit war zu handeln – und zwar zu
handeln im Zeitpunkt militärischen Triumphes –,
war von Hammerstein. Während des Polenfeldzugs
war er Befehlshaber der Armeeabteilung A an der

nördlichen Rheinfront. Es wurde Hitler mit Erfolg
nahegelegt, die deutsche Bereitschaft im Westen
durch einen Besuch an dieser Front zu bekunden, und
Hammerstein war entschlossen, den Führer bei Erscheinen festzunehmen.[75] Hitler jedoch hatte eine seiner «Vorahnungen»; der Besuch wurde abgesagt und
Hammerstein aufs neue in den Ruhestand versetzt.

Sehr viel dringlichere Gestalt nahmen die Wider-
standspläne seit November 1939 an, nach Beendigung des Polenfeldzuges und ehe die Offensive im
Westen begann, in einem Zeitraum also, da die Geschichte gleichsam den Atem anhielt. Der amerikanische Historiker Harold C. Deutsch hat diese Phase
mit Recht die «2. Runde» der oppositionellen Aktion
genannt, sie geht wie die erste (während der Tsche-
chenkrise) vom Militär und von militärischen Erwägungen aus, nimmt aber sehr rasch, besonders bei
Oster und seinen Freunden, grundsätzlichen Charakter an und wird von einer diplomatischen Aktion be-
gleitet. Diese Phase ist auch bisher nicht unbeachtet
geblieben, aber der eben genannte Autor hat die Einsicht in ihren Verlauf und ihre Probleme durch die Er-
schließung wichtiger Quellen und durch Befragungen ungemein bereichert.[76]

Der nächste Ansatzpunkt zum Handeln war die
Opposition gegen Hitlers Angriffsplan im Westen –
vom militärisch-technischen Standpunkt aus besonders gegen den frühen Ansatz im Winter, aber auch
von der moralisch-politischen Sicht aus gegen neue
Aggressionen und Neutralitätsverletzungen. Von den
Heeresgruppenführern im Westen erhoben Generaloberst von Leeb und sein Stabschef General von

Sodenstern im Oktober in einem Memorandum für
Halder und Brauchitsch lebhaften Einspruch, gegründet auf militärische wie auf moralische Erwägungen. Bock und Rundstedt schlossen sich an, beide
freilich nur unter technischem Gesichtspunkt. Selbst
Reichenau, der als «Hitlers Mann» galt, hatte Anfang
November einen scharfen Zusammenstoß mit dem
Führer; im Anschluß daran ging er, um die für verhängnisvoll gehaltene Offensive zu vermeiden, in einer Unterredung mit Goerdeler und einem anderen
Angehörigen der zivilen Opposition (Elsas), wie erst
jetzt bekanntgeworden ist, so weit, eine Warnung an
England und die Niederlande zu empfehlen. Und
Halder hat einen Eintrag in Groscurths Tagebuch da-
hin gehend bestätigt, daß er im Oktober wochenlang
eine Pistole in seiner Tasche trug, wenn er in die
Reichskanzlei ging.[77]

Zur Krise kam es Anfang November, als der Ter-
min für die Offensive auf Mitte des Monats angesetzt
war. Schon im Oktober hatte Halder im OKH in
Zossen eine Arbeitsgruppe für die Vorbereitung des
Putsches gebildet, bei der u. a. von Stülpnagel beteiligt war. Am 4. November ließ Halder Oster den
Auftrag zukommen, den Staatsstreichplan vom
Herbst 1938 zu «rekonstruieren». Einen Tag später
trug Brauchitsch Hitler seine Bedenken vor, dieser
antwortete mit einem orkanartigen Ausbruch, der
den Oberkommandierenden in eine Art «inneren
Niemandslandes» (Zeller) verschlug und mit der
Drohung endete, den «Geist von Zossen auszurotten». Zugleich befestigte sich in den beiden Aktions-
zentren, im OKH und bei der Abwehr (Abteilung

Ausland) in der Bendlerstraße, die Meinung, daß angesichts der Bindung durch den Eid, die auch trotz Becks Mahnung «Das Herz voraus» Halder immer wieder hemmte, ein Vorgehen gegen den «lebendigen Hitler» auf zu große Schwierigkeiten stoßen würde. So kam es zu einem neuen Attentatsplan, bei dem Oster wieder auf Erich Kordt rechnete, weil er freien Zugang zur Reichskanzlei hatte. Dieser erklärte sich bereit und sollte bis zum 11. November den nötigen Sprengstoff erhalten. Am 8. erfolgte die Explosion im Bürgerbräukeller. Dadurch war, so erklärte Oster am 11., die versprochene Lieferung wegen verschärfter Sperrmaßnahmen unmöglich geworden. Im übrigen, so teilte er Kordt mit, sei der Angriffstermin verschoben. Er ist bekanntlich mehrfach noch hinausgeschoben worden, schließlich bis in den Mai 1940, so daß mit besserer Wetterlage und auch sonst steigender Erfolgsaussicht die rein militärischen Einwände sich abschwächten. Gleichwohl ging die Vorbereitung der Aktion weiter, vor allem von Oster, Etzdorf und Groscurth vorwärtsgetrieben. Kordt bemühte sich noch zweimal um Sprengstoff. Vor allem sollte die Sammlung des Anklagematerials durch die Abteilung z. b. V., wie erwähnt, die Kommandeure der Feldtruppen von der Notwendigkeit des Vorgehens gegen ein verbrecherisches Regime überzeugen.[78] Frontreisen Groscurths und anderer dienten diesem Ziel. Seine Tagebücher sind somit ein besonders eindrücklicher Beleg für das moralische Grundmotiv des Widerstands.

Mit diesem Versuch direkter Einwirkung war ein indirekter verknüpft, der sich auf diplomatischem

Felde abspielte, aber wiederum von Oster und der Abwehr ausging. Es handelt sich um die Mission Joseph Müllers, der über Rom und die päpstliche Vermittlung Zusicherungen gegen einen Rachefrieden und für ein zeitweiliges Stillhalten beim Staatsstreich erlangen sollte, um den Militärs das Handeln möglich zu machen. Darauf ist im Zusammenhang der Außenpolitik des Widerstands zurückzukommen.

Zunächst sei der Faden militärischer Aktion weiterverfolgt. Es bestanden Pläne, gegen Hitler in Paris vorzugehen, etwa bei einer in Aussicht genommenen Siegesparade, und ihn bei der zu erwartenden Gegenwehr zu erschießen. Auch im Stabe Witzlebens gab es 1941 Pläne für ein Attentat, zu deren Ausführung Graf Schwerin von Schwanenfeld bereit war, wenn die Gelegenheit sich bieten sollte. Aber Hitler führte den Besuch in Paris nicht aus. Immerhin, es traten zunehmend die religiösen und moralischen Bedenken zurück, die gegen die Tötung Hitlers bestanden. Goerdeler vor allem hatte darauf gedrängt, den Führer lebend vor Gericht zu stellen, und ließ sich nur sehr schwer von der Notwendigkeit des Attentats überzeugen. Die Soldaten indessen betonten, daß eine Gefangennahme Hitlers wegen der sich ständig verschärfenden Sicherheitsmaßnahmen[79] nicht mehr möglich war und daß es notwendig sei, die Armee vom Eidschwur zu befreien. Aber sie wußten auch, daß der «Initialzündung» eine planvolle militärische Aktion folgen mußte, die genauer Ausarbeitung im voraus bedurfte. Dieser Teil der Aufgabe fiel Olbricht und seinem Stabe zu.[80] Es wird berichtet, daß er gegen Ende Februar 1943 fertig war, und – wie erwähnt – wurden versiegelte Befehle im Herbst dieses Jahres niedergelegt. Für den auslösenden Funken zu sorgen, lag Tresckow ob. Da er den Oberbefehlshaber der Heeresgruppe Mitte, von Kluge, nicht gewinnen konnte, beschloß er auf eigene Verantwortung zu handeln, wenn auch in enger Verbindung mit der Abwehr. Nach sorgfältigen vorbereitenden Versuchen, gelang es Schlabrendorff, am 13. März 1943 eine Zeitbombe, getarnt als ein Cointreau-Päckchen für den Oberst Stieff, in Hitlers Flugzeug einzuschmuggeln. Aber der Zündmechanismus versagte. Einige Tage später wurde der Attentatsversuch während der Eröffnung einer Ausstellung von Beutestücken im Berliner Zeughaus wiederholt. Major von Gersdorff, Abwehroffizier der Heeresgruppe Mitte, der gleichfalls zu den Vertrauten Tresckows gehörte, erklärte sich bereit, diese Gelegenheit zu benutzen. Er hatte in jeder seiner Manteltaschen eine Zeitbombe. Nachdem er bei der einen die auslösende Säureampulle eingedrückt hatte, versuchte er, Hitler möglichst nahe zu bleiben. Aber dieser «eilte» nur durch die Ausstellung und verließ sie schon nach zwei Minuten. Gersdorff gelang es gerade noch, den Zünder auf der Toilette loszuwerden.[81]

Trotz dieser enttäuschenden Fehlschläge und trotz immer verschärfter Sperrmaßnahmen wurden die Versuche nicht aufgegeben. Schlabrendorff berichtet von dem Plan eines Gemeinschaftsattentats, zu dem er und sechs andere Offiziere des Tresckow-Stabes sich verschworen. Aber der Führer unterließ jeden weiteren Besuch bei der Heeresgruppe Mitte. Anfang 1944 ging die weitere Initiative dann von Berlin aus.

Über den jüngeren Schulenburg kam Stauffenberg in
Kontakt mit dem Hauptmann Axel Freiherr von dem
Bussche. Ihm war in der Ukraine der Anblick einer
Massenerschießung von Juden zum entscheidenden
Erlebnis geworden. Er willigte ein, bei einer Vorführ-
rung neuer Uniformen das Attentat auf Hitler auszuführen. Aber kurz darauf wurde er schwer verwun-
det. An seiner Stelle gewann Stauffenberg Ewald von
Kleist, den Sohn des Schmenziner, für den Plan. Der
Vater gab ausdrücklich seine Zustimmung: «Ja, das
mußt du tun», soll er gesagt haben. «Wer in einem
solchen Moment versagt, wird nie wieder froh in seinem Leben.» – Aber die Vorführung, die für Januar
geplant war, fiel wegen eines Luftangriffs aus. – Ein
Pistolenattentat, zu dem sich Rittmeister von Breitenbuch bereit erklärt hatte, scheiterte an den ver-
schärften Sicherheitsmaßnahmen auf dem Berghof.[82]

Schließlich wurde dann das Attentat durch Stauffenberg unternommen. Aber auch diesmal stand die
Aktion unter einem unglücklichen Stern. Es war von
Anfang an mißlich, daß der «Stabschef» der Verschwörung selbst die auslösende Tat begehen mußte,
weil nur er Zugang zum Hauptquartier hatte. Zudem
verschob er zweimal den Anschlag wegen der Abwesenheit von Göring und Himmler, bis er ihn am
20. Juli zur Ausführung brachte. Und wieder blieb
Hitler bewahrt. Die Wirkung der Explosion wurde
durch eine Reihe von zufälligen Umständen verhängnisvoll abgeschwächt, und die Tatsache, daß Hitler
am Leben blieb, erwies sich als schwerstes Hindernis
(neben anderen) für die Durchführung der Walküre-
Aktion.[83]

Wenn man die Summe dieser Vorgänge überblickt, kann man sich der Feststellung nicht entziehen, daß eine ganze Anzahl von Fehlschlägen keinem anderen Versagen als einer kaum glaublichen Anhäufung trivialer Zwischenfälle zuzuschreiben ist. Hitler mochte wohl von «der Hand der Vorsehung» sprechen, und der Historiker wird geneigt sein, in einem bestimmten Sinn dem beizupflichten – nicht mit den prahlerischen Obertönen, in denen die Hysterie des Führers sich entlud, wohl aber im Sinn einer Ehrfurcht vor dem Unerforschlichen. In der Kette der Ereignisse von 1939 bis 1945 scheint eine eherne Logik sich anzudeuten, eine innere Ausrichtung auf eine unabgeschwächte und unausweichbare Katastrophe hin, die das Beiläufige und Banale unerheblich macht. Und doch haben die vielfachen Zwischenfälle eine nachweisbare Rolle gespielt. Sie waren zum Teil veranlaßt oder möglich gemacht durch Hitlers argwöhnische Vorsicht, aber sie hatten schlechterdings gar nichts mit Vorsicht, Zögern oder fehlender Entschlußkraft auf seiten der beteiligten Offiziere zu tun. Zudem kann Mißerfolg an und für sich niemals, oder sollte jedenfalls niemals, ein endgültiger Maßstab der Beurteilung sein.

Aber eine andere kritische Frage mag sich hier erheben: Was konnte – selbst wenn die auslösende Aktion Erfolg hatte – das Ergebnis eines darauffolgenden militärischen Putsches sein? Die nächste Antwort darauf muß lauten, daß es sich in gar keiner Weise – auch nicht, was die Beteiligten oder Eingeweihten betrifft – um ein rein militärisches Vorgehen handelte. Es hatte seine Motive sowohl als seine Ziele im politischen und moralischen Bereich. Diese Studie ist daher nicht befaßt mit den mannigfachen oppositionellen Regungen unter den Feldmarschällen und anderen hohen Militärs, die im Sinne beruflicher Überlegenheit Hitlers strategische «Intuitionen» kritisierten und sich hier und da (sehr anders etwa als Keitel und Jodl) gegen das Verhängnis zu stemmen suchten. Sie mochten mit Empörung von «diesem Burschen» sprechen, aber darin lag noch kein Widerstand in irgendeinem grundsätzlichen Sinn. Auch die verschiedentlich gemachten Ansätze, Hitler vom militärischen Oberbefehl zu entfernen, sind nicht Gegenstand unserer Untersuchung. Selbst eine Persönlichkeit wie der General Georg Thomas, der Chef des Wehrwirtschafts- und Rüstungsamts, der unzweifelhaft in echter Opposition stand und an den frühen Aufstandsplänen beteiligt war, hat für die späteren Jahre nur eine lockere Beziehung zum Hauptthema dieses Buches. Als Fachmann in allen Fragen militärischer Bereitschaft widersetzte er sich von Anfang an den Hitlerschen Abenteuern. Im übrigen kannte er die Hilfsquellen Rußlands gut genug, um sich auf die Seite Becks und der warnenden Voraussagen zu stellen. Auch war er als Leiter der Wehrwirtschaft in besonders naher Berührung mit Männern der zivilen Opposition.[84] Zu Beginn des Jahres 1940 hatte auch er darauf gedrängt, daß die Generalität den Angriff auf Belgien und Holland verweigere; die Berliner Garnison würde dann Hitler verhaften und die Armee das Regiment übernehmen. Er fuhr fort, die Notwendigkeit eines baldigen Kriegsendes zu betonen, bis er gegen Ende des Jahres 1942 entlassen wurde.

Aber der Widerstand, für den er eintrat, richtete sich offenbar mehr gegen eine Politik, die zur Niederlage führen mußte, als gegen das Regime an und für sich. Und wenngleich seine Warnung vor einem Attentat auf Hitler, das den Führer zum Märtyrer machen würde, aus Gewissensbedenken stammte, die auch andere teilten, und zudem vom Standpunkt politischer Taktik nicht unbegründet war, so offenbart sich doch gerade an diesem Punkt eine feine, aber scharfe Linie der Unterscheidung.

Sie wurde mit sicherem Instinkt von Tresckow gezogen, wenn er im Sommer 1944 sagte[85]: «Das Attentat auf Hitler muß erfolgen um jeden Preis. Sollte es nicht gelingen, so muß trotzdem der Staatsstreich versucht werden. Denn es kommt nicht mehr auf den praktischen Zweck an, sondern darauf, daß die deutsche Widerstandsbewegung vor der Welt und der Geschichte unter Einsatz des Lebens den entscheidenden Wurf gewagt hat. Alles andere ist daneben gleichgültig.» Natürlich wünschten die Militärs, die sich zu solcher Unbedingtheit des Handelns notfalls auch ohne Aussicht auf Erfolg bekannten, zugleich auch, nach Möglichkeit das Weißbluten Deutschlands zu verhüten. Sie waren sich bewußt, für ihr Vaterland einzutreten, aber ebenso auch gegen eine Gefahr, die ganz Europa mit Chaos bedrohte. Es handelte sich für sie im letzten um Abwehr einer moralischen Krise. Sie waren daher überzeugt, daß zur Überwindung ihre eigene Tat und, wenn nötig, das Opfer ihrer selbst erforderlich war. Wir sahen, daß es Soldaten gewesen sind, die in den kritischen Wochen des Jahres 1938 sich dem Krieg nicht nur deshalb widersetzten, weil er verhängnisvoll für Deutschland sein würde, sondern weil die Aufdeckung und Bekämpfung dieser Gefahr eine Gelegenheit für den Sturz einer verbrecherischen Regierung und für die Rückkehr zu Begriffen nationalen und internationalen Anstands zu bieten schien, die besser übereinstimmten mit echten militärischen und adligen Überlieferungen.

Es war dies eine Haltung, die auch im Krieg nichts an Gültigkeit verlor. Vor ihr verblaßte für die kräftigsten und charaktervollsten Naturen das Gespenst des «Dolchstoßes» und das der Anklage wegen Landesverrats. Als nach dem Fehlschlag des Attentats vom 20. Juli Tresckow im Begriff stand, an die Front zu gehen, um sich dort das Leben zu nehmen, verabschiedete er sich von Schlabrendorff mit den Worten: «Jetzt wird die ganze Welt über uns herfallen und uns beschimpfen. Aber ich bin nach wie vor der felsenfesten Überzeugung, daß wir recht gehandelt haben. Ich halte Hitler nicht nur für den Erzfeind Deutschlands, sondern auch für den Erzfeind der Welt. Wenn ich in wenigen Stunden vor den Richterstuhl Gottes treten werde, um Rechenschaft abzulegen über mein Tun und Unterlassen, so glaube ich mit gutem Gewissen das vertreten zu können, was ich im Kampf gegen Hitler getan habe. Wenn einst Gott Abraham verheißen hat, er werde Sodom nicht verderben, wenn auch nur zehn Gerechte darin seien, so hoffe ich, daß Gott auch Deutschland um unseretwillen nicht vernichten wird. Niemand von uns kann über seinen Tod Klage führen. Wer in unseren Kreis getreten ist, hat damit das Nessushemd angezogen. Der sittliche Wert eines Menschen beginnt erst dort, wo er

bereit ist, für seine Überzeugung das Leben hinzu-
geben.» Ein anderer der militärischen Verschwörer,
Graf Lehndorff-Steinort, schrieb im Abschiedsbrief
an seine Frau: «Du wirst immer davon überzeugt
sein, daß ich nicht leichtfertig Eure Zukunft zerstört
habe, sondern einer Idee gedient habe, von der ich
glaube, daß sie eine Rücksicht auf Familie und Privates nicht rechtfertigt.» «Der Weg zum himmlischen
Reich», fährt der Brief fort, «führt aber wohl nur
über Leid, und es muß erst mal alles Alte gewaltsam
von einem gerissen werden. Erst dann kann man eine
‹neue Kreatur› werden. Jedenfalls werde ich in diesem
Glauben sterben und ohne Furcht und Angst...»

Solche Gedanken und Motive also waren lebendig
in Mitgliedern jener «ehrgeizigen Clique», die angeblich nur den Folgen des Krieges zu entkommen
wünschte, als er verloren war. Mit Beschämung erinnert man sich, daß diese Männer verdächtigt worden
sind, auf die Rettung ihres eigenen Lebens oder ihrer
Klasseninteressen oder auf die Aufsparung des Generalstabs für einen neuen Krieg bedacht gewesen zu
sein. Vollends im Fall des deutschen militärischen
Nachrichtendienstes handelt es sich um Vorgänge,
die noch weitgehender aus aller Konvention heraus-
fallen und die noch schneidender der These widersprechen, daß es sich beim deutschen Widerstand um
unzufriedene Generale und «anachronistische» Edel-
leute gehandelt habe. Der Leiter der Abwehr, Admiral Canaris, sah so früh und so klar wie nur irgend jemand das Verhängnis, zu dem der Angriffskrieg
schließlich führen werde, voraus. Von Mitte August
1939 ist in den italienischen Akten sein warnendes

Wort überliefert: «Das wird das Ende Deutschlands
sein.» Zugleich aber war er aus genauester Kenntnis
der Hitlerschen Methoden und Ziele auch überzeugt,
daß dessen Triumph, wenn überhaupt möglich, «ein
noch größeres Unglück» sein werde. Er ist nicht
selbst in direkte Handlungen gegen das Regime ein-
getreten, seiner Natur nach mehr «zur konspirativen
Resistenz als zur revolutionären Aktion» geneigt.
Aber er hat andere unterrichtet und gedeckt, Verfolgte gerettet und Exzesse abgestumpft. Weizsäcker, der
ihm nahestand, spricht in seinen Erinnerungen davon, daß er für einen «listenreichen Odysseus» galt,
und bezeugt doch seinen «glockenklaren Charakter».
An seiner Gesinnung und seinem sittlichen Willen
kann kein Zweifel bestehen, und doch bleibt für den
Betrachter seine geschichtliche Rolle, zumal bei der
Lückenhaftigkeit der Unterlagen, von einem gewissen Geheimnis umhüllt.[86] Hingegen steht sein Stabschef, Generalmajor Oster, als eine scharfumrissene
Figur da. Schlabrendorff hat von ihm gesagt, er sei
«ein Mann nach dem Herzen Gottes» gewesen. Oster
war nicht nur der «Techniker» (Boveri), der die
Verschwörung abschirmte und für sie wertvollste
Verbindungen unterhielt. Er war selbst eines der
Haupttriebräder, und er scheute nicht vor Handlun-
gen zurück, die der deutschen Armee zu schwerem
Schaden gereichen konnten.

   Es ist an diesem Punkte, daß zur Frage des «Landesverrates» im Umkreis der deutschen Opposition
in aller Klarheit Stellung genommen werden muß.
Man wird sich nicht mit der These vom «Unrechts-
charakter» des Regimes begnügen dürfen, dem ge-

genüber man nicht habe unrecht tun können, wie
wohltuend immer diese Auffassung sich von dem
formalen Legalitätsbegriff des juristischen Positivis-
mus unterscheidet.[87] Man wird auch das Problem
nicht bagatellisieren dürfen durch den Hinweis, die
Mitteilungen, die Oster dem holländischen Militärattaché G. J. Sas über Tatsache und Daten des bevorstehenden Angriffs auf Dänemark, Norwegen, Belgien und Holland machte, hätten keinen Schaden getan, da man ihnen in Belgien offenbar keinen Glauben
schenkte oder da im holländischen Fall Vorsichtsmaß-
nahmen sowieso getroffen waren. Und es genügt
auch nicht, auf die diplomatisch-taktische Situation
und die noch zu berührenden Sondierungen bei den
Gegnern zu verweisen, durch die man auf seiten der
Opposition ein militärisches Stillhalten während des
inneren Aufstands zu erreichen hoffte. Insoweit ging
es dringend um den Nachweis, daß man dies bona
fide betrieben habe. Aber ohne Zweifel handelte Oster
wie aus dem Gefühl der Empörung und der europäischen Solidarität, so zugleich mit der Zielsetzung,
entweder die Offensive überhaupt zu verhindern oder
mindestens für sein Land durch einen geringeren den
totalen Verlust zu vermeiden sowie durch einen
Rückschlag den Sturz des Regimes zu ermöglichen.
Die Frage, ob die Weitergabe eines Angriffstermins
dazu ein geeignetes Mittel und die «Tat» daher überflüssig war, wird dem Phänomen eines Durchbruchs
nicht gerecht, der nur aus dem Gewissen vollzogen
werden konnte – eines Durchbruchs durch die berufliche Ethik des Offiziers und seinen sozusagen normalen Patriotismus, der dem militärischen Sektor im

ganzen und auch in weniger zugespitzten Formen
auferlegt war. Der Fall Oster wird daher gewiß nicht
als «überflüssig», sondern als vollgültiges Zeugnis für
die Rangordnung der Werte zu betrachten sein, um
deren Austrag es in kritischer Situation geht und immer wieder gehen kann. Mit Recht hat daher H. C.
Deutsch für Oster und seine Freunde eine «Spezial-
Nische» reserviert, er sieht in ihrem Handeln einen
Beweis von äußerstem Opferwillen und höchstem
Patriotismus.

Wird diese Wertung im menschlichen wie im politischen Bereich vom Grenzfall her auf das Ganze und
auch auf die durchschnittlicheren Phänomene der militärischen Opposition angewandt, so ergibt sich ein
Bild, das wenig mit der Vorstellung eines kriegshet-
zerischen Generalstabs übereinstimmt, ihn vielmehr
in entscheidenden Phasen und entscheidenden Persönlichkeiten als durchaus «zivilen» Anwalt des Friedens und einer rechtlich geordneten Gemeinsamkeit
der Völker erweist. Vielleicht kann man den Kontrast
zu gewissen karikierenden Vorstellungen, die mit
dem Schlagwort vom «preußischen Militarismus»
sich so leicht verbinden, am besten durch ein Hitlerzi-
tat veranschaulichen, das Schlabrendorff überliefert
hat[88]: «Als ich noch nicht Reichskanzler war, habe ich
geglaubt, der Generalstab gleiche einem Fleischerhund, den man fest am Halsband halten müsse, weil
er sonst jeden anderen Menschen anzufallen drohe.
Nachdem ich Reichskanzler wurde, habe ich feststellen müssen, daß der deutsche Generalstab alles andere
als ein Fleischerhund ist. Dieser Generalstab hat mich
immer hindern wollen, das zu tun, was ich für nötig

hielt. Der Generalstab hat der Aufrüstung, der Rheinlandbesetzung, dem Einmarsch in Österreich, der Besetzung der Tschechei und schließlich dem Krieg gegen Polen widersprochen. Der Generalstab hat mir abgeraten, gegen Frankreich offensiv vorzugehen und gegen Rußland Krieg zu führen. Ich bin es, der diesen Fleischerhund immer erst antreiben muß.»

Man mag demnach abschließend sagen, daß die Motive der militärischen Opposition, soweit sie uns hier angehen, weder von rein beruflicher noch von klassenbedingter Art waren. Das gleiche gilt für ihre Ziele. Die Widerstandsbewegung der Armee war ein «Sektor», war Teil eines Ganzen. Und wenn in ihr ein Stück besten Preußentums lebendig war – wie denn die Fülle altpreußischer Namen jedem Betrachter auffallen wird –, so walteten doch sichtlich «zivile» Ideen von Anfang an vor und blieben bestimmend bis zum Ende. Es ist in dieser Hinsicht erwähnenswert, daß im Stab des Ersatzheeres und im Kreis um Canaris und Oster – an den beiden Stellen also, wo die Zahl der Verschwörer am größten war – der Prozentsatz von Reserveoffizieren und Zivilisten gleichfalls sehr hoch gewesen ist. Anwälte, Richter, Lehrer, Professoren, Landwirte, Geschäftsleute und Männer der Kirche hatten teil am militärischen Planen: die Brüder Kaiser und Bonhoeffer, Justus Delbrück und Hans von Dohnanyi, ein Schwager der Bonhoeffers. Während Oster die militärische Seite bearbeitete, war Dohnanyi für die politische Vorbereitung des Staatsstreiches in Fühlung mit der Abwehr tätig. In nahem Zusammenhang mit ihnen standen ein anderer Bonhoeffer-Schwager, Dr. R. Schleicher, und Dr. Karl

Sack, Freiherr von Guttenberg und Graf von Schwerin-Schwanenfeld, Strünck und Dr. O. John, der wie
Klaus Bonhoeffer durch eine Stellung bei der Lufthansa besondere Möglichkeiten hatte. Auch war die
Zusammenarbeit zwischen dem militärischen und
zivilen Sektor sehr eng. Während in den Beratungen
der politischen Kreise, wie später an einem konkreten
Beispiel gezeigt werden wird, Vertreter von Beck
und der Abwehr anwesend waren, berieten die Führer der politischen Rechten sowohl wie der Linken
mit den militärischen Verschwörern und erteilen ihnen Ratschläge. Einige Zivilisten wie Goerdeler und
von Hassell waren ständig und mit verzweifelter Anstrengung bemüht, widerstrebende Generale vor-
wärtszutreiben. Es gab andere jedoch, die, wie es
scheint, zuzeiten das Handeln des Militärs eher zu
verzögern als zu beschleunigen suchten. Nach einem
der vorliegenden Zeugnisse[89] haben drei der jüngeren
sozialistischen Führer am Ende des Jahres 1942 den
Generalen zugeredet, das Attentat zu verschieben bis
zu dem Zeitpunkt der Landung der Westmächte auf
dem Festland. Bei zu frühem Losschlagen, so mein-
ten sie, werde der Sturz der deutschen Regierung nur
die Eroberung durch Rußland und eine kommunistische Überflutung von ganz Europa bedeuten. Wenn
man diese Angabe für zutreffend halten darf, so
könnte sie eine gewisse Pause im militärischen Handeln mit erklären. In jedem Falle kam, wie später zu
zeigen sein wird, die internationale Auswirkung eines
Attentats sehr wesentlich in den Kreis der Erwägungen. Auch von hier aus ergibt sich der grundsätzlich
politische Charakter der militärischen Opposition.

Es war daher eine vollkommen berechtigte, wenngleich wohl kaum erschöpfende Schlußfolgerung, wenn Gustav Dahrendorf, einer der wenigen Überlebenden unter den leitenden sozialistischen Verschwörern, später sagte[90]: «Der revolutionäre Anschlag vom 20. Juli 1944 sollte nicht als ein schlecht ausgeführtes Unternehmen von Offizieren betrachtet werden, die alle Hoffnung aufgegeben hatten und einer Zwangslage zu entkommen suchten. Es war auch kein Versuch, von seiten murrender reaktionärer Militaristen das Band zu zerschneiden, das sie an den Faschismus fesselte. Beide Beschreibungen würden falsch und ungerecht sein. Die motivierende Kraft, die hinter allen Vorbereitungen stand, war ein fester politischer Wille. Es gab nur ein Ziel, den Faschismus zu beseitigen und den Krieg zu beenden.» Die militärische Revolte war in der Tat nur der erste, wenngleich unentbehrliche Schritt auf dieses Ziel hin. Sie bildete «die schlagkräftige ‹Vorhut› der Widerstandsbewegung ..., bestimmte aber weder ihren Körper noch ihren Geist».[91] Der Belagerungszustand unter militärischer Kontrolle, den man plante, war nur als eine vorübergehende Notstandsmaßnahme gedacht. Zivilisten und Soldaten zusammen hatten Entwürfe für eine neue verfassungsmäßige Regierung ausgearbeitet, für die Wiederherstellung der Herrschaft des Rechts, für Freiheit der Religion, für politische und soziale Reform.

Unsere Betrachtung hat sich nunmehr dieser Seite der Probleme, d. h. dem politischen Aufbau und den politischen wie den sozialen Zielen der Opposition, zuzuwenden.

Ansätze zur Neuordnung

1. Politischer Aufbau der Opposition

Unter den nichtmilitärischen Leitern der Opposition ragt Carl Friedrich Goerdeler als Persönlichkeit hervor. Er ist zugleich auch derjenige, der Verbindungsfäden nach vielen Seiten schlug und der eine große Zahl von Programmen und Reformentwürfen für die nachhitlersche Regierung hinterlassen hat. Sie sind zwar nicht der Ausdruck eines Gedankengutes, das etwa dem Ganzen der Widerstandsbewegung gemeinsam gewesen wäre, aber sie geben eine erste und verhältnismäßig breite Grundlage für eine Würdigung ihrer Ideen und Ziele, insbesondere insoweit, als es sich dabei um die sogenannten «Honoratioren» handelt. Goerdeler, Westpreuße von Geburt, hatte sich in den Jahren, die dem Naziregime vorangingen, durch persönliche Initiative und politisches Verantwortungsgefühl in einem Maße ausgezeichnet, wie es für einen höheren Beamten, und selbst im Bereich der Selbstverwaltung, nicht gerade die Regel war. Es wurde erwähnt, daß er neben der Stellung als Oberbürgermeister von Leipzig eine Zeitlang (1934 bis 1935) die eines Preiskommissars unter Hitler innehatte. Er versuchte in dieser Funktion vergeblich, einen

mäßigenden Einfluß auszuüben. Gleich anderen un-
antastbaren Gegnern des Nationalsozialismus hielt er
es für seine Pflicht, sich nicht sofort zurückzuziehen
oder gar das Land zu verlassen. Wohl aber weigerte er
sich, seine Prinzipien zu kompromittieren. Als es ihm
nicht gelang, eine antisemitische Demonstration der
Partei in Leipzig zu verhindern (die Beseitigung des
Mendelssohn-Denkmals im November 1936), legte
er sein Amt nieder. Er trat dann als Berater in den
Dienst von Robert Bosch in Stuttgart, einem der sozial fortgeschrittensten deutschen Industrie-Unter-
nehmer[1], der, wie schon erwähnt, auch Pechels so
mutige «Deutsche Rundschau» unterstützte. Er ver-
sah Goerdeler mit den Geldmitteln und, was noch
wichtiger war, mit der Deckung, wie sie seine weit-
ausgedehnte Tätigkeit zur Bekämpfung des Regimes
erforderte. Goerdelers Beziehungen reichten praktisch zu allen nichtkommunistischen Gruppen der
Opposition. Manche von ihnen hatten in ihm ihren
Vereinigungspunkt. Er war selbstverständlich in naher Berührung mit den Militärs und mit Männern der
Geschäftswelt, mit hohen Beamten im Ruhestand
und mit Mitgliedern der Widerstandsgruppe im Auswärtigen Amt, aber auch mit Professoren und Kir-
chenmännern (besonders mit dem Bischof von Berlin, Graf Preysing, und dem protestantischen Bischof
Wurm von Württemberg) sowie mit Sozialisten und
Gewerkschaftsführern. Hinzu kam, daß er viele
Freunde im Ausland hatte; er machte wiederholt Reisen durch England und Frankreich, Italien und die
Schweiz, Schweden und Belgien, den Nahen Osten
und die Balkanländer, durch die Vereinigten Staaten

und Kanada. In den Jahren vor dem Krieg tat er unzweifelhaft alles, was in seiner Macht stand, um das
Ausland von der Gefahr, die im Charakter des Nazi-
regimes lag, zu überzeugen.

Während Goerdeler im Jahre 1937 in den Vereinigten Staaten weilte, deponierte er bei einem amerikanischen Vertrauensmann ein «Politisches Testament»[2].
Es zeigt nicht nur, daß er sehr wohl wußte, welchem
Abgrund er selbst und das ganze deutsche Volk zu-
trieben; es zeigt auch, wie er in erster Linie durch die
Gesetzlosigkeit und Korruption, durch den Niederbruch der Gerechtigkeit und die Angriffe auf das
Christentum alarmiert war und wie er in diesen Erscheinungen das Wesen eines Systems erblickte, dem
man, besonders im Ausland, noch immer einige wirtschaftliche Errungenschaften wie «namentlich» Beseitigung der Arbeitslosigkeit, gutzuschreiben geneigt war. Als ein Fachmann in Verwaltung und
Finanz gehörte er nicht zu jenen «Experten», die sich
von der Schauseite des Erreichten bestechen ließen.
Lange vor dem Kriege schon – und auch für den Fall,
daß es zum Krieg kam – war er dessen gewiß, daß
Hitler Deutschland in eine wirtschaftliche und vor
allem in eine moralische Katastrophe hineinführen
werde. Nach seiner Meinung zog die Diktatur ihre
Kraft recht eigentlich aus den Wurzeln der Krankheit,
die das Zeitalter befallen hatte. In einem Artikel vom
April 1938 klagte er die materialistische Gesinnung
der Epoche als ihren «großen Irrtum» an. Befreiung
von dieser Sklaverei, so erklärte er, «kann nur durch
äußerste Anspannung der moralischen Kräfte gewonnen werden, die Gott dem Menschen verliehen hat.»[3]

In der Tat, es war von diesem Gesichtspunkt mehr als von irgendeinem anderen aus, daß Goerdeler seine Agitation begann und betrieb. Es ging ihm um die Wiederherstellung der grundlegenden Werte menschlichen Daseins. Er versuchte unermüdlich, die Generale von der Gefahr eines vollständigen moralischen Chaos zu überzeugen, das aus der Fortdauer eines zynischen Regimes von verbrecherischer Brutalität sich ergeben müsse. Und er ersparte ihnen nicht den beständigen Hinweis auf ihre besondere Verantwortlichkeit für einen solchen Niederbruch. Sie hätten es mit angesehen, erklärte er ihnen, wie das Prinzip der allgemeinen Wehrpflicht seines sittlichen Inhalts beraubt und zum Werkzeug egoistischer und verbrecherischer Zwecke gemacht wurde. Ehre und Anstand waren ihm kein «altes Eisen», sondern enthielten, wie er es ausdrückte, «gerade diejenige lebendige Kraft, die jede Gemeinschaft zu ihrem Bestande nötig braucht, insbesondere eine Gemeinschaft, die höchste Opfer verlangt». In einer ausführlichen Denkschrift, die Goerdeler am 26. März 1943 unter der Überschrift «Lage und Möglichkeiten» an «die Generalität» richtete[4], kam er zu der Schlußfolgerung, daß nichts zwischen den Generationen stehe, sondern daß es nur eine einzige Grenzlinie in Deutschland geben dürfe, «die zwischen anständig und unanständig». Weiterhin warf er die gleiche Frage auf, die man – mit etwas anderem Akzent – so oft im Ausland gestellt hat: «Wie ist es möglich, daß das (im Grunde) so anständige deutsche Volk so lange ein so unhaltbares System erträgt?» Seine Antwort war: «Nur weil sich alle Verstöße gegen Recht und Anstand im Schutze

der Geheimhaltung und unter dem Druck des Terrors
vollziehen...» Worum es sich praktisch handele, so
schrieb er, sei die Herstellung eines Zustandes, «in
dem es auch nur für 24 Stunden möglich ist, die
Wahrheit wieder zu Worte kommen zu lassen...»
Diesen Zustand aber herbeizuführen sei Sache des
«entschlossen Handelnden». – «Das Volk ist nicht nur
reif, sondern es erwartet, daß eine rettende Tat geschieht.» Knapp zwei Monate später schrieb Goerdeler den schon einmal erwähnten Brief an Olbricht,
der die Klage über das Warten auf den «psychologisch
richtigen Zeitpunkt» enthält und mit dem überraschenden Vorschlag endet, er wolle selbst in einer
Aussprache Hitler sagen, «daß sein Rücktritt vom Le-
bensinteresse des deutschen Volkes erfordert wird». –
Nur müsse er allerdings Sicherheit verlangen, «daß
dann unmittelbar gehandelt wird».[5]

Man wird an dem Mut und Opferwillen nicht
zweifeln, wie er aus solchen Worten spricht, die gewiß nicht ein taktisches Pressionsmittel sein sollten,
sondern echtester Wesensausdruck sind, aber zugleich
doch an der Wirklichkeit der Situation in dem Maße
vorbeigehen, wie sie sich «anständigen» Mitteln ent-
zog. In der Tat wird sich zeigen lassen, daß Goerdeler, wenngleich ein Mann von umfassender praktischer Kenntnis und langjähriger Schulung im Bereich
städtischer Selbstverwaltung, sich allzu leicht in idealistischen Vereinfachungen und einem übertriebenen
Optimismus erging. Oft genug hatten seine Mitverschworenen Anlaß, sich über diese Züge seines We-
sens zu beklagen. Aber niemand konnte oder kann
leugnen, daß sie ihre Wurzel in einer Zuversicht des

Glaubens hatten, die mit geistigen mehr als mit materiellen Kräften rechnete. Und sie erwiesen sich als ein ununterdrückbarer Antrieb.

Eine andere führende Gestalt unter den Nicht-Militärs war der frühere Botschafter in Rom, Ulrich von Hassell, der sich nach seiner Entlassung zu Ende des Jahres 1937 der aktiven Opposition anschloß. Er war Schwiegersohn von Tirpitz und Abkömmling einer adeligen Beamten- und Gelehrtenfamilie aus Hannover und kann gewiß als Vertreter der «alten Elite» gelten. Er war voll Verachtung für die Emporkömmlinge, empört über ihre dummen und anmaßenden Mißgriffe: ein Diplomat, der noch in der echten Überlieferung Bismarcks lebte – sosehr sie inzwischen zur Karikatur geworden war. Bedauerlicherweise habe man in Deutschland selbst, schrieb Hassell[6], ein Bild geschaffen von «dem Gewaltpolitiker mit Kürassierstiefeln... In Wahrheit waren die höchste Diplomatie und das Maßhalten seine große Gabe.» Nach Gedankenwelt und Wesensart stand Hassell dem Typ des Revolutionärs oder des Verschwörers sicherlich so fern wie nur irgend jemand. Seine Tagebücher, die ebenso überraschend durch die Tatsache ihrer Existenz wie die ihrer Erhaltung sind, zeigen das zur Genüge. Keinem Gestapo-Mann würde es schwergefallen sein, sie zu entschlüsseln und in ihnen alles zu finden, was er sich nur wünschen konnte. Zu gleicher Zeit aber enthüllen die Tagebücher auch die Reichweite von Hassells geistigen Interessen und das Ausmaß seiner Tätigkeit in Deutschland wie im Ausland, einer Tätigkeit, die, wie die Goerdelers, von einem Wirtschaftsunternehmen gedeckt wurde.

Weiterhin geben sie Aufklärung über seine Verhandlungen mit Mittelsmännern der Feindmächte sowie
über seine zahlreichen Berührungen mit oppositionellen Elementen, und zwar solchen fast aller Kreise.[7]
Er bewegte sich keineswegs nur, wie gelegentlich behauptet wird, in der «höheren Gesellschaft», sosehr
die Vornehmheit seiner Erscheinung aus allen schrift-
lichen und bildlichen Zeugnissen spricht. Eher wird
zu sagen sein, daß er in der auswärtigen Politik, die er
für die Widerstandsbewegung verfolgte und auf die
zurückzukommen sein wird, unter Illusionen hinsichtlich des noch Erreichbaren sich befand, wobei er
übrigens durchaus nicht so eindeutig «westlich»
orientiert war, wie es der russische Historiker Melnikow darstellt, und daß seine Gedankenwelt in der Tat
stark vom Bild einer besseren Vergangenheit bestimmt war.

Es war deshalb in den ersten Jahren nach dem
Krieg im Ausland – und ist noch heute, und zwar keineswegs nur im östlich beeinflußten Schrifttum –
nicht unüblich, in Hassell das spezifische Beispiel
eines Mannes, der «hoffnungslos überlebt war», zu
sehen oder ihn als «Anachronismus in der modernen
Welt» zu charakterisieren. Man mochte wohl auch
über «hochgesinnte Junker, die Hitler mit Tagebüchern bekämpften», spotten. Solche Zuspitzungen
bedürfen heute keiner Abwehr mehr. In Wahrheit bedeutete es wohl alles andere eher als einen «Anachronismus», daß ein Aristokrat (der von Hassell sicherlich war, wenngleich von dem nichtjunkerlichen,
westdeutschen Typ) inmitten einer großen Weltkrise
Dante las oder von Werner Jaegers PAIDEIA sagte,

es sei dies ein Buch mit überraschenden Ein- und
Ausblicken in Altertum und Zukunft.[8] All denen, die
in Europas Rückkehr zu humanistischen und christlichen Überlieferungen ein für die damalige Zeit be-
rechtigtes Hoffnungssymptom erblicken, mag Hassell vielmehr als einer unter anderen eine mögliche
Zukunftssaat bezeugen, die in einer Zeit des Chaos
gelegt wurde. Weiterhin spiegeln die Tagebücher,
besser vielleicht als irgendein sonst verfügbares Dokument, den Antrieb des Entsetzens wider, der in
Menschen aller Stände lebendig war, der bei Hassell
aber mit der besonderen Empfindlichkeit des kulti-
vierten Aristokraten zum Ausdruck kam. Er bekannte sich aufs klarste zur Mitverantwortung für die
grauenvollen Verbrechen, die im Namen Deutschlands begangen wurden; er drängte darauf, diese
Schmach abzuwaschen, oft genug mit der Unvor-
sichtigkeit «des die Gefahr nicht achtenden Edelman-
nes» (Zeller). Mit der gleichen Gefaßtheit, ja fast
Nonchalance, sah er seiner Verhaftung nach dem
20. Juli entgegen. Soweit man ihn als klassengebun-
den bezeichnen kann, war er es im Sinne der Bemühung, die in den Staub gesunkene Devise, daß Adel
verpflichtet, aufs neue in Kraft zu setzen.

Viele Männer des Adels und des Großgrundbesitzes standen im gleichen Lager: der frühere Botschafter in Moskau, Graf Werner von der Schulenburg,
ferner pommersche «Junker», wie zum Beispiel von
Zitzewitz-Muttrin und von Puttkamer-Nippoglense,
oder ein Landwirt und Oberamtmann in der preußischen Provinz Sachsen wie Wentzel-Teutschental
oder der von den Verschwörern zum politischen Be-

auftragten in Ostpreußen vorgesehene Graf Dohna-
Tolksdorf. Aus der nämlichen aristokratischen Gruppe seien genannt der bayerische Fürst Fugger von
Glött[9] sowie Karl Ludwig Freiherr zu Guttenberg,
der Herausgeber der «Weißen Blätter». Viele Männer
der Rechten von dieser Art hatten schon in den Jahren, die dem Naziregime vorangingen, sich dem Hugenbergschen Kurs widersetzt. Ein hervorragendes
Mitglied der konservativen Opposition innerhalb des
Landadels war der mehrfach schon erwähnte Ewald
von Kleist-Schmenzin, der im Prozeß vor dem
Volksgericht im Februar 1945 erklärte: «Jawohl, ich
habe Hochverrat getrieben seit dem 30. Januar
1933...» Er fuhr fort, er halte «diesen Kampf für ein
gottverordnetes Gebot. Nur Gott werde sein Richter
sein.»[10] Und in einer letzten Betrachtung vor dem
Tode schrieb er nieder: «Wer ist größer, wer hat für
die Welt mehr geleistet: Caesar oder ein schlichter,
pflichttreuer, frommer Arbeiter, dessen ganzes Leben
Vorbild eines gläubigen Menschen war?...»

Der Einsatz und das Sterben solcher Männer war
nicht von Interessen einer Klasse bestimmt, sondern
bezeugt eine Auflehnung von Individuen, die den
echten Geboten konservativer Gesinnung und christlicher Frömmigkeit folgten.[11] Daneben sollten die
aktiven oder im Ruhestand lebenden Beamten der
städtischen Verwaltung genannt werden, die mit
Goerdeler zusammenarbeiteten: sein Bruder Fritz,
zuletzt Stadt-Kämmerer von Königsberg, der das
Schicksal der Hinrichtung mit ihm teilte, sowie die
Doktoren Elsas, bis 1933 stellvertretender Bürgermeister von Berlin, und Lehr, zuletzt Oberbürger-

meister von Düsseldorf; desgleichen Juristen wie
Friedrich Justus Perels, der Rechtsberater der Bekennenden Kirche, oder die katholischen Anwälte Dr.
Wirmer und der in anderem Zusammenhang schon
erwähnte Joseph Müller. Weiterhin schloß die eine
oder die andere der locker verknüpften Gruppen Persönlichkeiten ein, die in der Leitung der volkskonser-
vativen, der demokratischen und der Zentrums-Par-
tei tätig gewesen waren. Darunter befanden sich der
frühere Reichstagsabgeordnete Lejeune-Jung, die früheren Minister Geßler und Hermes, der ehemalige
Staatspräsident von Württemberg, Bolz; ferner eine
Anzahl hoher Beamter im Ruhestand, so etwa Freiherr von Lüninck, der Oberpräsident von Westfalen
gewesen war, und drei frühere Staatssekretäre der
Reichskanzlei, Hamm, Pünder[11a] und Planck. Andere
Mitglieder der gleichen Kreise sind zuvor schon genannt worden, und mehr Namen könnten der Liste
von hochgestellten Persönlichkeiten des öffentlichen
Lebens unschwer hinzugefügt werden.

Unter ihnen verdient der preußische Finanzmini-
ster Johannes Popitz besondere Erwähnung, und
zwar nicht nur, weil sein spezifischer Beitrag zur Opposition umstritten ist, sondern auch, weil er ohne
Zweifel einer der bedeutendsten Köpfe in ihren Reihen darstellte.[12] Er war ein Mann von persönlicher
Unantastbarkeit und humaner Bildung, ein angesehe-
ner Wissenschaftler auf dem Gebiet der Staats- und
Finanzlehre, der sich auch als Archäologe einen Namen gemacht hatte. Als Theoretiker und Praktiker
der Verwaltung hatte er schon in den Jahren nach
1918, besonders als Staatssekretär, unter dem soziali-

stischen Reichsfinanzminister Hilferding, seinen Ruf
begründet. Nach raschem Aufstieg wurde er für einige Zeit Professor an der Berliner Universität. Im Jahre
1932 übernahm er das preußische Finanzministerium;
er verblieb in diesem Amt, auch als Hitler zur Macht
gekommen war. Wie andere Experten mußte er erfahren, daß die Hoffnung, «Schlimmeres zu verhüten»,
sich als Illusion erwies. Es ist unzweifelhaft, daß er
spätestens seit 1938 ein bitterer Feind des Regimes
war, tief besorgt über die sich ausbreitende Korruption und entschlossen zum Widerstand von innen. Seit
Ausbruch des Krieges war auch er überzeugt, daß das
Ende verhängnisvoll und daß unter Hitler und Ribbentrop kein Friede möglich sein werde. Er hatte,
durch Goerdeler eingeweiht, teil an den Versuchen,
den Angriff im Westen durch militärischen Aufstand
zu verhindern. Er stand in mehr oder weniger naher
Verbindung zu Hassell, Schacht und Oster. Von Goerdeler allerdings trennte ihn trotz vieler menschlicher
Berührungen ein erheblicher Unterschied in Fragen
der Staats- und Gesellschaftsauffassung, auf den zurückzukommen ist. Eben das hielt Popitz wohl auch
vom Gewerkschaftsflügel der Opposition fern.
Außerdem wurde ihm von Arbeiterführern, wie offenbar ebenso von Goerdeler und Beck, sein langes
Verbleiben in der Regierung verdacht.[13] Auf der anderen Seite scheint sein Eintreten für einen durchdachten
Neubau des Staates sowie seine Vorliebe für eine Art
Planwirtschaft und für bestimmte staatssozialistische
Maßnahmen ihm Anhänger unter der jüngeren Generation der Widerstandselemente gewonnen zu haben,
besonders im Kreisauer Kreis.

Wie dem auch sei – Popitz kam zu der Überzeugung, daß auf die Generale nicht zu rechnen sei («sie denken nur an ihre Medaillen»). Seine Maxime soll gewesen sein: «Man kann nicht mit gewöhnlichen Mitteln aus einer ungewöhnlichen Katastrophe herausführen.» – So betrieb er den Plan, das Regime durch eine Aufspaltung seiner Kräfte, d. h. durch «Palastrevolution» oder einen «Prätorianeraufstand» zu stürzen. In der Tat sind dies ja – neben einem Militärputsch – die beiden typischen, aber auch die bedenklichsten Wege zur Beseitigung einer Diktatur. Nachdem Popitz, nicht ohne gelegentlichen Erfolg, Göring unter seinen Einfluß zu bringen versucht und damit in der Tat die Milderung einiger Härtefälle erreicht hatte, setzte er schließlich seine Hoffnung auf Himmler, der ja seit 1943 unter anderem Reichsminister des Inneren war. Über diese merkwürdige Episode hat A. W. Dulles zuerst auf der Grundlage von Mitteilungen berichtet, die ihm Marie-Louise Sarré, die Tochter des bekannten Archäologen, machte, die selbst an mancherlei Verschwörertätigkeit beteiligt war.[14] Ein Zufallsfund hat ihm dann die Anklageschrift gegen Popitz und den Rechtsanwalt Dr. Langbehn, seinen Berater, in die Hände gespielt, die bei vielen unbestreitbaren Einzelheiten jedenfalls die Tatsache bestätigt, daß Popitz Ende August 1943 eine Unterhaltung mit Himmler hatte. Sie bewegte sich in vorsichtigen Wendungen um das Thema der Beschränkung der Machtbefugnisse des Führers, seiner «Entlastung» als Reichskanzler oder als Oberbefehlshaber und der Berufung von Menschen in seine Umgebung, die verhandlungsfähig nach außen seien.

Man weiß aus anderen Quellen, daß Himmler während der letzten Phase des Krieges – wenn nicht schon vorher – in der Tat auf beiden Seiten zu spielen versucht hat. Es geschah das unter dem Einfluß seines «Leibmasseurs» Kersten und Schellenbergs, in dessen Memoiren Popitz allerdings nicht vorkommt und Langbehn nur als «Mitarbeiter». Die inneren Gegensätze und Zersetzungserscheinungen im Parteiapparat sind indessen nicht Gegenstand dieser Studie, und bei der Popitz-Himmler-Episode handelte es sich offenbar um eine isolierte Nebenlinie. Beck und insbesondere Tresckow, der eingeweiht gewesen zu sein scheint, hätten gewiß einen Spalt im Lager der Gegner lebhaft begrüßt, Goerdeler wußte von dem Plan, wollte aber nichts mit ihm zu tun haben und war entsetzt über das Ausmaß der dem Reichsführer gemachten Andeutungen.[15] Man mag Langbehns und Popitz' persönlichem Mut, ja ihrer Verwegenheit vollen Tribut zollen; man mag anerkennen, daß sie ihren Zugang zu Göring und Himmler benutzt haben, um einer Anzahl von Menschen Leben oder Freiheit zu retten. Aber ihre Separataktion war zum Fehlschlag verurteilt. Bormann, der Chef der Parteikanzlei und Rivale von Himmler, war binnen einem Monat auf ihrer Spur. Im September wurde Langbehn bereits verhaftet, zu der verabredeten zweiten Unterredung Himmlers mit Popitz kam es nicht mehr. Dieser selbst blieb noch in Freiheit bis zum Zeitpunkt der allgemeinen Verhaftungswelle nach dem 20. Juli, die es erlaubte, ihn in die allgemeine Kategorie der Verschwörer einzuordnen. Aber nach der Verurteilung am 8. September wurde er noch bis zum 2. Februar

1945 aufgespart. Dasselbe geschah mit Goerdeler. Doch bei Popitz lag offenbar ein motiviertes Interesse von Himmler vor. Er blieb ein Sonderfall.

Auch Schacht wird man nicht eigentlich in die Gruppe der politischen Führer des Widerstandes einzureihen haben. Er war zweifellos ein tätiges Mitglied der Opposition seit 1936, und seit seiner Entlassung im Jahre 1939 galt das in verstärktem Maße. Aber die Interpretation seiner Rolle als eines Vermittlers zwischen den Verschwörern und den «an der Rettung des preußischen Militarismus interessierten Gruppen des internationalen Finanzkapitals» (Melnikow) verkennt den Charakter seiner Auslandsbeziehungen sowie die Tatsache, daß er durch seine persönlichen Eigenschaften von voller Partnerschaft mit den Führern der Verschwörung ausgeschlossen war.[16] Offenbar hielten sie ihn in bewußter Distanz. Soweit der Quellenbefund eine solche Trennungslinie zu ziehen erlaubt, war er an keiner der Zusammenkünfte beteiligt, bei denen sich Mitglieder verschiedener oppositioneller Gruppen trafen. Er betonte im Rückblick mit Stolz, sein «eigener Kreis» gewesen zu sein: Es wird das kaum nur an seiner Eigenwilligkeit gelegen haben. Jedenfalls war ihm kein Platz in einem der Entwürfe für eine «Schattenregierung» zugedacht.

Sehr anders stand es mit den führenden Verschwörern auf der Linken. Sie hatten ihren vollen Anteil an der Vorbereitung des Schlags und würden in hohem Maß Verantwortung getragen haben, nachdem einmal das Regime gestürzt war.

Unter den Arbeiterführern wird Wilhelm Leuschner an erster Stelle zu nennen sein. Er war seit 1929 hessischer Minister des Inneren gewesen und seit 1932 stellvertretender Vorsitzender des Allgemeinen Deutschen Gewerkschaftsbundes. Nach zweijährigem Aufenthalt im Konzentrationslager errichtete er eine kleine Fabrik in Berlin, die ihm nicht nur seinen Lebensunterhalt und Geldmittel zum Agitieren gewährte, sondern es ihm auch möglich machte, eine Reihe von verläßlichen Kollegen und Freunden zu beschäftigen. Er reiste als unscheinbarer Geschäftsmann umher oder sandte «Handlungsreisende» aus, die zwischen den Zellen der Gewerkschaftsbewegung die Verbindung wiederherstellten, auch die zu den britischen Trade Unions. An ihren Generalsekretär ließ er im August 1939 die Mitteilung gelangen,[17] daß «wir sind, was wir waren. Aber wir sind gänzlich unfähig, die Katastrophe zu verhindern. Wir sind Gefangene in einem großen Zuchthaus. Zu rebellieren wäre genauso Selbstmord, als wenn Gefangene sich gegen ihre schwerbewaffneten Aufseher erheben würden.»

In klarer Erkenntnis dieser Lage war Leuschner ein gegebener Koordinator zwischen der Arbeiterbewegung und den «Waffenträgern der Nation». Seine Fabrik stellte eine besondere Art von Bierhähnen her, die Schneppenhorst, gleichfalls ein Gewerkschaftsführer und ein Opfer des 20. Juli, erfunden hatte. Bald begannen die Militärs an diesem Artikel ein ungewöhnliches Interesse zu nehmen. Es wird berichtet, daß Generaloberst Beck die Fabrik des öfteren besuchte, wobei er sich zur Unkenntlichmachung blauer Augengläser bedient haben soll. Nach Angabe von Pechel versorgte Olbricht die Handlungsreisenden mit besonderen Ausweispapieren. Leuschner selbst, der von Beruf Holzschneider war, ein Mann von hervorragendem Geschick und großer Zähigkeit, muß die Gabe gehabt haben, allen denen, die in Berührung mit ihm kamen oder in ihm eine verwandte Saite berührten, Vertrauen einzuflößen. Sein Deckname war «Onkel», und von Hammerstein, der «Rote General», behandelte ihn als einen alten Freund.

Tatsächlich hatten ja schon einmal unmittelbar vor der Machtergreifung Hitlers Bündnismöglichkeiten zwischen der ADGB-Führung (Leipart) und der Reichswehr gespielt. Erwin Planck, der Sohn des berühmten Physikers und Staatssekretär der Reichskanzlei unter Schleicher, war für eine solche Front tätig gewesen und mag aufs neue als Verbindungsmann in der gleichen Richtung gewirkt haben. Auch mit Goerdeler war eine enge Zusammenarbeit bald hergestellt. Pechel berichtet, daß er eine erste Begegnung Goerdelers mit Leuschner herbeiführte und ebenso mit dessen Mitarbeiter Hermann Maass, dem früheren Obmann der sozialistischen Jugendverbände. Seit 1941 ist eine engere Zusammenarbeit zwischen ihnen bezeugt (Ritter). Man fand sich zu gemeinsamem Handeln, und zwar offenbar nicht nur mit dem negativen Zweck, die Regierung zu stürzen. Darüber hinaus war das Bündnis auf verwandten Überzeugungen begründet, auf wechselseitiger Achtung, auf der Abwesenheit persönlichen Ehrgeizes und, allem Anschein nach, auf einem beträchtlichen Maß von Übereinstimmung in politischen und sozialen Zielen. Hassell kennzeichnete diese Annäherung mit den ihm naheliegenden Begriffen, wenn er in seinen Tagebüchern vermerkte,[18] daß bei Leuschner und seinen

Freunden die «nationale Note» klar vorhanden sei und daß weite Kreise der ehemaligen Sozialdemokratie «Christentum-freundliche» Ansichten hegten.

Der religiöse Charakter der Opposition in Arbeiterkreisen war naturgemäß am stärksten bei den christlichen Gewerkschaften ausgeprägt. Ihr Führer, Jakob Kaiser, stand gleichfalls in nahen Beziehungen zu von Hammerstein und hatte in den Tagen vor Hitlers Machtübernahme mit Dr. Brüning zusammengearbeitet. Er war verbunden mit Männern wie Bernhard Letterhaus, einem ehemaligen Mitglied des preußischen Landtags und zeitweise als Hauptmann zur Abwehr gehörig, mit Nikolaus Groß, einem früheren Bergarbeiter, mit Heinrich Körner und Franz Leuninger, die alle in katholischen Arbeitervereinen tätig gewesen waren. Sie bemühten sich, ihre eigenen Zellen des Widerstandes aufzubauen, und fanden dabei Unterstützung durch den Prälaten und Präses der katholischen Arbeitervereine, Otto Müller in Köln, wie durch ihren Generalsekretär, den späteren katholischen Studenten-Pfarrer in Berlin, Dr. Schmitt. Gemeinsamer Grund mit Goerdeler konnte leicht hergestellt werden, und es ist kein Anlaß zu vermuten, daß es irgendwie schwieriger war, in enge Berührung zu Leuschners Kreisen zu treten.[19] Die Lage hatte sich doch sehr verändert gegenüber den Anfangsjahren der Opposition und gegenüber dem Zustand der Verfeindung, wie er vielfach unter den Emigranten auf Grund ihres verschiedenen weltanschaulichen oder politischen Hintergrunds noch fortbestand. Innerhalb des Gewerkschaftslagers wenigstens hatten alte Grenzlinien ihren Sinn verloren; der Kampf gegen

jede Form von totalitärem Regime war gemeinsames
Anliegen von Katholiken und Sozialisten wie ebenso
der für die verantwortliche Partnerschaft der Arbeit-
nehmer in Staat und Wirtschaft. Bis Ende 1942 war in
den Umrissen der Organisationsplan für eine «Einheitsgewerkschaft»[20] fertiggestellt.

In der gleichen Front des gewerkschaftlichen Wi-
derstandsbereiches stand als «der Dritte im Bunde»
(Nebgen) Max Habermann, der frühere Leiter des
Deutschnationalen Handlungsgehilfenverbandes. Er
war ein persönlicher Freund Goerdelers, in dessen
Haus in Leipzig er zeitweise lebte;[21] auch er unterhielt
Verbindungen mit Resten seiner Organisation. Wäh-
rend die Gewerkschaftler und die Männer der Arbei-
tervereine die Opposition mit einem Netzwerk von
Funktionären versahen, die zum Teil dieselben sein
mochten wie die der sozialdemokratischen Untergrundbewegung, während sie eine Organisation von
Kontaktleuten aufbauten – ähnlich der, wie sie die
Abwehr besaß –, kamen die eigentlichen politischen
Antriebe von einzelnen sozialistischen Führern. Mehrere von ihnen hatten als Hessen schon früher mit
Leuschner in enger landsmannschaftlicher Beziehung
gestanden, so etwa der Staatsrat Ludwig Schwamb,
wie vor allem Dr. Carlo Mierendorff und Dr. Theodor Haubach. Mierendorff galt im allgemeinen Urteil
als einer der kraftvollsten und begabtesten Gegner des
Regimes. Er war nicht nur ein Intellektueller von
großer geistiger Klarheit, sondern auch eine vollblü-
tige Persönlichkeit und zu volkstümlicher Führerschaft wie geboren.[22] Mehr als vier Jahre war er in
einem Konzentrationslager gequält worden. Nach

seiner Entlassung verband er sich in ungebrochener Energie mit seinem Freund Dr. Theo Haubach, dem früheren Herausgeber des sozialistischen «Hamburger Echos», der gleichfalls eine lange Haftzeit hinter sich hatte und zu den religiös Ergriffenen unter den Männern der Linken gehörte. Nicht unähnlich Goerdeler sah er in dem Vordringen einer bloß «materialistischen» Lebenshaltung die Grundursache des kulturellen und politischen Verfalls (Briefe an Alma de l'Aigle). Mierendorff stand in Beziehung zu Canaris und war ein wichtiges Mitglied des Kreisauer Kreises. Nach der Angabe Steltzers hat er einem der geistlichen Mitglieder dieses Kreises bekannt: «Ich habe ohne Religion gelebt. Aber ich bin zu der Überzeugung gekommen, daß nur das Christentum dem Leben Sinn und Haltung geben kann.» Um Fragen wesentlich der inneren Erneuerung ging es auch Adolf Reichwein[23], der Referent des preußischen Kultusministers Becker und dann bis 1933 Professor an einer pädagogischen Akademie gewesen war. Er widmete sich besonders den Fragen der Erwachsenenbildung; sein Entschluß, der SPD beizutreten, hinderte ihn nicht, gleichzeitig in den Ideen Grundtvigs zu leben. In einer Schrift, die er 1933 unter einem Pseudonym erscheinen ließ, zitierte er die Worte des dänischen Volkspädagogen: «Freiheit ist das Element des Geistes.» Es würde irreführend sein, diese Männer «Rechts»-Sozialisten zu nennen. Man mag sie in kultureller Hinsicht als «Konservative» bezeichnen, weil ihnen die Erhaltung schöpferischer, religiöser und künstlerischer Kräfte im Leben des Volkes ein sehr ernstes Anliegen war. In sozialen und politischen Fra-

gen jedoch gehörten sie eher zum radikalen Flügel.
Alle drei verkörperten in vorbildlicher Weise diese
nicht ungewöhnliche Verbindung. Es war ein schwe-
rer Verlust für alle oppositionellen Gruppen, als Mierendorff einem Luftangriff auf Leipzig im Dezember
1943 zum Opfer fiel. Dr. Julius Leber trat seine Nachfolge als der berufene Führer der entschiedenen Sozialisten an. Viereinhalb Jahre brutaler Mißhandlung
durch die SS hatten seinen Willen nicht brechen können; als ein Mann, dem Politik Leidenschaft war,
stieß er bald zu dem Vortrupp der Verschwörung.
Durch Dahrendorf und Ernst v. Harnack kam er in
Berührung mit Goerdeler[24], und auch mit Leuschner
fand er sich trotz starker Verschiedenartigkeit zusammen. Enger war das Verhältnis zu Haubach und
Reichwein, vor allem aber kam Leber zu einer ver-
trauensvollen Zusammenarbeit mit Adam von Trott
und Claus von Stauffenberg, wie er denn nach seiner
elementaren Natur zum Militärischen eine starke Af-
finität hatte. So füllten sich auch von «links» her die
Reihen derer, die fähig und ausersehen waren, die
Zügel der Regierung zu übernehmen, sobald der militärische Schlag fiel.

Die Vorbereitungen für diesen Augenblick waren
mit den Jahren vervollkommnet worden und gingen
sehr weit. Es würde kein Leerraum entstanden sein,
hätte das Hitler-Regime am 20. Juli sein Ende erreicht, und man würde sich demgemäß nicht in jener
Verlegenheit befunden haben, wie sie dann nach der
Kapitulation im Mai 1945 tatsächlich bestand. Naturgemäß gab es Meinungsverschiedenheiten zwischen
den politischen Führern. Sie betrafen sachliche Posi-

tionen sowohl wie strittige Fragen in personaler Hinsicht. Die letzteren sind zeitweise sehr scharf gewesen, worüber man viele Einzelheiten in der Biographie Goerdelers nachlesen kann. Diese Spannungen verbanden sich mit Gegensätzen der Auffassung namentlich in wirtschaftlichen und sozialpolitischen Fragen, auf die zurückzukommen ist. Aber auch sonst war es begreiflich genug, daß unter schwerster seelischer Belastung Temperamente und Charaktere sich rieben. Ohne darauf näher hier einzugehen, mag es einstweilen genügen, das ungefähre Ergebnis der Beratungen anzuführen. Im Verlauf des Jahres 1943/44 hatte man sich auf eine «Schattenregierung» geeinigt, wobei einige Besetzungen von Posten offenbar noch als auswechselbar galten.[25] Beck jedenfalls sollte vorläufiges Staatsoberhaupt werden, Goerdeler Kanzler und Leuschner Vizekanzler mit Jakob Kaiser als seinem Stellvertreter, dies vielleicht für den Fall, daß Leuschner, wenn es zur republikanischen Staatsform kam, als Reichspräsident kandidierte. Für das Ministerium der Auswärtigen Angelegenheiten war von Hassell ausersehen, an dessen Platz, je nach der allgemeinen politischen Situation zwischen Westen und Osten, von der Schulenburg treten mochte, der frühere Botschafter in Moskau. Landwirtschaftsminister sollte Hermes, der Zentrumspolitiker und Reichsernährungsminister aus den Anfängen der Weimarer Republik, werden. Für den Posten des Kriegsministers dachte man an Olbricht oder Hoepner, mit Stauffenberg als Unterstaatssekretär. Das wichtige Ministerium des Inneren (dessen entscheidende Bedeutung in der Kontrolle der Polizei lag) sollte Leber

übernehmen, dem somit eine Schlüsselstellung zuge-
fallen sein würde. Es ist bezeichnend, daß für das
Propagandaministerium, falls es zu einem solchen
komme, gleichfalls ein Sozialist, Haubach, ausersehen war. Der katholische Arbeiterführer Letterhaus
war Kandidat für das Wiederaufbauministerium. Die
Liste umfaßte ferner: Lejeune-Jung als Wirtschaftsmi-
nister, Bolz (nach Ausfall von Popitz) als Kultusmini-
ster und Dr. Wirmer als Justizminister. Das Finanzministerium sollte Löser übernehmen, ein früherer
Bürgermeister von Leipzig, der als Generaldirektor
von Krupp sich der Opposition angeschlossen hatte.
Für die leitenden Posten in der Verwaltung der Ein-
zelstaaten waren Männer mit einwandfreiem Anti-
Nazi-Charakter vorgesehen (z. B. Geßler, Steltzer
und v. Lüninck), ebenso für die in den größeren Städten.

Wenn man diese Personal-Listen überblickt, so mögen sie auf den ersten Blick an die oft so künstlichen
und wenig haltbaren Koalitionen der Weimarer Tage
erinnern – mit einer militärischen «Korsettstange» als
eigentlichem Rückhalt. Aber die Unterschiede gegenüber der Zeit vor 1933 sind deutlich. Einer liegt
darin, daß die Männer, die jetzt eine Koalition so
mannigfacher Elemente bildeten, sich unter dem
Druck höchst ungewöhnlicher Umstände zusammengefunden hatten. Keiner von ihnen vertrat den Durch-
schnittstyp des ehrgeizigen Politikers oder war an
überalterte Programmpunkte einer Partei gebunden.
Überdies galt es für sie alle, daß sie ihr Leben für ihre
Überzeugung aufs Spiel zu setzen gegenwärtig sein
mußten. Sie alle trugen nach den Worten Tresckows

das «Nessus»-Hemd. In einer solchen Situation kommen andere Auswahlprinzipien zur Wirkung als unter normalen Bedingungen politischen Lebens, und die Vermutung spricht demgemäß für die Herauskristallisierung einer wirklichen Führerschicht. Auch wenn man so argumentiert, wird man das Ergebnis nicht im Sinn der Einheitlichkeit und Gesinnungsgemeinschaft einer «Elite» idealisieren wollen. Hassells Wort von der «Band of Brothers» entspricht wohl mehr einem Imperativ als der Wirklichkeit. Sehr deutlich ist das bei Leuschners letzter Mahnung: «Seid einig!» Sie bezog sich ganz offenbar auf die verschiedenen zum Handeln verbundenen Gruppen, aber nicht, wie man sie hat deuten wollen (Melnikow), auf ein Hereinnehmen der Kommunisten, denen gegenüber gerade Leuschner nach seinen Erfahrungen im Konzentrationslager wegen ihrer «Labilität» im Verhältnis zu den Nationalsozialisten sehr mißtrauisch war. Die Frage des Gegensatzes zwischen Alten (den «Honoratioren») und Jungen (den «Aktivisten»), zwischen Konservativen und Radikalen wird uns noch beschäftigen müssen. Aber was immer die sachlichen Meinungsverschiedenheiten waren, diese Männer fanden sich auf einem Boden zusammen, der gegenüber dem verbrecherischen Regime, um dessen Ersetzung es ging, im Grundsätzlichen ihnen allen gemeinsam war.

In jedem Fall sollte die Zusammensetzung der Schattenregierung mit ihrem starken Linksakzent die Beantwortung der Frage leicht machen, ob es sich bei der Verschwörung um eine Gruppe von anachronistischen Edelleuten, unzufriedenen Generalen und reaktionären Zivilisten gehandelt habe, die sich nur vereinigten oder erst dann zu rühren begannen, «als der Krieg endgültig verloren war». Aber die politische Zusammensetzung der Opposition gibt noch zu anderen Fragen Anlaß: Wieweit fand die Führerschicht Widerhall im Lande? Stand sie auf breiterem Grunde? Hatte sie nicht nur mit lose verbundenen Kreisen, sondern mit den Massen des deutschen Volkes Fühlung? Oder bewegte sich der Widerstand in einer Art von luftleerem Raum, zum Fehlschlag verurteilt, selbst wenn der militärische Putsch Erfolg haben sollte?

Wenn man hierauf zu antworten sucht, werden zwei Tatsachengruppen zu unterscheiden sein: Die eine bezieht sich auf das Vorhandensein einer umfänglichen Massenopposition an und für sich, die andere auf das Vorhandensein organischer Verbindungsglieder zwischen der «Elite» und den breiteren oppositionellen Bewegungen.

Ein früherer deutscher Gewerkschaftsführer, Paul Maerker, der selbst während der ersten Jahre des Regimes an Untergrundarbeit aktiv teilgenommen hatte, glaubte in einer Aussage im Exil, die Zahl der Arbeiter, die in einer Anti-Nazi-Front «organisiert» waren, auf 125 000 schätzen zu sollen; das würden 3 Prozent der Mitglieder sein, die vor 1933 den Freien Gewerkschaften angehörten. Er fügte hinzu, daß diese Gruppen durch den 20. Juli völlig überrascht worden seien: «Keine Vorbereitungen waren getroffen für ein Zusammenarbeiten mit den Generalen.»[26]

Nach anderen Zeugnissen können jedoch erhebliche Zweifel erhoben werden sowohl bezüglich der Zahl der Organisierten wie bezüglich der allgemein gehaltenen Feststellung eines mangelnden Operationsplanes. Es scheint immer noch eine verbreitete Idee zu sein, daß es keine Organisation oder keine Vorbereitung gegeben haben könne, wenn weder ein Hauptquartier mit Telephonen und Sekretärinnen bestand noch Aktenbelege sich gefunden haben. Es ist sicherlich richtig, daß über das bevorstehende Attentat keine «Voranzeige» durchgegeben wurde. Nach Lage der Dinge verbot sich das von selbst. Nicht einmal alle politisch leitenden Persönlichkeiten waren über Einzelheiten unterrichtet. Aber das Vorhandensein eines Netzwerkes von Zellen ist als gesichert anzunehmen, und die Frage ist dann eher die, wieweit sie konspirativ tätig waren oder nur «bereitstanden». Einige allgemeinere Feststellungen sind dazu schon gemacht worden, als die neue Taktik der Illegalen nach 1935 erörtert wurde. Für die späteren Jahre liegen speziellere Angaben vor. Das gilt besonders für die kommunistischen Zellen, die trotz der verwirrenden Episode des Hitler-Stalin-Pakts und aller Rückschläge sich nicht aufgelöst hatten. Eine Gruppe Uhrig – mit dem Kern in den Osram-Werken in Berlin – wurde Anfang 1942 von der Gestapo aufgehoben. Aber Berlin blieb ein Widerstandszentrum mit Anton Saefkow als Leiter der kommunistischen Konspiration. Andere Zentren waren Hamburg, Leipzig und Thüringen. Die subversive Tätigkeit der entsprechenden Gruppen, insbesondere ihre Flugblatt-Agitation, ist durch neuere ostdeutsche Veröffentlichungen belichtet worden.[27] Irgendwie verläßliche zahlenmäßige Schätzungen sind allerdings für das «Netzwerk» kommunistischer oder sozialistischer Art kaum möglich. Es mag als zu summarisch beanstandet werden, hat aber doch eine gewisse symptomatische Bedeutung, wenn ein französischer Arbeiter 1942 aus Deutschland berichtete: In der Fabrik gehören «vier oder fünf Mann zu den organisierten Sozialisten». Von den übrigen glaubte er, daß sie mit dieser Zelle sympathisierten.[28] Überzeugender vielleicht ist die, wie die Autoren ausdrücklich sagen, «konservative» Schätzung, die sich in dem amtlichen amerikanischen Bericht über die Wirkungen des Luftkriegs findet.[29] Hier heißt es: «Im Jahre 1944 wurde je einer unter ungefähr 1200 Erwachsenen durch die Gestapo wegen eines politischen oder religiösen Vergehens verhaftet. Organisierte Oppositionsgruppen bestanden in den meisten deutschen Städten.» Weiterhin stellt der Bericht fest, daß oppositionelle Tätigkeit zwar «in der Regel notwendigerweise lokal beschränkt war», daß aber die Untergrundarbeit von Gewerkschaftlern, Sozialisten und Kommunisten sich auch «über ganz Deutschland erstreckte».

Es gibt indessen Äußerungen, die noch viel weiter gehen und einen direkten konspirativen Zusammenhang zwischen oben und unten nahelegen. So hat der Heidelberger Soziologe Alfred Weber einem amerikanischen Korrespondenten gegenüber geglaubt feststellen zu können: «Tausende, wörtlich Tausende von Zivilisten waren in das Attentat mit verwickelt.»[30]

Sehr viel detaillierter sind die Angaben, die ein deutscher Pastor bei der Zusammenkunft mit dem Bischof von Chichester, auf die noch einzugehen sein wird, im Mai 1942 machte. Danach hätten die Gewerkschaftsmitglieder «während der letzten sechs

Monate» ein Netzwerk von Verbindungsleuten entwickelt, das ihnen die Kontrolle über «Schlüsselstellungen in großen Städten wie Berlin, Hamburg, Köln
und über das ganze Land hin erlaube».[31] Und vollends ins einzelne glaubt der Sozialdemokrat Emil
Henk in seinen Feststellungen gehen zu können.[32] Er
schreibt Leuschner insbesondere das Verdienst am
Aufbau eines «unsichtbaren Netzes» zu, das ganz
Deutschland überzogen habe. Er selbst zählt für bestimmte Teile von Baden und Hessen (von Heidelberg bis Kassel) Verbindungsleute auf, von denen jeder, nach seiner Aussage, im gegebenen Augenblick
zehn bis zwanzig weitere Nazigegner aufzurufen hatte. Henks Namensliste nennt nicht nur Einwohner
großer Städte, sondern auch solche kleinerer Gemeinwesen bis zu Dörfern hinab. Seine Schätzung geht
dahin, daß in diesem einen landschaftlichen Bezirk
allein zehn- bis fünfzehntausend Oppositionelle zum
Handeln am 20. Juli bereitstanden.

Selbst wenn man diese Aussagen – wogegen sicher
Bedenken erhoben werden können – in vollem Umfang annehmen wollte, würden sie noch nicht eine
Fühlungnahme mit wirklich breiten Kreisen belegen.
An eine Massenorganisation konnte man schlechterdings nicht denken. Und da der militärische Putsch
fehlschlug, wurden auch etwaige Verbindungsleute in
den einzelnen Örtlichkeiten nicht aufgerufen. Die
Maßnahmen der Bendlerstraße vom 20. Juli rechneten nur mit «politischen Beauftragten» und «Verbin-
dungsoffizieren» in den einzelnen Wehrkreisen.[33]
Gleichwohl sollte der Wahrheitskern, der in den genannten und nicht einfach beiseite zu schiebenden

Angaben enthalten sein wird, allein schon genügen, dem Gerede von einer volksfernen Opposition ein Ende zu machen.[54] Überdies läßt sich kaum bezweifeln, daß die Massen der schweigenden Opposition, dieses breiten Widerstandsreservoirs unter totalitärer Herrschaft, sich im Jahre 1944 ohne weiteres und mit Wut gegen ihre Unterdrücker erhoben haben würden, sobald die Zwangsherrschaft des Systems erst einmal gebrochen war.

Solch eine Annahme wird nicht widerlegt durch die Tatsache, daß kein spontaner Aufstand erfolgt ist, als die Alliierten 1945 einmarschierten. Die psychologischen Bedingungen waren doch sehr andere nach einem weiteren Jahr des Luftkrieges, nach einer unvorstellbaren Anhäufung physischer und moralischer Zerstörung und in einer Lage, die zwar eine «Befreiung», aber zugleich Eroberung durch die Befreier bedeutete.

Nimmt man das Vorhandensein einer breiteren revolutionären Bewegung mehr oder weniger entschieden kommunistischer Art und eines Massenanhangs insbesondere unter Sozialdemokraten und Gewerkschaftlern aller Richtungen für den linken Flügel der Koalition als gesichert an, so ergeben sich freilich andere Probleme: Gab es eine tiefer gegründete politische Einheit neben der Gemeinsamkeit moralischer Überzeugungen und jenseits des negativen Ziels, «den Faschismus zu beseitigen und den Krieg zu beenden»? Gab es eine Gemeinsamkeit der Ideen, die von der bloßen Errichtung einer nachhitlerischen Regierung zu konstruktivem Handeln hinüberführen konnte? Gab es eine begründete Aussicht, daß die Le-

bensform politischer und sozialer Demokratie Wurzeln schlagen würde? Oder war der Staatsstreich zur
Episode (einer «Badoglio-Episode») verurteilt wegen
des inneren Zwiespalts zwischen «konservativen»
und «radikalen» Tendenzen oder wegen der «natürlichen» Dynamik revolutionärer Bewegungen?

Dies sind Fragen spekulativer Art, auf die naturgemäß keine endgültige Antwort gegeben werden
kann. Aber es sind immerhin Zeugnisse zum Ideen-
gehalt der Opposition verfügbar, die bedeutsam genug sind, um ihre Erörterung zu rechtfertigen, und
die über alles Praktische hinweg die Betrachtung wieder zum Grundsätzlichen hinführen mögen.

2. Ideen zur Verfassungs- und Sozial-Reform

Goerdeler, der so unermüdlich zum Handeln, d. h. zu
einem Staatsstreich drängte, war zugleich auch derjenige, der sich immer wieder und bis in sehr detaillierte Einzelheiten hinein mit Plänen für die Zukunft be-
schäftigte. Er hat mehr oder weniger ausführliche
Proklamationen, Programme, Denkschriften und
Richtlinien niedergelegt. Aber er folgte dabei keineswegs nur seinen eigenen, etwa am Schreibtisch ge-
wonnenen Ideen. Beratungen wurden abgehalten mit
Beck, Hassell, Jessen und Popitz, mit Mitgliedern der
Kirchen und mit der Gruppe der jüngeren Männer,
die sich im Kreisauer Kreis zusammenfanden. Auch
ein steter Meinungsaustausch mit Kaiser und Leuschner ist, wie schon berührt, konkret nachweisbar.
Durch Jahre hindurch schrieb und verbesserte Goer-

deler an einer «Wirtschaftsfibel», die nach der Angabe seiner Witwe durch Gespräche mit Gewerkschaftsführern veranlaßt war und die den Arbeiter in den Stand setzen sollte, ein stärkeres Interesse und einen tätigeren Anteil am Betrieb «seiner» Fabrik zu nehmen. Es würde eine falsche Note in diese Schilderung tragen, wollte man Goerdeler einen «Mann des Volkes» nennen. Aber ebenso sicher ist, daß er in einer aufrichtigen und echten Weise sozial gesinnt war. Auch der Geist des Bosch-Betriebes, in dem man ganz bewußt den Arbeitern das Bewußtsein verantwortlicher Teilhaberschaft zu geben bemüht war, mag ihn darin bestärkt haben. – Es ist weiter zu erwähnen, daß an Goerdelers politischen und sozialen Vorstellungen eine Reihe von Schriftstellern und Gelehrten teilhatten, die der politischen Opposition mehr oder weniger nahestanden. Insbesondere war eine Gruppe von Staatswissenschaftlern, Nationalökonomen und Historikern, die an der Freiburger Universität lehrten, in der Mitarbeit tätig[35]: Erik Wolf, Adolf Lampe, Constantin von Dietze, Walter Eucken, Gerhard Ritter. Sie gehörten der Bekennenden Kirche an, und einige von ihnen wurden durch Bonhoeffer mit Goerdeler in Verbindung gebracht. An den Beratungen mit ihm nahmen auch Bischof Dibelius, der damalige Lizentiat Helmut Thielicke und Dr. Walter Bauer teil. Auch hier war die Basis der Zusammenarbeit eine, die über den Bereich des bloß Politischen hinausging. Für sozialpolitische Probleme wurde Professor Albrecht, Marburg, herangezogen, während in Erziehungsfragen Professor Litt, Leipzig, Goerdelers Berater war.

Das erste förmliche verfassungspolitische Programm, das schon kurz nach dem Krieg bekanntgeworden ist[36], war noch sehr skizzenhaft. Es wurde im Januar/Februar 1940 von Hassell niedergeschrieben[37], der dabei mit Beck, Goerdeler und Popitz zusammenarbeitete. Es sollte in Kraft treten für den Fall, daß der Widerstand gegen den Angriff im Westen zu dem erhofften Sturz des Regimes führte. Das Programm sah eine Regentschaft mit drei Mitgliedern vor, die an der Macht bleiben sollten, bis «normales verfassungsmäßiges Leben» wiederhergestellt werden könnte. Die Aufgabe, Vorbereitungen für diesen Zeitpunkt zu treffen, fiel einem ernannten Verfassungsrat zu. Inzwischen lag die ausführende Gewalt bei dem Haupt der Regentschaft (Beck?), der sie an die Wehrkreiskommandeure weitergab. Die Verhängung des Belagerungszustandes erschien unvermeidlich, wenn man Chaos vermeiden und die «Würde des Gesetzes» wiederherstellen wollte. Dies Ziel stellt das Programm ausdrücklich in scharfen Kontrast zu der moralischen Verwüstung, die das Ergebnis des vorhergehenden Regimes gewesen war. Die unseligen Folgen der Nazi-Regierung wie die ersten Gegenmaßnahmen, die man zu ergreifen gedachte, wurden dann des weiteren in Kürze dargelegt.[38] Es scheint, daß Goerdeler daran dachte, die Zwischenregierung sofort auf eine volkstümliche Grundlage zu stellen. Nach Hassell plante er ein Plebiszit unmittelbar nach dem Sturz des Regimes.[39] Es ist früher erwähnt worden, daß er an schnellen Wandel glaubte, wenn man die Wahrheit wieder zu Worte kommen lassen könne, und wäre es auch «nur für

24 Stunden». Aber sein Optimismus wurde von den anderen Mitgliedern des Kreises nicht geteilt. In zusätzlichen Entwürfen skizzierten Langbehn und Jessen ein Gesetz über den Ausnahmezustand, das sehr scharf gehalten war. Popitz verfaßte dazu «Richtlinien» zur Handhabung und weiter dann den Entwurf zu einem «Gesetz über die Wiederherstellung geordneter Verhältnisse im Staats- und Rechtsleben». Er legte dabei großen Nachdruck auf die Reinigung wie auf die Leistungsfähigkeit der Beamtenschaft. Die vorläufige Ordnung, so wurde erklärt, sollte in Kraft bleiben, bis «unter Mitwirkung aller Schichten des Volkes dem Deutschen Reich eine endgültige Verfassung gegeben werden kann».[40]

Soweit die ausführende Gewalt in Frage kam, erwogen Goerdeler und seine Freunde für einige Zeit die Wiederherstellung der Monarchie. Sie wünschten, die höchste Autorität auf einen «festen zentralen Pfeiler» (Popitz), das heißt außerhalb und oberhalb der wechselnden Meinungen und des Drucks der Parteien, zu begründen. Angesichts der Erfahrungen der Hitler-Zeit, die durch das Verkoppeln der beiden Stellungen, der des Parteiführers und der des Staatsoberhauptes, das totalitäre System zum Gipfel geführt hatte, ließ sich einiges für die monarchische Spitze sagen. Ein alter demokratischer und süddeutscher Minister der Weimarer Republik wie Geßler befürwortete eine Wiederherstellung des Hauses Wittelsbach.[41] Wie der Nationalsozialismus seinen Ursprung von Österreich und Bayern nahm, so hatten auch die Legitimisten ihre stärksten Wurzeln in Süddeutschland. Es war anzunehmen, daß die bayrischen

Mitglieder der Verschwörung den Kronprinzen Rupprecht, den Erben der Wittelsbacher Linie, bevorzu-
gen würden. Aber auch der hohenzollernsche Thron-
erbe, Kronprinz Wilhelm, wurde erwogen. Nach
Hassells Angabe erklärte er, «... daß er bereit sei, in
die Bresche zu springen und alle Opfer und Gefahren,
über die er sich völlig klar sei, in Kauf zu nehmen».[42]
Es ist indessen zweifelhaft, ob dabei an mehr als eine
Form der Überleitung gedacht war. Als ein geeigne-
ter Kandidat jedenfalls erschien sein zweiter Sohn,
Louis Ferdinand. Für ihn sprach, neben seinen persönlichen Beziehungen zu Widerstandskreisen, daß er
als entschiedener Gegner des Hitler-Regimes gelten
durfte, daß er zudem in besonderer Gunst bei der Kö-
niginmutter von England, Queen Mary, stand und
daß er für einige Zeit als Ford-Arbeiter in den Vereinigten Staaten tätig gewesen war. Ein amerikanischer
Geschäftsmann, Stallforth, mit dem Hassell in Fühlung war, glaubte ihm versichern zu können, Prinz
Louis Ferdinand würde jenseits des Ozeans «geradezu
populär sein».[43]

Es besteht begründeter Anlaß zu bezweifeln, daß
diese Voraussage, selbst vor dem Angriff auf Pearl
Harbor, irgendwie begründet war. Aber es würde
übereilt sein, den Gedanken der monarchischen Wiederherstellung von vornherein als wesenhaft unde-
mokratisch zu bezeichnen. Was vorschwebte, war
sichtlich das englische Beispiel einer monarchischen
Präsidentschaft innerhalb mehr oder weniger weit ge-
zogener verfassungsmäßiger Grenzen. Goerdeler insbesondere war fern davon, die Restauration des preußischen Königtums und seiner alten Macht auch nur

zu wünschen. Er sagte ausdrücklich vom Präsidenten, einerlei, ob er ein Monarch oder ein Regent war:
«Er soll nicht regieren, sondern über die Verfassung
wachen und den Staat repräsentieren.»[44] Des weiteren
war man sich über eines völlig einig: In nichts durfte
das neue Regime in Ursprung und Charakter an einen
«Kapp-Putsch» erinnern. Dies war ein Gesichtspunkt, auf den die Militärs selbst, Hammerstein und
Beck vor allem, drangen. Die jüngere Generation aus
dem Kreisauer Kreis nahm noch energischer Stellung. Trott zu Solz focht in einem Gespräch mit Hassell leidenschaftlich dafür, «nach innen und außen jeden Anstrich von ‹Reaktion›, ‹Herrenklub›, ‹Militarismus› zu vermeiden».[45] Diese Auseinandersetzung
vom Dezember 1941 scheint entscheidend gewesen
zu sein. Soviel man sehen kann, verschwand seitdem
der monarchische Gedanke völlig aus der Erörterung.

Von größerem Interesse als diese Einzelfrage sind
Goerdelers Verfassungspläne im ganzen. Sie enthalten
keinen Grundrechts-Katalog, aber fordern sehr entschieden: «Alle Beschränkungen der Freiheit des Geistes, des Gewissens und der Forschung werden *sofort*
aufgehoben.» In der Frage der Institutionen zeigen
sie, wie zu erwarten, eine hohe Bewertung der
Selbstverwaltung. Sie erheben daher einerseits die
Forderung der Dezentralisierung und eines föderalistischen Aufbaues; andererseits entwerfen sie ein
Wahlverfahren, bestimmt, Persönlichkeiten zu begünstigen, die sich bereits in örtlichen oder in beruflichen Angelegenheiten die Sporen verdient und bei
ihren Wählern einen Namen erworben hatten. Mit
alldem beabsichtigte Goerdeler eine Rückkehr zu

deutschen Überlieferungen einer Zeit, in der die Politik noch nicht eine Angelegenheit amorpher Wählerschaft geworden war, also eine «Entmassung der Masse» (Ritter). Um weiterhin den Reichstag zu verantwortlichem Handeln zu befähigen, schlug Goerdeler eine Beschränkung auf drei Parteien vor. Aus dem gleichen Grunde wünschte er, dem englischen Beispiel zu folgen, das nur persönliche Wahlkandidaten (statt der Listenwahl) und nur die Entscheidung in einem Wahlgang mit einfacher Mehrheit kennt. Jedoch sollte nur die eine Hälfte der Volksvertretung direkt auf der Grundlage des allgemeinen Stimmrechts gewählt werden, wobei Goerdeler seine Verdoppelung für Familienväter mit mindestens drei ehelichen Kindern vorschlug. Für die andere Hälfte sah Goerdeler indirekte Wahlen in einer Stufenfolge vor, die von den örtlichen Vertreterschaften über Gemeinden, Kreise und Gaue aufstieg. Reichstagsabgeordnete mußten wenigstens 35 Jahre alt und mindestens vier Jahre in der örtlichen Selbstverwaltung tätig gewesen sein, des weiteren mußten sie ihren Wohnsitz in dem Wahlkreis haben, für den sie kandidierten. All dieses hatte offenbar den Sinn, sachliche Erfahrung und lokale Verwurzelung gegenüber den eigentlich politischen Elementen parteigebundener Art zu begünstigen. Fernerhin plante Goerdeler ein Oberhaus, ein «Reichsständehaus», das aus Vertretern der größeren Berufsgruppen, der Unternehmervereinigungen, einer umfassenden Gewerkschaftsorganisation (der Einheitsgewerkschaft) – in Parität mit den Betriebsführern – sowie der Kirchen und Universitäten bestehen sollte. Neben diesen ständischen

Vertretern wurde die freie Berufung von 50 «angesehenen Deutschen» aller Klassen in Aussicht genommen. Um der Regierung größere Stetigkeit zu geben, war nach Goerdelers Plan für ihren Sturz eine qualifizierte Mehrheit des Reichstages oder die Übereinstimmung beider Häuser erforderlich.

Dies alles wurde zuerst skizzenhaft im Abschnitt IV der Denkschrift «Das Ziel» von Ende 1941 ausgeführt, als schon Kontakte mit den Kreisauern vorlagen. Es handelte sich dabei noch in keiner Weise um endgültige Entwürfe und ein vereinbartes Programm der Widerstandsbewegung. Charakteristisch aber ist dabei gewiß die Hinneigung zu einem konservativen System der Gegengewichte. In Übereinstimmung damit hieß es in der Denkschrift «Das Ziel»: «... in einem ... durch Unfreiheit und Propaganda kritiklos gewordenen Volke die gesamte Politik und damit das Wohl der Menschen sowie die Sicherheit des Staates ganz auf das direkte Wahlrecht zu gründen», sei nicht vertretbar. Und weiter: «Der diktatorische oder tyrannische Führerstaat ist ebenso unmöglich wie der entfesselte überdemokratische Parlamentarismus.» Das sind gewiß deutliche Aussagen.

Insofern kann mit einem gewissen Recht gesagt werden, daß Goerdeler zurückstrebte zu den Gedanken und dem Werk des Freiherrn vom Stein, nur daß er, was nicht übersehen werden sollte, dessen rein geschichtliche Bevorzugung der mit Besitz «eingesessenen» Klassen nicht teilte. Von einem Zensus war nicht die Rede. Er wünschte offenbar die ursprünglichen Ideen der Steinschen Städte-Ordnung mit seinen eigenen praktischen Erfahrungen in der Selbstverwal-

tung großer Gemeinwesen zu verbinden. Aber die
Rückkehr zu wertvollen Überlieferungen ist nicht
gleichbedeutend mit «reaktionärer» Einstellung im
weiteren Sinn, und gerade die Richtung dieser Rückkehr ist schlecht verträglich mit einer angeblich immer wieder hervortretenden gouvernementalen Tendenz. Wir haben fernerhin das Zeugnis von Pechel,
der Goerdeler einen Mann von ständig wachsender
Aufgeschlossenheit nennt. In der Tat weisen seine
Gedanken in manchen Einzelheiten eine beträchtliche
Entwicklung auf. Jakob Kaiser, der christliche Gewerkschaftsführer, der die Hinrichtungswelle überlebte und nach 1945 in Berlin einer der mannhaftesten
Verteidiger der Demokratie gegen ihre neue Bedrohung von Osten werden sollte, hat, noch während er
in diesem Kampf sich befand, von Goerdeler gesagt,
er würde heute «auf der Seite der fortschrittlichen
Kräfte des Volkes stehen». Ähnlich die Feststellung
von E. Nebgen, daß Goerdeler für den Tag nach der
Beseitigung Hitlers mit einer «Volksbewegung»
rechnete, die seine Regierung tragen würde, und die
Betonung seiner Bereitschaft zur Verständigung mit
den sozial fortschrittlichen Kräften.[46] Vollends von
dem Programm weitgehender Dezentralisierung, das
die Auflösung Preußens in seine Provinzen einschloß,
wie überhaupt von dem eines föderalistischen Aufbaus, wird man gewiß nicht sagen können, es sei
«anachronistisch» gewesen.

Auch von anderen Elementen seiner Pläne gilt, daß
sie nicht mit einer eilfertigen Abstempelung beiseite
geschoben werden sollten.[47] Sie atmen eine gewisse
Nüchternheit, man könnte sagen: einen angelsächsi-

schen Sinn für das Konkrete, der mit dem sachlich
Notwendigsten beginnt, mit der Wiederherstellung
eines durchaus zerrütteten Gemeinschaftslebens von
Grund auf. Bei solcher Einstellung erschien es unendlich viel wichtiger, sich des elementaren Inhalts
politischen Lebens und seiner sachverständigen Verwaltung anzunehmen, als für die Schauseite der Par-
teipolitik und für Massenveranstaltungen Interesse zu
zeigen. Ohnehin, so fürchtete man, könnte in einem
besiegten und teilweise zerstörten Deutschland die
Wiederbelebung einer mehr zentralistischen und ra-
tional durchgestalteten Demokratie, wie man sie im
Jahre 1919 einzuführen versucht hatte, nur auf ein
Scheinbild hinauskommen. Außerdem wußten Goerdeler und seine Mitarbeiter sehr wohl, daß auch aus
anderen Gründen keine einfache Rückkehr zum System von Weimar möglich war. Sie wünschten insbesondere, die Fehlerquellen im parlamentarischen
Aufbau zu vermeiden, die zur Entstehung einer Diktatur beigetragen hatten: den häufigen Wechsel der
Regierungen und die Vielfalt der Parteien. Sie warn-
ten deshalb vor der Wiedereinführung des Listen-
und Verhältniswahlsystems. Alles dies waren sicherlich keine überlebten Gedanken. Das gleiche gilt von
dem Wunsch nach Gegengewichten gegen die Tendenzen unverantwortlicher Massenpropaganda und
demagogischer Führung, die sich bei raffinierter Aus-
nutzung dieser Waffen so verhängnisvoll unter einem
pseudolegalen Regime ausgewirkt hatten.[48]
     Ob die Mittel, die diesen Zwecken dienen sollten,
wie zum Beispiel die Verbindung direkter mit indirekter Vertretung, und der Nachdruck, der auf das

berufsständische Prinzip gelegt wurde, angemessen
waren und ob sie Aussicht boten, die echten demokratischen Bedürfnisse eines von der Tyrannei befreiten Volkes zu befriedigen, kann durchaus als fraglich
gelten. Es handelte sich hier um nicht mehr als ein
Bündel von Vorschlägen, die nur für die allgemeine
Gedankenrichtung bezeichnend sind. Ihre Erörterung
durch eine beratende Körperschaft, den Reichsrat,
war vorgesehen und mochte zu erheblichen Änderungen führen. Ja, Goerdeler dachte, wie erwähnt, an
ein Plebiszit zur Legitimierung der neuen Ordnung.
Eines jedenfalls ist klar: Innerhalb des «organischen
Gefüges», von dem er in einem seiner Aufrufe von
Ende 1943 sprach[49], war den Gewerkschaften eine
wesentliche Rolle zugedacht, und, falls ihre Vereinigung glückte, konnte ihr Anteil ein entscheidender sein. Zur Frage der Einheitsgewerkschaft nahm
Goerdeler die Gedanken auf, die in Gemeinschaftsarbeit zwischen Leuschner, Kaiser und Habermann entwickelt worden waren. Sie begegneten sich durchaus
mit seinen eigenen früheren Erwägungen. Zudem
war es eine überlieferte Linie der Gewerkschaftspoli-
tik (wie der Kommunalpolitik), praktische Erfolge
und Fortschritte von Stufe zu Stufe höher zu schätzen
als Parteidoktrin, demagogische Agitation und den
direkten Weg zum tausendjährigen Reich. Hier denn
scheint eine Gemeinsamkeit sachlicher Zielsetzung
bestanden zu haben, die Aussicht bieten mochte für
das erfolgreiche Einwurzeln politischer und sozialer
Demokratie.

Aber darüber hinaus muß ein Gesichtspunkt von
prinzipieller Tragweite betont werden. Goerdeler be-

rührte ihn, wenn er von der «Demokratie der zehn
Gebote» sprach.⁵⁰ Was immer die Einzelheiten seiner
Verfassungspläne waren, sie fanden ihren Mittelpunkt in jenen religiösen und humanistischen Traditionen und in jenen unveräußerlichen Werten, die den
Schulbegriffen westlicher Demokratie schließlich
auch als tieferes Fundament zugrunde liegen. So hieß
es in einem der zahlreichen Entwürfe für die Rundfunkansprache, die Goerdeler nach Übernahme der
Kanzlerschaft halten sollte: «Das deutsche Volk muß
durch allen Propagandanebel hindurch die Wahrheit
und nichts als die Wahrheit erfahren.» Die Regierung,
erklärte ein anderer Satz desselben Dokuments, wird
einen der christlichen Überlieferung des Abendlandes
entsprechenden Staat wiedererrichten, «der auf der
Pflicht seiner Bürger und Glieder zu Treue, Opfer,
Dienst und Leistung für das Gemeinwohl ebenso ruht
wie auf der Achtung der Person und ihren ursprünglichen Persönlichkeitsrechten». Sie «beginnt ihr Werk
damit, daß sie die Staatsgewalt unter das Gesetz der
Moral und des Rechtes stellt... Alle Religionsge-
meinschaften sollen frei von staatlicher Vormund-
schaft ihren göttlichen Auftrag erfüllen ... die Schulen aller Gattungen werden sofort von der ihrem
Wesen ganz unzuträglichen Rolle befreit, dazu zu dienen, Tatsachen zu verfälschen, den Wahrheitssinn der
Jugend zu beleidigen und sie Phrasen statt Wissen,
Heuchelei statt edlem Mut, Kraftmeierei statt wah-
rem Können zu lehren... Die begabten Kinder aller
Schichten des Volkes sollen zu allen Schulen zugelassen werden, für die sie sich eignen.» Die gleichen
Prinzipien, «Achtung der Wahrheit» und «Verehrung

der Gerechtigkeit», durchdringen alle Dokumente, die bekanntgeworden sind. In einem Aufruf an das deutsche Volk, den Generaloberst Beck herausgeben sollte, war starker Nachdruck auf die moralische Herabwürdigung gelegt, zu der das bisherige Regime geführt habe, auf die gotteslästerliche Rassentheorie, die schmählichen Verbrechen, die Beschmutzung der deutschen Ehre und des deutschen Namens. Keine leichten Versprechungen wurden gemacht. Wir werden hart zu ringen haben, hieß es statt dessen, aber wir werden es als «freie Menschen» tun und uns dadurch wieder die «Ruhe des Gewissens» sichern. Die dringlichste Aufgabe, erklärte eine andere Fassung der Rundfunkansprache, sei die Wiederherstellung der «Majestät des Gesetzes». Es gelte Sühne zu leisten für die Verfolgung der Juden, «die sich in den unmenschlichsten und unbarmherzigsten, tief beschämenden und gar nicht wiedergutzumachenden Formen vollzogen hat»[51], sowie ebenso für die Verbrechen in den besetzten Gebieten; und noch einmal, in einem Schlußappell, wurde es als Aufgabe bezeichnet, «den vielfach entehrten deutschen Namen wieder reinzuwaschen. Wir Deutschen allein können und werden sie erfüllen.»

Mit einem erst später geläufig gewordenen Ausdruck möchte man dies als ein Programm selbstauferlegter «Umerziehung» («reeducation») bezeichnen, das zur Sinnesänderung, zur Reue und zu einer moralischen Lebensführung aufrief. Es legte mehr Nachdruck auf die Rückwendung zu christlichen und humanistischen Überlieferungen als auf äußere Erfordernisse und formale Verhaltensweisen. Es hatte

das Ziel, die nationalsozialistische Sklaven-Moral
auszuwurzeln, nicht aber eine neue einzupflanzen
durch Propaganda und Zensur. Es stellte eine Aufgabe, die nur mit einem Gefühl der Demut in Angriff
genommen werden konnte, mit einem aufgestörten
Gewissen und einem Bewußtsein dessen, daß letztlich
alle Menschen Sünder sind.

In dem gleichen Zusammenhang mag es von Interesse sein zu fragen, was die Mitglieder der «Schattenregierung» an Plänen hatten für die Lösung eines anderen Problems, das – der Wortbildung wie der Sache
nach – unter dem Begriff der «Entnazifizierung» in
der Folge so unglücklich behandelt worden ist. In einem ihrer Aufrufe beabsichtigten sie zu sagen[52]: «Das
Schwert der Gerechtigkeit muß ohne Mitleid diejenigen treffen, die unser Vaterland zur Karikatur eines
Staates herabwürdigten, die Anstand und Gesetz ver-
bannt, die Korruption erlaubt oder befördert und die
sich selbst bereichert haben, während die Massen des
Volkes verarmten... Weiterhin muß die Verantwortung aller festgestellt werden, die in leitenden Stellungen Befehle empfingen und ohne Widerstand aus-
führten, von denen sie wußten, daß sie dem Gesetz,
dem Gewissen und den Tatsachen zuwiderliefen.
Auch diejenigen müssen zur Rechenschaft gezogen
werden, die im Ausland das Völkerrecht und die Ehre
und Würde rechtschaffener Menschen verletzt haben.»

Es kann geltend gemacht werden, daß dies keine
vollständige Liste begangener Verbrechen war und
daß weniger greifbare Formen des Vergiftungspro-
zesses, der über zehn Jahre hin vor sich gegangen

war, unerwähnt blieben. Auch hier stand Goerdeler
zu seinem Glauben, daß es nur eine Front gab, auf die
es ankam, die zwischen den anständigen Leuten und
den «anderen», und daß diese Trennungslinie sich
nicht nach äußeren Merkmalen bestimmte.[53] Bloße
Mitgliedschaft in einer nationalsozialistischen Organisation war daher noch nicht an und für sich ein
Verbrechen. Anonyme Anzeigen sollten unbeachtet
bleiben, falsche Denunziationen strafbar sein, aber
jedermann wurde aufgerufen, den Justizminister von
tatsächlichen Verbrechen zu unterrichten, seien es solche der Unterlassung oder der Begehung. Kein Zögern sollte erlaubt sein bezüglich der wirklich Schul-
digen, aber man fühlte wenig Neigung, die bloßen
Mitläufer auszustoßen. Man war sich voll bewußt,
daß man im Kampf gegen das Gift selbst der Gefahr
der Vergiftung und schließlich der Versuchung ausgesetzt sein mochte, Hitlerische Kollektivmethoden anzunehmen – eine Gefahr, von der die amerikanische
Publizistin Dorothy Thompson auch die Alliierten
nachdrücklich warnte. Wenn Wiederherstellung der
Majestät des Rechts ein Hauptzweck der Neuordnung war, so konnte man nicht damit beginnen, Gesetze mit nachträglicher Wirkung einzuführen. Es erschien unchristlich, allgemein zu einer Rache aufzurufen, in die sich viele schäbige Motive einmischen
mochten. Auch stand es offenbar zu allen Grundsätzen eines zivilisierten Gerichtsverfahrens im Widerspruch, die Schuld des Angeklagten vorauszusetzen,
falls er nicht den Gegenbeweis führen konnte. Die
Beweislast oblag vielmehr der Anklagebehörde. Soweit man auf der Grundlage der beabsichtigten

Aufrufe urteilen kann, war die Schattenregierung entschlossen, sich an diese Kernstücke westlicher Rechtsüberlieferungen zu halten.

In wirtschaftlichen und sozialen Fragen[54] war Goerdeler, in einem speziellen Sinn des Wortes, «westlicher» als die meisten seiner Freunde aus der älteren Generation. Zu seinen frühen und nie erschütterten Überzeugungen gehörte die vom Segen freien Wettbewerbs. Das wirtschaftliche Leben sollte so wenig wie möglich durch den Staat gestört und alles bürokratische Hineinregieren sollte vermieden werden. Damit vertrug sich durchaus – jedenfalls in dem Entwurf vom September 1944 (den «Gedanken eines zum Tode Verurteilten») – die Forderung nach einem gewissen Maße von Sozialisierung. Aus Gründen «sozialer Gerechtigkeit» und von der Sache her sei sie angebracht für «Bodenschätze» und für der ganzen Wirtschaft dienende «Monopolbetriebe (Eisenbahn, Post, Elektrizitätsversorgung, Gas, Wasser, die Monopole sein müssen, weil Wettbewerb unwirtschaftlich wäre...»). Aber im Prinzip gingen seine Wünsche auf Wiederherstellung von Gewerbefreiheit und Freihandel, soweit sie mit dem allgemeinen Wohl verträglich waren, und zwar im nationalen wie im internationalen Bereich. Während er das Recht des Eigentums betonte, zeigte er sich (jedenfalls in den vorliegenden Programmen) am Problem des Großgrundbesitzes nicht besonders interessiert[55], an der Einschränkung von Trusts und Konzernen nur in dem Sinne, daß die nötige Kontrolle die Aufrechterhaltung des freien Wettbewerbs ermöglichen und «der schöpferischen Einzelpersönlichkeit und ihrem Verantwortungsbewußtsein

Raum» gewähren sollte. Nur jene Unternehmer sollten aus dem Geschäftsleben ausgemerzt werden, «die
ihre wirtschaftliche Verantwortung erniedrigt und
sich zu geistlosen Befehlsempfängern politischer
Machthaber entwürdigt» hätten.

Es war offenbar dies liberale Credo Goerdelers, das
zum Zusammenstoß zwischen ihm und der jüngeren
Generation, insbesondere der Männer aus dem Kreisauer Kreis, führte.[56] Verglichen mit seinen Ansichten
standen einige der Älteren, Popitz und Jessen zumal,
die eine Art von Planwirtschaft und Staatssozialismus
befürworteten, Moltke und einigen seiner Freunde
näher, ohne doch ihre Position zu teilen. Sie nahmen
– ebenso wie Beck es vermöge seiner moralischen
Autorität tat – eine Art Vermittlerstellung ein. Es
wird im Hinblick auf diese Unterschiede wie auf andere «restaurative» Züge gewesen sein – vielleicht
aber auch im Hinblick auf Goerdelers Neigung, bald-
möglichst zu parlamentarischen Institutionen zurückzukehren –, daß Hassell ihn «eine Art Reaktionär»
nannte.[57] Es mag das überraschend erscheinen im Zusammenhang mit zweifellos liberalen Überzeugungen und aus der Feder eines Aristokraten, und man
wird im Licht späterer Erfahrungen zuzugeben haben, daß ohne Freisetzung persönlichster Initiative
und auch des persönlichsten Gewinnstrebens ein
wirtschaftlicher Wiederaufstieg nach so langer
Zwangsfesselung und völligem Zusammenbruch
nicht möglich war. Das wäre dann in der Tat notwendige «Reaktion» gegen das Dritte Reich im nächsten
Wortsinn gewesen. Aber es war doch zu fragen – und
wird auch heute zu fragen sein –, ob die Wiederher-

stellung eines westlichen Systems der kapitalistischen
Wettbewerbsgesellschaft im Sinne des klassischen Liberalismus aus der Mitte des 19. Jahrhunderts, und
zwar gerade in der Grenzzone des Westens gegenüber
einer so anders strukturierten östlichen Welt, der neu-
en gesellschaftlichen und der neuen internationalen
Lage entsprach und ob Goerdelers Glaube an die
Front der Anständigkeit zur Bindung von extremen
Egoismen genügte. Nur vom Boden solcher Erwägungen, die wir im Kreisauer Kreis antreffen werden
und die sich insbesondere auf die Entwicklungsten-
denzen eines neuen Jahrhunderts bezogen, erhält das
Wort «Reaktionär» eine ernsthaftere Bedeutung.

Hingegen wäre es zweifellos sehr ungerecht, Goerdelers wirtschaftlichen Liberalismus mit sozialer Be-
schränktheit und reaktionärer Klassenbefangenheit zu
verwechseln. In der städtischen Verwaltung schon
hatte er eng mit den Gewerkschaften zusammengearbeitet. In dem Entwurf seiner Rundfunkansprache
hieß es: «... auch der deutsche Arbeiter muß und
wird Gelegenheit erhalten, an der Verantwortung der
Wirtschaft schöpferisch teilzunehmen.» Und eine
Denkschrift, die er im Gefängnis schrieb, stellte dem
Staat die Aufgabe, «die Arbeiter zu Mitträgern der
politischen Verantwortung zu machen»[58]. Auch in
den wirtschaftlichen Teilen seines Programms sprach
er von der tätigen Anteilnahme der Belegschaft an der
Betriebsleitung und von der Wiederherstellung eines
gerechten Ausgleichs zwischen den Klassen durch die
Organe wirtschaftlicher Selbstverwaltung. Es wird
sich dabei wohl einwenden lassen (Mommsen), daß
Goerdeler das «volle Verständnis für die Grundlagen

des Klassenkonflikts» fehlte, aber seinen sittlich ge-
forderten «Härteausgleich» mit einem «patriarchali-
schen Herr-im-Hause-Standpunkt» gleichzusetzen
erscheint abwegig. «Die Lohnentwicklung», erklärte
Goerdeler, «soll soweit wie möglich durch freie
Tarifvereinbarungen von Unternehmern und Gewerkschaften gelenkt werden, wobei das bewährte
staatliche Schlichtungswesen wie in den vergangenen
Jahrzehnten hilfreichen Beistand zu leisten hat.» Auch
empfahl er die Überführung «der einstmals in der
Welt vorbildlichen Sozialversicherung ... in die
Selbstverwaltung der Arbeiter und Angestellten».

Während man allen Anlaß hat, die Aufrichtigkeit
dieser Absichten zu betonen, kann man nicht leugnen
(und sollte man nicht leugnen), daß sich hier, wie
schon berührt, gegenüber einem anderen Lager in der
Widerstandsbewegung eine Trennungslinie auftut. Es
ist gewiß nicht zufällig, daß als Wort oder dem Sinn
nach der Begriff «Restauration» so oft in Goerdelers
Programm vorkommt. Wiederherstellung der Majestät des Rechts und des anständigen Verhaltens zwischen Menschen, Wiederherstellung unabdingbarer
humaner Werte, der Würde des Menschen, der Ge-
danken- und Glaubensfreiheit – all dieses waren vor-
dringliche Forderungen. Sie beruhten auf Überzeugungen, die im Feuer gestählt waren; sie wurden von
der «Rechten» wie von der «Linken» geteilt und nehmen insoweit diesen Begriffen selbst jeden Sinn.
Aber die Anhänger der «Blitzrevolution» von oben
wünschten zugleich auch, die Ordnung so rasch wie
möglich wiederherzustellen. Das heißt, sie wollten
einen wirklichen Aufstand vermeiden, der nicht nur

Ausbrüche von «Lynchjustiz» und einen anderen «November», sondern auch tiefgreifende soziale Umwandlungen, etwa im Sinn der kommunistischen Agitation, einschließen mochte.[59] Daß die westlichen Mächte nach der Besetzung Deutschlands vermutlich das gleiche Ziel haben würden, ist nicht wesentlich für diese hypothetische Erörterung. Der kritische Punkt scheint vielmehr das Programm wirtschaftlicher Freiheit und das der möglichsten Wiederherstellung einer vorwiegend bürgerlichen Gesellschaftsordnung zu sein. Gab es noch eine Grundlage für eine solche Restauration, und, soweit es sie gab, war sie nicht in raschem Verfall begriffen? Die Gewerkschaften, die den Aufstieg der Arbeiterschaft in die Mittelklasse förderten, mochten mit Goerdeler zusammengehen, aber würden und konnten die entschiedenen Sozialisten der gleichen Linie folgen? Und wie war es möglich, die Massen, die durch Unterdrückung radikalisiert, die verarmt und durch Bombenangriffe, Räumungsaktionen und Umsiedlungen ausgewurzelt waren, in eine solche Ordnung einzufügen?

Es kann geltend gemacht werden und ist in der Tat geltend gemacht worden, so etwa von Paul Sethe, daß der Sturz der Nazis nur der erste Schritt gewesen, daß eine «zweite» Revolution auf die der Elite gefolgt sein würde. Diese Möglichkeit besteht und gibt Anlaß zu mehr oder weniger aufschlußreicher Spekulation. Die Vermutung jedoch, daß die sozialistischen Mitglieder der Verschwörung, sosehr sie Widersprüche und Ansprüche anmelden mochten, sich mit einem solchen inneren Vorbehalt beteiligten oder daß sie die Rolle der bewaffneten Männer im Bauch des

Trojanischen Pferdes zu spielen gedacht hätten, mischt offenbar dem Bild der Vorgänge sehr falsche Farben bei. Man wird die Spannungen, die bestanden, gewiß nicht harmonisieren dürfen oder gar wollen, und die Gegensätze sind durchaus des Nachdenkens wert. Aber man wird sie auch nicht übertreiben und verhärten dürfen im Sinne von Schablonen und Parteischlagworten, weder denen vorhergehender noch denen nachfolgender Jahre. Wie die Schranken zwischen den Kirchen und den Gewerkschaften verschiedener Richtung niedergelegt waren, so haben sich auch zwischen anderen Lagern immer wieder Verbindungen und Einschmelzungen vollzogen, die zum Vermächtnis der Jahre des Widerstands gehören oder gehören sollten.

Eine solche Auffassung des politischen Charakters der Opposition kann sich gerade in besonderem Maße und als eine Art Sauerteig auf den Kreisauer Kreis berufen, der nebeneinander die stärksten konservativen, christlichen und sozialistischen Elemente umfaßte, ohne die Grundwerte des «Liberalen» auszuschließen, während der bis zu einem gewissen Grad «radikale» Wille einer jungen Generation ihm die besondere Farbe gab. Der Erörterung ihrer Ideen wenden wir uns nunmehr zu.

3. Der Kreisauer Kreis

Seit dem Sommer 1940 hatte sich, in allmählicher Entwicklung und im Bestand nicht immer gleichbleibend, eine Gruppe von Männern, meistens zwischen

30 und 40, zu einem Kreis zusammengefunden, dessen Mittelpunkt Graf Helmuth James von Moltke
war, der Urgroßneffe des Feldmarschalls aus Bismarckscher Zeit und der Enkel eines Chief Justice der
Südafrikanischen Union. Vor dem Kriege hatte er als
Anwalt in Berlin gewirkt, war aber auch in England
in dieser Eigenschaft zugelassen, nachdem er die dortigen Examina bestanden hatte. Er wurde Mitglied
des «Inner Temple». Bei seinen Freunden aus Oxforder und Londoner Tagen, zu denen Adam von Trott
gehörte und insbesondere Lionel Curtis, war er als
ein unversöhnlicher Nazi-Gegner bekannt. Während
des Krieges diente er beim Oberkommando der
Wehrmacht als Sachverständiger für Kriegs- und Völkerrecht. Diese Stellung ermöglichte es ihm, eine
Reihe von gefährdeten Personen zu schützen, wie es
auch andere auf verschiedenen Wegen taten. Zudem
konnte er die militärischen Stellen mit juristischen –
nebenbei auch mit pragmatischen – Argumenten versehen, die sie in ihrem Widerstand gegen einige der
übelsten Methoden Hitlerischer Kriegführung be-
nutzten.

Die Gruppe, deren anerkannter, wenngleich nicht
irgendwie dominierender Mittelpunkt er wurde,
empfing ihren Namen von dem Moltkeschen Gut
Kreisau in Schlesien.[60] Unter den Mitgliedern befanden sich noch einige weitere Aristokraten sowie Träger alter preußischer Namen. Moltke besonders nahe
stand Peter Graf Yorck von Wartenburg, der bereits
als Vetter Stauffenbergs erwähnt worden ist. Er
stammte aus einer Familie, die sich nicht nur in der
militärischen und politischen Geschichte Preußens,

sondern auch in der des Geistes und der Wissenschaft
einen Namen gemacht hatte. Einer seiner Vorfahren
war der General, der im Jahre 1812 durch seinen
«Ungehorsam», d. h. durch den Abschluß der Konvention von Tauroggen, den Befreiungskrieg eröffnete, ein anderer ist durch die Briefe bekanntgeworden, die er mit seinem Freund, dem Philosophen
Dilthey, gewechselt hat. Demselben aristokratischen
Flügel der Gruppe gehörten von Einsiedel, ein gebür-
tiger Dresdener, Mitglied der SPD und dem Kreis der
religiösen Sozialisten nahestehend, sowie von Trotha,
ein schlesischer Vetter Moltkes, an. Dieser hat von Januar bis November 1940 in einer Korrespondenz mit
Yorck und Einsiedel Grundsatzfragen diskutiert.[61] Es
sei daraus eine Formulierung Moltkes angeführt:
«Man kann ... nicht fragen, ob Staatsrecht noch
Recht oder selbst schon Macht ist. Es wird immer
beides sein, wenn es in Ordnung ist. Es wird staatslo-
ses, d. h. wirkungsloses Recht, wenn die Macht fehlt,
und es wird bloße, d. h. böse Macht, wenn es nur
Macht ist.»
    Die Teilnahme junger, zum Teil ostelbischer Adeli-
ger an einem radikalen Kreis ist nicht so überraschend, wie es erscheinen mag, vorausgesetzt, daß
man das Wort «radikal» in seinem Wortsinn, d. h. als
ein Zurückgehen auf die Wurzel versteht. Manche der
Kreisauer hatten an der deutschen Jugendbewegung
der zwanziger Jahre teilgenommen, die sich vor allem
um Einfachheit des Lebens, um Reinheit der Sitten
und ein Gefühl sozialer Verantwortung bemühte und
die mit alledem im Gegensatz zu leer gewordenen gesellschaftlichen Konventionen stand. Söhne des schle-

sischen Adels waren an der Universität Breslau von
den Ideen von Rosenstock-Huessy stark beeinflußt
worden und nahmen an den von ihm gegründeten
freiwilligen Arbeitslagern teil, die junge Menschen
aller Klassen in einem Austausch von Gedanken und
Interessen zusammenführten. Unter solchen Erfahrungen, deren Wert durch die nationalsozialistische
Verzerrung dieser Formen «gemeinsamen Lebens»
nicht entkräftet wird, und in starker religiöser Gebundenheit wuchsen sie ins Mannesalter hinein. Das
Erbe großer Güter bedeutete ihnen mehr eine Verantwortung als ein Vorrecht. Sie waren bereit, die
Dringlichkeit einer Landreform sachlich und ohne
Ansehung des eigenen Interesses zu erwägen, wenngleich sie sicherlich gegen jede Form von «agrari-
schem Vandalismus» sich gewandt haben würden.
Hinzu kamen bestimmte Einsichten und Antriebe,
die sich in den östlichen Provinzen des Nach-Versail-
ler-Deutschland aufdrängten und die lebendig wurden an Universitäten wie Breslau und Königsberg.
Die grundsätzlichen Fragen, die hier in Vorlesungen
und Seminaren, in studentischen Vereinigungen und
Freizeiten erörtert wurden, bezogen sich auf eine
Grenzlandzone, in der Deutsche und Nicht-Deutsche
in einem solchen Grade miteinander verschränkt und
vermischt waren, daß der westliche Begriff des souveränen Staats und der politische Nationsbegriff des
19. Jahrhunderts zu reaktionären Schatten verblaßten.
Man erörterte hier aufs ernsthafteste übernationale
und föderalistische Lösungen, eine Trennung der Nationalität vom Politischen, wofür die Form kultureller Selbstverwaltung (Autonomie) sich theoretisch

darbot und praktisch in Estland erprobt wurde; man suchte nach Maßstäben zwischenvölkischer Sittlichkeit, die für Minderheiten beiderseits der Grenzen bindend sein sollten. Der ganze Nachdruck dieser Bemühungen kreiste um das Problem des Friedens zwischen Völkern als der einzigen gesunden Grundlage für Frieden zwischen Staaten. Es ging hier letzten Endes um die Bejahung einer göttlichen Ordnung, die der Würde des Individuums wie der Familie, der Würde jeder Arbeit, einerlei ob der Hand oder des Geistes, und der Würde jeder nationalen Gemeinschaft Gewähr verleihen und damit einer neuen völkischen und zwischenvölkischen Gesellschaft erst den innersten Antrieb geben würde.

Es kann wiederum nicht überraschen, daß mit Männern von solch grundsätzlichen Ansichten entschiedene Sozialisten sich eng verbanden. Es ist erwähnt worden, daß Mierendorff, Haubach und Reichwein aktive Mitglieder des Kreisauer Kreises waren und daß nach Mierendorffs Tod Leber bis zu einem gewissen Grade an seine Stelle traf, mindestens durch engere Beziehungen zu Fritz v. d. Schulenburg und Adam v. Trott. Moltke empfand ihn als «viel weniger verwandt», während mehrere Kreisauer eher Leber statt Goerdeler als Kanzler wünschten.[62]

Das religiöse Element, das die beiden Flügel verknüpfte, war insbesondere durch fünf Mitglieder der Gruppe vertreten. Auf der einen Seite durch den früher schon erwähnten Jesuitenpater Delp, der Pfarrer in einem Münchener Vorort und einflußreich unter der katholischen Jugend war, und durch den Jesuiten-Provinzial in Bayern, Roesch, einen der älteren Män-

ner der Gruppe, bedeutsam durch sein ausgewogenes
und reifes Urteil. Mit ihm stand in naher Verbindung, als seine «rechte Hand», Pater König S. J. Auf
der anderen Seite waren zwei Mitglieder der Bekennenden Kirche innerhalb des Kreises tätig: Harald
Poelchau, ein Potsdamer aus deutsch-baltischer Familie, der uns als Gefängnisgeistlicher in Tegel schon
begegnete, und Eugen Gerstenmaier, ein Mitglied des
Außenamtes der deutschen protestantischen Kirche,
der dem Tod nach dem 20. Juli mit knapper Not ent-
kam.[63] Er war schon seit langem überzeugt, daß «eine
rein geistige Opposition gegen den Nationalsozialismus nicht zureiche, daß dieser vielmehr ausgerottet
werden mußte, um des Fortbestands des christlichen
Glaubens in Deutschland willen».[64] Während des
Krieges oblag ihm die Seelsorge für die Fremdarbeiter. Diese Tätigkeit, zusammen mit seiner Teilnahme
an der protestantisch-ökumenischen Bewegung, gab
ihm oft Gelegenheit zu Auslandsreisen. Die Stärke
seiner religiösen Überzeugung und seine Weltoffen-
heit machten ihn zu einem sehr wertvollen Mitglied
des Kreises.

Weiterhin gehörten Männer der Gruppe an, die zu
dem gemeinsamen Gedanken durch besondere Erfahrungen oder durch Sachkunde auf besonderen Gebieten beitragen konnten: Paulus van Husen, ein westfä-
lischer Katholik, der Mitglied der «Gemischten
Kommission» in Oberschlesien sowie des Oberver-
waltungsgerichts gewesen war, Hans Lukaschek, ein
katholischer Anwalt, ehemals Oberpräsident von
Oberschlesien, und Theodor Steltzer, der nach seiner
Entfernung vom Landratsamt in Rendsburg ebenso

wie Gerstenmaier in der ökumenischen Arbeit tätig
war und während des Krieges als Transportoffizier in
Norwegen einige der Verfolgungsmaßnahmen zu
verhindern verstand. So insbesondere die gegen Bischof Berggrav. Er seinerseits entging dem Tode
durch die Hilfe seiner norwegischen Freunde, die
1945 einen Weg fanden, ihn vor der Hinrichtung zu
bewahren. Gleichfalls zum Kreise gehörte der Jurist
Hans Peters, damals Professor an der Universität
Breslau, später in Köln. Er war bis 1933 Abgeordneter der Zentrumspartei im preußischen Landtag
gewesen, auch er trat gegen eine zu «streng durchgeführte» Demokratie für die Prinzipien der Selbstverwaltung ein. Aus seinen handschriftlich niedergelegten Erinnerungen ergibt sich für die Entstehung des
Kreises eine anfängliche Tarnung der Art, daß Offiziere verschiedener Dienststellen und Beamte zusammentreten sollten «mit dem offiziellen vom OKW zu
genehmigenden Ziel, die Wünsche der Wehrmacht
im Falle eines endgültigen Sieges auszuarbeiten».

Die Verbindung mit Goerdeler lief über Fritz-Dietlof, den jüngeren Graf von der Schulenburg[65], der im
Zusammenhang mit den Aufstandsplänen in Berlin
und Paris schon erwähnt wurde, ebenso als besonders
interessiert an Fragen der Neugliederung des Reiches
und der Raumordnung. Eine kraftvolle und höchst
individuelle Persönlichkeit, unterhielt er die mannigfachsten Beziehungen, stand aber im wesentlichen in
naher Verbindung zu den Kreisauern; die Verbindung
mit der oppositionellen Gruppe im Auswärtigen Amt
wurde durch Legationsrat Hans-Bernd von Haeften
und Adam von Trott zu Solz aufrechterhalten. Von

dem letzteren wird mehr in Verbindung mit seiner diplomatischen Tätigkeit zu sagen sein. Er nahm als
glänzende und dynamische Persönlichkeit einen besonderen Platz in dem Kreise ein. Von Haeften war
der Sohn eines hochkultivierten Offiziers im Generalstab, der im Ersten Weltkrieg durch einen Konflikt
mit Ludendorff Aufsehen erregt hatte. Hans-Bernd,
wie sein Bruder Werner, der Adjutant Stauffenbergs,
wurzelte tief im evangelischen Glauben und zudem in
der Überzeugung, daß auch eine Kirche, die nicht eine verbindliche Gesellschaftsdoktrin besitze, zum
christlichen Rat in weltlichen Dingen verpflichtet
sei.[66] Die Festigkeit seines Charakters und die Emp-
findsamkeit seines Gewissens wird von den Kreisauer
Freunden besonders hervorgehoben. In Fühlung mit
Moltke stand ferner Graf von Schwerin-Schwanenfeld, der durch nahe Beziehung zu Oster und Dohnanyi wie als Ordonnanzoffizier Witzlebens schon frühzeitig zum Kreis der Verschwörer gehört hatte. Über
ihn und den jüngeren Grafen Schulenburg (wie über
Yorck und Stauffenberg) liefen die Fäden zur militärischen Widerstandsbewegung. Damit sind noch
keineswegs die Namen all derer genannt, die über
bestimmte Fragen sich öfters besprachen oder für
besondere Sachgebiete zum Ideengut der Kreisauer
beitrugen. So etwa der Bankier Abs und der Natio-
nalökonom Schmölders, der mit Yorck in naher Fühlung stand und in einer Denkschrift zu «Wirtschaft
und Wirtschaftsführung nach dem Krieg» Stellung
nahm.[67] Sie betonte stark die Notwendigkeit des
«fühlbaren sozialen Aufstiegs». Mit Einsiedel war
insbesondere v. d. Gablentz seit ihrer gemeinsamen

Tätigkeit im Statistischen Reichsamt in Verbindung.
Erwähnt seien auch Prof. C. v. Dietze und Hermann
Maass, der frühere Obmann der sozialistischen Ju-
gendverbände. – Aufs Ganze gesehen war das eine
Gruppenbildung, die gewiß nicht ohne weiteres in
ein soziologisches Schema paßt.

Die im wörtlichen Sinn «Kreisauer» Begegnungen
fanden innerhalb einer engeren Gruppe von Männern
statt, die, wenngleich nicht immer vollzählig, zusam-
menzukommen pflegten, sooft die Gelegenheit sich
bot, und die versuchten, gewisse programmatische
Gesichtspunkte herauszuarbeiten, ohne daß dabei
Mehrheitsentscheidungen beabsichtigt waren. «Es
wurde nicht abgestimmt oder majorisiert» (Steltzer).
Es kam zu drei solchen Treffen in Kreisau, an denen
jeweils 8–9 Mitglieder teilnahmen, dazu die beiden
Gräfinnen. Die erste Tagung fand zu Pfingsten 1942
statt, die zweite im Oktober 1942, die dritte zu Pfingsten 1943. Daneben bestanden noch einzelne Arbeits-
kreise. – Wie Moltke selbst inmitten dieser Tätigkeit
die Lage ansah, mag durch einen Brief illustriert werden, den er 1942 aus der Türkei an einen englischen
Freund (Lionel Curtis) gelangen lassen konnte.[68] Er
sprach darin von der ständigen Gefahr, in der sie lebten, und von der Freisetzung der «Bestie im Menschen». Aber er erwähnte auch Symptome der Hoffnung. Das Wichtigste sei, so sagte er, «ein religiöses
Erwachen, das beginnt und, wenn nötig, mit einer
Bereitschaft zum Tode verbunden ist». Er bestätigt
damit die Ansicht (der in dieser Studie verschiedentlich Ausdruck gegeben worden ist), daß eine Erneuerung des Geistes und eine Rückkehr zu Überzeugun-

gen grundsätzlicher Art in denjenigen Kreisen des deutschen Volkes sich ankündigte, die bewußt durch «den Feuerofen» gegangen waren. Moltke fand, daß nicht nur die Kirchen im allgemeinen an Einfluß zunahmen, sondern auch, daß die junge Generation in einer Wendung begriffen war. «Heute», so schrieb er, «beginnt es einem nicht zu zahlreichen, aber aktiven Teil des deutschen Volkes zu dämmern, nicht daß sie in die Irre geführt worden sind, nicht daß schlimme Zeiten ihnen bevorstehen, nicht daß der Krieg mit einer Niederlage enden mag, sondern daß Sünde ist, was geschieht, und daß sie persönlich verantwortlich sind für jede furchtbare Tat, die begangen worden ist – natürlich nicht im irdischen Sinne, aber als Christen.»

Angesichts einer solchen Lage sahen Moltke und seine Freunde es als ihre Aufgabe an, sich «ein Bild Europas nach dem Krieg» zu machen. «Wir können nur erwarten», fährt der Brief fort, «unser Volk zum Sturz dieser Regierung des Schreckens und Grauens zu bewegen, wenn wir imstande sind, ein Ziel jenseits der lähmenden und hoffnungslosen nächsten Zukunft zu zeigen... Für uns ist Europa nach dem Krieg weniger ein Problem von Grenzen und Soldaten, von wasserkopfartigen Organisationen und großartigen Planungen. Die eigentliche Frage, vor die Europa nach dem Krieg gestellt sein wird, ist die, wie das Bild des Menschen im Herzen unserer Mitbürger wiederhergestellt werden kann. Dies aber ist eine Frage der Religion und der Erziehung, der organischen Verbundenheit mit Beruf und Familie, des rechten Verhältnisses zwischen Verantwortung und

Anspruch.» Er fügte hinzu, daß er und seine Freunde sich wesentlich ermutigt fühlten durch die Berührung mit «christlichen Gruppen in den verschiedenen besetzten Gebieten». Nur in Frankreich, glaubte er feststellen zu müssen, gebe es, «wenngleich gelegentliches Handeln, so doch keine Opposition von wirklich grundsätzlichem Charakter».[69]

Diese Haltung, die mehr Nachdruck auf prinzipielle Gesinnung als auf Taten zu legen scheint, ist dem Gandhischen «Nichtwiderstand» verglichen worden. Es gibt in der Tat Punkte der Berührung, und doch bedarf eine solche Parallele, wie noch zu zeigen sein wird, erheblicher Einschränkung. Es mag schon hier betont werden, daß Moltke selbst in dem eben genannten Brief davon sprach, das Volk «zum Sturz der Regierung» durch die Aufstellung eines Zieles zu bewegen, «wonach zu streben, wofür zu arbeiten, wofür neu zu beginnen, es sich ... lohnt». Aber es trifft zu, daß der vornehmliche Zweck des Kreisauer Kreises nicht Verschwörertätigkeit und die Vorbereitung eines Putsches war, wenn auch einige Mitglieder in dieser Richtung aktiv waren; Moltke und seine näheren Freunde wünschten vielmehr, die Grundlage für ein nach-nationalsozialistisches Deutschland und ein nach-nationalsozialistisches Europa zu schaffen, in denen beiden die falschen NS-Götter durch bitterste Erfahrungen ausgewurzelt wären. Kein Aufstand an und für sich konnte, wie sich versteht, das tief eingefressene Übel heilen. Moltke neigte eher zu der Auffassung, daß das Unheil seine volle Bahn durchlaufen müsse und daß eine innere Revolte nur die Fronten verwischen würde. Es ist daher richtig, daß er bis zu einem gewissen Grade Abstand wahrte von den Aktivisten, was freilich noch zu präzisieren sein wird. Es gilt somit in erster Linie das Gedankengut des Kreisauer Kreises zu erörtern.

Die Leitideen, auf die sich die Mitglieder der Gruppe einigten, kommen in einer Reihe von Dokumenten zum Ausdruck, von denen jetzt zehn, davon einige in verschiedenen Versionen, vorliegen.[70] Sie tragen zum Teil die Daten vom Mai 1942 und August 1943. Wieder, wie in dem Fall von Goerdeler und seinem Kreis, handelt es sich dabei nicht um irgendwie endgültige Programme. Spätere Fassungen sind verlorengegangen, und abändernde Zusätze waren vorgesehen. Aber die prinzipiellen Punkte zeichnen sich mit aller wünschenswerten Klarheit ab. Zunächst ist die Unterstreichung der Grundansicht hervorzuheben, daß der Wiederaufbau auf «die freiheitlich gesonnene Arbeiterschaft» und auf die christlichen Kirchen gestützt werden müsse. Es würde ein schweres Mißverständnis sein, anzunehmen, daß es sich hierbei um einen taktischen Kompromiß handelte, etwa um ein Zugeständnis an die Sozialisten, um sie so zur Akzeptierung christlicher Prinzipien zu gewinnen. Es herrschte weitgehend Einverständnis darüber, daß der totalitäre Anspruch des Staates nur durch einen ebenso totalitären überweltlichen Anspruch überwunden werden könne, das heißt durch Hingabe an letzte und unbedingte Forderungen. Peter Graf Yorck brachte diese Gegenposition mit höchster Entschlossenheit und logischer Klarheit zum Ausdruck, wenn er in dem Verfahren vor dem Volksgerichtshof erklärte: «Das Wesentliche ist der Totalitätsanspruch des Staates gegenüber dem Bürger unter Ausschaltung seiner religiösen und sittlichen Verpflichtungen vor Gott.»[71] Auch der vorsitzende Richter in Moltkes Prozeß, der berüchtigte Freisler, erkannte unwissentlich und auf indirektem Wege an, was in der Tat ein Kernstück in den Überzeugungen des Kreisauer Kreises war. «Nur in einer Hinsicht», sagte er, «ähnelt der Nationalsozialismus dem Christentum: Wir fordern den ganzen Mann.»

Es ist im Hinblick auf die Grundansicht des Kreises nicht ohne Interesse, festzustellen, daß Moltkes Gedanken erst allmählich diesen äußersten Punkt des Gegensatzes erreichten. In dem Brief an seinen englischen Freund, aus dem Sätze zitiert worden sind, spricht er davon, daß er vor dem Kriege noch angenommen habe, der Glaube an Gott sei nicht wesentlich, «um dahin zu kommen, wo wir jetzt sind». Er wisse heute, fügte er hinzu, daß dies «falsch, ganz falsch» gewesen und daß Grundsätze reiner Sittlichkeit nicht genügten, um Menschen in den Stand zu setzen, alles zu wagen und alles zu opfern.

Wie immer man zu einem solchen Bekenntnis stehen mag, Tresckow oder Lehndorff, Beck oder Hermann Kaiser, Hammerstein oder von Kleist und vermutlich Hunderte von Namenlosen könnten das gleiche gesagt haben. Und auch die entschiedenen Vertreter sozialistischer Weltanschauung standen nicht anders, was für Mierendorff, wie schon früher erwähnt, ausdrücklich durch Steltzer bezeugt ist. Persönliche Erfahrung muß sie mit der Kraftquelle in nahe Berührung gebracht haben, deren Wirkung so offenbar im Kreise der konservativen Radikalen war.

Daß sie den Bannkreis marxistischer Rechtgläubigkeit oder läßlichen Freidenkertums überschritten, kann kaum bezweifelt werden. Wäre es anders, so würde es undenkbar sein, daß die gemeinsam vereinbarten Richtlinien so starken Nachdruck auf die «göttliche Ordnung» als den «Maßstab der Beziehungen zwischen Menschen und Völkern» legen, als die Bindekraft, die allein die Anarchie «ausschließlich auf die Herrschaft der Technik gegründeter Machtgestaltung» überwinden könne. In den «Grundsätzen» wurden daher vollkommene Freiheit des Gewissens, Würde des Individuums, Schutz des Familienlebens, Recht auf Arbeit und eine organische Entfaltung des Gemeinschaftslebens besonders betont. Die staatlichen Schulen sollten keine Bekenntnisschulen, sondern «Christliche Schulen» mit Religionsunterricht beider Konfessionen als Pflichtfach sein, und zwar sollte dieser Unterricht nach Möglichkeit von Vertretern der Kirchen selbst gegeben werden.

Es kann hier nicht auf die weiteren Vorschläge, die der Kreisauer Kreis in Erziehungsfragen machte, eingegangen werden, wenngleich sie für manche noch sehr aktuelle Probleme von Interesse sind. So hieß es in einer Aufzeichnung über die Besprechungen vom Mai 1942: «Fachschulen und Höhere Schulen, die auf der Volksschule oder deren Grundstufe aufbauen, schaffen in lebendiger Fortführung der Volksschularbeit bei wachsender Mitverantwortung der Schüler ein organisch gefügtes Wissen und Können», und weiter: «Tätiges Lernen formt den Charakter für das spätere Leben.» Zugleich jedoch waren Moltke und seine Freunde entschiedene Gegner jedes bloßen

Pragmatismus und aller sogenannten «Lebensnähe». Sie bestanden auf der Bewahrung der klassischen Überlieferung des deutschen Gymnasiums und auf der Trennung der Berufsschulen von den Universitäten; die letzteren sollten Stätten universalgerichteter Forschung und Lehre sein und auch in der «Lebensform», in der Durchdringung von Arbeitsstätte und Wohnbezirk, gemeinschaftsbildend wirken – wobei Moltke sichtlich das englische College-System vor Augen stand. Die Beziehung zwischen dem Staat und den Kirchen war im Wege freien Vertrages zu regeln. Für die Zukunft hoffte man auf eine «Deutsche Christenschaft», der alle Gläubigen angehören mochten, ohne Rücksicht auf ihr Bekenntnis.

Eine sehr konkrete Anwendung christlicher Ethik und der Überzeugung von der «Würde des Menschen» geschah im wirtschaftlichen Teil des Programms. An diesem Punkte tritt das fordernde Gedankengut wohl am klarsten hervor. Man wird zwar nicht unbedingt den Aufruf Mierendorffs vom 14. 6. 1943, in dem am entschiedensten die sozialistische Ordnung der Wirtschaft, «um Menschenwürde und politische Freiheit zu verwirklichen», und die Enteignung der Schlüsselbetriebe gefordert wurde[72], als repräsentativ für den Kreis anzusehen haben, wenn auch Moltke den Aufruf den Grundtexten beifügte und in einem Brief an seine Frau mit Bezug auf Mierendorff eine «spontane Gleichschaltung» feststellte. Bei den übrigen wirtschaftspolitischen Dokumenten, etwa den Denkschriften von Trotha und Einsiedel (Agrarpolitik) wie bei der Grundsatzerklärung vom Mai 1943 war zentral der Gedanke, daß im Gegensatz

zur «liberalen Unordnung» und zur «nationalsozialistischen Zwangsordnung» der Mensch wieder zum
Mittelpunkt wirtschaftlichen Geschehens werden
müsse und die soziale Ordnung ihm den «Raum sichern sollte», in dem er sich «als Person entfalten
kann». Damit ist im Prinzip das angesprochen, was
man den «personalen Sozialismus» der Kreisauer genannt hat.

Im einzelnen traten sie für «einen geordneten Lei-
stungswettbewerb» ein, verbunden mit einem starken Ausmaß wirtschaftlicher Selbstverwaltung. In
diesem Programm war eingeschlossen: eine «Ent-
flechtung» monopolistischer Kartelle und Konzerne
nach dem Gesichtspunkt der Gesamtinteressen, eine
Landreform, die Überführung der Schlüsselunter-
nehmungen des Bergbaus, der eisen- und metall-
schaffenden Industrie, der Grundchemie und der
Energiewirtschaft in das Eigentum der öffentlichen
Hand sowie der Aufbau von Betriebsgemeinschaften
mit Teilnahme der Belegschaft an der Betriebsfüh-
rung wie «an den Betriebsergebnissen, insbesondere
dem Wertzuwachs». Vorgesehen war gleichfalls die
Errichtung der einen «Deutschen Gewerkschaft», die
auch von Goerdeler, Kaiser und Leuschner geplant
wurde. Es scheint jedoch, daß der Kreisauer Kreis
dieser Organisation nur die «Überleitung» zudachte,
bis die von ihr wahrgenommenen Aufgaben dem
Staat und den Selbstverwaltungskörperschaften der
Industrie, des Handels, des Handwerks und der
Landwirtschaft anvertraut werden konnten. Im Gegensatz zu Leuschners Einheitsgewerkschaft lag für
die Kreisauer der Nachdruck auf der «Betriebsge-

werkschaft» als einem Mittel zur «Betriebsgemein-
schaft». Durchweg wurde der Grundsatz betont, daß
die natürlichen Quellen des Reichtums dem allgemeinen Wohl zu dienen hätten und daß der Einfluß
sowohl wie die Verantwortlichkeit der deutschen
Arbeiter erhöht werden sollten. Während die starke
Beimischung sozialistischer Elemente in den Organi-
sations- und Sachfragen der Wirtschaft den Kreisauer
Plänen eine Stellung «zwischen Osten und Westen»
gibt, die noch in anderem Zusammenhang zu erörtern sein wird, war das Rechtsdenken des Kreises,
wie überhaupt alles, was die «personale» Sphäre be-
traf, durchaus westlich orientiert. In der Tat gehören
die beiden Entwürfe, die von der Bestrafung der
«Rechtsschänder» handeln, zu den eindrücklichsten
Bekundungen der in den Jahrhunderten moderner
Geschichte erwachsenen und als Eckstein der Zivilisation betrachteten Idee des «Rechtsstaates».[73] Die
Schändung sowohl des göttlichen und natürlichen
Rechtes sollte geahndet werden wie die Verletzung
des positiven. Die darauf bezüglichen Vorschläge gingen beträchtlich weiter als die, welche Goerdeler gemacht hatte. In bestimmten Fällen und unter bestimmten Voraussetzungen schlossen sie ein Verfahren vor dem Haager Gerichtshof ein, rechneten also
durchaus mit einem System internationaler Strafju-
stiz. Aber der Nachdruck, der auch hier auf die «Majestät des Rechtes» gelegt wurde, war nicht so verschieden von Goerdelers grundsätzlicher Forderung.

So erörterten denn die Entwürfe sorgfältig das Problem «rückwirkender Gesetzgebung» und das Prinzip
des «nulla poena sine lege». Es sei dieses Prinzip hi-

storisch zu verstehen als eine Schranke gegen absolu-
tistische Willkür, und wenngleich es nicht irgendeiner
grundsätzlichen sittlichen Forderung entspreche und
im übrigen auch von den in Frage kommenden Tä-
tern aufs schwerste verletzt worden sei, verlange
doch der Gesichtspunkt der Rückkehr zur Rechtssi-
cherheit und der Wiedererweckung der Rechtsüber-
zeugung, unbedingt auf dem Prinzip zu bestehen. Die
Lösung des Dilemmas sollte darin liegen, daß für alle
«hinreichend Verdächtigen» eine «deklaratorische
Feststellung der Rechtsschändung» durch das Gericht
auch für rückwirkende Fälle getroffen werden könnte, daß aber Strafen nur zu verhängen wären, falls der
Frevel unter Gesetze fiel, die zur Zeit der Tat bestanden. Solch eine «deklaratorische Feststellung» mochte Sühnemaßnahmen nach sich ziehen, sollte vor allem aber den Sinn für Gerechtigkeit wieder erwecken
und einen Präzedenzfall für die Zukunft schaffen. Die
Erklärung des Strafgerichts mochte außerdem durch
Wiedergutmachungsverfügungen und Verwaltungs-
maßnahmen im Gebiet der bürgerlichen oder politischen Rechte ergänzt werden. Während man so die
Gefahr gesetzloser Willkür und unterschiedsloser
Rachsucht zu vermeiden wünschte, war die Meinung
des Kreises die, daß die meisten der nationalsozialistischen Verbrechen – einschließlich der Mittäterschaft
und der Ausführung von Befehlen verbrecherischer
Natur – ohnehin unter bestehende Gesetze fielen und
daher im gewöhnlichen Gerichtsverfahren bestraft
werden konnten. Die Vorschläge bezüglich internationaler Verbrechen sind von nicht geringerem Interesse. Sie unterstrichen so energisch wie nur möglich

die Notwendigkeit einer gesetzlich geordneten Gemeinschaft der Völker. Gerade im Interesse dieses
Ideals jedoch mußte eine sittlich-würdige Lösung gefunden werden, die nicht Rache der Sieger war, sondern mit aller Klarheit einen «Triumph des Rechts»
und einen «Eckstein» des Friedens darstellte. Dem
Verlangen der Völkergemeinschaft nach Bestrafung
sei die Berechtigung nicht abzustreiten, aber Bestrafung durch Organe der Siegermächte würde eine
rechtszerstörende Wirkung haben. Der betreffende
Entwurf regte daher an, dem Internationalen Gerichtshof im Haag dieselbe Zuständigkeit zur Erlas-
sung von deklaratorischen Feststellungen gegenüber
Rechtsschändern zu verleihen, die man den deutschen
Gerichten geben wollte. Es würden genug Fälle von
Verbrechen bleiben, die auf der Grundlage positiven
Rechts, entweder des Völkerrechts oder des Rechts
der verletzten Länder, bestraft werden könnten. Bei
solchen Verfahren sollte der Gerichtshof mit sechs
Richtern besetzt werden, von denen drei den Sieger-
mächten, zwei den neutralen und einer dem besiegten
Staate angehörten. Die Anklage war Sache derjenigen
Nation, deren Gesetze verletzt worden waren; die
Strafvollstreckung jedoch sollte nicht in ihren Händen liegen, sondern von der Cour einem andern Staat
übertragen werden. «Gelingt dieser Versuch», so hieß
es am Schluß des ersten Entwurfs, «... so bedeutet
das einen weiteren Schritt zur Verwirklichung der
Herrschaft des Rechts zwischen den Völkern, und aus
Unheil quillt Segen. Wird die Lösung aber ohne als
gerecht anzuerkennendes Gericht rein praktisch-poli-
tisch vorgenommen, so wird Unrecht mit Unrecht

beantwortet, und die Gewalt steht wieder drohend am Beginn des zukünftigen Weges.»

Zwei andere Entwürfe des Kreisauer Kreises beschäftigten sich mit dem politischen Wiederaufbau Deutschlands. Soweit es sich dabei um praktische Vorschläge handelte, wurden sie trotz des (nur zu berechtigten) Pessimismus, der aus Moltkes Brief an seinen englischen Freund spricht, in der Hoffnung gemacht, ein föderatives Ganzes – erst in Deutschland und dann in Europa – errichten zu können. Auf die europäische Perspektive ist zurückzukommen. Was Deutschland betrifft, so wurden Anweisungen für «Landesverweser» niedergelegt, die nach dem Sturz oder Zusammenbruch des Regimes die Regierung übernehmen sollten. An die Stelle der alten geschichtlichen Staaten sollten landschaftlich, wirtschaftlich sowie kulturell zusammengehörige «Länder» treten, jedes mit einer Bevölkerung von 3–5 Millionen. Die vornehmlichste Aufgabe der Landesverweser war es, die Lebensmittelversorgung sicherzustellen, den Verwaltungsapparat zu reinigen und in Zusammenarbeit mit den Gewerkschaften und den Kirchen die Wiederherstellung von Recht und Anstand sowohl wie die nötigsten Reformen im Regierungs- und Wirtschaftssystem zu beginnen. In einer «Sonderanweisung» wurde noch hinzugefügt, daß im Falle fremder Besatzung die Landesverweser für alle daraus sich ergebenden Fragen engste Fühlung mit der Reichsregierung halten sollten, deren Aufgabe es sei, «die eigenständige Entfaltung ... vor willkürlichen Übergriffen, vor landesverräterischer Zersetzung und vor nationalistischen Ausschreitungen zu schützen».[74]

Ein Programm des Wiederaufbaus über die ersten Notmaßnahmen hinaus wurde in einer Denkschrift «Grundsätze für die Neuordnung» dargelegt. Sie betonte zunächst jene religiösen und sozialen Grundforderungen, die bereits erörtert worden sind. Weiterhin skizzierte der Entwurf einen Aufbau des Deutschen Reiches, das innere «Führungsmacht» bleiben sollte, aber von echter Mitverantwortung des Volkes getragen werden müsse. Sie sollte beruhen auf der natürlichen Gliederung: Familie, Gemeinde, Land. Politische Willensbildung war somit zuerst innerhalb der kleineren Gemeinschaften zu entwickeln, d. h. durch mitbestimmende Teilnahme an überschaubaren nachbarlichen Einheiten und in einem Rahmen von Aufgaben, mit denen der Mann auf der Straße vertraut ist. Demgemäß sollten nur die Vertreter der örtlichen Gemeinden und die der Kreise direkt gewählt werden. Jeder Bürger über 21 Jahre war stimmberechtigt, aber dem Familienoberhaupt wollte die Denkschrift eine Zusatzstimme für jedes nichtwahlberechtigte Kind verleihen. Das passive Wahlrecht war an ein Mindestalter von 27 Jahren zu binden. Politische Beamte und «Waffenträger» waren nicht wählbar. Die Urversammlungen in den Gemeinden und Kreisen würden dann die Landtage wählen und diese ihrerseits den Reichstag. Dabei war Vorsorge zu treffen, daß mindestens die Hälfte der Gewählten nicht einer der Wahlkörperschaften angehörte. Schließlich wählte der Landtag den Landeshauptmann und der Reichstag den Reichspräsidenten (Reichsverweser), beide mit einer Amtsdauer von 12 Jahren. Der Reichskanzler bildete selbst sein Kabinett, er war

vom Präsidenten mit Zustimmung des Reichstages
zu ernennen, der ihn mit qualifizierter Mehrheit stürzen konnte, vorausgesetzt, daß er einen Nachfolger
vorschlug. Man wird trotz des Widerspruchs, der erhoben worden ist (Mommsen), darin einen der ersten
Ansätze, wenn auch nicht innerhalb eines vollentwik-
kelten parlamentarischen Systems, zum «konstrukti-
ven Mißtrauensvotum» des Bonner Grundgesetzes zu
erblicken haben.

Der Verfassungsplan sah ferner noch einen Reichsrat vor, zusammengesetzt aus den Landesverwesern,
dem Präsidenten des Reichstags, den Vorsitzenden
der Reichswirtschaftskammern und aus vom Reichsverweser – mit Zustimmung der Reichsregierung auf
8 Jahre – ernannten Mitgliedern. Dieses Oberhaus
war als beratende Kammer gedacht, sollte aber auch
Disziplinargerichtsbarkeit gegenüber den Reichs-
und Landesregierungen haben.

Es erschien nötig, diese Vorschläge in den Grundzügen wiederzugeben, weil sie das Gemeinsame und
das Gegensätzliche erkennen lassen, das mit und
gegenüber den Plänen anderer Gruppen und insbesondere Goerdelers besteht, der systematischer, vollständiger und wohl auch rationaler seine Ideen niedergelegt hat. Von ihm herkommend, kann man wohl
versucht sein, das Kreisauer Gedankengut als dunkel
und romantisch anzusprechen. Auch mag man, und
das gilt gleichfalls für Goerdeler, die Ausführbarkeit
mancher Vorschläge bezweifeln. Aber dieses Bedenken oder die Kritik an einigen autoritären Zügen (wie
der 12jährigen Amtsdauer) sollten nicht dazu führen,
den im Kern höchst wirklichkeitsnahen und durch die

Entwicklung nach 1945 sehr wohl gerechtfertigten
Imperativ, um den es hier geht, als «unpolitisch» oder
«sozial-utopisch» oder als typisch deutsches Zurück-
bleiben hinter der «Modernität» der technisch-indu-
striellen Gesellschaft zu disqualifizieren. Gewiß bedeutete die Zielvorstellung der «Integration», die ein
Kreisauer Leitwort war, eine «antipluralistische
Grundhaltung». Aber genauso wie die Entwürfe des
in der Verwaltungspraxis geschulten Leipziger Ober-
bürgermeisters mit ihren moralischen Vor-Annah-
men und ihrem optimistischen Glaubensgehalt nicht
in das Schema realpolitischer Abschätzung sich fügen
– es wird von Goerdelers Biographen daher durchaus
auch das illusionäre Element in ihnen betont –, so erscheint es verfehlt, die in einer anderen weltanschaulichen Sicht, aber auch in «Erfahrung» wurzelnden
Kreisauer Ideen als unausgegorenen Dilettantismus
abzutun.[75] Gegenüber dem Glauben an die Unfehl-
barkeit der Vernunft kam hier, viel weniger optimistisch, die Überzeugung von der Notwendigkeit
«neuer Ordnungsgrundlagen» in einer von Dämonien verheerten und ihnen immer wieder ausgesetz-
ten Welt zu Worte. In dieser Dimension reicht der
Gegensatz in der Tat sehr tief; er ist durchaus ein Politikum, und er deckt sich gewiß nicht mit dem von
Alten und Jungen und ganz gewiß nicht mit dem von
Honoratioren und Aktivisten.

Der Austrag, den diese und andere Gegensätzlich-
keiten fanden, ist daher von erheblichem Interesse. Es
liegen dafür eine Reihe von Angaben und Hinweisen
vor. Das wichtigste, auch quellenmäßig am besten
gesicherte Zeugnis findet sich in einem Brief, in dem

Dr. Gerstenmaier im Juli 1946 dem Sohn von Hassells
eine Konferenz vom Dezember 1942 oder Januar 1943
beschreibt.[76] Er stellt ausdrücklich fest, daß «diese
wochenlang vorbereitete große Aussprache eines der
interessantesten Ereignisse in der Vorbereitung des
Staatsstreichs» war. Weiterhin bemerkte er, daß der
Unterschied «nicht eigentlich» der zwischen Jungen
und Alten war, sondern einer zwischen der jüngeren
Gruppe und Goerdeler, sowie daß die grundsätzliche
Differenz in sozialen und wirtschaftlichen Fragen
zum Ausdruck kam. Teilnehmer an der Zusammenkunft in der Wohnung von Yorck waren Beck, Goerdeler, Popitz, Hassell, Jessen sowie der Kern des
Kreisauer Kreises. Trott referierte über die Kreisauer
Sicht der Außenpolitik. Beck, so sagte der Bericht,
hörte lediglich zu, während Popitz und Hassell (so
wie von der anderen Seite der jüngere Schulenburg)
sich als Vermittler betätigten. Moltke wurde «sehr
polemisch», und schließlich übernahm es Gerstenmaier, in Abwesenheit der aus «polizeilichen Gründen» verhinderten Haubach und Mierendorff sowie
gereizt durch Goerdelers «pädagogisierende Ver-
schleierung der Gegensätze», die wirtschaftlichen und
sozialen Ansichten des Kreisauer Kreises «scharf anti-
thetisch» herauszustellen.

Dieses Zeugnis, soweit es quellenmäßig einwandfrei ist, bestätigt, was in ähnlicher Weise aus einem
Vergleich der diesbezüglichen Programmteile hergeleitet werden kann. Grundsätzlich hatten die den
Kreisauer Kreis hauptsächlich tragenden Mitglieder,
wie so viele, die von den Jungkonservativen oder der
Jugendbewegung der zwanziger Jahre herkamen, mit

der bürgerlichen Denkweise mehr oder weniger entschieden gebrochen. Sie waren hinausgewachsen
über die meisten der «liberalen» Glaubensartikel des
neunzehnten Jahrhunderts wie auch über die sozialen
und wirtschaftlichen Begriffe der Weimarer Republik. Insoweit befanden sie sich sicher in größerem
Abstand von Goerdeler als von Popitz oder Hassell
und standen zugleich doch auf eigenem Grund. Auf
der anderen Seite ist jedoch nicht zu übersehen, daß
die gemeinsamen christlichen Überzeugungen ein
starkes Bindeglied gerade mit Goerdeler bildeten,
auch war der frühere Bürgermeister von Königsberg
nicht unvertraut mit der kritischen Beurteilung des
Nationalstaates, die unter politischen Persönlichkeiten gerade im Osten so verbreitet war. Es galt für ihn
nicht weniger als für Moltke, daß die Wiederherstellung der Würde des Menschen eine Frage «der Religion und der Erziehung, der organischen Verbundenheit mit Beruf und Familie, des rechten Verhältnisses
zwischen Verantwortung und Anspruch» war. In der
Tat, wenn man in die Einzelheiten des Vergleichs
geht, so offenbart sich neben den Unterschieden ein
erheblicher Bereich gemeinsamen Grundes. Das gilt,
bei aller Entschiedenheit des Gegensatzes, selbst im
Wirtschaftlichen und Sozialen, insofern als doch auch
Goerdeler allen Nachdruck legte auf Einfluß und Verantwortlichkeit der arbeitenden Bevölkerung. Es ist
durchaus möglich, daß der Kreisauer Kreis in den
Jahren zwischen 1942 und 1944 zunehmenden Einfluß
in dieser Richtung ausgeübt und mit seinen Gedanken
die Goerdelers durchdrungen hat.

Weniger groß waren von Anfang an die mehr tech-

nisch-politischen Unterschiede. Der Kreisauer Kreis,
und zwar einschließlich seiner sozialistischen Mitglieder, widersetzte sich nicht weniger als Goerdeler
einem durchkonstruierten formal-demokratischen
Aufbau und der französischen Begriffswelt von der
«einen unteilbaren Nation» oder dem Dogma von der
Volkssouveränität als abstraktem Prinzip. Auf der einen wie auf der anderen Seite war man vielmehr vom
Wert einer wurzelhaften Demokratie («democracy of
the grass-roots») und von der Notwendigkeit, von
unten her aufzubauen, überzeugt. Tatsächlich ging
Goerdeler entschieden weiter als die Kreisauer in der
Anwendung der Methode direkter Volkswahlen;
ebenso ging er weiter in der Frage der Dezentralisierung. Die Kreisauer hielten an einer starken Kompe-
tenz der Reichsgewalt, insbesondere ihrer Finanzho-
heit fest, während sie zugleich neue Länder schaffen
wollten. Aber von solchen Differenzen abgesehen
zeigen die verfassungspolitischen Teile von Goerdelers Programm keinerlei Tendenzen, die schlechthin
im Gegensatz zu den Ideen des Kreisauer Kreises gestanden hätten oder eine Verbindung mit ihm aus-
schlossen. Leber, die stärkste Figur unter den Sozialisten, soll Goerdelers Programm nicht «konstruktiv
genug» gefunden haben, glaubte aber doch, daß er als
Minister des Inneren in Goerdelers Kabinett seine
Ziele erreichen könne.[77] Und es ist immerhin bezeichnend, daß man unter den Eingeweihten im
letzten Stadium der Verschwörung von einem Trio
Leber-Goerdeler-Stauffenberg sprach.

Es liegt nach alledem wenig Grund vor, den Gegensatz zwischen revolutionären und restaurativen

Tendenzen überscharf zu betonen oder über die Notwendigkeit eines Bruchs zu spekulieren. Gerade wer
der Auffassung ist, daß die Unterschiede an Funda-
mentalfragen rühren, wird das Maß des Einverständ-
nisses in einer Reihe von Fragen überraschend groß
finden. Auch der Kreisauer Kreis zielte in seiner Weise auf «Restauration», d. h. auf die Wiederherstellung
«des Menschenbildes». In dieser Umerziehung sahen
Moltke und seine Freunde eine allererste Voraussetzung von Demokratie. Das war praktisch nicht so
weit entfernt von Goerdelers «Demokratie der zehn
Gebote». Es findet sich zwar keine genaue Entspre-
chung zu dieser Formulierung, aber wenn Moltke in
einem Brief an seine Frau am 5. 10. 1941 schreibt[78],
daß von der Aufrechterhaltung «der in den Zehn Geboten niedergelegten moralischen Grundsätze die
Existenz eines jeden von uns abhängt», so war das gewiß auch von der politischen Existenz gemeint. Eine
weitere sehr offenbare Verwandtschaft lag in der Bemühung um konservative Gegengewichte, zum Beispiel durch Heraufsetzung des passiven Wahlalters
oder durch Begrenzung der demagogischen Möglichkeiten, die soviel zum Aufstieg Hitlers beigetragen
hatten. Die Kreisauer «revolutionäre» Energie richtete sich nicht auf «großartige Planungen» einer neuen
Gesellschaftsordnung; sie war radikal im Verlangen,
sich von einer materialistischen Vergangenheit loszusagen und diejenigen moralischen Kräfte wiederzube-
leben, an die Goerdeler gleichermaßen glaubte. Ihr
nächster und unmittelbarer Beitrag zur Widerstandsbewegung erscheint daher wie ein Gärungselement,
das von innen eher als von außen arbeitete; das Ge-

dankengut, für das sie eintraten, ging freilich darüber
hinaus und sollte nicht deshalb unterschätzt oder als
«mystisch» diskreditiert werden, weil es – im Entscheidenden immer noch Forderung ist.

Indessen gab es einen anderen Unterschied zwischen Goerdeler und den Kreisauern, den neben
sonstigen Zeugnissen die Gräfin Moltke mit der Feststellung berührt, daß ihr Gatte und seine Freunde niemals mit Goerdelers Aktionsplänen übereinstimmten
und (bei aller Hochschätzung seiner Persönlichkeit)
«nichts zu tun haben wollten mit seinen bedenklichen
Methoden der Verschwörung».[79] Es war das zunächst
nicht ein weltanschaulich-religiös, sondern ein poli-
tisch-technisch motivierter Widerspruch, der sich gegen Mangel an Vorsicht, gegen Ministerlisten und
ständiges Debattieren richtete. Aber es spielte dabei
auch das «Gandhische Element» eine Rolle, das als
eine gegensätzliche Position einer Klärung bedarf,
wenn nicht eine sehr wesentliche Seite der deutschen
Opposition mißdeutet werden soll. In Wahrheit war
keinem der Hauptteilnehmer an der Verschwörung
die quälende Frage ganz erspart geblieben, ob Gewalt
erlaubt war oder überhaupt ein Heilmittel sein konnte. Niemand unter ihnen gehörte zu dem abenteuern-
den oder asozialen Typ, den Widerstand als solcher
anzog. Und doch bejahten sie die Frage unter dem
Antrieb jener kategorischen Forderung, wie sie am
klarsten von Tresckow formuliert worden ist: Es
komme darauf an, «daß die deutsche Widerstandsbewegung vor der Welt und vor der Geschichte unter
Einsatz des Lebens den entscheidenden Wurf gewagt
hat». Es läßt sich nachweisen, daß aus dem Kreisauer

Kreis Gerstenmaier diese Auffassung vom Blickpunkt des Geistlichen und seiner Verantwortung aufs
genaueste teilte: Religiöser Widerstand war nicht genug. Zudem liefert sein vorhin erwähnter Brief[80] ein
ausdrückliches Zeugnis für den Kreis im ganzen.
Gerstenmaier bezeichnet nicht nur die Aussprache der
älteren und der jüngeren Generation im Januar 1943
als «eines der interessantesten Ereignisse in der Vorbereitung des Staatsstreichs», sondern endet auch mit
der Feststellung, daß alle Teilnehmer, das heißt einschließlich Moltkes, sich über die Notwendigkeit
einig waren, «möglichst schnell den Staatsstreich zu
veranstalten».

In der Tat nahmen Mitglieder des Kreisauer Kreises
wie Yorck tätigen Anteil an den Vorbereitungen, und
Gerstenmaier wurde am 20. Juli im Hauptquartier der
Revolte von der Gestapo verhaftet. Die Annahme,
daß Moltke, wäre er in Freiheit gewesen, sich an der
Frage der Gewaltanwendung von den Freunden ge-
trennt hätte oder sie an der Teilnahme zu hindern versucht haben würde, wird sich kaum halten lassen.
Gerstenmaier insbesondere hat sich mit starken
Gründen, noch über van Roon hinausgehend, gegen
solche «Legendenbildung» gewandt.[81] In der Tat ist
die Unterscheidungslinie zwischen Denken und Handeln, die bis zu einem gewissen Grade bestand, nicht
von so grober Art. Wie Gräfin Moltke selbst in einem
ihrer Kommentare betont hat, schloß auch der Kreisauer Kreis «die Anwendung von Gewalt» nicht aus.
Ihre besondere Aufgabe sahen seine Mitglieder freilich im Ausfüllen des geistigen und politischen Leer-
raums, der nach ihrer Meinung auf den Krieg und

den Zusammenbruch des Regimes folgen würde –
einerlei, ob dieses seinen Weg bis zu Ende ging oder
gestürzt wurde. Daß dieser Standpunkt grundsätzlicher Art mit solcher Klarheit herauskam, war nach
Moltkes eigener Ansicht ein Werk Gottes und nicht
der Menschen.

Diese Deutung wird bestätigt durch die beiden sehr
ungewöhnlichen Briefe, die Moltke am 10. Januar
1945 – in einem Augenblick, da die schon gefallenen
Würfel «auf der Kante noch einmal halten» – aus dem
Gefängnis in Tegel an seine Frau geschrieben hat: In
einem dieser Briefe stellt er fast jubelnd fest, daß er
sterben würde genau für das, wofür er wirklich verantwortlich sei, nicht für irgendwelche Handlungen
und Verschwörungen, sondern für seine Gedanken.
Er zollte dem politischen Scharfsinn Freislers, des
brutalen Präsidenten des Volksgerichtshofs, Tribut,
weil er ihn von aller politischen Tätigkeit und von der
Goerdeler-Gruppe abgesondert habe. So ist dokumentiert, heißt es am Schluß des Briefes, «daß nicht
Pläne, nicht Vorbereitungen, sondern der Geist als
solcher verfolgt werden soll. Vivat Freisler!»

Selbst wer zu der Annahme neigt, daß diese Aussage in einem so späten Zeitpunkt, d. h. nach praktisch
gefallener Entscheidung, noch einen defensiven
Zweck verfolgen sollte, wird sich dem Eindruck eines echten Zeugnisses wie der «Wahrheit im Entscheidenden» (Gerstenmaier) nicht entziehen können,
und Moltke selbst hat eine Deutung hinzugefügt, deren Gewicht jeder empfängliche Leser spüren wird.
In einem zweiten Brief vom gleichen Tag pries er
Gott, der «sein unwürdiges Gefäß» so wunderbar be-

reitet habe: «... in dem Augenblick, in dem Gefahr
bestand, daß ich in aktive Putschvorbereitungen hineingezogen wurde – Stauffenberg kam am Abend des
19ten [Januar 1944] zu Peter [Yorck] –, wurde ich
rausgenommen, damit ich frei von jedem Zusammenhang mit der Gewaltanwendung bin und bleibe.» Er
fügte hinzu: «... Dann hat er in mich jenen sozialistischen Zug gepflanzt, der mich als Großgrundbesitzer
von allem Verdacht einer Interessenvertretung befreit.» Alles bekomme nachträglich einen Sinn. So
war es insbesondere in seinen Augen eine höhere Fügung, die ihn durch seine Verhaftung ein halbes Jahr
vor dem Attentat «rausgenommen» hatte. Da gab es
nichts in dem Prozeß, wie Moltke schrieb, von «komplizierter Mensch» oder «komplizierte Gedanken»
oder «Ideologie», sondern: «Das Feigenblatt ist ab.»
Noch einmal pries er die gnädige Fügung Gottes, der
ihn von allen Klasseninteressen und allen patriotischen
Motiven abgeschieden habe, so daß er Zeugnis für die
tiefste Kraft des Widerstandes ablegen könne. Er habe
vor Freisler gestanden, so heißt es in einem andern
schwerwiegenden Satz: «... nicht als Protestant, nicht
als Großgrundbesitzer, nicht als Adliger, nicht als
Preuße, nicht als Deutscher ... sondern als Christ und
als gar nichts anderes. Das Feigenblatt ist ab.»

Neben dieser vertieften Deutung des Anteils, den
der Kreisauer Kreis und sein Hauptvertreter an den
Ereignissen hatten, bleibt noch eine geringfügige und
rein tatsächliche Frage zu erörtern. Haben nicht diejenigen, die der Tat selbst ferner standen, indirekt die
Verschwörer unter Druck gesetzt und so die Ausführung des Attentats mit – und vielleicht sogar über-

stürzt – veranlaßt? Moltke wurde im Januar 1944 verhaftet, weil er an Generalkonsul Kiep die Warnung
hatte gelangen lassen, daß die Gestapo ihn suche. Am
22. Juni nahmen dann Leber und Reichwein – nach
erfolgter Zustimmung Stauffenbergs – Fühlung auf
mit den früher schon genannten Kommunisten Anton Saefkow und Franz Jacob. Dieser Versuch, die
Front zu erweitern oder sich gegen einen Rückenstoß
im Fall der Erhebung zu sichern, blieb nicht ohne
schwerwiegende Folgen. Man kann dabei die Frage
durchaus offenlassen, ob bei dem Gespräch ein Spitzel anwesend war oder ob die Infiltrierung auf andere
Weise geschah. Jedenfalls führte der Kontakt einige
Tage danach zur Verhaftung von Reichwein und Leber, übrigens wenig später auch zu der der beteiligten
Kommunisten.[82] Es ist die Meinung geäußert worden, daß angesichts dieser Tatsache Stauffenberg
schlechterdings und auf alle Fälle handeln mußte, um
die Freunde zu retten und die volle Enthüllung des
Komplotts zu verhindern.[83] Wenn man sich jedoch
daran erinnert, daß das Attentat seit Februar 1943 und
von Stauffenberg selbst schon in zwei Ansätzen versucht worden war, so scheint dieser These nicht allzu
große Bedeutung zuzukommen.

Aber die Fühlungnahme mit den Kommunisten
gibt Anlaß zu einer sehr viel wichtigeren Frage. Kann
man in diesem Vorgang den Beleg für eine grundsätzlich «östliche» Orientierung des Kreisauer Kreises
(und Stauffenbergs) gegenüber der «westlichen»
Orientierung Goerdelers und seiner Freunde erblik-
ken? Hat, wie Gisevius seine Leser zu überzeugen
versuchte, ein «militanter Sozialismus» der Jüngeren

(Lebers und Schulenburgs vor allem) oder hat Stauffenbergs «militaristischer» Einfluß den zur Katastrophe treibenden Strom in das Bett eines nationalen Bolschewismus ableiten wollen? War er ein «Superpreuße», «Soldat durch und durch», dem die «Rettung des Vaterlandes» und die «Rettung der Wehrmacht» gleichbedeutend waren?[84] Die Antwort muß sein, daß diese Deutung aufs entschiedenste fehlgeht und daß es schwerfallen dürfte, ein tieferes Mißverstehen gegenüber dem vornehmlichen Motiv zu zeigen, das Stauffenberg mit den Männern von Kreisau gemein hatte, nämlich gegenüber seiner grundsätzlichen Ablehnung jedes totalitären Systems, was immer dessen politische oder soziale Farbe sein mochte. Es wird weiter zu sagen sein, daß diese Fehldeutung nicht nur eine des Memoirenschreibers ist, wobei der Hintergrund von Ressentiments und Überkompensation deutlich genug ist, sondern daß sie für den amerikanischen Nachrichtendienst auf dem Wege über die Mitteilungen an A. W. Dulles den Eindruck erweckte[85], daß der Attentäter vom 20. Juli mit der Idee einer «Revolution der Arbeiter, Bauern und Soldaten» spiele, daß er auf ein kommunistisches Deutschland hoffe, organisiert nach dem russischen Vorbild und unterstützt von der Roten Armee. Im Gegensatz dazu mag hier die vorläufige Feststellung gemacht werden, daß Stauffenberg eher in einer universalen Perspektive als in einer militärischen oder nationalistischen lebte. Sein Denken und Planen galt der Befreiung aller Völker, die unter tyrannischer Herkunft litten, und sicherlich nicht einer Ersetzung der Hitlerischen Diktatur durch die Stalins.[86]

Von den Kreisauern läßt sich generell das gleiche
sagen. Es liegen für ihre außenpolitischen Vorstellungen jetzt ausdrückliche Zeugnisse vor. Es mag einstweilen genügen zu betonen, daß sie zwar das russische Volk und die russische Kultur liebten, aber «das
russische Regime war allen verhaßt».[87]

Eine nähere Erörterung des wichtigen Ost-West-
Problems wird im nächsten Abschnitt zu geben sein,
der mit der deutschen Opposition als einem Teil des
großen Völkerringens zu tun hat. Das Bild würde unvollständig sein ohne eine Untersuchung der außenpolitischen Zusammenhänge; ja, der Versuch eines
zusammenfassenden Urteils wird zum Teil davon ab-
hängen müssen, ob und inwieweit die deutschen oppositionellen Elemente sich um Wiederherstellung
des Friedens bemühten, in welche Richtung ihre Gedanken über die Zukunft Europas gingen und was die
Haltung der Alliierten ihnen gegenüber war.

Die Opposition und die Alliierten

1. Außenpolitik des Widerstands

Es könnte naheliegen, im Anschluß an das vorhergehende Kapitel, das sich mit der Stellungnahme oppositioneller Kreise zu Fragen der inneren Neuordnung befaßte, und insbesondere an das zuletzt über Kreisau Gesagte, zunächst ein Bild von den außenpolitischen Vorstellungen und Konzeptionen des deutschen Widerstandes zu entwerfen. Es würde sich dabei eine Entwicklungslinie aufzeigen lassen, die der in der Innenpolitik nicht unähnlich ist, indem sie einen steigenden Einfluß der Kreisauer bzw. eine Annäherung zwischen den Positionen der verschiedenen Gruppen belegt. Die Möglichkeit zu einer solchen Betrachtung ergibt sich daraus, daß die Quellengrundlage dafür sich in sehr erwünschter Weise verbreitert hat und daß neuere Interpretationen vorliegen, die auf das mehr Grundsätzliche der außenpolitischen Stellungnahme eingehen.[1]

Gleichwohl soll in diesem Abschnitt (der in früheren Auflagen etwas enger mit «Friedensfühler» überschrieben war) nicht so sehr von Gedanken als von Aktionen ausgegangen werden, das heißt von den verschiedenen Versuchen, mit den Kriegsgegnern im

Westen Beziehungen aufzunehmen. Die Erörterung
der dabei verfolgten Ziele und der etwa erreichten –
oder nicht erreichbaren – Resultate wird dann von
selbst auf das zugrunde liegende außenpolitische Gedankengut, seine Entwicklung wie auch auf die Haltung der Alliierten führen, die aus dem ganzen Fra-
genbereich nicht wegzudenken ist, ohne daß auf die
Einzelheiten der rein diplomatischen Geschichte eingegangen zu werden braucht.

Die symptomatisch bedeutsamen Anknüpfungs-
versuche, die in der Krise vom Herbst 1938 spielten,
sind schon erörtert worden. Sie zielten primär auf
eine Verhinderung des Krieges und waren von der
Hoffnung getragen, daß mit einer entschlossenen
Haltung Englands nicht nur dieses Ziel erreicht werden könnte, sondern zugleich die Möglichkeit für den
Sturz des Regimes sich ergeben würde. Man kann
durchaus argumentieren, daß unter den Voraussetzungen der bis dahin verfolgten Appeasementpolitik
Chamberlains und auf die bloße Zusage eines Bünd-
nisses mit der deutschen Opposition hin das, was die
deutschen Emissäre von der britischen Politik erwarteten, für diese unzumutbar war. Sollte die diplomatische Hilfeleistung Londons für einen Generalsputsch
nicht nur die Ergebnisse der Hitlerschen Revisions-
politik retten? Und konnte der Charakter der Alter-
nativregierung dazu verlocken, auf den deutschen
Widerstand zu setzen, möglicherweise mit dem Risiko, selbst in einen Krieg hineingezogen zu werden?[2]
Bei solchen Überlegungen wird leicht übersehen, daß
schon bei den Verhandlungen in Godesberg England
ja in der Tat unmittelbar vor dem Entschluß zur

Übernahme dieses Risikos stand, erst recht dann seit dem Marsch nach Prag. Auch die oft allzu vorbehaltlose Verurteilung der Appeasementpolitik – die neben Schwächen auch durchaus positive Züge hatte[3] – führt zu gradlinig zu der Annahme, die deutsche Opposition habe nur selbst deren Früchte ernten wollen, statt daß sie Hitler in den Schoß fielen. Für Chamberlain jedenfalls ist wichtiger die Erwägung gewesen, die in dem Urteil über die Mission Kleists, sie erinnere ihn an die Jakobiten in der Zeit Wilhelm III., zum Ausdruck kommt: Hitler war der «legitim mit der Staatsführung Betraute, während seine Widersacher – wie die Repräsentanten der verhaßten Stuartautokratie 250 Jahre vorher – als ... antichambrierende Usurpatoren kein Vertrauen verdienten» (Wendt).

Wie immer diese Phase sich im rückblickenden Urteil darstellt, eines ist sicher: Man war in London über die Tatsache eines innerdeutschen Widerstands von Offizieren und Beamten – übrigens durch die «Grünen Berichte» auch über das Ausmaß sozialistischer und kommunistischer Untergrundbewegung – wohl unterrichtet. Der Oppositionsführer Winston Churchill gab von dieser Kenntnis sogar öffentlich Kunde. In einer seiner Brandreden hatte Hitler behauptet, wenn der Leiter der britischen Konservativen und seine Freunde an der Macht wären, so würden sie unmittelbar auf den Krieg mit Deutschland hinarbeiten. Churchill erwiderte in einer Rundfunkansprache vom 17. Oktober 1938[4], das Gegenteil sei wahr. Falls er selbst oder Anthony Eden oder Duff Cooper Premierminister wären, so würden sie ein kraftvolles Sicherheitssystem aufgebaut haben, um den deutschen

Diktator vom Kriege abzuschrecken. Und er fügte
hinzu: «Dies würde sowohl allen friedliebenden und
gemäßigten Kräften in Deutschland wie auch den
Führern der deutschen Armee Gelegenheit geboten
haben, eine große Anstrengung zur Wiederherstellung von einigermaßen gesunden und zivilisierten
Bedingungen in ihrem eigenen Lande zu unternehmen.»

Churchill gab damit in kaum zu rechtfertigender
Weise eine Kenntnis preis, die auf sehr vertraulichen
Mitteilungen, in diesem Fall insbesondere auf den
von Kleist empfangenen, beruhte. Wiederholt hat die
deutsche Opposition vor solchen Indiskretionen –
auch wohlmeinendster Art – warnen müssen.[5] Hitler
ließ sich naturgemäß eine solche Anspielung auf in-
nerdeutsche oppositionelle Kreise nicht entgehen,
und Churchill mußte in einer Erklärung an die Presse
vom 7. November den Zorn des aufgebrachten Dik-
tators zu beschwichtigen suchen. Es war in diesem
Zusammenhang absichtsvoller Art, daß er die oft zitierte Feststellung machte:[6] «Ich habe immer gesagt,
daß ich hoffen würde, wir möchten im Fall einer britischen Niederlage in einem Krieg einen Hitler finden, um uns zu unserer rechtmäßigen Stellung unter
den Nationen zurückzuführen. Ich sehe freilich mit
Bedauern, daß seine großen Erfolge ihn nicht staatsmännisch gereift haben.» Dies waren nicht gerade
Worte im Sinne der deutschen Opposition, die Hitler
wahrlich mehr vorwarf als mangelnde «Reife»; aber
offenbar wünschte Churchill seine Indiskretion gutzumachen und dem Führer seinen Argwohn auszure-
den. So fuhr er fort: «Herr Hitler hat unnötige Emp-

findlichkeit gezeigt über die Andeutung, es möchten in Deutschland noch andere Meinungen vorhanden sein als seine eigene. In der Tat wäre es erstaunlich, wenn sich unter 80 Millionen, die so stark in Ursprung, Glauben, Interessen und Lebensbedingungen voneinander abweichen, nur eine Form des Denkens fände. Es würde unnatürlich sein, und es ist unglaubhaft.»

Man kann nicht sagen, daß man es deutscherseits an Bemühungen hat fehlen lassen, die Absicht zu bestärken, daß es in der Tat bei den Bürgern des Dritten Reiches mehr als «nur eine Form des Denkens» gäbe. Es ist hier insbesondere an die Auslandsreisen Goerdelers in den Jahren 1937/38 zu erinnern, die es in dieser Richtung an energischer Aufklärung gewiß nicht fehlen ließen, wenngleich seine damaligen außenpolitischen Vorstellungen, die etwa in der Linie Stresemanns sich bewegten, kaum auf ein sympathisches Echo rechnen durften. Eher könnte das von dem «Weltfriedensprogramm» gelten, das er im Dezember 1938 seinen ausländischen Freunden übersandte.[7] Er regte darin eine «Völkerordnung» an, die aber nicht – wie die Genfer Institution – Nationen unterschiedslos zusammenschließen sollte, sondern nur diejenigen, die im Festhalten an einer «liberalen Gesellschafts- und Rechtsordnung» miteinander übereinstimmen. Es sei daher auf einer Vorkonferenz zu entscheiden, wer sich einem solchen Programm anzuschließen und eine entsprechende innere Ordnung herzustellen bereit sei. Als Aufgaben der Vorkonferenz bezeichnete die Denkschrift die Beschäftigung unter anderem mit der Stabilisierung der Währungen, der Ausarbeitung einer allgemein anerkannten internationalen «Sittenordnung» und mit schrittweisem Rüstungsabbau. Der Schlußsatz des Programms lautete: «Wer sich der Zusammenarbeit auf dieser Grundlage entzieht, will Krieg und ist Friedensbrecher.» Man mag darin das Angebot einer liberaldemokratischen Front gegen eine totalitäre Front im internationalen Bereich erblicken. – Im Mai des nächsten Jahres (1939) fuhr Goerdeler noch einmal nach England und Frankreich. Auch er hatte eine Unterredung mit Churchill und wahrscheinlich mit Vansittart.[8] Ebenso wurde Schlabrendorff von Lord Lloyd und Churchill empfangen,[9] und Pechel bezeugt, dreimal im Frühjahr 1939 in London gewesen zu sein. Von der Mission Trotts im Sommer und von der Tätigkeit der Brüder Kordt kurz vor dem Russenpakt war früher schon die Rede.

Mit Kriegsausbruch wurden die Möglichkeiten für solche Kontakte naturgemäß beschränkter, und ihr Sinn mußte sich ändern. Weizsäcker sorgte dafür, daß Theo Kordt der Gesandtschaft in Bern zugeteilt wurde, um von dort die Fühlung nach London aufrechtzuerhalten. Es kam der deutschen Opposition entscheidend darauf an zu verhindern, daß mit dem Beginn der Feindseligkeiten und ihrer Ausbreitung der Unterschied zwischen deutscher Regierung und deutschem Volk sich verwische und das Programm eines Straffriedens etwa jene «monolithische» Geschlossenheit herstelle, von der Goebbels immer sprach. Der Verbindungsmann in Bern war Ph. Conwell-Evans,[10] der schon vor dem Krieg in freundschaftlichen Beziehungen zu den beiden Brüdern Kordt gestanden und als Vermittler zu Vansittart gedient hatte. Er übergab Ende Oktober eine Aufzeichnung, die wichtige Passagen aus der Unterhausrede Chamberlains vom 12. Oktober enthielt. In ihr hatte der Premierminister sich zum Ziel eines gerechten Friedens bekannt und jeden «vindictive purpose» des englischen Kriegsentschlusses bestritten. Die Aufzeichnung wurde auf Grund eines heute geklärten Mißverständnisses von Theo Kordt als eine Zusage direkter Art an die Opposition aufgefaßt und in diesem Sinne zur Ermutigung an Oster und Beck weitergegeben.[11]

Das führt in die Phase der Erhebungspläne zwischen Polen- und Frankreich-Feldzug, die im Abschnitt über den militärischen Sektor schon behandelt worden sind. Wie angedeutet, ging es bei den damit verbundenen außenpolitischen Fühlungnahmen einmal wieder um die Zusicherung eines maßvollen Friedens für eine nachhitlerische Regierung und dann eines Stillhaltens an der Front, also darum, daß der Schwächemoment eines militärischen Putsches nicht von den Gegnern im Westen ausgenutzt werde. Mehrere Aktionen liefen in dieser Richtung. Goerdeler hat über Stockholm und über den belgischen König sondiert. Weiter schien ein Kanal zu führen, den der ehemalige Reichskanzler Joseph Wirth von der Schweiz aus nach England eröffnete. Es soll in der Tat «eine Art von Angebot» englischerseits erfolgt sein, das über den früheren Reichswehrminister Geßler weitergeleitet wurde, aber die deutschen militärischen Stellen nicht erreichte.[12] Die Hauptaktion aber lief über den Vatikan und den dortigen englischen Gesandten, Osborne. Ihr Träger war der Münchener Anwalt Dr.

Josef Müller, der zum Kreis der Abwehr gehörte und zugleich als Abgesandter des Kardinals Faulhaber, des Erzbischofs von München, tätig war.

Die Einzelheiten dieser Verhandlungen, die mit den militärischen Putschplänen jener Phase (der «zweiten Runde») eng gekoppelt waren, die zahlreichen Reisen Müllers über die Alpen, die Gefährdungen und die Erfolge, sind über alle bisherige Kenntnis hinaus durch die Forschungen von H. C. Deutsch aufgeklärt worden.[13] Die Aktion hat ihre besondere Bedeutung darin, daß eine so wichtige Figur wie Pius XII. Verständnis für die an ihn herangetragenen Wünsche der Opposition zeigte und bereit war, für einen «günstigen Frieden» in London einzutreten, vorausgesetzt, daß «kein Angriff im Westen erfolge und Hitler von der Regierung entfernt werde». In eingehender Untersuchung weist der amerikanische Historiker nach, daß der umstrittene «X-Bericht», der über Dohnanyi die Militärs erreichte, nicht manipuliert war, um als «Stimulans» zu wirken, sondern im Kern auf Notizen beruhte, die der in der ganzen Verhandlung sehr tätige Sekretär, Pater Robert Leiber, auf Grund päpstlichen Diktats als eine Skizze der Londoner Antwort niedergeschrieben hatte. Zum ersten Male war von englischer Seite eine Bereitschaft zu direkter Zusammenarbeit mit der Opposition bekundet worden (1. Februar 1940). – Als sehr viel weniger aussichtsreich mußte von vornherein der Kontakt gelten, der sich für Hassell im gleichen Monat eröffnete.[14] Er traf sich am 22./23. Februar 1940 in Arosa (und noch einmal am 15. April) mit einem Amateur-Diplomaten, dem Engländer Lonsdale Bryans, der auf Grund

lockerer Beziehungen zu Hassells italienischem
Schwiegersohn sich dem englischen Außenminister,
Lord Halifax, zu einer solchen Mission angeboten
hatte. Hassell betonte in der ersten Unterredung, daß
der Umsturz eine Angelegenheit der Deutschen sein
müsse, und konzentrierte sich seinerseits auf ein Friedensprogramm, das er handschriftlich zur Weitergabe
an Halifax niederlegte und das dieser als durchaus
«nationalistisch» einschätzen mußte. Es sah neben allgemeinen Grundsätzen friedlicher Rekonstruktionen
(bei Wiederherstellung Polens und der Tschechei) in
territorialen Fragen den Verbleib Österreichs und des
Sudetenlandes beim Reich und die deutsch-polnische
Grenze etwa in der Gestalt von 1914 vor. «I begin
to wonder», soll Halifax zu Bryans gesagt haben,
«whether there are any good Germans.» Jedenfalls
fand der englische Vermittler im Foreign Office keinerlei Gehör mehr, und es wurde ihm nun erlaubt,
sich noch einmal mit Hassell zwecks Abbruch der Beziehungen zu treffen. Dieser war auch sonst in seinen
Bemühungen nicht gerade erfolgreich. Im ersten
Kriegsjahr stand er in enger Berührung mit dem amerikanischen Geschäftsträger in Berlin, Alexander
Kirk. Als im Februar 1940 der Unterstaatssekretär im
State Department, Sumner Welles, nach Berlin kam,
suchte Hassell Kirk zu veranlassen, den Abgesandten
Roosevelts mit anderen als nur «offiziellen Leuten zu-
sammenzubringen».[15] Er schlug Popitz und Planck
vor. Aber abgesehen von einer Unterredung Sumner
Welles' mit Schacht kam es zu keiner Fühlungnahme
mit der Opposition. So hatte der amerikanische Besuch eine unbeabsichtigte Pro-Nazi-Wirkung. Sehr

zur Enttäuschung der Opposition schien er das Ansehen Hitlers als eines möglichen Partners in Friedens-
verhandlungen zu erhöhen. Vergebens hatte Goerdeler angeregt, daß Sumner Welles von Rom nicht
gleich nach Berlin, sondern erst nach Paris und London gehen möge. Dort werde er so «aufgeklärt» werden, daß er auf die letzte Station seiner Reise ver-
zichte.

Dies sind nur einige Streiflichter, die das Verhältnis
der Opposition zu den westlichen Alliierten in diesem
Zeitpunkt beleuchten. Weitere Berührungspunkte im
neutralen Ausland boten sich in Spanien[16], Portugal
und der Türkei. Unter denen, die mit Hassell in der
Benutzung solcher Kanäle zusammenarbeiteten, mag
auch Albrecht Haushofer, der Sohn des Geopoliti-
kers, genannt werden, der nach schwerem innerem
Kampf zum entschiedenen Gegner des Regimes geworden war.[17] Daß ihn nicht nur die verhängnisvolle
Außenpolitik dazu bestimmte oder daß er jedenfalls
über diese ressortmäßige Opposition hinauswuchs,
bezeugen die «Moabiter Sonette», die zu den ein-
drucksvollsten moralisch-religiösen Dokumenten des
deutschen Widerstands gehören.

Schließlich ist auch hier noch einmal der Tätigkeit
Goerdelers zu gedenken, der in Denkschriften für das
Ausland ebenso unermüdlich war wie in den Entwürfen innerpolitischer und wirtschaftlicher Art. Seine
Hauptverbindung lief durch den Krieg hin über die
schwedischen Bankiers Wallenberg.[18] Der Schwerpunkt seiner Bemühungen lag zwischen November
1942 und November 1943. Wieder galt es in erster Linie, sich der Haltung der Alliierten für den Fall des

Aufstandes und der Einsetzung einer nichtnational-
sozialistischen Regierung zu versichern. J. Wallenberg
hat Goerdeler im November 1942 einmal gesagt, man
solle doch den Staatsstreich wagen auch ohne britische Zusage eines gemäßigten Friedens. Aber diese
Vorabsicherung war nicht das einzige Ziel. Im Mai
1943 setzte Goerdeler wohl persönlich den Freunden
in Stockholm auseinander und faßte in einer Denkschrift zusammen, was ihm für Deutschland an territorialen Bedingungen zumutbar bzw. erreichbar erschien, wobei er hinsichtlich der deutsch-polnischen
Grenze von 1919 nicht mehr so optimistische Vorstellungen einer Revision hatte wie Hassell. Zugleich
aber betonte er die Bereitschaft zur vollen Wiedergutmachung geschehenen Unrechts und skizzierte zum
erstenmal Pläne für eine europäische Gemeinschaft,
auf die noch zurückzukommen ist. Andererseits darf
nicht unerwähnt bleiben, daß er kurz vorher in seiner
Denkschrift für die Generalität, in der er die Notwendigkeit eines Staatsstreichs begründete (26. März
1943), noch recht expansive außenpolitische Ziele –
Grenzen des Reichs von 1914, erweitert um Österreich und Sudetenland, führende Stellung Deutschlands auf dem Kontinent, Sprachgrenze im Westen,
Wiedergewinnung Südtirols – als erreichbar bezeichnet hatte.[19]
    Solche – auch nur theoretischen und in Abstellung
auf die Adressaten stark taktisch gemeinten – Erwägungen nationalhegemonialer Art anzustellen, kam
für Moltke längst nicht mehr in Betracht. Er und seine Freunde hatten schon frühzeitig Konzeptionen einer auf Gleichberechtigung und Föderation begrün-

deten europäischen Zukunft entwickelt. In der bedeutsamen Denkschrift «Ausgangslage, Ziele und
Aufgaben vom 24. 4. 1941»[20] – also noch vor dem
Angriff auf die Sowjetunion – setzte Moltke die Niederlage Deutschlands als sicher – und auch als notwendig – voraus. Ein Waffenstillstand würde keinen
Frieden bedeuten, als dessen Ziel der außenpolitische
Teil der Denkschrift unter anderem forderte: «... eine
einheitliche europäische Souveränität von Portugal
bis zu einem möglichst weit nach Osten vorgescho-
benen Punkt, bei Aufteilung des ganzen Festlandes in
kleinere nicht-souveräne Staatsgebilde, die unter sich
Verflechtungen politischer Art haben. Einheitlich
sind mindestens: Zollgrenzen, Währung, Auswärtige
Angelegenheiten einschließlich Wehrmacht, Verfas-
sungsgesetzgebung, möglichst außerdem Wirt-
schaftsverwaltung.»

Für Goerdeler hingegen ging es (wie für Hassell
und Beck) in den außenpolitischen Kontaktversuchen
um zunächst konventionellere Ziele, daneben aber
wieder um die Erleichterung des «Absprungs». Da
Goerdeler für September 1943 den Losbruch im Innern erwartete, bat er einige Wochen später, wieder
durch J. Wallenberg, die britische Luftwaffe möge bis
Mitte Oktober Berlin, Leipzig und Stuttgart verscho-
nen, «da die oppositionelle Bewegung ihre Zentren
dort habe und die Unterbrechung von Verbindungen
den Putsch erschweren würde». Auch dies wurde an
die britischen Stellen weitergeleitet, blieb aber ohne
Resonanz, und zu direktem Kontakt mit dem Westen
kam es bei keinem der Goerdelerschen Vorstöße.

Hingegen sind einige Versuche der Kontaktaufnah-

me in klaren Umrissen erkennbar und gewähren auch
einen Einblick in die Haltung der Gegenseite und ihre
Motive.

Einer der frühesten direkten Schritte ist mit dem
Namen des Cecil-Rhodes-Stipendiaten von Trott zu
Solz verknüpft, den wir schon aus früherer oppositioneller Tätigkeit und als Mitglied des Kreisauer
Kreises kennenlernten.[21] Er war der Sohn eines preußischen Kultusministers sowie der Enkel von
Schweinitz', des Botschafters in Bismarckscher Zeit,
und einer amerikanischen Großmutter, die ihrerseits
eine Enkelin John Jays war, des ersten Chief Justice
des Obersten amerikanischen Bundesgerichts. Somit
hatte Trott wie Moltke einen teilweise angelsächsischen Familienzusammenhang. Ebenso bildete er,
wie Moltke, ein Verbindungsglied zwischen den aristokratischen und den sozialistischen Gruppen der
Opposition, er war ein naher Freund von Kleist-
Schmenzin, von Leuschner und später von Leber.
Hegels Staatsphilosophie und ihr Verhältnis zum internationalen Recht beschäftigten ihn ebenso intensiv
wie die Marxsche Gesellschaftslehre. Für einige Zeit
weilte Trott in China, um über Probleme des Fernen
Ostens zu arbeiten; er kam dadurch in nahe Beziehung zu amerikanischen Kreisen. Dann trat er in das
Auswärtige Amt mit der klaren Absicht ein, diese
Stellung als Deckmantel seiner oppositionellen Tä-
tigkeiten zu nutzen. Wie erwähnt, war Trott im
Sommer 1939 in London gewesen.[22] Er nahm damals
an den Bemühungen teil, englische Stellen über den
deutschen Widerstand zu unterrichten und bei ihnen
für eine moralische Bundesgenossenschaft zu wer-

ben. Seine Eröffnungen wurden von Chamberlain,
wie er fand «eisig» aufgenommen. Und seine damalige Mission als die eines angeblichen «appeasers»
wie auch dann sein Entschluß, in das Auswärtige Amt
in Berlin einzutreten, haben zu jenem Mißtrauen auch
einiger bisher ihm nahestehender Oxforder Freunde
beigetragen, das seine weiteren Bemühungen sehr
behindern sollte. Aber mit anderen einflußreichen
Engländern blieb er in Verbindung, so mit Sir Stafford Cripps und mit Lord Lothian, der Vorsitzender
des Cecil-Rhodes-Komitees gewesen war. Trotz der
Blockade gelang es Trott, im Oktober 1939 die Vereinigten Staaten zu erreichen. Der erklärte Zweck
der Reise war die Teilnahme an einer Konferenz des
American Institute of Pacific Relations. Daß das Auswärtige Amt (Weizsäcker?) ihn – im Kriege – als
Sachverständigen für ostasiatische Fragen nach den
USA sandte, diente indessen offenbar nur der Tarnung einer sehr anderen Mission. Seine wirkliche
Absicht hat Trott in einem Gespräch mit dem Herausgeber der «Washington Post», Felix Morley, dahin erläutert,[23] es gelte, in Amerika eine «empfängliche Haltung gegenüber dem großen Umschwung
vorzubereiten, der nach seiner Meinung in Deutschland bevorstehe...» «Die Hauptaufgabe ist, dafür zu
sorgen, daß nicht das Programm eines Vernichtungs-
krieges alle diejenigen Elemente zum Anschluß an
die Nationalsozialisten zwingt, die begonnen haben,
sich zum Sturz Hitlers zusammenzufinden.» So sah
er es als sein Ziel, der immer stärker sich durchset-
zenden Gleichsetzung zwischen Deutschland und
dem Nazi-Regime vorzubauen und damit den Weg

für einen rechtzeitigen Frieden der Vernunft zu eröffnen.

Zur Vorbereitung seiner Aktion hatte Trott eine Reihe von Unterredungen mit deutschen Emigranten, mit Kurt Riezler, mit Hans Simon, auch mit Brüning und vor allem mit dem früheren Chefredakteur des «Berliner Tageblatts», Paul Scheffer. Dieser legte die gemeinsamen Überlegungen in einer Denkschrift nieder, zu der Trott einige Schlußgedanken hinzufügte. Das Memorandum gelangte außer an Lord Lothian, der jetzt Botschafter in Washington war, an das State Department, zunächst an den Assistant Secretary G. S. Messersmith. Von ihm wurde es weitergereicht an den Unterstaatssekretär Sumner Welles und an den Staatssekretär Cordell Hull. Aller Wahrscheinlichkeit nach gelangte es auch in das Weiße Haus.

Nachdem es möglich gewesen ist, die einschlägigen Akten des State Department zu benutzen, läßt sich über den Inhalt der Denkschrift und über den Verlauf der Aktion Genaueres sagen. Was zunächst den Inhalt betrifft, so entspricht er im allgemeinen dem, was Morley festgehalten hat. Es ging um moralische Ermutigung und Stärkung der Opposition. Dem dienten in kritischer Auseinandersetzung mit Versailles die Erörterungen über ein vernünftiges Friedensprogramm, für das ein nachhitlerisches Deutschland bestimmte Opfer zu bringen und bestimmte Garantien zu leisten habe, für das aber auch die Alliierten bestimmte Maximalforderungen festlegen sollten, die insbesondere keine Abstriche vom Territorialbestand von 1933 vorsahen. Insoweit befürwortete die Denkschrift eine ausdrückliche Absage an den Vernichtungskrieg und eine frühzeitige Proklamierung maßvoller alliierter Friedensziele.

Diese kurze Charakterisierung mag zunächst genügen. Wie war die Reaktion? Es bestand von vornherein Mißtrauen gegen die Person Trotts aus Gründen, die schon angedeutet wurden. Tatsächlich wurde er als Nazi-Agent verdächtigt und vom Geheimdienst überwacht.[24] Gleichwohl erklärte sich Messersmith (mit mitteleuropäischen Angelegenheiten seit seiner Zeit an der Wiener Botschaft vertraut) bereit, Trott zu empfangen, der zwei Unterredungen mit ihm hatte. Der persönliche Eindruck, den er machte, zerstreute zwar die Zweifel an seiner «honesty». Aber es mußte dem amerikanischen Politiker auffallen, daß Trott im ersten Gespräch von dem Wunsch nach der erwähnten Proklamierung für den gegenwärtigen Zeitpunkt abrückte. Offenbar lag ihm daran, sich gegen den Verdacht zu decken, daß es ihm um ein neues München gehe; vor allem aber betonte er mit aller Schärfe, das Schlimmste, was passieren könnte für Deutschland wie die Welt, sei ein vorzeitiger Friedensschluß mit der gegenwärtigen oder einer ähnlichen deutschen Regierung. Dies war ein entscheidender Vorbehalt,[25] der das konstruktive Programm unmißverständlich mit dem Umsturz in Deutschland verknüpfte. Von den Vereinigten Staaten erbat die Denkschrift nicht eine formelle Vermittlung, wohl aber den Einsatz ihrer Autorität für einen gerechten und dauerhaften Frieden und eine «Gedankenrichtung aufbauender Art». Das Gemeinte wird deutlicher in den Schlußabschnitten, die Trott hinzugefügt

hat. Sie warben unmißverständlich um ein Bündnis
mit den «constructive elements» selbst der Länder,
die gegenwärtig als Störer des Friedens galten, sowie
um eine Ordnung, die nicht auf Propagandaformeln,
sondern auf den tatsächlichen Bedingungen des Völ-
kerlebens beruhte und Krieg zwischen den westlichen
Nationen unmöglich machen würde. Es ist die betonte Einsicht in die tiefe Veränderung der sozialen
Wirklichkeit und in die solidarische Verantwortung
der westlichen Welt, die Trotts zweiter internationaler Aktion etwas Vorausweisendes gibt.

Das Ergebnis dieses Appells, der, wie man sich erinnern muß, zu einer Zeit erfolgte, da die Feindseligkeiten im Westen noch nicht ernsthaft begonnen hatten und der Hitler-Stalin-Pakt noch in Kraft stand,
war dürftig. Messersmith kam von der Erwägung
nicht los, daß, wer unter den gegebenen Umständen
Deutschland verlassen und dahin zurückkehren könne, kein ganz «freier Agent» sei. Während er bei der
ersten Unterredung nur von Zweifel erfüllt war, ob
Leute, die vorgaben, für «konservative Elemente» in
Deutschland zu sprechen, nicht viel mehr für die gegenwärtige deutsche Regierung handelten, glaubte er
bei der zweiten, gestützt auf einen Bericht des FBI,
daß Trott direkt oder indirekt in der Tat Beziehungen
zu nationalsozialistischen Agenten unterhalte. Das sei
vermutlich der Preis, den er für seine Bewegungsfreiheit zu zahlen habe. Von der persönlichen bona fides
Trotts war Messersmith gleichwohl überzeugt. Er
kam seinem Wunsche nach, ihn bei dem Geschäftsträger der Botschaft in Berlin, Alexander Kirk, einzuführen. Er betonte diesem gegenüber, daß Trottsche

Mitteilungen mit allgemeinem Interesse aufgenommen werden würden. aber auch dabei war die Mahnung zur Vorsicht unverkennbar. Von der Sonderpolitik Weizsäckers, die Trotts Bewegungsfreiheit erklärt, wie auch von der Art und Zusammensetzung der deutschen Opposition hatte man offenbar im State Department damals keine genauen Vorstellungen.

Insoweit scheiterten also Trotts Bemühungen.[26] Wie immer man über ihren praktischen Wert denken mag, die Weigerung. auch nur die bescheidenste Art von Sympathie mit dem deutschen Widerstand zu äußern, war sehr deutlich und stellte einen entmutigenden Präzedenzfall dar.

Trott kehrte über Japan nach Deutschland zurück und setzte seine getarnte Widerstandtätigkeit vom Auswärtigen Amt aus fort. Er endete am Galgen im August 1944.

Trotz des Fehlschlagens in Washington machte die Opposition im November 1941 einen neuen Versuch, eine Art direkter Verbindung mit den Vereinigten Staaten herzustellen. Noch bestand Friede zwischen den beiden Ländern, wenngleich ein fragwürdiger Friede. Diesmal richtete die Fühlungnahme sich auf das Ziel eines Dauerkontaktes. Als Mittelsmann wählten die Verschwörer denjenigen unter den amerikanischen Korrespondenten in Berlin, der vermutlich mehr über die wirkliche Lage wußte als irgendein anderer Pressevertreter (sicherlich mehr als Mr. William L. Shirer). Es handelte sich um Louis P. Lochner, der jahrelang das Berliner Büro der «Associated Press» geleitet hat.[27] Nachdem er schon vorher Versammlungen von oppositionellen Elementen beigewohnt

hatte, holte man ihn eines Nachts zu einem Treffen
von «12 bis 15 idealistischen Leuten», wie er sie bezeichnet. Die Gruppe bestand aus Vertretern des frei-
en Gewerkschaftsbundes und der christlichen Gewerkschaften, der Bekennenden Kirche, der früheren
Zentrumspartei, der Demokratischen, der Sozialdemokratischen und der Deutschen Volkspartei. Außerdem waren je ein Vertrauensmann von Admiral Canaris und von Generaloberst Beck anwesend. Die
Art, wie diese Gruppe zusammengesetzt war, gibt,
wie kaum hinzugefügt zu werden braucht, ein inter-
essantes Zeugnis für die Ausdehnung sowohl wie für
den Zusammenhalt der Opposition und ist wohl geeignet zu bestätigen, was in dieser Beziehung aus anderen Nachrichtenquellen bereits hergeleitet worden
ist.

Die Zusammenkunft fand in dem Haus von Dr. Joseph Wirmer, einem ehemaligen Zentrumsabgeord-
neten, statt, der schon früher erwähnt wurde. Jakob
Kaiser erschien Mr. Lochner als die leitende Figur des
Kreises. Es bestand zwischen allen Anwesenden Einverständnis darüber, daß Amerika sich binnen kur-
zem im Krieg mit Deutschland befinden werde. Sie
waren sich ebenso über die Macht der Vereinigten
Staaten und den gewaltigen Einfluß einig, den Amerika auf alle Entscheidungen haben würde. Im Laufe
einer Erörterung über Charakter und Zusammensetzung der Regierung, die Hitlers Regime ersetzen sollte, wurde Mr. Lochner daher gebeten, nach seiner
Rückkehr jede mögliche Anstrengung zu machen,
um Präsident Roosevelt persönlich von der innerdeutschen Bewegung zum Sturze der Nazi-Herr-

schaft in Kenntnis zu setzen und ihn zu einer Antwort
auf die Frage, welche Art von politischem System in
Deutschland annehmbar erscheinen würde, zu bewegen. Ja, man übergab Mr. Lochner einen «Geheim-
kode», um direkte Funkverbindung zwischen dem
amerikanischen Präsidenten und den Verschwörern
zu ermöglichen.

Gleich anderen Korrespondenten wurde auch der
Leiter der «Associated Press» nach Kriegsausbruch
zunächst interniert. Als er im Juni 1942 nach Washington zurückkehrte, bemühte er sich naturgemäß,
den ihm anvertrauten Auftrag auszuführen. Nachdem mehrere Versuche, vom Präsidenten empfangen
zu werden, fehlgeschlagen waren, wiederholte er seine Bitte schriftlich und gab genaue Aufklärung, warum er eine persönliche Rücksprache wünschte. Die
Antwort, die er empfing, war negativ und legte ihm
nahe, von seiner Bitte abzusehen, die ihrer Natur
nach «größte Verlegenheit» verursachte. Mr. Lochner
brauchte einige Zeit, bis ihm auf Grund seiner sonstigen Eindrücke in Washington klar wurde, daß diese
Ablehnung nichts Zufälliges, sondern Teil der offiziellen Politik war. Die ihr zugrundeliegende Haltung
schloß nicht nur jede Ermutigung oder jeden Rat, um
den die Männer der deutschen Opposition baten, aus;
sie führte nicht nur dazu, die Möglichkeiten einer
amtlichen Fühlungnahme mit dem Berliner Widerstandszentrum zurückzuweisen, sondern ließ darüber
hinaus erkennen, daß vom Washingtoner Blickpunkt
aus offenbar schon die bloße Anerkennung der Tatsache, daß in Deutschland oppositionelle Elemente
existierten, die fähig und vorbereitet waren für die

Übernahme der Regierung, sowie das Angebot authentischer Mitteilungen über diese Tatsache geeignet war, «größte Verlegenheit» zu verursachen. Es sei anhangweise erwähnt, daß Lochner als Kriegskorrespondent in Paris Ende 1944 noch einmal die gleiche Erfahrung machen mußte: Roosevelt, so wurde ihm vom Zensor bedeutet, habe als Höchstkommandierender «jede Erwähnung eines deutschen Widerstands» verboten.

Der dritte Versuch, eine direkte Verständigung oder zumindest eine Grundlage für eine gewisse Zusammenarbeit zu erreichen, führte gleichermaßen zu einem Fehlschlag. Es ist bereits das Treffen erwähnt worden, das der Bischof von Chichester Ende Mai 1943 mit zwei deutschen Pfarrern in Stockholm hatte.[28] Der erste Besucher war Dr. Hans Schönfeld, der für den Weltrat der Kirchen und zugleich auch für das Außenamt der Evangelischen Kirche in Deutschland arbeitete, wobei er in nahen Beziehungen zu Gerstenmaier stand. An der Echtheit seiner anti-nationalsozialistischen Haltung war nicht im mindesten zu zweifeln, sie wird von allen Nahestehenden bezeugt, ebenso von Dulles, der mit ihm in der Schweiz später zusammenarbeitete. Wenn er in jemandes «Auftrag» kam,[29] so am ehesten in dem der Kreisauer, die gerade ihre erste Zusammenkunft gehabt hatten. Auch der Bischof von Chichester wußte, daß er mit ihm auf weithin gemeinsamem Grund stand.

Noch sicherer war er des zweiten Besuchers, Dietrich Bonhoeffer, der früher als Pfarrer der deutschen Kirche in London gewirkt hatte. Er kannte ihn persönlich von dieser Zeit her und wußte zudem, daß er all die Jahre eifriger Mitarbeiter des Bruderrates der Bekennenden Kirche gewesen war. Sohn eines führenden deutschen Psychiaters, hatte Bonhoeffer einem im geheimen organisierten theologischen Seminar vorgestanden und sich auch weitgehend politisch betätigt. An seiner unnachgiebigen Haltung bestand nicht der geringste Zweifel. Der Bischof wußte von den Worten, die Bonhoeffer bei einem Treffen der Opposition geäußert hatte, als ein Aufschub vorgeschlagen wurde, um nicht Hitler zu einer Märtyrer-Rolle zu verhelfen. Er sagte damals, wie in anderem Zusammenhang schon erwähnt worden ist: «Wenn wir Christen zu sein beanspruchen, dürfen wir keinerlei taktischen Rücksichten Raum geben.» Es war für ihn keine Frage, daß Hitler «ausgemerzt» werden müsse, «einerlei, ob er erfolgreich ist oder nicht».[30] Bonhoeffer vertritt somit aufs klarste und reinste jenen Typ des Widerstands, der nicht zögerte, das sittliche Dilemma zu einer radikalen Lösung zu bringen – ein Dilemma, das, wie schon früher gesagt, dem Gewissen der oppositionellen Elemente in anderen Ländern in keiner irgendwie vergleichbaren Weise auferlegt war. Es ist eine weitere Äußerung von Bonhoeffer überliefert, die das zur vollen Evidenz bringt. Auf einer geheimen Kirchentagung in Genf im Jahr 1941 hatte er gesagt: «Ich bete für die Niederlage meines Vaterlandes. Nur durch die Niederlage können wir Sühne leisten für die furchtbaren Verbrechen, die wir gegen Europa und die Welt begangen haben.» Es ist nicht überraschend, daß ein Mann von solchen Überzeugungen – was auch für die übrigen Mitglieder der Bonhoeffer-Familie gilt, seinen Bruder Klaus

und die Schwäger Schleicher und Dohnanyi – Oster
besonders nahestand.[31] Als Dietrich Bonhoeffer nach
Stockholm kam, war er mit Papieren ausgerüstet, die
ihm die Abwehr beschafft hatte. Er hatte einen geistlichen sowohl wie einen offiziellen Auftrag für seine
Mission.

Um so mehr beeindruckte es den Bischof, daß beide Pfarrer tatsachenmäßig dasselbe sagten, obwohl
keiner von des anderen Kommen wußte; Schönfeld
benachrichtigte ihn zuerst von der Stärke und Zusammensetzung der drei oppositionellen Gruppen
(Armee und Beamtentum, Gewerkschaften, Kirchen), von ihrem Fortschritt in Organisation und
Vorbereitung während der letzten sechs Monate. Der
Zweck, so sagte er, war die Ausmerzung des gesamten Nazi-Apparats, einschließlich von Hitler, Himmler, Göring und Goebbels sowie von den Leitern der
Gestapo, der SS und der SA. Eine neue Regierung
sollte gebildet werden, in der alle oppositionellen
Gruppen vertreten waren. Ihr Programm, über das er
eine schriftliche Aufzeichnung übergab,[32] sah vor:
1. ein weitgehend dezentralisiertes Deutschland, re-
giert nach den Geboten von «Gesetz und sozialer Gerechtigkeit»; 2. einen wirtschaftlichen Wiederaufbau
«nach wahrhaft sozialistischen Grundsätzen statt derer einer selbstgenügsamen Autarkie» sowie enge Zusammenarbeit zwischen freien Völkern, deren wech-
selseitige Abhängigkeit sich als «die stärkst-mögliche
Gewähr gegen den Rückfall in einen reaktionären
europäischen Militarismus» auswirken werde; 3. eine
europäische Föderation freier Staaten, einschließlich
einer freien polnischen und einer freien tschechischen

Nation. Die Föderation sollte mit «einer gemeinsamen Exekutivgewalt» ausgestattet sein, unter deren Autorität eine «Europäische Armee für die dauernde Aufrechterhaltung europäischer Sicherheit» zu begründen sein würde.

Es ist aus diesen Angaben ersichtlich, daß Schönfeld für die Opposition im ganzen zu sprechen sich mindestens bemühte. Es bestehen für seine Äußerungen sehr deutliche Ähnlichkeiten mit den Ideen der Kreisauer wie auch, bis zu einem gewissen Grade, mit denen Goerdelers, wie sie sich inzwischen entwickelt hatten in der Annäherung an einen Europaplan entschieden föderativer Art. Auch entsprach es sicherlich einer gemeinsamen Überzeugung der meisten deutschen Oppositionellen, wenn Schönfeld zu dem Schluß kam: «Die grundlegenden Prinzipien nationalen und gesellschaftlichen Lebens innerhalb dieses Bundes freier europäischer Völker sollten ausgerichtet sein oder wiederausgerichtet werden nach den Fundamentalsätzen christlichen Glaubens und Lebens.»

Gemäß der besonderen Interessenrichtung der ökumenischen Bewegung fügte er noch hinzu, man hoffe auf eine Wiederaufrichtung der orthodoxen Kirche als Grundlage für eine Zusammenarbeit zwischen Rußland und der europäischen Föderation.

Mit Bonhoeffer hatte der Bischof eine intimere Unterhaltung. In ihrem Verlauf empfing er Mitteilungen über die Hauptverschwörer, ihren Charakter und ihre politischen Absichten, die ihm vollstes Vertrauen einflößten und die, wie man hinzufügen kann, völlig zutreffend waren. In Gesprächen zu dritt, die dann folgten, distanzierte sich Bonhoeffer offenbar etwas von dem Versuch Schönfelds, auf der gemeinsamen Gesinnungsbasis gewisse Minimalbedingungen für Deutschland zu sichern. Er wandte sich gegen die Möglichkeit eines zu leichten Auswegs: «Wir würden einer solchen Lösung nicht würdig sein. Wir wünschen nicht der Buße zu entgehen. Unsere Haltung muß als ein Akt der Buße verstanden werden.» Offenbar hat diese Erklärung, die der Bischof unterstrich (und die auch Schönfeld annahm), ihn aufs stärkste von der Aufrichtigkeit dieser Bundesgenossenschaft überzeugt. Fern aller politischen Absicht war sie eben darum ein echtes Politikum. Es wurde weiter unterstellt, daß alliierte Truppen Berlin zu besetzen haben würden. Der Bischof warnte zwar vor übertriebenen Hoffnungen und betonte, daß sowohl Amerikaner wie Russen mitzusprechen haben würden, erklärte sich aber bereit, die Botschaft zu übermitteln.

Ihr praktischer Kernpunkt war von Schönfeld dahingehend erläutert worden, daß es äußerst dringlich sei zu wissen, «ob die Haltung der Alliierten gegenüber einem Deutschland, das sich von Hitler befreit hätte, eine andere sein würde als die gegenüber einem Deutschland unter Hitler. Sonst bleibe nur weitere Zerstörung, Chaos und ein Nihilismus, der mit dem Fortgang des Krieges immer mehr anwachsen werde.» Der Bischof selbst faßte die Botschaft in zwei Fragen zusammen:

«1. Würden die alliierten Regierungen, wenn erst einmal das ganze Hitlerregime gestürzt worden sei, bereit sein, mit einer bona fide deutschen Regierung

über einen Frieden der angedeuteten Art zu verhan-
deln, der den Rückzug aller deutschen Kräfte aus den
besetzten Gebieten und Wiedergutmachung des Scha-
dens einschließe, und würden sie bereit sein, das pri-
vat einem bevollmächtigten Vertreter der deutschen
Opposition gegenüber zum Ausdruck zu bringen?[33] –
Oder

2. könnten die Alliierten eine öffentliche Erklärung
abgeben, die in durchaus klaren Ausdrücken eine solche Zusage mache?»

Nach seiner Rückkehr nach London legte der Bischof Sir Anthony Eden einen ausführlichen Bericht
und Schönfelds schriftliche Aufzeichnungen vor. Er
erhielt die Antwort, daß einige der Namen, die Bonhoeffer genannt hatte, dem Foreign Office bekannt
seien und daß andere Mitteilungen oder Friedensfühler London auf dem Weg über sonstige neutrale Länder erreicht hätten. Mr. Eden erklärte weiter, daß
man auch den Anschein von Verhandlungen ohne Beteiligung der Amerikaner und Russen vermeiden
müsse, daß er aber die Angelegenheit in Erwägung
ziehen werde. Es folgte von Juni bis August noch ein
Briefwechsel zwischen dem Bischof und dem Außenminister.[34] Sir Anthony Eden bezweifelte nicht die
ehrliche Überzeugung der beiden Pastoren. Er meinte
aber, die Widerstandsbewegung in Deutschland habe
noch wenig Beweise gegeben, daß sie existiere. Sie
müßte erst einmal dem Beispiel der anderen unterdrückten Völker Europas mit aktiven Schritten folgen. Vergeblich wandte der Bischof ein, den anderen
Völkern sei von den Alliierten Befreiung versprochen
worden, den Deutschen aber gerade nicht. Es blieb

bei dem Bescheid Anthony Edens vom 17. Juli, daß
eine Antwort nicht dem «nationalen» Interesse entspreche.

Es ist nicht der Zweck dieser Studie, in eine allseiti-
ge Erörterung der rein negativen Haltung einzutreten, die von den westlichen Alliierten durch die
Kriegsjahre hindurch beobachtet wurde. Man wird
mehrere naheliegende Motive annehmen dürfen. Nur
nebenbei sei ein nicht so ohne weiteres sich anbieten-
der Erklärungsversuch erwähnt. Nach Trevor-Roper
hat der «Meisterspion» Philby, der im englischen Geheimdienst tätig war, systematisch die einkommen-
den Nachrichten über den deutschen Widerstand un-
terdrückt, und zwar im Interesse seiner sowjetischen
Auftraggeber. Das ist als indirektes Zeugnis für die
im folgenden berührte Pressionsmöglichkeit nicht
ohne ein gewisses Interesse, aber offenbar kein Faktor
von Erheblichkeit gewesen, wie gerade der Mißerfolg des Bischofs von Chichester besonders drastisch
belegt. Hingegen tritt ein anderes diplomatisches
Motiv, und zwar die Sorge, die große Allianz durch
Sonderverhandlungen selbst unverbindlichster Art zu
gefährden, deutlich genug hervor. Es brauchte sich
freilich daraus nicht notwendigerweise eine Politik
des «Nicht-Handelns» zu ergeben, ja, man konnte
sich veranlaßt sehen, eine russische Sonderaktion, die
durchaus als Pressionsmittel gegenüber den westlichen Verbündeten gedacht war, durch ein «à corsaire
corsaire et demi» zu parieren. Aber abgesehen von
solchen Erwägungen, die auf eine positive Bewertung der Kontaktversuche von seiten der deutschen
Opposition hätten führen können – wie konnte man

ein diplomatisches Störmanöver gegen die «große
Allianz» hinter Trotts Schritt in Washington vermuten, der zur Zeit amerikanischer Neutralität und
der Nazi-Sowjet-Freundschaft unternommen wurde?
Auch weisen weder die Eröffnungen, die durch Mr.
Lochner gemacht wurden und die lediglich einen Rat
erbaten, noch diejenigen der beiden Pfarrer, die alle
Vorbehalte und die Hinweise des Bischofs auf die Solidarität der Alliierten bereitwillig annahmen, auf eine
deutsche Absicht, die Front der Gegner teilen zu wollen, hin. Sie sind vielmehr Zeugnis der gleichen Sorge, von der schon Trotts Denkschrift sprach, der vor
Chaos und Nihilismus. Vielleicht kann dies heute
besser verstanden werden als in den Jahren 1940 und
1942.

Ein anderes mögliches Motiv des Mißtrauens
drängt sich auf. Mußte nicht das einigermaßen über-
raschende Interesse, das Deutsche für den Wiederaufbau und die Gesundung Europas sowie für eine dau-
erhafte zwischenvölkische Ordnung zeigten, den
schon früher aufgetauchten Verdacht verstärken, daß
es sich dabei um eine «Friedensoffensive» von Militaristen und Nationalisten handele, die jetzt – nur in ge-
schickterer Tarnung – wiederum einige der Hitlerschen Gewinne in die Scheuern zu bringen suchten,
ehe es zu spät war? Nun ist sicher richtig, daß Hassell
und Goerdeler sich in den früheren Jahren noch weitgehende nationale Ziele setzten, die übrigens von
einigen maßgeblichen und gleichfalls national argu-
mentierenden Engländern offenbar als gar nicht so
befremdend empfunden worden sind.[35] Es ist die an
Halifax übermittelte Denkschrift Hassells vom Fe-

bruar 1940 erwähnt worden, nach der die Vereinigung Österreichs und des Sudetenlandes mit dem
Reich «außerhalb der Erörterung» bleiben und (während im Westen Versailles zu akzeptieren sei) die
deutsch-polnische Grenze im wesentlichen mit der
Reichsgrenze von 1914 übereinstimmen solle. In einem Vorschlag, den Hassell im Herbst 1941 durch
den früher schon erwähnten Mittelsmann, den Amerikaner Stallforth, nach Washington gerichtet zu haben scheint,[36] war der Anspruch auf das Sudetenland
fallengelassen; für die Regelung des Korridorpro-
blems schlug Hassell jetzt einen Gebietsaustausch
vor, der Polen durch die Eingliederung von vier östlichen Kreisen Ostpreußens einen Ausgang zu See geben sollte.

Ein stärkerer Wandel aber deutet sich in den ersten
Kriegsjahren schon bei Goerdeler in seinen außenpolitischen Vorstellungen an. Wohl hielt er, wie wir sahen, bis zum «Friedensplan» von 1943 an expansiven
Zielen in Europa fest, dabei – mit allen Anzeichen der
Resignation – auf kolonialpolitische Ziele (als «ver-
paßt») verzichtend. Aber schon in der Denkschrift
«Das Ziel» von Ende 1941[37] findet sich neben den
Leitideen von Nation und Großraum die klare Absage an die nationalsozialistische «Europaideologie»[38]
der «Zusammenraffung» und als Nahziel eine «Ar-
beitsgemeinschaft» in ihren inneren Angelegenheiten
selbständiger Nationalstaaten auf Grund einheitlicher
Spielregeln. In einer Stellungnahme vom Dezember
1942 hat man dann mit Recht bei ihm den Durchbruch von «utilitarischer zu prinzipieller Europa-
Konzeption» festgestellt.[39]

Frühzeitiger und sehr viel eindeutiger ist die Lossage vom isoliert nationalstaatlichen Denken bei den Kreisauern, insbesondere bei Moltke und Trott, zu konstatieren. Es wurden schon Kernsätze aus Moltkes Denkschrift vom März 1941 zitiert, die als Ziel eine Aufteilung des Festlands in kleinere, nicht souveräne, unter sich verflochtene Staatsgebilde in Aussicht nahm. In einer späteren Version der «Ausgangslage» (9. Juni 1941) wird dies Ziel deutlicher definiert: «Europa ist ein Bundesstaat mit einheitlicher Souveränität. Der Bundesstaat wird begrenzt im Norden und Westen durch den Atlantik, im Süden durch das Mittelmeer und das Schwarze Meer, im Osten durch die Ostgrenze Rumäniens, des alten Polen, der ehemaligen Baltenstaaten und Finnlands.»[40] – Was die Grenzen Deutschlands betrifft, so wurde gezeigt, daß Trott in dem Memorandum für das State Department 1939 nicht mehr als eine Garantie der Versailler Grenzen (im Osten und Westen) vorschlug. Er betonte zugleich, daß «Nationalismus von der Art, welche ihren äußersten Ausdruck im Nazitum findet, sich in Europa entschieden schon seit einiger Zeit in einer absteigenden Entwicklung befunden hat.» Dies scheint eine durchaus sinnvolle Behauptung insoweit, als die Hitler-Bewegung, trotz ihrer Kritik an den politischen Auffassungen des 19. Jahrhunderts, in vieler Hinsicht nur den Gipfelpunkt und die krankhafte Übersteigerung jener Periode der Säkularisierung und Nationalisierung darstellt. Daß einige dieser Tendenzen eines verflossenen Jahrhunderts tatsächlich im Abnehmen begriffen waren, kann von jedermann bezeugt werden, der vor 1933 in Berührung mit den wahrhaft

fortschrittlichen neukonservativen und sozialistischen
Kräften gewesen ist, die für anders gegründete Formen zwischenvölkischer Zusammenarbeit in Mitteleuropa wirkten.

Trotts Worte vom abnehmenden Nationalismus
bezogen sich auf solche Erfahrungen. Es sei an diese
Stellungnahme noch der Hinweis auf zwei weitere
Memoranden aus seiner Feder angeschlossen.[41] Das
erste von Ende April 1942 ging über Visser't Hooft,
also über den Ökumenischen Rat in Genf, an Stafford
Cripps und weiter an Churchill. Es fehlte in der
Denkschrift nicht an stärkerer Betonung nationaler
Ziele (ethnographische Grenzen bei der Wiederherstellung Polens und der Tschechoslowakei), aber
zugleich wandte sie sich gegen alle ausgelaugten Begriffe und gegen die nationalstaatliche Enge als Gesamtphänomen. Indem Trott in einem «militanten»
Christentum den Kern des Widerstands sah – er erwähnte auch den Widerstand von wesentlichen Teilen
der Arbeiterschaft und von einflußreichen Kreisen in
Armee und Beamtentum –, appellierte er an eine Solidarität westlicher Gruppen mit denen, die in Deutschland ständig gegen den Nihilismus und seine nationalsozialistische Manifestation gefochten hätten. – Nach
dem Zeugnis von Visser't Hooft schrieb Churchill an
den Rand der Denkschrift: «very encouraging».

Bedeutsamer noch ist das zweite Memorandum, das
Trott im Oktober 1943 niederschrieb. Es stellt eine
Antwort auf die «Political Propositions for Peace» dar,
die im April 1943 vom «Federal Council of the Churches of Christ in America» veröffentlicht wurden. Im
einzelnen folgen die Bemerkungen von Trott genau

den sechs «Pillars of Peace», auf die der amerikanische
Vorschlag gründete. Sie sind von der gleichen Glau-
benskraft getragen, aber ungleich konkreter und rea-
ler, dabei ungleich mehr auf europäische und deutsche Verhältnisse bezogen. Sehr deutlich etwa ist der
Erfahrungsgehalt, der sich von Versailles herschreibt,
nicht weniger deutlich die Betonung des Rechtsgedan-
kens als eines grundlegenden Prinzips auch der internationalen Ordnung und weiter, zum Ende hin zusammengefaßt, die Sorge vor den Dämonien, die nur
durch eine christlich orientierte soziale Ordnung ge-
bannt werden können. Zu dieser «christlichen Sachge-
rechtigkeit» gehört für Trott in deutlicher Kritik, daß
der Freihandel ebensowenig zur Lösung zwischenvölkischer Probleme absolut gesetzt werden dürfe wie der
abstrakte Freiheitsbegriff im Verhältnis der Sozialpart-
ner. Es gehört vor allem dahin auch die Einsicht, daß
die Entwicklung «insbesondere in Europa die Unzulänglichkeit des souveränen Nationalstaats als letzter
internationaler Instanz erweist und auf größere Zusammenfassung der einzelnen Völker hindrängt».
Trott füllt daher die amerikanische Autonomieformel
inhaltlich aus den Erfahrungen in Mittel- und Osteu-
ropa auf im Sinne eines Volksgruppenrechts. So fordert er kulturelle Autonomie im Rahmen europäisch-
solidarischer Zusammenarbeit, womit eines der für
die Friedenssicherung «vitalsten Probleme einer Lösung zugeführt werden» könne. Über die Aufnahme
der Trottschen Bemerkungen ist bisher nichts bekannt. Es ist indessen kaum anzunehmen, daß sie in
Genf unbeachtet liegengeblieben sind.

Aber auch wenn diese Denkschrift nicht nach den

USA gelangt sein sollte, so waren Trotts Gedanken seit 1939 in Washington bekannt und hätten um so eindrücklicher sein können, als er damals zur Begründung seiner Ansicht von der absteigenden Kurve des Nationalismus sich an konkrete Belege gehalten hatte. Er nahm auf die Tatsache Bezug, daß Hitler den Krieg «durch die Hintertür» hatte einschmuggeln müssen und daß das deutsche Volk in den Jahren 1938 und 1939 sicherlich so wenig Kriegsenthusiasmus zeigte wie irgendeine andere Nation. Es mußte schwerfallen, in solchen Äußerungen etwas «Nationalistisches» zu entdecken. Auch Bonhoeffer, der Verbindungsmann der Abwehr, der auf einer Schulderklärung und Bußeleistung bestand, konnte kaum einem solchen Verdacht unterliegen.

Die historische Betrachtung wird daher berechtigt sein, insoweit die Front des so häufig geltend gemachten Vorwurfs geradezu umzukehren. Die Bedenken, die etwa Sir Anthony Eden erhob, waren von begreiflichen, aber eben doch rein auf «nationale Interessen» beschränkten Erwägungen diktiert. Ob man dabei so «national» war und so im Gedanken der Staatssouveränität befangen, daß die Befremdung über den «Landesverrat» der sich anbietenden Partner noch eine Rolle spielte, mag dahingestellt bleiben. Jedenfalls war man blind gegenüber dem im 19. Jahrhundert allerdings selten gewordenen, aber im 20. zunehmend bedeutsam werdenden Phänomen von Überzeugungen, die Landesgrenzen und kriegführenden Lager zu überbrücken suchten und nicht nur nationalen, sondern auch weitgefaßten universalen Zielen sich verpflichtet fühlten.

Auch für Goerdeler gilt es, daß ein solcher Neuansatz festzustellen ist. Im Dezember 1942 wird, wie wir sahen, von einem «Durchbruch» bei ihm zu sprechen sein, und es ist nicht von der Hand zu weisen, daß dabei der Einfluß Kreisaus beteiligt war, so daß eine Art «Synthese von Reichsgedanken und Europavorstellung» (Graml) zustande kam. Aus solcher Einstellung heraus schrieb Goerdeler die Denkschrift vom Mai 1943 nieder, die er durch Wallenberg nach London übermitteln ließ und die eine «Europagemeinschaft» in den Grundzügen entwickelte.[42] Auf einfache Rückkehr zu den Grenzen von 1914 verzichtete er und skizzierte erste Schritte einer Wirtschaftsunion innerhalb eines regional gegliederten Weltbundes.

Einige Monate später verfaßte Goerdeler einen – vermutlich auch für englische Leser bestimmten – Friedensplan.[43] Ohne frei von den auch früher gehegten Illusionen zu sein, gab er in ihm der Überzeugung Ausdruck, daß innereuropäische Grenzen eine immer geringere Rolle spielen würden und daß der Zusammenschluß der europäischen Völker zu einem europäischen Staatenbund geboten sei. Es folgten Anregungen für ein schrittweises Vorgehen zu diesem Ziel.

Mehr in konkrete Einzelheiten sollte offenbar ein Aufruf der nach dem Staatsstreich geplanten neuen Reichsregierung gehen, der unter den von Goerdeler niedergelegten Papieren von der Gestapo gefunden wurde und aus dem Pechel die außenpolitische Planung in Stichworten wiedergibt.[44] Danach war zusammen mit einem bündisch organisierten Deutschland eine Reihe anderer Unionen oder Föderationen in Europa in Aussicht genommen: ein Osteuropäischer Bund (Polen, Litauen, Lettland, Estland), ein Südeuropäischer, ein Balkan-, ein Skandinavischer Bund und so fort. Weiter gingen die Gedanken sehr deutlich in Richtung einer europäischen Union als Mitglied eines Weltbundes der Nationen. Auf diesem Wege sollte Europa sich einem Zustand wirtschaftlicher Einheit annähern, geschützt von einer europäisch zusammengesetzten Polizeitruppe. Für den Europäischen Bund wurde ein Präsident vorgeschlagen, der alle vier Jahre aus der Zahl der Staatsoberhäupter vom Rat zu wählen war. Der Rat sollte aus je zwei Vertretern der Mitgliederstaaten bestehen. Dazu trat eine Bundesversammlung, in der die einzelnen Unionen je fünf bis zehn Vertreter haben sollten. Der «Weltbund der Nationen» war in ähnlicher Weise nicht durch die Staaten, sondern durch die größeren Gemeinschaften zu organisieren, von denen Europa eine sein sollte.

Es sind nicht die Einzelheiten dieser Vorschläge, sondern die darin zum Ausdruck kommenden Grund-Anschauungen, die uns hier interessieren. Niemand kann leugnen, daß in den Kreisen der deutschen Opposition ein intereuropäisches und internationales Gedankengut lebendig war, das allen Respektes würdig ist, wie immer es um die praktische Ausführbarkeit gestanden haben mag. Es handelt sich hier um Männer, die zur Sicherheit Europas und der Welt beizutragen bereit waren durch grundsätzlichen Verzicht auf eine als gefährlich betrachtete Machtballung in der Mitte des Kontinents. Auch die Auflösung Preußens erschien manchen unter ihnen als Teil des Opfers zugunsten der Völkergemeinschaft, das von ihnen gefordert wurde. Man kann solche Ideen wohl mit keiner Anstrengung der Phantasie als getarnten Nationalismus oder als Umweg zu einer europäischen Hegemonie charakterisieren. Auch wurden sie nicht nur heraufbeschworen unter dem Druck äußerster Not. Ideen dieser Art erwuchsen vielmehr aus echten Erfahrungen der vor-hitlerischen Jahre und im Anringen gegen den Totalitätsanspruch des eigenen Staates.

Man wird gewiß verstehen können, daß in den Auswärtigen Ämtern der Alliierten wenig Neigung bestand, sich im Kriege mit weitgespannten Plänen zu befassen, die von der Gegenseite kamen, zumal in einigen von ihnen eine radikale Konsequenz aus der sich immer deutlicher abzeichnenden deutschen Niederlage offenbar noch kaum gezogen zu sein schien. Aber sichtlich hing diese Abstinenz auch damit zusammen, daß es in der Tat «größte Verlegenheit» verursachen mußte, wollte man einen ursprünglichen Beitrag von Deutschen zu einem dauernden Frieden auch nur als möglich unterstellen oder irgendwelche Verhandlungen mit einem bona-fide-Partner auf deutscher Seite ins Auge fassen. Das würde eine völlige Umkehr der Propaganda bedeutet haben, die mehr und mehr auf der Gleichsetzung der Nazis und Deutschen bestand und insbesondere die These einhämmerte, daß deutsche militärische Führer (Militaristen), die unzweifelhaft einen Teil der Opposition bildeten, nicht weniger verabscheuungswürdig seien als die Hitlerleute. Überdies mochte die Anerkennung eines Partners, selbst wenn sie im Augenblick nur ei-

ne theoretische war, zu moralischen Verpflichtungen
führen, die an das «Vor-Waffenstillstandsabkommen»
von 1918 erinnerten.

An diesem Punkte deutet sich ein weiteres Motiv
an, das die negative Haltung der westlichen Mächte
stark beeinflußt zu haben scheint. Nicht nur sollte die
Niederlage zur eindrücklichsten Anschauung gebracht und das deutsche Oberkommando selbst – anders als 1918 – gezwungen werden, die Kapitulation
zu unterzeichnen. Wie die Haltung von Beck und
Witzleben erkennen läßt, würde es nicht weiter
schwierig gewesen sein, diese Forderung durchzusetzen. Aber darüber hinaus sollte jede Verpflichtung
vermieden werden, die spätere Revisionsansprüche
der Deutschen rechtfertigen mochte oder einem demagogischen Massenführer der Zukunft die Gelegenheit geben würde, die Alliierten des Betrugs zu
bezichtigen. Viel besser war es offenbar, überhaupt
keine Verpflichtungen einzugehen.[45] Angesichts einer
der geschichtlichen Lehren, die der Fehlschlag von
Versailles zu predigen schien, und angesichts der Vergessenheit, der andere «Lehren» anheimgefallen waren, kann man diesen Gedankengang sehr wohl
verstehen. Freilich sollte er, indem man sich auf ihn
versteifte, zu einer sich selbst widerlegenden Politik
führen.

Ein Vorspiel dieser Wirkung trat schon in der Tragödie der *Atlantic Charta* zutage. Sie wurde am
14. August 1941 verkündigt und versprach – ohne im
übrigen in irgendwie detaillierte Verpflichtungen einzugehen – eine Politik, die erstens nicht nach Vergrö-
ßerung in Landbesitz oder in irgendeiner anderen

Weise streben, die zweitens sich territorialer Veränderungen enthalten werde, sofern sie nicht in Übereinstimmung mit den frei geäußerten Wünschen der beteiligten Völker stünden, und die drittens das Recht aller Nationen, ihre eigene Regierungsform zu wählen, anerkennen werde. Es war die Rede von Rechten «aller Völker», «aller Nationen» oder «aller Menschen in allen Ländern der Welt». Auf dieser universalen Grundlage fanden sich 26 Nationen als Vorform der United Nations im Januar 1942 zusammen. Jedoch sollte die *Atlantic Charta,* wie Winston Churchill betonte, keinerlei Verpflichtungen gegenüber den Feindländern einschließen. Dieser Kommentar bringt das selbstgeschaffene Dilemma der «Nichtfestlegungspolitik» zu klarem Ausdruck. Niemand würde damals zugegeben haben (obwohl Stalin es bald klarmachen sollte), daß besetzte Länder (wie die baltischen Staaten) oder Verbündete (wie Polen) durch Annexion und Vergrößerungspolitik bedroht sein könnten. Neutrale Staaten bedurften sowieso keiner Versprechungen. Auf wen aber bezogen sich dann die Zusagen der *Atlantic Charta,* wenn die Feindländer ausgeschlossen wurden? In der Tat war somit das Dokument seines Hauptinhalts bereits beraubt, lange bevor seine Prinzipien in der Rumpelkammer melancholischer geschichtlicher Erinnerungen verschwanden.

Was immer das verhältnismäßige Gewicht der verschiedenen Motive, die das politische Verhalten der Alliierten gegenüber der deutschen Opposition bestimmten, gewesen sein mag –, klar schien jedenfalls, daß alle Annäherungsversuche und Friedensfühler

zum Scheitern verdammt waren. Dies wurde gleichsam verbrieft und besiegelt, als zu Casablanca am
24. Januar 1943 die Forderung der «bedingungslosen
Übergabe» zur offiziellen Anerkennung kam.

Der Bedeutung und der Auswirkung dieser Tatsache wenden wir uns nunmehr zu.

2. «Bedingungslose Übergabe»

Unter den vielen Mitlebenden und Nachlebenden,
denen die Formel von Casablanca ein Stein des An-
stoßes war und ist, hatten wenige einen so naheliе-
genden Grund zur Beschwerde wie der Leiter des
Office of Strategic Services auf dem europäischen
Festland, Allen Welsh Dulles. Wie zuvor erwähnt,
traf er im November 1942 in der Schweiz ein. Zu seinen Hauptaufgaben gehörte es, die Lage in Deutschland zu erkunden und allen nur denkbaren Einblick in
die Arbeit der Nazigegner und der Untergrundbewegung jenseits der Schweizer Grenzen zu gewinnen.
Mr. Dulles leistete ohne Zweifel ausgezeichnete Arbeit. Es gelang ihm nicht nur, mit wohlunterrichteten
politischen Refugiés Verbindung aufzunehmen sowie
mit Mitgliedern des Weltkirchenbundes und mit gelegentlichen Reisenden, die aus Deutschland kamen.
Darüber hinaus stellte er enge Berührung mit aktiven
Mitgliedern der Verschwörung selbst her, in erster
Linie mit Gisevius, aber auch mit den Anwälten
Waetjen und Strünck, die beide durch Oster dem
deutschen Generalkonsulat in Zürich attachiert worden waren, und durch ein Zwischenglied mit Adam

von Trott. In seinen chiffrierten Telegrammen gab er detaillierte Berichte über die «Brecher» (Breakers), wie er die Verschworenen nannte. Mit der Unterstützung des Amerikaners G. v. S.-Gaevernitz, dem Sohn eines bekannten Nationalökonomen, der in Breslau und Freiburg gelehrt hatte, unterrichtete er Washington über die innere Situation in Deutschland, ja, er war in der Lage, acht Tage vor dem 20. Juli einen Bericht zu senden, der bis in Einzelheiten hinein «dramatische Entwicklungen» voraussagte.[46]

Es liegt nahe zu fragen, welchen Einfluß diese sehr ungewöhnlichen Berichte auf die Politik der Alliierten hatten. Der amerikanische Historiker Harold C. Deutsch hat diese Frage beantwortet, indem er sie in die drastische Form umstilisierte:[47] «In welchem Washingtoner Papierkorb beschlossen diese Berichte ihr Dasein?» Mr. Dulles selbst spricht naturgemäß mit Zurückhaltung von dem amtlichen Stillschweigen, wie sehr es ihn auch enttäuscht haben muß. Aber er macht kein Hehl daraus, daß die Casablanca-Formel, wie sie von Roosevelt zuerst auf einer Pressekonferenz verkündet worden war, nach seiner Meinung zu einer «Einfrierung» der alliierten Politik führte.[48] In der Tat paßte die Erklärung vom Januar 1943 nicht nur ausgezeichnet in die allgemeine Linie der Nazi-Propaganda, die durch Casablanca die totale Vernichtungsabsicht bestätigt sehen konnte,[49] sondern im selben Zuge beraubte sie auch Mr. Dulles wirksamer Mittel psychologischer Kriegführung. Und dies zu einer Zeit, da die Unterscheidung zwischen Deutschen und Nazis von den Sowjets zum Beispiel durch Erklärungen Stalins und durch das sogenannte Natio-

nalkomitee «Freies Deutschland», auf das noch zurückzukommen ist, bewußt ausgespielt wurde. Mr.
Dulles stellt mit Bedauern fest, daß, während Churchill und Attlee Ende Mai und Anfang Juli einen gewissen, wenngleich nichtssagenden Appell an die
deutsche Opposition richteten, Washington sich in
völliges Schweigen hüllte.[50]

Diese Beschwerde bewegt sich indessen völlig im
Rahmen taktischer Erwägungen, sie beklagt den, von
der alliierten Seite her gesehen, negativen Propagan-
dawert der Formel von Casablanca. Genauso war die
militärische Kritik, die u. a. an der «Improvisation»
Roosevelts in der Umgebung General Eisenhowers
geäußert wurde, von ausschließlich technischem
Charakter. «Schließlich hat noch keine Übergabe bedingungslos stattgefunden», bemerkte Kapitän Harry
C. Butcher in seinem Tagebuch.[51] In einem späteren
Eintrag fügte er hinzu: «Man kann sich des Gefühls
nicht erwehren, daß der Präsident und der britische
Premier, und zwar der erstere vermutlich mehr als
der letztere, in Casablanca General Grants berühmte
Formel aufgegriffen haben, ohne der vollen Bedeutung gewahr zu sein, die sie für den Feind haben
muß... Unsere psychologischen Experten glauben,
es würde klüger sein, eine Stimmung der Geneigtheit
zur Übergabe in der deutschen Armee zu schaffen...»

Es bedurfte für diese Annahme in der Tat nicht einer fachmännischen psychologischen Schulung, und
man mag es als wahrscheinlich unterstellen, daß der
technische Mißgriff von Casablanca und der Mangel
an Beweglichkeit, der aus der «Einfrierung» folgte,

den totalen Sieg und das Ende des Krieges beträchtlich verzögert haben. Unter dem gleichen taktischen Gesichtspunkt machte die Politik der bedingungslosen Übergabe es sicherlich für die deutsche Opposition schwieriger, widerstrebende Generale zu sich herüberzuziehen.

Aber das Problem, um das es sich hier handelt, hat eine tiefere Dimension als die nur taktischen Erwägungen. Es rührt an sehr grundsätzliche Fragen,[52] und nur wenn man das berücksichtigt, kann man voll verstehen, was die «Einfrierung» alliierter Politik für die deutsche Opposition gegen Hitler und für das Schicksal Europas im ganzen bedeutet hat. Es mag sehr wohl so sein, daß die Casablanca-Formel in erster Linie dazu bestimmt war, die alliierte Moral, also insbesondere die innere Front, zu stärken und der Koalition neue Energie einzuflößen oder die Sowjets zu beruhigen, von deren Gesichtspunkt aus der Feldzug in Afrika doch nur eine unvollkommene «zweite» Front darstellte.[53] Und es läßt sich nachweisen, daß sie nicht schon eindeutige Kriegsziele oder die Festlegung auf einen punischen Frieden einschloß. Erst das Jahr 1943, in der Folge der Konferenzen über Moskau im Oktober bis zu Teheran im Dezember, sah den Beginn der Ausfüllung des zunächst rein formalen Rahmens einer bedingungslosen Übergabe. Und der Morgenthau-Plan, der vorschlug, das industrielle Herz Europas vorwiegend auf Weidewirtschaft und Ackerbau umzustellen, wurde erst in Quebec im September 1944 offiziell unterschrieben. Selbst dann noch war Winston Churchill, wie bekanntgeworden ist, nur schwer für diesen Akt des «Wahnsinns», wie er es selbst ausgedrückt hat, zu gewinnen. Und Präsident Roosevelt gestand bald danach in einem Gespräch mit dem Secretary of War, daß «er nicht wisse, wie er dazu gekommen sei, jene besondere Sprache des Übereinkommens von Quebec mit seinen Initialen zu versehen». Es müsse, so sagte er, «ohne viel Nachdenken geschehen sein».[54] Aber wenn er, wie Harry Hopkins immer wieder feststellte,[55] vom Gespenst Woodrow Wilsons gehetzt war und in Casablanca vor allem aufs neue den Fehler der Festlegung – in der Art der «vierzehn Punkte» seines Vorgängers – hatte vermeiden wollen, auf die sich der Gegner etwa einmal berufen konnte, so ergab sich das Paradox, daß er gerade damit einen Kurs festlegte und einfror, auf den sich die unbeherrschtesten und radikalsten Strafforderungen berufen konnten. So gab denn Casablanca im Grunde nur jener negativen Haltung die endgültige Form, die auch vorher schon zu beobachten ist und – sofern es sich um Prinzipien handelt – dazu bestimmt war, die diktatorische Gewalt der Sieger von jedweder Verpflichtung freizuhalten. Die Weigerung, irgendeinen deutschen Partner anzuerkennen, deutet logischerweise auf einen Leerraum voraus. In der Tat ist diese äußerste Konsequenz im japanischen Fall nur dadurch vermieden worden, daß man die «Bedingung bedingungsloser Übergabe» schließlich beiseite schob. Im deutschen Fall jedoch blieb es bei der Politik, keine vorherigen Verpflichtungen einzugehen, und sie führte schließlich zu dem denkbar vollständigsten militärischen Triumph. Aber genauso, wie diese Politik die Prinzipienerklärung der *Atlantic Charta* besiegt hatte, besiegte sie sich selbst, indem ihr Ergebnis in einem abermaligen Paradox allerschwerste Festlegungen einschloß. Da eine deutsche Regierung, welcher Art sie auch immer sei, nichts anderes zu tun haben sollte, als bedingungslos zu kapitulieren, so fiel alle Verantwortung, in der Tat eine «unbedingte» Verantwortung, auf die Alliierten. Victor Gollancz mit seinem untrüglichen Sinn für das Moralische hat diese Rückwirkung so formuliert: «Die Deutschen wurden aufgefordert, sich völlig in unsere Hände zu liefern... Welch bindendere Verpflichtung läßt sich denken für Nationen, die sich zivilisiert nennen?»[56] Dies kennzeichnet den Zirkel, in den die Politik bedingungsloser Übergabe geführt hat: Indem man versuchte, jedwede Verpflichtung zu vermeiden, ist man tatsächlich solche der kategorischsten Art eingegangen.

Es versteht sich, daß keine Verhandlungen mit einer nationalsozialistischen Regierung oder einer von ihr ernannten Statthalterschaft möglich waren. Dieser Sachverhalt, so sollte man denken, verlieh der deutschen Opposition um so größere Bedeutung, und zwar nicht nur für die Zwecke von Propaganda oder für die psychologische Kriegführung, sondern im Rahmen konstruktiver Politik. Statt dessen geschah, wie wiederum Harold C. Deutsch es sehr zutreffend ausgedrückt hat,[57] das Verhängnisvolle, «daß die Führer der Alliierten, genauso wie ihre Nazigegner, Opfer der eigenen Kriegspropaganda wurden, die darauf bestand, daß alle Deutschen in der gleichen Verdammnis waren». Ja, es kam so weit (oder man mag sagen, eine bittere Ironie der Geschichte sorgte dafür), daß die westlichen Mächte praktisch mit Hit-

ler – wenngleich aus sehr anderen Motiven – übereinstimmten, nicht nur mit seinen Anwürfen gegen die
«ehrgeizige Clique» der Verschwörer, sondern letzten
Endes auch mit dem Nihilismus eines Verächters des
deutschen Volkes, das ihn im Stich gelassen habe und
nichts Besseres verdiene als ein Höchstmaß von Zerstörung und Chaos. Die gleichen westlichen Mächte,
die den aufrichtigen Wunsch hatten, demokratische
Erziehungsarbeit zu leisten, fanden sich in der verwirrenden und paradoxen Situation, Erben eines diktatorischen Regimes und vieler seiner willkürlichen
Methoden zu sein.

Die Haltung gegenüber der deutschen Opposition
ist nur ein Teil dieses breiten Geflechts von Problemen, aber ein sehr symptomatischer Teil. Als Winston Churchill am 2. August 1944 im Unterhaus erklärte,[58] es handle sich bei den Vorgängen des 20. Juli
lediglich um Ausrottungskämpfe unter den Würden-
trägern des Dritten Reiches, sprach er ebensosehr gegen bessere Kenntnis und paßte sich ebensosehr den
Parolen von Hitler und Goebbels an, wie das bei den
amerikanischen Propagandastellen der Fall war. Eine
solche Haltung konnte nur zu schweren Rückschlä-
gen führen. In der Tat sollte es nicht die Existenz,
sondern vielmehr die Abwesenheit einer nazi-gegnerischen Schattenregierung sein, die schließlich die
«größte Verlegenheit» verursachte. Gewiß waren viele ihrer ursprünglichen Mitglieder und der Verschwörer überhaupt inzwischen getötet worden. Aber solange man daran festhielt, der Besatzungsarmee die
Doktrin einzuimpfen, daß kein Deutscher vertrau-
enswürdig sei – und entgegen der besseren Einsicht

mancher Stellen blieb dies die offizielle These noch
für viele Monate –, so lange war es äußerst schwierig,
die positiven Kräfte, die sich in der deutschen Opposition gesammelt hatten, zur Wirkung zu bringen. Es
erscheint daher nicht unberechtigt, zu sagen, daß ein
gut Teil selbstgeschaffener Problematik aus der negativen Haltung folgte, die in der Formel der bedingungslosen Übergabe ihren klassischen Ausdruck
fand.

Zugleich ist es offenbar, daß Casablanca jede Hoffnung darauf, daß nach dem Sturz des Regimes mit einer neuen Regierung über einen erträglichen Frieden
verhandelt werden würde, abschnitt und daß danach
weitere Fühlungnahmen mit dem Westen, die mit einer solchen Zielsetzung unternommen wurden, nur
noch sehr fraglichen Wert haben konnten. Von diesem Zeitpunkt und bis ins Jahr 1944 hinein läßt sich
schlechterdings kein Beweis dafür finden, daß die
Verschwörer, wie man in London und Washington
wohl argwöhnte, bestrebt gewesen seien, die alliierte
Front zu spalten. Jetzt aber schien es, als ob ihre eigenen Reihen sich in eine westliche und östliche Gruppe
aufsplittern würden. Nach einem Zusammentreffen
mit von Trott berichtete Gaevernitz[58a] über dessen
Sorgen wegen der Zusammenarbeit der kommunistischen Zentrale in Deutschland mit dem Nationalkomitee «Freies Deutschland» in Moskau, das von der
russischen Regierung unterstützt werde. Auch viele
von den Millionen russischer Kriegsgefangener und
russischer Zwangsarbeiter in Deutschland ständen
unter Moskaus Führung. Trott befürchtete daher ein
«Abgleiten zur extremen Linken». Nach der Mittei-

lung von Gisevius verband er seine Warnung vor solcher Entwicklung mit folgendem Hinweis und einer
entsprechenden Aufforderung: «Konstruktive Gedanken und Pläne für den Wiederaufbau Deutschlands nach dem Kriege kommen ständig von der russischen Seite, während die demokratischen Länder
bezüglich der Zukunft Mitteleuropas keinerlei Vorschläge machen. Sozialistische Führer in Deutschland
unterstreichen die Notwendigkeit, dieses Vakuum so
schnell wie möglich zu füllen... Wenn man sein
Fortbestehen zuläßt, so fürchten die deutschen Arbeiterführer, daß die Demokratien trotz ihres militärischen Sieges den Frieden verlieren werden und daß
die gegenwärtige Diktatur in Mitteleuropa nur für eine andere eingetauscht werden wird.»

Diese Analyse von April 1944 hat den vollen Klang
der Aufrichtigkeit und warnender Prophezeiung,
aber sie zeigt in keiner Weise eine entschlossene Wendung zum Osten hin an, sondern eher die Sorge vor
einem Preisgegebenwerden. Trott fügte daher praktische Vorschläge hinzu, wie die Demokratien ihren
Einfluß auf die deutschen Arbeiter durch ermutigen-
de Erklärungen verstärken könnten. Im ganzen war
die Verschwörung, einschließlich der gewerkschaftlichen und selbst der radikalen Elemente, wie früher
bereits dargelegt worden ist, unzweifelhaft «westlich» im politischen Sinn des Wortes. Und es gibt der
Zeugnisse genug für die Sorge, von der Trott zu Gaevernitz sprach. Während er in der Denkschrift für
Lord Halifax aus dem Spätjahr 1939 – gemäß der damaligen Situation – ausführte,[59] daß das deutsch-rus-
sische Abkommen die äußerste Linke diskreditiert

habe, bezeichnete er zugleich doch schon den National-Bolschewismus als die größte Gefahr für die deutsche Zukunft. Auf andere Bekundungen von Trotts Verhältnis zum Osten wird zurückzukommen sein. Es sei hier nur noch der Hinweis angeschlossen, daß es in einem Memorandum, das Moltke im Dezember 1943 für die Pro-Angelsächsische Oppositionsgruppe (wie er sie nennt) verfaßt hat,[60] ganz ähnlich hieß:

«Die Gruppe, der Persönlichkeiten der verschiedensten demokratischen Parteirichtungen angehören, hält eine kommunistisch-bolschewistische Entwicklung Deutschlands und die Entstehung eines deutschen ‹National-Bolschewismus› für die schwerste und bedrohlichste Zukunftsgefahr für Deutschland und Europa...» Ferner mag daran erinnert werden, daß am Ende des Jahres 1942 einige sozialistische Mitglieder sich für das Aufschieben der Aktion erklärten, bis die westlichen Alliierten auf dem Festland gelandet wären. Der Sturz der Regierung dürfe nicht die Eroberung durch Rußland und eine kommunistische Überflutung von ganz Europa zur Folge haben. Auch die militärischen Führer der Opposition waren, wenn es denn zur Kapitulation kommen müsse, verständlicherweise dafür, daß sie zuerst im Westen sich ereigne, womöglich mit der Aussicht, die Abwehr im Osten intakt oder sie sogar mit dem Westen gemeinsam aufrechtzuerhalten. Auch Stauffenberg selbst soll nach einem Gestapo-Bericht im Frühjahr 1944 Verbindung mit England, vielleicht auch mit Amerika, aufgenommen haben, mit Friedenszielen ähnlich denen Goerdelers.[61] Er hoffte wohl noch, daß die Inva-

sion sich vermeiden lasse oder abgeschlagen werden
könne und daß dann für eine neue Regierung der psychologische Moment da sei. Das waren illusionäre
Erwägungen, ebenso wie die Becks und Goerdelers
über Waffenstillstand im Westen und ein Öffnen der
Front einschließlich der Landung alliierter Fall-
schirmtruppen an deutschen Schlüsselpunkten oder
die noch weitergehenden Vorschläge, die Gisevius im
Mai 1944 an Dulles übermittelte.[62] Sie sahen alliierte
Landungen bei Bremen und Hamburg sowie die Besetzung von Berlin durch drei alliierte Luftlandedivi-
sionen vor, während zuverlässige Truppen Hitler und
die führenden Nazis im Gebiet von München isolie-
ren sollten. Im Sinn der «Westöffnung» hat dann
schließlich Rommel im Juli noch die Aufgabe übernommen, einen Waffenstillstand an der Invasions-
front zu schließen. Seine schwere Verwundung ließ es
nicht zum Versuch der Ausführung kommen.

Man kann zweifeln, ob irgendeiner dieser Gedanken und Pläne auf Resonanz rechnen konnte. Sie
verdienen Erwähnung indessen als Zeichen der Bereitschaft zu verantwortungsbewußtem, wenn auch
unorthodoxem Handeln und zum Beenden des sinn-
losen Blutvergießens durch einseitige Kapitulation,
eben damit aber auch als Zeichen entschlossen westlicher Option.

Daneben läuft eine andere Linie, ohne daß sie erlaubt, von einem dezidiert östlichen Lager und einer
Aufspaltung der Opposition innerhalb der Führungs-
gruppe zu sprechen. Was zur Erörterung stand, war
die Frage, ob Möglichkeiten nach der Sowjetseite sich
ergaben, die es erleichtern würden, durch Abschluß

mit Stalin zum allgemeinen Frieden zu kommen. Das
letztere wird als Ziel auch von Dulles unterstellt.[63] Je
nach der Reihenfolge der Schritte sollte daher Schulenburg, der frühere Botschafter in Moskau, neben
Hassell als möglicher Außenminister einer neuen
Regierung in Bereitschaft gehalten werden. Hassell
selbst war zwar voll tiefer Sorge über eine etwaige
Verständigung Stalins mit Hitler, wollte aber auch für
die Opposition den russischen Stein nicht aus dem
Spiel nehmen. «Es gibt eigentlich nur noch diesen
einen Kunstgriff», schrieb er im August 1943,[64]
«entweder Rußland oder den Anglo-Amerikanern
begreiflich zu machen, daß ein erhalten bleibendes
Deutschland in ihrem Interesse liegt. Tatsächlich liegt
eine gesunde europäische Mitte im Interesse sowohl
des Ostens wie des Westens. Ich ziehe bei diesem
Mühlespiel das westliche Spiel vor, nehme aber auch
die Verständigung mit Rußland in Kauf...» Er ver-
zeichnete ausdrücklich das Einverständnis mit Trott
im Gegensatz zu den «theoretisch-moralischen» Bedenken der anderen. Es ist klar, daß für sie beide dies
Mühlespiel taktisch gedacht war – mit der Hoffnung,
die erwünschte Bereitschaft des Westens um so eher
zu erreichen, wenn die Opposition einen östlichen
Stein im Brett hatte. Zu wirklichen Verhandlungen
ihrerseits auf dieser Linie ist es indessen nicht gekommen.[65]

Es wird hinzuzufügen sein, daß auch die Annäherungsversuche von sowjetischer Seite und die Versuche propagandistischer Einwirkung auf die deutsche
Opposition im Sinne einer «nationalen» Allianz wesentlich den gleichen, nur umgekehrten, taktischen

Sinn gehabt haben. Das gilt von den Fühlungnahmen, zu denen es auf Sowjet-Initiative hin in Stockholm zwischen Peter Kleist, einem Adlatus Ribbentrops, und einem Mittelsmann der russischen Diplomatie (Clauss) gekommen ist. Sie fanden im Dezember 1942 sowie im Juni und September 1943 statt und sind auch Schulenburg, Trott und Hassell bekanntgeworden. Hitler ließ sie ins Leere laufen.[66] Für die russischen Absichten ist die Art recht aufschlußreich, wie Clauss nach den Teheraner Erfolgen die Aktion abschrieb: Die amerikanischen Angebote an die Sowjetunion seien so großzügig gewesen, daß Deutschland nicht mehr mitbieten könne. Und er fügte hinzu: «Das Trojanische Pferd, mit dem Stalin die amerikanische Festung gestürmt habe, sei die Drohung mit dem Nationalkomitee ‹Freies Deutschland› gewesen.» Auch dieser «Mohr», wird man sagen dürfen, hatte Ende 1943 schon «seine Schuldigkeit getan».

So dürfte es bezeichnend sein, daß im ganzen Frühjahr und Sommer 1944 das Nationalkomitee in der sowjetischen Presse nicht mehr erwähnt wurde.[67]

Aber wenn es auch als diplomatische Waffe ausgedient hatte, so erledigt sich damit noch nicht die Frage nach seiner Bedeutung für die Geschichte der innerdeutschen Opposition.[68] Der Propaganda-Effekt an der Front war offenbar verschwindend gering, wie geschickt auch immer die nationale und freiheitliche Tarnung gewesen sein mag. Eben das machte das Einschwenken mancher kommunistischer Gruppen in Deutschland auf diese Linie eher schwierig.[69] Indessen ist kein Zweifel, daß eine nahe Verbindung bestand zum Zentralkomitee der KPD. Seine führenden

Funktionäre arbeiteten im Frühjahr 1943 eine Platt-
form unter der Bezeichnung «Wir Kommunisten und
das Nationalkomitee Freies Deutschland» aus, mit
der sie sich zu dessen Zielen bekannten.[70] Es liegt auf
der Hand, daß ein solcher Zusammenhang, wie auch
Trott mit Sorge feststellte, der Agitation der extremen Linken starken Auftrieb gab. Hingegen steht die
von kommunistischen Autoren vertretene These, die
manche der Kreisauer und insbesondere Stauffenberg
mit dem Nationalkomitee in Verbindung bringt und
sie deshalb als zum Kommunismus neigend rekla-
miert, auf sehr schwachen Füßen. Man mag die von
der Gestapo Stauffenberg zugeschriebene Äußerung,
er «halte nicht viel von den Proklamationen hinter
Stacheldraht», in ihrem Quellenwert bezweifeln, aber
neben der Bekundung menschlicher Sympathie mit
den Offizieren des Nationalkomitees gibt es schlechterdings keinen Beleg für irgendeinen Wirkungszu-
sammenhang.[71]

Aus diesem Tatbestand läßt sich verstärkt der
Schluß ziehen, daß die östlichen Fühlungnahmen
oder Erwägungen der Opposition ganz gewiß nicht
im Sinne einer sowjetfreundlichen Orientierung mißverstanden werden dürfen oder daß überhaupt eine
Ostwendung geschah. – Für Trott insbesondere ist
nachzutragen, daß wesentliche seiner außenpolitischen Bemühungen weiterhin im bisherigen Sinn
nach Westen zielten, jetzt mit der besonderen Bemühung, eine Rücknahme der Forderung nach bedingungsloser Übergabe zu erreichen. Im Oktober 1943
und im März 1944 verhandelte er darüber mit Mitgliedern des Intelligence Department der Britischen

Botschaft in Stockholm. Er arbeitete eine Denkschrift aus, in der er die gewünschten Unterlagen bezüglich der Bedeutung der Widerstandsbewegung lieferte, aber zugleich betonte, der Erfolg möglicher Zusammenarbeit hänge von der Zurücknahme der Forderung nach bedingungsloser Übergabe ab. Es scheint, daß man ihm englischerseits anbot, ihn nach London zu einer Unterredung mit Churchill zu fliegen, allerdings unter der für ihn unannehmbaren Bedingung, daß er in England bleibe. Trott war zum drittenmal vom 23. Juni bis 3. Juli in Stockholm, und das Angebot wurde wiederholt: «The German negotiator had to be Adam and Adam alone.» Es war wie eine späte Rechtfertigung der vielfachen Bemühungen um Kontakt – eine zu späte. Inzwischen war der Entschluß zur Aktion – auch ohne jede Absicherung nach außen – gefaßt.[72]

Von den Stockholmer Fühlungnahmen hatte Dulles offenbar keine genauere Information. Wenn er an seiner Fehldeutung festhielt, so hat dazu wiederum Gisevius Anlaß gegeben. Zwar stellte der amerikanische Beobachter fest, daß im endlichen Ergebnis keine Meinungsverschiedenheit innerhalb der Verschwörer bezüglich östlicher oder westlicher Orientierung bestand und daß sie alle dessen gewahr zu werden begannen, es könne sich nur um «bedingungslose und gleichzeitige Übergabe» handeln. Und doch behauptet er, daß sie über die Frage auseinanderfielen, «ob man ostwärts zum Kommunismus oder westwärts zur Demokratie hinblicken solle», und daß diese Bedrohung ihrer Einigkeit andauerte «bis zur letzten Minute».[73] Überdies verwischt er die Linien des Bildes, indem er die westliche Gruppe «militärisch» und «revolutionär», die östliche hingegen «evolutionär» nennt. Diesem Urteil liegt offenbar eine Überbetonung der Moltkeschen These zugrunde, daß «Hitler und seine Helfershelfer vor der Geschichte und dem deutschen Volke den bitteren Kelch der Niederlage selbst auskosten sollten».[74] In Wirklichkeit befürwortete der Kreisauer Kreis keineswegs, wie wir sahen, schlechthin Untätigkeit, auch war er sicherlich weit mehr «revolutionär», zum mindesten in wirtschaftlichen und sozialen Fragen, als die anderen nichtkommunistischen Elemente der Opposition. Moltke und seine Freunde waren bereit, das Sowjet-Experiment in vieler Hinsicht sehr ernst zu nehmen.

Auch von Trott ist das bekannt. Er legte die ihm besonders wichtigen Grundgedanken seiner Politik in einer Denkschrift «Deutschland zwischen Ost und West» nieder, die leider verlorengegangen ist.[75] Sie wird sich nicht auf die politisch-diplomatische Mittellage beschränkt, sondern ihren Schwerpunkt im Kulturellen und Sozialen gehabt haben. Im Sinne eines gesellschaftspolitischen Programms ist von Trott die Formel überliefert, es gelte, «das Realprinzip des Ostens mit dem Personalprinzip des Westens zu vereinen».[76] Es ist das genau die gleiche Verbindung oder Mittelstellung, die sich uns auch aus der Erörterung des Kreisauer Gedankenguts ergab und die in der Tat über alles Taktische hinausgreift. Wenn Trott in den früher erwähnten Mitteilungen, die er im April 1944 an Dulles gelangen ließ, mit der Ausmalung kommunistischer Tätigkeit in Deutschland und der sowjetischen Propaganda den Westen zu konstruktivem

Handeln drängen wollte, so hat er schon in den Tagen vor Casablanca seine Grundgedanken in einer anderen, direkt an Dulles gerichteten Denkschrift dargelegt, die allerdings nicht hätte als sowjetfreundlich gedeutet werden sollen. Sie ist vielmehr, weiter gedacht, mit ihrer Vorhersage entscheidender Entwicklungen auf dem sozialen (viel mehr als auf dem militärischen) Gebiet und mit ihrer Hoffnung auf eine Volksbewegung gegen die kommunistische und atheistische Diktatur noch heute von Bedeutung. So mögen einige Zitate aus ihr hier stehen.[77]

Trott ging von den enttäuschenden Erfahrungen aus, die in allen Gesprächen mit dem Westen gemacht worden waren. Er betonte insbesondere die Unfähigkeit der westlichen Mächte zu verstehen, daß die Deutschen selber ein unterdrücktes Volk seien, das in einem besetzten Gebiet lebe, und daß die Opposition sich größten Gefahren aussetzte, indem sie auf ihrer Tätigkeit beharrte. Das Ergebnis sei, so fuhr Trott fort, daß «die Opposition die angelsächsischen Länder von bürgerlichen Vorurteilen und pharisäischen Theorien erfüllt sieht». Es bestehe eine starke Versuchung, sich nach Osten zu wenden. Der Grund [dafür] ist der Glaube an «die Möglichkeit einer Verbrüderung zwischen dem russischen und dem deutschen Volk, wenngleich nicht zwischen ihren gegenwärtigen Regierungen. Beide Völker haben mit der bürgerlichen Denkweise gebrochen, beide haben tief gelitten, beide wünschen eine radikale Lösung der sozialen Fragen, die über nationale Grenzen hinausgeht, beide sind auf dem Wege der Rückkehr zu den religiösen, wenn auch nicht den kirchlichen Überliefe-

rungen des Christentums. Der deutsche Soldat hat
Achtung, nicht Haß, für den Russen. Die Opposition
glaubt, daß die entscheidende Entwicklung in Europa
auf sozialem, nicht auf militärischem Gebiet stattfinden wird. Wenn der Feldzug in Rußland nach der Zu-
rückwerfung der deutschen Armeen zu einem gewissen Stillstand kommt, kann sich eine revolutionäre
Lage auf beiden Seiten ergeben. Eine Verbrüderung
zwischen deutschen und den eingeführten fremden
Arbeitern ist gleichfalls ein wichtiger Faktor. Hitler
ist gezwungen gewesen, sich um die Arbeiterklasse
zu bemühen, und hat ihr zu einer zunehmend starken
Stellung verholfen; das Bürgertum, die Intellektuellen und die Generale verlieren mehr und mehr an Bedeutung. Hitler wird fallen, und die Bruderschaft der
Unterdrückten ist die Grundlage, auf der ein völlig
neues Europa aufgebaut werden wird.»

Es war dies die gleiche visionäre Idee einer «Bruderschaft der Unterdrückten», die schon in Moltkes
Gedanken einer Wiederherstellung des Menschenbildes und in der Verbindung mit christlichen Gruppen
in anderen besetzten Gebieten vorausklang. Stauffenberg hing ihr in besonderem Sinne an, wie schmal
auch die Basis für solch eine Hoffnung gewesen sein
mag. Beispiele der Verbrüderung mit Fremdarbeitern
fehlen immerhin nicht. Und Stauffenbergs Versuch,
die russischen Freiwilligen, die auf deutscher Seite
dienten, vor dem Mißbrauch als Kanonenfutter und
als Werkzeuge deutschen oder russischen Nationalismus zu bewahren, bringt diese grundlegende Konzeption zu voller Klarheit.[78] So ist es denn an diesem
Punkt, daß noch einmal und im Widerspruch zu allen

Mißdeutungen die innerste Triebkraft, die der deutschen Opposition einen besonderen Rang verleiht, sichtbar wird. Sie stand und fiel mit einer prinzipiellen Stellungnahme gegen jede Art von totalitärem System, mit einem grundsätzlichen Bestehen auf den Leitgedanken europäischer Zivilisation, auf menschlicher Würde, auf den religiösen Überlieferungen des Christentums und den unabdingbaren Werten humaner Existenz. All dies war ausgerichtet gegen die anonymen Kräfte entmenschlichter sozialer und politischer Systeme. Wenn man dies betont, so wird man freilich zugleich zugeben müssen, daß die deutsche Opposition geringe Unterstützung fand in sogenannten Realitäten, weder in denen des Westens noch in denen des Ostens. Sie focht einen Kampf europäischer Vorhut gegen alle Hoffnung und ohne Aussicht auf unmittelbaren nationalen oder sozialen Gewinn.

So war in der Tat die Lage nach dem Januar 1943, welche Auswege auch immer versucht oder welche verzweifelten Anstrengungen gemacht werden mochten. Im Grunde gab es keine Chance, und nichts blieb übrig, als das Notwendige zu tun. Mr. Dulles faßte das selbst in durchaus zutreffender Weise zusammen, wenn er feststellte:[79] «Von Schweden wie auch von der Schweiz, ja von Spanien, der Türkei und dem Vatikan mußten die Verschwörer erfahren, daß sie auf keinerlei Versprechungen seitens der Alliierten rechnen konnten, daß sie, wenn sie dazu bereit waren, vorangehen mußten, nicht in der Hoffnung auf bessere Friedensbedingungen, sondern lediglich, weil die Pflicht der Reinigung des eigenen Hauses eine absolute war. Es bestand kein Rückhalt in der

Hilfe und den Versprechungen anderer.» In der Tat:
Während alle sonstigen Untergrundbewegungen
über Europa hin reichlich materielle wie psychologische Unterstützung erfuhren und sehr konkrete Be-
lohnungen in Reichweite hatten, war die deutsche allein völlig auf ihre eigenen Kraftquellen angewiesen.
Diese waren nur an der Oberfläche militärisch, im
Prinzip waren sie geistiger und religiöser Art. Von
dieser Grundlage aus konnte Mord als sittliche Pflicht
aufgefaßt werden, als eine Pflicht, den deutschen Namen zu reinigen und die Welt vom Übel zu erlösen,
als eine Befreiung, die von Deutschen selbst bewirkt
werden müsse. Von Tresckows Worte sind zitiert
worden, die das klar aussprachen. Im gleichen Sinne
sagte der frühere Staatssekretär Erwin Planck: «Das
Attentat muß versucht werden, allein schon um der
moralischen Rehabilitierung Deutschlands willen...,
selbst wenn dadurch keine unmittelbare Besserung
der außenpolitischen Chancen Deutschlands einträ-
te.»[80] Dies war nicht der Standpunkt der Opposition
im Jahre 1938 oder zu Beginn des Krieges gewesen,
als es noch möglich schien, Teile des politischen und
gesellschaftlichen Aufbaus eines Vorkriegs-Europa zu
retten. Aber schließlich wurde Casablanca mit einer
anderen «bedingungslosen» Haltung beantwortet –
der des Angriffs auf ein Regime der Schande, einerlei
ob dessen Sturz einen erträglichen an Stelle eines un-
erträglichen Friedens versprach. Er versprach tatsächlich nichts – außer einer Abkürzung des Krieges, die
Unzähligen das Leben retten sowie ganz Europa und
der ganzen westlichen Kultur das tiefste Absinken er-
sparen mochte, das noch bevorstand.

Zusammenfassung und Ausblick

Wenn man den Versuch macht, das Wesentliche der hier behandelten Vorgänge, der Pläne und Aktionen, der Gewissenskämpfe und der politisch-sozialen Ideenbildung, in einer Art von Bilanz zu würdigen, so müssen gewiß einige Fragen offengelassen werden. Nicht nur Tatsachenfragen, die vielleicht niemals voll aufzuklären sein werden, sondern auch Fragen einer letzten, widerspruchsfreien, ja apodiktischen Beurteilung, wie sie einer von den Ergebnissen selbst unberührt gebliebenen Generation naheliegen mag. Ein solches Verdikt geht über die Zuständigkeit des Historikers und wohl über die sterblicher Menschen überhaupt hinaus. Es wird demgemäß hier weder ein Richteramt angemaßt, noch die Rolle des Staatsanwalts oder des Advokaten in Anspruch genommen. Allein schon die Achtung vor dem Ernst und dem umfassenden Charakter der in Betracht kommenden Probleme war (neben vielen andern Gründen) Anlaß genug, diese Studie nicht als Verteidigungsschrift (oder gar als Schrift mit der Absicht einer «Mythenbildung») zu unternehmen und sie in keiner ihrer Phasen als solche zu betrachten. Auch

steht es nicht dem Historiker zu, von sich aus zu entscheiden, ob und bis zu welchem Grade der Ausdehnung die Eigenart der deutschen Opposition gegen
Hitler, ihre Handlungen, ihre Absichten, auch wenn
sie nicht zum Erfolg führten (– so gewiß sie die «Ehre
des Landes» wiederherzustellen geeignet waren –),
zugleich sozusagen «mildernde Umstände» begründen in der Abrechnung mit dem, was das Dritte
Reich Millionen von Menschen angetan und was es
an Verheerungen hinterlassen hat. Es mag genügen
daran zu erinnern – und dies ist vielleicht wichtiger
als irgendeine Feststellung, die man heute vom
Schreibtisch aus machen könnte –, daß die leitenden
Männer der Verschwörung selbst, Geistliche sowohl
wie Laien, und zwar mitten im Sturm der Ereignisse
und der Erprobungen, für den Gedanken der Sühne
lebten und starben. In einem Abschiedsbrief, den
Goerdeler im Gefängnis schrieb, drückte er den gleichen Gedankengang aus, den man in so vielen anderen Dokumenten des deutschen Widerstandes findet.
Er schloß den Brief mit den Worten:[1] «Die Welt aber
bitte ich, unser Märtyrerschicksal als Buße aufzunehmen für das deutsche Volk.»

Nicht im Hinblick auf die metaphysische oder politische Seite dieses Appells, sondern um der geschichtlichen Gerechtigkeit und Wahrheit willen ist diese
Studie vor mehr als zwanzig Jahren begonnen worden. Ihr nächstes Anliegen war daher, Tatsachen zur
Klarheit zu bringen, die damals einem breiteren Publikum weithin unbekannt waren und die auch in den
Jahren danach kaum je in ihrer Vielfalt, in ihrer wech-
selseitigen Beziehung und Durchdringung, vorgelegt

worden sind. Wie in jeder geschichtlichen Studie bedürfen diese Tatsachen zudem der Einordnung in
weitere Zusammenhänge zeitbedingter wie überzeit-
lich-werthafter Art und zugleich der immer erneuten
kritischen Überprüfung, insoweit es sich um die zugrunde liegenden Quellen handelt. All dies gehört
zum rechtmäßigen Arbeitsfeld des Historikers. Er
wird dabei die Hilfe des Soziologen und Politologen
bereitwillig in Anspruch nehmen, ohne sich den mit
Absolutheitsanspruch aus der Gegenwartslage der industriellen Gesellschaft entnommenen und daher oft
für die dreißiger und vierziger Jahre zeitfremden und
sachfremden Kategorien bedingungslos zu unterwerfen.

Wie dem auch sei: Es darf im Hinblick auf die Forschung zweier Jahrzehnte wohl gesagt werden, daß
innerhalb der Grenzen reiner Tatsachenfeststellungen
ein verhältnismäßig breites Gebiet nunmehr als gesichert betrachtet werden kann und aus der Atmosphäre des Getarnten und Verfemten, die es umgab, wie
auch der des verzerrenden Einflusses, den Parteistreit,
Leidenschaft, Ressentiment und politische Propaganda jedweder Art naturgemäß gehabt haben und zum
Teil noch haben, herausgehoben ist.

Einige wenige Ergebnisse solcher Art mögen kurz
zusammengefaßt werden. Die deutsche Opposition
gegen Hitler war zunächst einmal zahlenmäßig ver-
breiteter, als vielfach zugestanden worden ist, sie war
nicht nur Angelegenheit einer «Elite» klassenmäßig
und interessenmäßig begrenzter, in der Vergangenheit lebender, allem «Modernen» abgewandter Art,
noch, wie die Gegenthese lautet, in Intensität und

Wirkungsgrad von der Nähe zum Kommunismus abhängig. Sie war breit gestreut und dabei ausgedehnter, als unter den Bedingungen des Terrors erwartet werden konnte. Sie entwickelte sich nicht nur durch verschiedene Stufen der Nicht-Gleichschaltung und Nicht-Übereinstimmung hindurch: von der Feindseligkeit, die hinter Gefängnismauern und Stacheldraht erstickt wurde – aber auch da bis zum Ende hin ihre bestimmten lagerbedingten Ausdrucksformen fand[2] –, vom Abseitsstehen, Sich-integer-Halten und von dem Schweigen einer potentiellen Opposition, vom humanitären Protest und von der geheimen Hilfe, die Opfern der Verfolgung gewährt wurde, zur Gegenpropaganda der Illegalen, zu ihrer Untergrundtätigkeit, zum geistig-religiösen Angriff auf die Grundgedanken aller totalitären Systeme, zu aktivem Planen und politischem Widerstand.

Darüber hinaus kann festgestellt werden, daß die deutsche Opposition schon lange vor dem Krieg in bestimmten Formen Gestalt gewann und daß sie ihren ersten Höhepunkt in einem Versuch erreichte, dem Kriege vorzubeugen. Auch im weiteren Verlauf war es nicht erst die drohende Niederlage, die sie zum Handeln trieb; im Gegenteil, einige ihrer führenden Männer waren überzeugt, daß ein Sieg Hitlers, ein Sieg des «Erzfeindes der ganzen Welt» und des Antichrist, die größte aller möglichen Katastrophen sein würde; sie waren dieser Überzeugung – wie auch der von der äußeren Unmöglichkeit eines solchen Ausganges – bereits zu einer Zeit, als ein deutscher militärischer Sieg vielen noch durchaus wahrscheinlich erschien. Während die scharfe Schneide, die «Vorhut» der Opposition militärisch war, wie es unter einem totalitären System kaum anders sein kann, wurde ihr «Körper und Geist» vom Politischen und Ethischen her bestimmt. Wenngleich die Verschwörung durch führende Männer bestimmter gesellschaftlicher Gruppen geleitet wurde, so umfaßt sie doch alle sozialen Elemente, bürgerliche und militärische, aristokratische und proletarische, geistliche und weltliche. Sie brachte aus ihren Reihen eine Anzahl von Persönlichkeiten hervor, die fähig und bereit waren, die Regierung Deutschlands in den Provinzen und Städten sowohl wie in der Zentrale zu übernehmen; sie unterhielt mit dem Ausland Fühlung und hat es an Warnungen sowohl wie an Beweisen ihrer Existenz nicht fehlen lassen. Während die Opposition aus naheliegenden technischen Gründen keine Massenbewegung sein konnte und auch nicht wagen durfte, sich an die nazihörigen Teile der Bevölkerung in irgendeiner Form der Gegenpropaganda zu wenden, war sie doch ausgerüstet mit einem Netzwerk von Zellen und mag hier und da bis in die kleinen Gemeinschaften hinuntergereicht haben. Überdies hatte sie für die Zeit nach dem Sturz des Regimes ein Programm, das ein Vakuum verhindert hätte, das neben Formen einer Übergangslösung Vorschläge und Forderungen enthielt, die mindestens in einigen ihrer Hauptrichtungen – ungeachtet sonstiger Verschiedenheiten – einer breiten Koalition oppositioneller Kräfte gemeinsam waren und über die nächsten Ziele, Beendigung des Krieges und Bildung einer nazifreien Regierung, weit hinausgingen.

Mit der Analyse dieses positiven Programms, der

Motive, der bestimmenden Zwecke und der leitenden Gedanken der deutschen Opposition wechselt die
Aufgabe des Historikers von der Tatsachenfeststel-
lung in die der Deutung hinüber, die der wichtigere
und zugleich naturgemäß der schwierigere Teil seines
Anliegens ist. Immerhin hat auch in diesem Betracht
der Grund erheblich an Festigkeit gewonnen. Man
sollte das in seiner Bedeutung für das geschichtliche
Bild der jüngsten Epoche nicht unterschätzen, auch
wenn inzwischen auf gesichertem Boden neuer Streit
sich erhoben hat, so über den «realpolitischen» Gehalt
des Programms, über restaurative oder revolutionäre
Züge, über die Fähigkeit zum Handeln von einer moralischen Opposition aus wie über die Grundsatzfragen des Widerstands, zu denen im Vorwort wie an
entscheidenden Punkten des Textes Stellung genommen worden ist.

Es wird daher, um sich des Abstandes und zugleich
doch auch einer bestimmten Gegenwartsaktualität zu
vergewissern, die als solche in der Haltung von Deutschen vorgelebt worden ist, gut sein, noch einmal für
einen Augenblick daran zu erinnern, welches Ausmaß die Entstellungen und Vorurteile gegenüber dem
Phänomen der deutschen Opposition um 1945 tatsächlich angenommen hatten. Es ist unbestreitbar,
daß insbesondere angelsächsische Verlautbarungen,
nachdem sie einmal das Vorhandensein eines Widerstands hatten zugeben müssen, die Bewegung weitgehend karikierten und die «Offiziere» in einer Weise
angriffen, die fast auf ein Bündnis mit Hitler hinaus-
lief. In der Tat fanden sich in leitenden Zeitungen er-
schütternde Zeugnisse dieser seltsamen Allianz.

Es mag genügen, aus einigen Leitartikeln zu zitieren, die den Sinn des 20. Juli der amerikanischen Öffentlichkeit erläuterten. Am 9. August stellte die «New York Times» fest, daß die Einzelheiten des Attentates eher an «die Atmosphäre der finsteren Verbrecherwelt» erinnerten als an die, welche «man normalerweise in einem Offizierskorps eines Kulturstaates erwarten würde». Ein ganzes Jahr lang, so bemerkte die «Times» in vorwurfsvollem Tone, hatten einige der höchsten Offiziere der deutschen Armee sich mit Plänen beschäftigt, «das Oberhaupt des Staates und den Oberkommandierenden seiner Armee gefangenzusetzen oder zu töten». Schließlich führten sie ihren Plan aus «mit einer Bombe, der typischen Waffe der Verbrecherwelt...» Einige Tage früher (1. August) hatte die «New York Herald Tribune» geschrieben: «Wenn der Hitlerismus seine letzte Verteidigungsstellung bezieht, indem er die militärische Tradition zerstört, dann nimmt er den Alliierten einen großen Teil ihrer Arbeit ab.» Am 9. August fügte die gleiche Zeitung die folgende Würdigung hinzu: «Amerikaner werden im allgemeinen nicht bedauern, daß die Bombe Hitler verschont hat, auf daß er seine Generale erledige. Amerikaner haben nichts übrig für Aristokraten als solche und am wenigsten für diejenigen, die dem Gleichschritt (goosestep) huldigen und, wenn es in ihre Pläne paßt, mit niedriggeborenen, pöbelverbundenen Korporalen zusammengehen. Mögen die Generale den Korporal töten oder umgekehrt, am liebsten beides.»

Es besteht ein beträchtlicher Abstand zwischen den ethischen Vorstellungen dieser Leitartikel und denen

der Männer – viele unter ihnen in der Tat Offiziere
und Aristokraten –, die es als ihre Pflicht ansahen, die
Bande der gewohnten Loyalität zu zerbrechen und
das Staatsoberhaupt «gefangenzusetzen oder zu töten». Das Problem des Militarismus sollte gewiß
nicht leichtgenommen werden, und die deutsche Historie hat sich ihm mit Energie gewidmet. Aber das
Scheinbild, das um dies geschichtliche Phänomen
herumgewoben ist, hat unerträgliche Verallgemeinerungen mit sich geführt. Sie sind schlechterdings nicht zu vereinbaren mit dem Geist, der aus
den Zeugnissen der deutschen Oppositionsbewegung
spricht. Aus ihnen ergibt sich vielmehr, daß die
Überlieferungen eines «echten preußischen Militarismus», soweit sie noch im Nazideutschland vorhanden waren, durchaus eine Schranke gegen nationali-
stische und demagogische Ausschreitungen bildeten.
Vielleicht besteht eher Anlaß zum Bedauern, daß
nicht mehr vom Grundbestand dieser Traditionen
den Zeitgeist überlebt hatte. Wie immer dies sein
mag, die leitenden militärischen und aristokratischen
Mitglieder der Verschwörung waren gewiß nicht in
eng gefaßten Begriffen ihres Berufes und ihrer Kaste
befangen, sie dachten sehr weitgehend in denen der
Wiederherstellung menschlicher und übernationaler
Werte. Die stärkste Kraft, die sie trieb, waren moralische und religiöse Impulse. Es wird kaum nötig sein,
die Gedanken und Taten hier wiederholend zusam-
menzufassen, die eine solche Deutung unterstützen.

Hingegen soll – in der Schlußbetrachtung und um
des Ausblicks willen – nicht darüber hinweggegan-
gen werden, daß gerade an diesem Punkt, zumal im

angelsächsischen Schrifttum, kritische Betrachtungen
oder grundsätzliche Erwägungen angesetzt haben.
So in einer Chicagoer Dissertation von George K.
Romoser und seinem Aufsatz «The Politics of Uncertainty»[3]. Der Autor bestreitet nicht die Widerstands-
motive religiöser oder moralischer Art – etwa bei
Goerdeler –, aber er bagatellisiert sie, indem er der
deutschen Historie vorwirft, daß sie zwar von den
idealistischen Prinzipien und den Zielen moralisch
orientierter Verschwörer spreche, aber nicht von dem
«Schisma» zwischen diesen Zielen und den Erfordernissen des Handelns hic et nunc. Man wird diesen
Vorwurf nicht als berechtigt anerkennen können –
oder höchstens in dem Sinn, daß wir statt Schisma
lieber Dilemma sagen würden. Auch lag gewiß nicht
an diesem Punkt, wie der Autor fortfährt, «das Zentrum aller Diskussionen zwischen den Verschwörern». Ebenso wird man sich gegen andere grobe
Vereinfachungen wenden müssen; es trifft nur für
einzelne zu, daß die Opposition gegen Hitler eine Art
Fortsetzung der Opposition gegen Weimar war oder
daß ihre Mitglieder einige Zeit lang kollaboriert hatten. Und die Behauptung, es gebe keine «wichtigere
Aufgabe» (!) in der Interpretation des deutschen Widerstands als die «Erforschung der Beziehungen zwischen der Anti-Nazi-Bewegung», die erfolglos war,
und «der Anti-Weimar-Bewegung», die Erfolg hatte,
zeigt, in welchen Irrweg eine angeblich realpolitische
Betrachtung führt. Auch daß der Hauptgrund der
«Uncertainty» in dem Mißtrauen der Verschwörer
gegen die Massen gelegen habe, ist nur bedingt richtig, nämlich nur insofern, als ihre Zielvorstellungen

allerdings um die Problematik der Massendemokratie kreisten. Aber für den Aufstand gegen das Regime glaubten sie, wenn die Ketten einmal gefallen seien, einer relativ breiten Gefolgschaft sicher zu sein. Es hilft nicht viel weiter, wenn bei dem Bemühen um ein objektives Verstehen die Bedeutung des deutschen Widerstands schließlich darin gesehen wird, daß er «die Schwierigkeiten aller politischen Aktionen deutlich macht» oder, wie der Autor erläuternd ausgeführt hat, die Schwierigkeit, «moralische Einwände mit realpolitischen Zielen zu verbinden».

Mit Berufung auf Romoser glaubt Hannah Arendt in der deutschen Ausgabe ihres Eichmann-Buches[4] vom «politischen Bankrott der gesamten Widerstandsbewegung seit 1933» sprechen zu können. Sie erkennt gewiß auch den Mut der «Leute» an, die mit ihrem Leben zahlten, schließt sich gleichwohl aber mit einiger Entschiedenheit dem Urteil von F. Reck-Maleczewen (aus dem «Tagebuch eines Verzweifelten») an, daß die, «welche vorgestern die Monarchie und gestern die Republik» verrieten, nun dasselbe getan haben (am 20. Juli) gegenüber einer «pleite gegangenen Firma, um sich ein politisches Alibi zu verschaffen». Und die Autorin bekennt sich schließlich zu der Ansicht, «daß das, was man gemeinhin unter Gewissen versteht, in Deutschland so gut wie verloren war, ja daß man kaum sich noch bewußt war, wie sehr man selbst bereits im Bann der von den Nazis gepredigten Wertskala stand». Ein Urteil, das – wie in anderen Fragen, zu denen die Verfasserin Stellung nimmt – nur von außen und mit einem gut Teil Pharisäertum gefällt werden konnte.

Auf ganz anderen Voraussetzungen beruhen die
Zweifelsfragen, die in einer jüngst erschienenen Veröffentlichung aus dem Smith College Klemens von
Klemperer an «The Case of the German Opposition»
angeknüpft hat[5] – Zweifelsfragen betreffend das
«Mandat» zum Widerstand, das im deutschen Fall
fragwürdig gewesen sei. Er zitiert, wenn auch nicht
gerade zustimmend, das absprechende Verdikt eines
jungen amerikanischen Autors (H. M. Pachter)[6]: Die
Verschwörer gehörten zu einer Gesellschaftsgruppe,
bereit, «Nation und Staat zu verraten», jedesmal
wenn ihre Privilegien in Gefahr waren! Immerhin
auch Klemperer ist der Meinung, daß die Opposition
eine «ohne Volk» war, daß ihr sowohl das Mandat
populären Auftrags wie einer liberal-demokratischen
Tradition gefehlt habe. Indem er den Vorwurf des
Opportunismus zurückweist, möchte er vielmehr
von politischer «Unreife» und irregeleiteter Romantik sprechen, jedenfalls von einer unpolitischen Neigung zu abstraktem Theoretisieren, die kein Mandat
zum Widerstand begründen könne, wie es außerhalb
Deutschlands für die dortigen Résistancen aus Natur-
recht und Nationalinteresse sich ergeben habe. Man
könnte hier schon fragen, ob das, was im Gedankengut der deutschen Opposition als politikfern (oder
«unmodern») erscheint oder das Angehen gegen ein
sogenanntes «Nationalinteresse» als höchste Instanz
nicht das eigentliche Politikum war. Ohne so weit zu
gehen und ohne in der Kritik an dem langsamen und
späten Start nachzulassen, kommt der Autor in
durchaus positiver Wendung doch zur Anerkenntnis
eines legitimen Mandats, und zwar gerade im aristo-

kratischen und konservativen Ethos. Interessanter-
weise wird dabei aus der Gegenwartssicht der sechziger Jahre die konkrete Erscheinung der deutschen
verantwortungsbewußten Opposition gegen Hitler
abgesetzt von der Forderung einer jungen Generation
nach «preventive» oder «perpetual resistance», die
nur zu einer neuen Form von Tyrannei führen könne.
Wo aber, so lautet das zusammenfassende Urteil, in
einer Gesellschaft alle friedlichen und verfassungsmä-
ßigen Mittel gegenüber einem tyrannischen Regime
erschöpft sind, wird aktiver Widerstand legitim.
«Das war der Fall in Hitlers Deutschland.»

Mit dieser Analyse wird erneut eine wiederholt
schon berührte Tatsache hervorgehoben, nämlich die
Rolle, die aristokratische und konservative Elemente
innerhalb der deutschen Opposition gespielt haben.
An diesem Punkte greift die Abwehr alter und neuer
Mißverständnisse in die Erörterung einer Grundfrage
hinüber. Eine rein soziologische Betrachtungsweise
führt nicht sehr weit in ihrer Erhellung. Und auch
mit der Betonung des Generationenwandels, mit der
Unterscheidung zwischen denjenigen, die, in ihrem
Geschichtsbewußtsein unerschüttert, noch an einem
Wunschbild besserer Vergangenheit hingen, sei es des
kaiserlichen, sei es des Weimarer Deutschland, und
denen, die «Revolution machen» wollten, ist es nicht
getan. Sosehr dieser Unterschied eine Realität war,
sowenig gibt er den Schlüssel der Würdigung in die
Hand. Keiner der Alten – und ganz gewiß nicht Goerdeler – war «unerschüttert» oder reaktionär in dem
Sinne, daß er nicht von der Notwendigkeit eines tiefgreifenden Neuansatzes überzeugt gewesen wäre –

keiner der Jungen wollte eine gewaltsame Umschaf-
fung, wie sie die Sowjets durchgeführt hatten oder
Hitler mit seiner Unterminierung aller historischen
Strukturen betrieb. Aristokratisches, d. h. verant-
wortliches Führungsdenken und eine konservative
Freiheitsidee war in beiden Lagern vertreten.

Auch hier wird es, um gewisser terminologischer
Schwierigkeiten willen, angezeigt sein, noch einmal
auf den Ausgangspunkt dieser Studie zurückzugreifen, insoweit sie der Abwehr bestimmter amerikanischer Mißdeutungen galt. Es liegt auf der Hand, daß
für Betrachter in den Vereinigten Staaten die Würdigung des aristokratischen Elements durch jahrhun-
dertealte demokratisch-egalitäre Traditionen er-
schwert wird und die des Konservativen durch einen
Wortgebrauch, der von dem in Europa üblichen erheblich abweicht. Das ist hier nur insoweit zu berüh-
ren, als es für eine Würdigung der deutschen Opposition Bedeutung hat. Amerikaner, die über dieses
Thema mit Sympathie schreiben, wie etwa der jüngere McCloy (dessen Buch in deutscher Übersetzung
den bezeichnenden Untertitel trägt: «Ein Geschenk
an die deutsche Zukunft»), werden geneigt sein, die
energischsten Gegner der Nazis allgemeinhin «Liberale» im Sinn von «fortschrittlich» zu nennen, während es sich im europäischen Wortsinn um radikale
Sozialisten oder radikale Konservative handeln mag,
in jedem Fall um Männer, die staatliche Tyrannei sowohl wie unbeschränkten Individualismus bekämpften. Es gibt ja seit den Tagen Edmund Burkes eine
Freiheitsbewegung gegen Gewaltherrschaft – sei es
eine der alten Autoritäten oder eine ausgeübt von

einer revolutionierten Masse –, die unter konservativen Vorzeichen steht. Umgekehrt hat in den Vereinigten Staaten das Wort «konservativ» sich an die Nachfahren des klassischen Liberalismus geheftet, die gegen den «New Deal», überhaupt gegen jeden staatlichen Eingriff in die persönliche oder wirtschaftliche Sphäre und zumeist Vertreter von «big business» sind. Gerade dieser Sprachgebrauch dürfte es möglich machen – auch für den deutschen Betrachter –, zu verstehen, wenn auch nicht als Verdikt hinzunehmen, daß, wie erwähnt, gerade die Kreisauer Aristokraten und andere Konservative sowohl wie ihre sozialistischen Freunde in Goerdeler wegen seiner «liberalen» Hinneigung zu den freihändlerischen und bürgerlichen Idealen des 19. Jahrhunderts einen «Reaktionär» sahen.

Diese Verschiedenartigkeit im Gebrauch von Begriffen sollte nicht die klaren Linien verwischen, aber sie gibt vermehrten Anlaß, einseitige Verallgemeinerungen zu vermeiden. In der Tat nahmen Liberale, Sozialisten und Konservative an der deutschen Opposition teil in verschiedenen Mischungsgraden, aber alle irgendwie vom Grundanliegen wiederherzustellender Freiheit getrieben. Ganz gewiß kann die Widerstandsbewegung nicht deshalb als reaktionär abgestempelt werden, weil konservative und aristokratische Elemente so wesentlich zu ihr beitrugen. Soweit es sich bei der deutschen Opposition um eine restaurative Tendenz handelte, zielte sie zum Teil und eben gerade bei Goerdeler auf die Erneuerung eines gesellschaftlichen und wirtschaftlichen Systems ab, das im Sinne der bürgerlichen Geschichtsepoche möglichst

weitgehend von politischer Intervention frei sein sollte. Auf der anderen Seite war der Wunsch, die Werte
westlicher Kultur zu «restaurieren», das heißt die
Menschenwürde oder, in Moltkes Worten, das «rechte
Verhältnis zwischen Verantwortung und Anspruch»
wiederherzustellen, gewiß auch für Goerdeler zentral,
entsprach aber in besonderem Maße konservativem
Denken. Wir sahen, daß auf religiösem Gebiet die Orthodoxie sich am stärksten auf die Pflicht des Widerstands besann. Genauso gewann ein echter politischer
Konservatismus seine traditionelle Stellung gegenüber der Verherrlichung von Staat und Nation zurück
– gegenüber der Vergötzung von Technik und Mam-
mon, in der Tat gegenüber allem, was aus dem Menschen ein Mittel zum Zweck zu machen droht.

So erlebte man überall in Europa, unter Katholiken
wie Protestanten, eine Wiederbelebung der Kräfte eines religiösen, kulturellen und politischen Konservatismus. Überhaupt rief die herandrängende nihilisti-
sche Welle und die drohende Entseelung eines mecha-
nisierten und säkularisierten Gesellschaftsapparats
starke Gegenkräfte auf. In Deutschland war das schon
in Teilen der Jugendbewegung und anderen neukonservativen Gruppen der zwanziger Jahre zum Ausdruck gekommen. Unter dem Druck des Hitlerre-
gimes verbanden sich diese Kräfte mit sozialistischen
Elementen allerdings zu einer Front, die man schwerlich im kontinentalen Sinn «liberal» nennen kann, die
ebenso den zentralistischen Nationalstaat wie das ihm
zugrunde liegende bürgerlich-gesellschaftliche System und andere Glaubensartikel des 19. Jahrhunderts
bekämpfte.

Das hieß unter anderem, daß die Männer der deutschen Opposition nicht die Absicht hatten, die Idee des Volks-Staates da wiederaufzunehmen, wo die Weimarer Republik sie hatte fallenlassen müssen. Ihre Pläne gingen, in verschiedenem Grade und mit verschiedenen Schattierungen, auf eine konservative und dezentralisierte Demokratie, mit einer mehr oder weniger starken Beimischung von Sozialismus. Wiederum wird es nützlich sein, daran zu erinnern, daß auch die Väter der amerikanischen Republik überzeugt waren, uneingeschränkte Mehrheits-Herrschaft werde sicherlich zur Tyrannei führen. Ihr System von Gewichten und Gegengewichten («checks and balances») war anders als das der deutschen Opposition, aber es hatte gleichfalls Züge einer konservativen Demokratie, und der Nachdruck, der auf örtliche Selbstverwaltung und Dezentralisierung gelegt wurde, war in beiden Fällen nicht so sehr verschieden. In Deutschland bedeutete das ein Zurückgehen auf ältere Überlieferungen, etwa auf des Freiherrn vom Stein z. T. unvollendet gebliebenen Reformpläne, aber die Rückwendung bedeutete zugleich ein forderndes Vorausdenken mit Bezug auf noch heute aktuelle Probleme. Sie sind mit der äußeren Betonung stabilisierender Faktoren im demokratischen Aufbau und mit einem formal sehr weitgehenden Föderalismus innerlich noch keineswegs gelöst, und Adam von Trotts Worte, daß die entscheidende Entwicklung in Europa «auf sozialem, nicht auf militärischem Gebiet» stattfinden werde, haben weder durch die Erfahrungen des kalten Krieges noch die der Koexistenz an Bedeutung verloren.

Das gleiche wird vom internationalen Gedankengut der deutschen Oppositionellen zu gelten haben.
Auch hier besteht ein naher Bezug zu den dringend-
sten Bedürfnissen unserer Tage. Es mag dabei angemerkt werden, daß ihre Pläne für die Auflösung
Preußens und die Föderalisierung Deutschlands nicht
rein negativer Art und nicht von Ressentiments diktiert waren; sie gingen nicht nur darauf aus, die Möglichkeit einer hegemonialen Machtbildung in der
Mitte Europas schon im Ansatz auszuschließen,
wenngleich sie eben dies als eine nach den Hitlerschen
Exzessen notwendige Maßnahme anerkannten und
als ein Opfer anboten, das Deutschland dem Zusammenleben der Völker bringen müsse. Daß dies Zusammenleben Krieg in alle Zukunft auszuschließen
habe, ja, daß dies traditionelle Mittel internationaler
Auseinandersetzung völlig obsolet geworden sei, war
eine insbesondere von Trott dokumentierte Überzeugung der oppositionellen Kreise, auch wenn sie von
der atomaren Bedrohung der Welt noch nichts wissen
konnten. Darüber hinaus dachten sie in Begriffen
eines wirtschaftlich vereinheitlichten und lebensfähi-
gen, aber kulturell und politisch vielgestaltigen Mitteleuropa, das als ein Bündnis von Föderationen
organisiert und einem europäischen wie einem Weltbund eingegliedert werden sollte. Aber sie wußten
auch, so hatte es Moltke ausgedrückt, daß all dieses
«weniger ein Problem von Grenzen und Soldaten,
von wasserkopfartigen Organisationen und großartigen Planungen» war, als vielmehr von der Beantwortung der Frage abhing, «wie das Bild des Menschen
wiederhergestellt werden kann im Herzen unserer

Mitbürger». Mit anderen Worten, sie wußten, daß aller Wiederaufbau, national und international, von der Rehabilitierung der Menschenwürde abhing, die so tief im Kurs herabgesetzt worden war. Es bedeutete keine Phrase, wenn dem Bischof von Chichester gegenüber die Überzeugung der Opposition dahin ausgesprochen wurde: «Die grundlegenden Prinzipien ... innerhalb dieses Bundes freier europäischer Völker sollten ausgerichtet oder wiederausgerichtet werden nach den Fundamentalsätzen christlichen Glaubens und Lebens.»

Es mag wohl sein, daß dieser «Idealismus» wie überhaupt der Glaube an ordnende Prinzipien manchen «Neorealisten» unserer Tage wenig zu sagen hat. Begriffe wie «Gemeinwohl», die im Gedankengut des Widerstands eine Rolle spielen, sind von Hitler so pervertiert worden, daß sie, wie jeder Versuch, den Interessenpartikularismus der pluralistischen Gesellschaft durch etwas Normatives einzugrenzen, fast ganz außer Kurs gesetzt sind. Auch von Antrieben des Gewissens wagt man im politischen Raum kaum noch zu sprechen. In den Vereinigten Staaten hat man beobachten können, wie es im Rückschlag gegen mißbrauchte Ideologien, gegen die Weltanschauungsfronten und den Kreuzzugscharakter des letzten Krieges in bestimmten Kreisen üblich geworden ist, in «militärischer Sicherheit» und «nationalem Interesse», als dem Inbegriff der Realpolitik, die ausschließlichen Maßstäbe des Handelns zu sehen. Und doch hat ein führender Kopf dieser Schule, George F. Kennan, davon gesprochen,[7] wie bitter nötig Männer von der Art des Grafen Moltke seien, wenn «die Zukunft

der Region von der Elbe bis zur Beringstraße einmal
wieder eine glücklichere sein soll». Es liegt darin die
Anerkenntnis einer Realität, die als Überzeugung und
Opferwille gegenüber diktatorischen Regimen an der
Grenze des menschlich Zumutbaren mehrfach nach
1945 zur Wirkung gekommen ist bis zum «Prager
Frühling» hin, und zwar in der Linie eines freiheit-
lichen, eines personalen Sozialismus, wie ihn die
Kreisauer vertraten. Wenn Moltke dabei von dem
amerikanischen Autor als Repräsentant einer solchen
Ideenwelt genannt wird, so mag noch einmal auf ein
Dokument aus seiner Feder zurückgegriffen werden,
in dem es heißt[8]: «Es ist wohl nicht übertrieben,
wenn man sagt, daß alles, was absolut sein sollte, relativ geworden ist... Dafür sind Dinge, denen jeder
absolute Wert fehlt, wie Staat, Rasse, Macht verabsolutiert worden.» Was mit dieser Kritik indirekt gefordert wurde, ist jene mehrfach schon erwähnte Zurechtrückung der Wertskala gegenüber zeitüblichen
Maßstäben mit ihrer Absolutsetzung politischer Werte, eine Zurechtrückung, die, wie es im Dokument
heißt, im Bewußtsein der «Gebundenheit an Werte,
die nicht von dieser Welt sind», begründet ist, aber
deshalb keineswegs unpolitisch zu sein braucht. Vielleicht ist solche Gebundenheit und das Vertrauen auf
die daraus erwachsenen Kräfte in der Tat dem innersten Kern der zeitgeschichtlichen Auseinandersetzung
näher als das auf «Soldaten und wasserkopfartige Organisationen». Insbesondere in diesem Zusammenhang gehört es zu den Ehrentiteln fortwirkender Art,
daß in der deutschen Opposition Männer hervortra-
ten, die an ihrem Teil die Auflehnung des Mensch-

lichen gegen das Unmenschliche denkwürdig bezeugen.

Um so mehr gewinnt die Tragödie vom 20. Juli an geschichtlicher Perspektive. Man mag heute als gewiß unterstellen, daß die «Herald Tribune» im Irrtum war, als sie prophezeite: «Amerikaner werden im allgemeinen nicht bedauern, daß die Bombe Hitler verschont hat.» Es ist zuzugeben, daß ein erfolgreiches Attentat, das zur Beendigung des Krieges führte, die Fortsetzung einer Serie von amerikanischen Siegen verhindert haben würde. Statt dessen wären unzähligen Menschen, Hunderttausenden von Soldaten an allen Fronten, die während der Monate zwischen Juli 1944 und Mai 1945 fielen oder verstümmelt wurden, und Millionen von Zivilisten in Vernichtungslagern des Ostens oder in bombardierten und brennenden Städten Leben und Gesundheit erhalten geblieben. Darüber hinaus führte der Fehlschlag im besonderen zur Ausmerzung von Persönlichkeiten, die – neben unzähligen anderen – eine höchst empfindliche, ja kaum ersetzliche Lücke in den zum Aufbau bereiten Kräften hinterlassen haben.

Es ist unmöglich, heute zu sagen, ob gleichwohl die Saat, die sie pflanzten oder aus der sie selbst emporwuchsen, lebendig geblieben ist, trotz der jahrelangen Verfemung, die heute in neonazistischen oder auch nur nationalistischen Bewegungen eine Erneuerung gefunden hat, und trotz der Gefährdung, die im «Wirtschaftswunder» sowohl wie im anarchistischen Angehen gegen die als «repressive Toleranz» verstandene Liberalität sozialreformerischen Denkens beschlossen sein mag.

Die Absicht des nationalsozialistischen Regimes
war es jedenfalls gewesen, die gegnerischen Gruppen
– nicht nur personell, sondern auch ideell – mit
Stumpf und Stiel auszurotten. Man muß, um das in
seinem Fanatismus ganz zu ermessen, die Rede lesen,
die Himmler am 3. August 1944 vor den Gauleitern
hielt[9] und die sich bemüht, den soeben versuchten angeblichen «Dolchstoß» sogar bis auf das – aristokratische Offizierskorps des Ersten Weltkrieges zurückzu-
datieren. Als Isa Vermehren,[10] die selbst ein Opfer der
Sippenhaft war, in Buchenwald eingeliefert wurde,
traf sie dort zehn Stauffenbergs und acht Goerdelers.
Aber nicht alle aus den führenden Kreisen der Opposition gingen zugrunde, und Ideen, aus einer extremen Situation erwachsen, aber auf das bleibende
Menschliche bezogen, haben ihre eigene Folgerichtigkeit. Man wird hoffen dürfen, daß in einem Lande,
wo die «Wurzeln» in jedem erdenklichen Sinne bloß-
gelegt wurden und wo in den Worten des Grafen
Lehndorff «alles Alte» gewaltsam von einem «gerissen» worden ist, der Wille nicht aussterben wird,
grundsätzliche Fragen ernst zu nehmen und auf Leitbilder verpflichtender Art bedacht zu sein. Es bedarf
dazu freilich der Absage an jenen Zynismus, der sie in
ideologische Scheinparolen verdünnt sieht und selbst
im Verzicht auf jede verbindliche Norm endet.

Eben damit wird noch einmal und abschließend
festzustellen sein, daß die deutsche Opposition Antriebe und Imperative hinterlassen hat, die weder an
Lokalität noch an Nationalität gebunden sind. Wenn
mit Bezug darauf von ihrem «vorausweisenden»
Charakter gesprochen werden kann, so ist dabei nicht

an den Widerstandsvorbehalt gedacht, der als Kompensation für die Notstandsgesetze in Art. 20 des Grundgesetzes der Bundesrepublik eingefügt wurde, sondern an den spezifischen Beitrag der deutschen Opposition zu einer im universalen Rahmen gestellten Aufgabe, die aus der Präsenz oder der ständig präsenten Drohung der Vergewaltigung des Menschen durch totalitäre Systeme der einen oder anderen Art sich ergibt. Es wird damit auf Probleme hingedeutet, die nach dem Charakter der Epoche, in der wir leben, mit uns bleiben werden und zugleich an Zeitloses rühren. Sie haben jene Überzeugungsgemeinschaften über Landesgrenzen hin möglich gemacht, die das christliche Mittelalter gekannt hat und in ihrer Weise auch noch die Zeit der Aufklärung, die aber – von der kommunistischen Internationale abgesehen – einem wesentlich nationalstaatlich und bürgerlich gestimmten Jahrhundert fremd gewesen waren. Wenn die deutsche Opposition in einer solchen übernationalen und nicht vom Klasseninteresse bestimmten Perspektive gesehen werden darf, so liegt das nicht nur an dem hohen geistigen und sittlichen Rang ihrer führenden Persönlichkeiten, sondern gewiß auch an den besonderen Umständen, mit denen sie konfrontiert waren, an dem in exemplarischer Weise verbrecherischen Charakter des bestehenden Regimes und an der Notwendigkeit, ein Dilemma durchzukämpfen, das für andere Résistancen so nicht bestand. Es ist jenes Dilemma der Grenzsituation, für das etwa die Handlungen Osters oder das Bekenntnis Bonhoeffers stellvertretend sind: «Ich bete für die Niederlage meines Vaterlandes.» Der gegebene Weg, diesen Konflikt zu lösen, war die Ersetzung eines negativen durch ein positives Ziel, durch eines, das hinausging über den Kampf gegen die Nazis oder gegen äußere Unterdrückung und das nicht erfüllt war mit dem Sturz der Regierung und der Abschaffung der Tyrannei in nur einem Volke. Es bedurfte sittlicher Antriebe von rein menschlichem und auf die Würde des Menschlichen gerichtetem Charakter, die allgemeine Gültigkeit beanspruchen konnten. So gehörten die führenden Männer der deutschen Opposition in eigener Weise zum Vortrupp eines neuen, von der nationalen Zerrissenheit wie von der Entfremdung durch offene oder anonyme Diktatur zu befreienden Europa, ja zum Vortrupp einer globalen Front. Sie waren, wie man wohl gesagt hat, «weit mehr als nur die Antipoden von Hitler und seinem unseligen System; ihr Kampf ist neben der aktuellen Bedeutung für das Zeitgeschehen unserer Tage auf einer höheren Ebene der Versuch gewesen, das 19. Jahrhundert geistig zu überwinden».

Marion Gräfin Dönhoff,[11] die diese Worte niedergeschrieben hat, faßt mit ihnen treffend zusammen, was vielen der Männer, die hier genannt worden sind, und besonders den Mitgliedern des Kreisauer Kreises ein innerstes Anliegen war. Es kam ihnen im letzten, sagt sie, darauf an: «... den Menschen, der zur Larve geworden ist, zum Werkzeug der Technik, zum Geschöpf abstrakter politischer Ideen, zu einer Funktion der Wissenschaft, zum Diener wirtschaftlicher Gesetze, die er selbst verabsolutiert hat, diesen Menschen frei zu machen von allen Vorurteilen und vor ihm wieder die echte Humanitas, das wahre Bild des

Menschen, in seiner Würde und seinem Stolz aufzu-
richten. Erst dann, wenn der Mensch wieder den ihm
gebührenden Standort eingenommen hat, ist die Voraussetzung für die Harmonie im einzelnen und damit
auch im Staat gegeben. Das ist aber erst dann möglich, wenn der Mensch sich wieder auf seinen Ursprung besinnt und darauf, daß er zum Bilde Gottes
geschaffen ist mit aller Verantwortlichkeit, die daraus
folgert.»

Anmerkungen

Vorwort

1 Diese Aufgabe hat das kürzlich erschienene Buch von Peter Hoffmann, *Widerstand – Staatsstreich – Attentat* (München 1969) bis zu einem gewissen Grade und auf breiter Quellengrundlage übernommen.
2 Inzwischen ist auch eine englische Rückübersetzung der 2. deutschen Ausgabe sowie eine italienische und eine japanische Übersetzung erschienen.

Einleitung

1 Neben dem schon erwähnten Buch von Zeller, *Geist der Freiheit* (4. Aufl. München 1963) behandelt ein gut Teil des Schrifttums den 20. Juli als natürlichen und hauptsächlichen Zielpunkt. So etwa die Veröffentlichungen der Zentrale für Heimatdienst (jetzt: Bundeszentrale für politische Bildung). Unter ausländischen Büchern ist das von Fraenkel-Manvell, *Der 20. Juli* (Bonn 1964) fast ganz auf dieses Datum konzentriert. Auch Maurice Baumont widmet in seiner sehr eindringlichen Studie, *La grande conjuration contre Hitler* (Paris 1963) einen Hauptteil der Darstellung der Vorgeschichte und Geschichte des Attentats. Das gilt auch von Constantine FitzGibbon, *20 July* (New York 1961). Das ebenfalls schon erwähnte Buch von Peter Hoffmann (s. Vorwort, Anm. 1) sollte ursprünglich die ganze Reihe der Attentatspläne zum Gegenstand haben, ist darüber aber praktisch fast zu einer Gesamtgeschichte des Widerstandes geworden.
2 Für die «Vier Stufen der Folterung», die Haltung der Gefangenen und andere Beobachtungen vgl. Fabian v. Schlabrendorff, *Offiziere gegen Hitler* (nur in der Erstaufl. Zürich 1946,

S. 162 ff.). Ferner Angaben über die Vernehmungsmetho-
den der Gestapo in: *Der 20. Juli 1944* (hrsg. v. d. Bundeszentrale, 4. Aufl. 1961, S. 205 ff.). Auch die nach dem Attentat
über Bormann an Hitler ergehenden sogenannten Kaltenbrunner-Berichte *Spiegelbild einer Verschwörung* (hrsg. vom
«Archiv Peter», Stuttgart 1961) geben mehr als einen direkten Hinweis auf Erpressungen und Folterungen (S. 263, 395,
407). Für den Charakter dieser Publikation und die Tendenz
der Berichterstattung vgl. d. Verf.: «Zerrspiegel des 20. Juli» (*Vierteljahrshefte für Zeitgeschichte* – fortan zitiert VfZ – 10,
1962, S. 62 ff.).

3 Diese Zahl findet sich in einem im ganzen freilich wenig zu-
verlässigen und nachträglich von Dr. Kiesel zusammengestellten »SS-Bericht über den 20. Juli», in: *Nordwestdeutsche
Hefte* (1/2, 1947, S. 33). Daselbst wird die Zahl der hingerichteten Offiziere mit rund 700 angegeben. Nach einem
Pressebericht der Britischen Admiralität (vom 20. Juli
1947), der sich auf erbeutete deutsche Marinedokumente
stützt und «Namen und Plätze» nennt, belief sich die Zahl
derer, die in den Monaten nach dem Attentat dem Schrek-
kensregiment zum Opfer fielen, auf 4980. Das erscheint als
zu hoch gegriffen, während andererseits die an verschiedenen Stellen publizierten Totenlisten nur die Prominenz erfassen. – Ein anderer, aber wiederum nicht genügend spezi-
fizierter Anhaltspunkt ergibt sich aus den vom Reichsjustiz-
ministerium registrierten Hinrichtungen (für 1944: 5764).
Dies nach Günther Weisenborn, *Der lautlose Widerstand*
(Hamburg 1953, S. 259). Dazu auch Walter Hammer, *Hohes
Haus in Henkers Hand* (2. erw. Aufl. Frankfurt/M. 1956,
S. 118 f.), über die «Gewitteraktion» und die «Vorbeuge-
haft» für mehr als 5000.

4 Eine ungewollte Bestätigung dieser Tatsache findet sich sowohl bei Kiesel (Anm. 3) wie in den Kaltenbrunner-Berichten (Anm. 2). Davon ganz unabhängig läßt sich heute die
Frage stellen, ob nicht die SS, oder eine bestimmte Gruppe
des SD, von den Plänen der Verschwörer Kenntnis gehabt
hat und ihre etwaigen Erfolge selbst zu nutzen gedachte. Für
einen Indizienbeweis, der in diese Richtung geht, vgl. den
Artikel von Hedwig Maier, «Die SS und der 20. Juli 1944»

(VfZ 14, 1966, S. 299 ff.). Die Möglichkeit eines solchen hintergründigen Spiels ist nicht auszuschließen, ohne daß damit irgendwie ein Schatten auf das Bild des Widerstandes und auf die Motive der Männer des 20. Juli fallen würde. Daß sie zum Teil unvorsichtig und daß sie «Amateure» des Verschwörerhandwerks waren, steht auf einem anderen Blatt.

5 P. Buchholz, der katholische Gefängnisgeistliche in Plötzensee, hat einen Bericht über seine Erlebnisse gegeben in: *Passauer Neue Presse*, 26. Juli 1946. Delps Briefe, Tagebücher und Meditationen, «geschrieben zwischen Verhaftung und Hinrichtung», sind veröffentlicht worden unter dem Titel: *Im Angesicht des Todes* (Frankfurt/M., Juli 1947). Sie enthalten einige der bemerkenswertesten Bezeugungen des gemeineuropäischen Geistes, der in der deutschen Oppositionsbewegung zum Ausdruck kam.

6 Vgl. Harald Poelchau, *Die letzten Stunden* (Berlin 1949, passim). Dazu derselbe, *Die Ordnung der Bedrängten* (Berlin 1963, S. 43 ff.).

7 Vgl. die Sammlung unter dem Titel: *Du hast mich heimgesucht bei Nacht* (hrsg. von Helmut Gollwitzer, Käthe Kuhn und Reinhold Schneider, München 1952), ferner die Veröffentlichungen von Annedore Leber, *Das Gewissen steht auf* (Berlin 1954) und *Das Gewissen entscheidet* (Berlin 1957) – hinfort zitiert als A. Leber I und II –, in denen auch das menschliche Antlitz in seinem Zeugnischarakter reichhaltiger als irgendwo sonst dokumentiert erscheint. Dazu auch jetzt noch die Briefe und Aufzeichnungen Ewald von Kleists in der Biographie von Bodo Scheurig (Oldenburg 1968, S. 274 ff.).

8 Brief vom 10. Januar 1945. Eine englische Übersetzung des Briefes ist zuerst veröffentlicht worden in: *The Round Table* (June 1946, pp. 92–102). Sie ist wieder abgedruckt in: *A German of the Resistance, The Last Letters of Count Helmuth James von Moltke* (2. Aufl. London 1947). Vgl. jetzt: Helmuth J. Graf von Moltke, *Letzte Briefe …* (7. Aufl. Berlin 1957, S. 41). – Dort (S. 65 ff.) auch der Brief von Poelchau, dem Gefängnisgeistlichen in Tegel.

9 Erste Würdigungen durch Romano Guardini, *Die Waage des Daseins* (Tübingen u. Stuttgart 1946) sowie durch Karl Voß-

ler, *Gedenkrede für die Opfer an der Universität München* (München 1947). Ferner: Inge Scholl, *Die Weiße Rose* (Frankfurt/ Main 1952). Aus dem neueren Schrifttum das reich dokumentierte Buch von Christian Petry, *Studenten aufs Schafott* (München 1968) u. K. H. Jahnke, «Antifaschistischer Widerstand an der Münchener Universität», in: *Zeitschr. f. Geschichtswissenschaft* (16, 1968, S. 874 ff.).

10 Voßler (Anm. 9), S. 14. Man hat darauf hingewiesen, daß Überlebende der Scholl-Gruppe zusammen mit Studenten anderer Universitäten die Kader der «Edelweiß-Bewegung» bildeten. Über die «Edelweiß»-Banden vgl. Werner Klose, *Generation im Gleichschritt* (Oldenburg 1964, S. 223 f.) und Arno Klönne, *Gegen den Strom. Bericht über den Jugendwiderstand im Dritten Reich* (Hannover 1958, S. 106 ff.). Für die Beziehungen der «Weißen Rose» zu Kreisen der militärischen Opposition und für ihr Ende in München und Hamburg vgl. Petry (Anm. 9), S. 86 ff. und 138 ff.

11 Friedrich Lenz (*Aufbau* 2, 1946) und Greta Kuckhoff (*Die Weltbühne*, Januar 1948) lassen die Frage der Funkverbindung offen. – Auch die Darstellung von Günther Weisenborn (Anm. 3), S. 203–217, wirkt eher verwischend. – Mit der französischen Reportage ist das Buch von P. Accoce und P. Quet, *La guerre a été gagnée en Suisse* (Paris 1966) gemeint. Dazu Wilhelm Ritter von Schramm in: FAZ (13. Dez. 1966) und in dem Buch: *Verrat im Zweiten Weltkrieg* (Düsseldorf 1967).

12 So Schlabrendorff (nur in der Neubearbeitung von 1951, Anm. 2), S. 96–105, der die Abhängigkeit von einer auswärtigen Macht an sich (Westen oder Osten sollte kein Unterschied sein) und das «Steckenbleiben im Politischen» (während nur eine ethische Wertskala dem Begriff der Nation übergeordnet werden könne) betont. Schärfer noch die Abschüttelung bei G. Ritter. – Zu Grunde liegen dieser Beurteilung die Aufzeichnungen des Generalrichters M. Roeder, *Die Rote Kapelle* (Hamburg 1952). Gegen sein Urteil wie auch gegen die These von einem «einwandfrei» durchgeführten Prozeß werden erhebliche Bedenken anzuführen sein. Für die durch Hitlers Machtspruch erzielte Umwandlung der Zuchthausstrafe in Hinrichtung von Mildred Har-

nack siehe u. a. Poelchau 1949 (Anm. 6), S. 68 f. – Für eine
neue Erörterung der Vorgänge um die «Rote Kapelle» vgl.
das Buch des Engländers Terence Prittie, *Deutsche gegen
Hitler* (Tübingen 1965, S. 240 ff.). Gille Perrault, *L'Orchestre
rouge* (Paris 1967; deutsch: Hamburg 1969), möchte die
«Rote Kapelle» als einziges Zeugnis positiver Aktivität
gegenüber der «im Leerlauf sich erschöpfenden» gesamten
politischen Opposition herausheben – ein für gewisse Tendenzen angeblich «realpolitischer» Art typisches Urteil.

13 Zeugnisse dazu bei Poelchau 1949 (Anm. 6), S. 55 f.; Else
Boysen, *Harro Schulze-Boysen, Das Bild eines Freiheitskämp-
fers* (Düsseldorf 1957, S. 34); Axel von Harnack (*Die Gegen-
wart*, 31. Januar 1947, S. 15–18); Rainer Hildebrandt, *Wir
sind die Letzten* (Berlin 1949, S. 138 f.); Margret Boveri, *Der
Verrat im 20. Jahrhundert* (Hamburg 1956, 2. Bd., S. 56 f.).
Von großem Interesse auch das Urteil Poelchaus 1963
(Anm. 6), S. 65, «daß diese Gruppe sich mit den Männern
des 20. Juli zusammengefunden hätte, trotz ihrer östlichen
Orientierung, wenn sie nicht in ihrem Entstehen schon vernichtet worden wäre». Das hätte seine Konsequenzen für
diejenigen gehabt, die heute von der Spaltung Deutschlands
in «Rot und Schwarz leben». – Ein sehr anderes Bild aus der
SD-Perspektive bei Schellenberg, *Memoiren* (Köln 1959,
S. 248 ff.).

14 *Die Sammlung*, II, S. 537 ff.

15 E. Boysen (Anm. 13), S. 34. – Die Zahl der Hingerichteten
der «Roten Kapelle» belief sich nach W. Hammer auf 45.

16 Nach «Dokument 129-R» (*Prozeß gegen die Kriegsverbrecher*,
Nürnberg, 1949 – im folgenden zitiert IMT – XXXVIII,
S. 362–365). So auch die Angabe bei Alan Bullock, *Hitler*
(dt. Ausgabe, Düsseldorf 1953, S. 701). Die Gestapo-Zah-
len: IMT, XXXI, S. 498; vgl. auch Mau-Krausnick, *Deutsche
Geschichte der jüngsten Vergangenheit* (Tübingen und Stuttgart
1956, S. 161).

17 Für diese Zahlen siehe die Flugschrift *They Fought Hitler
First*, die von der «American Association for a Democratic
Germany» veröffentlicht worden ist (New York 1945,
p. 13), ferner J. B. Jansen und St. Weyl, *The Silent War*, mit
einem Vorwort von Reinhold Niebuhr (Philadelphia und

New York 1943, p. 208). Im Oktober 1945 betrug danach
die Zahl der Überlebenden, die offiziell als «politisch Verfolgte» anerkannt waren, 250 000. – Siehe auch die Listen in:
Weißbuch der Deutschen Opposition, hrsg. vom Vorst. d. soz.-
demokr. Partei (London 1946). – W. Hammer macht mich
darauf aufmerksam, daß nach seinen Ermittlungen in die
12 000 die Hinrichtungen Krimineller einzuschließen seien
und daß die Zahl sich auf die ganze Hitler-Zeit beziehe.
Ähnlich die Feststellungen von A. Leber II (Anm. 7), S. 21:
Gesamtzahl der Todesurteile (nicht der Tötungen) in den
Jahren 1934–1944: 12 212, darunter Verurteilungen aus politischen Gründen: 6927, von denen 3790 Ausländer betrafen.

18 Eine umfassende Publikation über die Konzentrationslager
mit möglichst genauen statistischen Angaben wird im
Münchner Institut für Zeitgeschichte vorbereitet (erschienen: Stuttgart 1970). Einstweilen vgl. hierzu Martin Broszat, «Nationalsozialistische Konzentrationslager 1933–45»
in: Martin Broszat, Hans-Adolf Jacobsen u. Helmut Krausnick, *Konzentrationslager, Kommissarsbefehl und Judenverfol-
gung* (Freiburg-Olten 1965).

19 Dies nach einem Bericht von Ellen Marsh (*New Republic,*
April 1945); vgl. ferner Jansen/Weyl (Anm. 17),
pp. 255–259. Einiges zum Widerstand innerhalb der HJ
auch im Schlußabschnitt von H. C. Brandenstein, *Wege und
Irrwege einer Generation* (Köln 1968).

20 Im englischen Vorwort zu dem Buch von T. Prittie
(Anm. 12) schreibt H. R. Trevor-Roper noch 1964: «Such
contempt for the German Resistance was natural in 1945»
(p. 12), und in einer Besprechung der Rückübersetzung der
2. erweiterten Auflage des hier wieder vorgelegten Buches
spricht (unter der irreführenden Überschrift «When Germany excuses herself») ein englischer Journalist immer noch
von dem «myth of the opposition to Hitler». Ein Historiker
vom Rang von Geoffrey Barraclough wird sich solcher
Fehlbeurteilung enthalten. Er betont mit Recht, daß man
mehr von der Bewegung unter den Massen wissen sollte.
Auf seine Kritik des deutschen Idealismus wird zurückzukommen sein. Hier sei zunächst nur bedauert, daß er – vielleicht ungewollt – mit der Überschrift seines Artikels «In

Search of Anti–Nazis» (*The New York Review*, March 17, 1969, pp. 29 ff.) alte Vorurteile zu bekräftigen scheint.

21 Zur Frage der Identität von Totalitarismus und Faschismus, insbesondere zu den Auffassungen von Hannah Arendt und C. J. Friedrich soll hier nicht Stellung genommen werden. Trevor-Roper in seinem Buch *The Last Days of Hitler* (New York 1947) möchte den Nazistaat eher als ein unwirksames orientalisches Sultanat bezeichnen. Es läßt sich angesichts der Aushöhlung von Kompetenzen und des «organisierten Chaos» einiges für diese These sagen. Vgl. auch Hans Mommsen, *Beamtentum im Dritten Reich* (Stuttgart 1966, passim). Nichtsdestoweniger kann niemand im Ernst die Gründlichkeit eines terroristischen Systems bestreiten, das alle, auch die privatesten Lebensbereiche, einbezog.

22 Siehe die Erörterung dieser Auswirkungen durch Allen Welsh Dulles, *Verschwörung in Deutschland* (Kassel 1947, S. 216). Er stellt fest, daß gegen seine Erwartungen der Luftkrieg die Folge hatte, die Rekruten der Anti-Nazi-Bewegung zu verringern statt zu vermehren. Über die Ausbreitung von Apathie siehe auch die Bestandsaufnahme durch den United States Strategic Bombing Survey, *Summary Reports* (1945, p. 4) und *Over-all Reports* (1945, pp. 95, 108). Auf die mehr detaillierten Feststellungen, die 1947 veröffentlicht wurden und das Gesamtbild der deutschen Moral erheblich modifizieren, wird zurückzukommen sein.

23 Ebd., 5. Sektion, S. 1. Über Hitler selbst hatte Mr. Gerard fernerhin dieses zu sagen: «Kein Mann, der zu einer hervorragenden Stellung aufsteigt, entgeht dem Verdacht einer gewissen Art (!) von Immoralität.»

24 Die Zahlen in: *They Fought Hitler First* (Anm. 17), p. 14 und bei E. Kogon, *Der SS-Staat* (Stockholm 1947, S. 358), der ein Augenzeuge der Befreiung war. Die Abwesenheit fremdstaatlicher Gefangener in Buchenwald bis in das Jahr 1943 hinein ist bezeugt durch Christopher Burney, *The Dungeon Democracy* (New York 1946, p. 58). Eine Flugschrift der 7. Armee der Vereinigten Staaten *(Dachau SS)* stellt fest, daß vor dem Krieg die Zahl fremder Gefangener in Dachau gleichfalls unerheblich war. Während des Krieges erst wurden Deutsche und Österreicher zu einer zahlenmä-

ßigen Minderheit. Immerhin betrug nach dieser Quelle die Durchschnittszahl von Deutschen während der Kriegsjahre noch an 3000. – Die Worte von Gollancz in seinem Buch: *Our Threatened Values* (Hinsdale/Ill. 1947, p. 41).

25 Siehe dazu das Kapitel über die Psychologie der SS in Kogons Buch (Anm. 24), S. 359 ff. Über Kroaten und Ukrainer ebd., S. 59. Für die «Schutzkorps» vgl. *Nazi Conspiracy and Aggression* (Washington 1946, II, p. 226 f.). Es sei auch erwähnt, daß die «Waffen-SS» eine Reihe von Verbänden hatte, die nur aus Fremden bestanden. Siehe A. Vagts, *Journal of Politics* (August 1947, p. 406 f.). Andererseits wurden seit 1944 deutsche Soldaten älterer Jahrgänge und selbst politische Gefangene in SS-Uniformen gesteckt und zu SS-Diensten gezwungen; vgl. Joseph Joos, *Leben auf Widerruf* (Olten 1946, S. 77).

26 Zitiert nach W. Röpke, *Die deutsche Frage* (Zürich 1945, S. 224 Anm.).

27 Wie Mr. Morgenthau in der *New York Post* (24. November 1947) zur Stützung seiner Ansichten zitierte.

27a Zitiert in David Astor, «Why the Revolt against Hitler was ignored», in: *Encounter* (April 1969, p. 7).

28 Es seien hier einige im ursprünglichen Text angeführte Beispiele erwähnt, die dem Verf. von einwandfreien amerikanischen Zeugen zur Verfügung gestellt worden sind: Einem USA-Korrespondenten, der 1945 die Wirklichkeit aufzuspüren begann, wurde untersagt, irgend etwas «über eine spezifische Opposition» gegen Hitler herauszugeben, und dieses Verbot kam «von höchsten Stellen in Washington». Späterhin erlebte es ein anderer amerikanischer Korrespondent, der in Deutschland reiste, daß ihm Fabian v. Schlabrendorffs Buch *Offiziere gegen Hitler,* das eine wichtige Quelle der Erkenntnis darstellt, fortgenommen wurde. Das Buch war 1947 in der Schweiz veröffentlicht worden. Aber noch lange nach dem Krieg hielt man es offenbar für unerwünscht, daß Deutsche ein so gefährliches Zeugnis militärischen Widerstandes gegen Hitler in die Hand bekamen. Das «Tabu» beschränkte sich indessen nicht auf die Teilnahme der Offiziere. So schritt noch im Sommer 1946 das USA-Hauptquartier in Frankfurt mit einem kategorischen Verbot

ein, als ein höherer Beamter in Darmstadt, der selbst Häftling eines Konzentrationslagers gewesen war, einen Aufsatz über die Beteiligung der arbeitenden Klassen am 20. Juli veröffentlichen wollte. Das gleiche geschah, als der Frankfurter Rundfunk für den zweiten Jahrestag des Attentats auf Hitler eine Gedächtnisfeier plante. Allen anderen Sendern in der amerikanischen Zone wurde ebenfalls verboten, den «Putsch» zu erwähnen. Es scheint um diese Zeit unter Deutschen eine verbreitete Annahme gewesen zu sein – und selbst als Annahme hat sie symptomatische Bedeutung –, daß es für die Beurteilung durch einige der alliierten Militärbehörden vorteilhafter war, ein richtiger Nazi gewesen zu sein, als zu den Überlebenden des 20. Juli zu gehören. Die Verschwörer galten als «Militaristen», die versucht hatten, die Alliierten um ihren Sieg «zu betrügen».

29 *Human Events* (Washington, 27. Februar 1946). Ein weiterer Artikel folgte von E. A. Bayne, gleichfalls einem früheren Nachrichtenoffizier. Er handelte von der Widerstandsbewegung im deutschen Auswärtigen Amt (*Human Events,* 3. April 1946).

30 Der Artikel erschien in: *American Historical Review,* LI (Juli 1946, pp. 609–626).

31 Veröffentlicht im April 1947. Für die deutsche Übersetzung, nach der hier und im folgenden zitiert wird, s. Anm. 22.

32 So in *Neue Auslese* (August 1947, vom Alliierten Nachrichtendienst herausgegeben).

33 Es seien als Hilfsmittel nur einige Bibliographien genannt. Für den Stand der ausländischen Literatur bis 1947 siehe F. Siegmund-Schultze, *Die deutsche Widerstandsbewegung im Spiegel der ausländischen Literatur* (Stuttgart 1947); vgl. ferner die verschiedenen Kataloge der *Wiener Library* und die Forschungsberichte von Max Braubach in: *Hist. Jb.* (1954, 1956, 1957, 1965, 1968). Umfassend in der Anlage: Franz Herre und Helmut Auerbach, *Bibliographie zur Zeitgeschichte und zum Zweiten Weltkrieg für die Jahre 1945–50* (München 1955, Nr. 874–1044) und dazu die aufholenden und fortlaufenden Bibliographien in VfZ.

34 Die deutsche Ausgabe von *Aufstieg und Fall des Dritten Reiches* erschien 1961 (Köln–Berlin). Zur Kritik siehe den Auf-

satz von Klaus Epstein (VfZ 10, 1962, S. 95 ff.). – Für Wheeler-Bennett ist schon hier die erstaunliche Tatsache festzuhalten, daß er Männern der deutschen Opposition zwar sehr
nahestand (insbesondere Trott zu Solz, mit dem zusammen
er in einem Memorandum London zu beeinflussen suchte),
daß er aber in seinem Buch von diesen intimen Beziehungen
und seiner eigenen früheren Haltung nichts merken läßt. –
Im *New Statesman* (23. Mai 1969) findet sich zu diesem Tatbestand die Bemerkung: «... one of the most nimble political somersaults, the corridors of power can ever have seen.»

35 Joachim von Ribbentrop, *Zwischen London und Moskau*
(Leoni 1953, S. 203): «Diese Verschwörerkreise haben daher
einen entscheidenden Anteil am Ausbruch des Krieges.» Ein
Beispiel neonazistischer Interpretation liegt vor: J. P. Taylor, *Der 20. Juli* (Bremen–Bochum 1968).

Bedingungen und Möglichkeiten

1 Siehe Kurt Riezler, «On the Psychology of the Modern Revolution» (*Social Research,* 1943, pp. 320 ff.).

2 *Große Zeitgenossen* (Deutsche Ausgabe, Amsterdam 1938,
S. 310). Vgl. auch Dulles (Anm. 22, S. 349), S. 35. – Die
Frage auswärtiger «Mit-Verantwortung» ist mit Recht auf-
geworfen worden, zuerst wohl von R. Pechel, *Deutscher
Widerstand* (Zürich 1947, S. 261 ff.), und in der Schrift *They
Fought Hitler First* (Anm. 17, S. 347).

3 Vgl. seine damalige öffentliche Erklärung: «Ich habe immer
gesagt, daß ich hoffen würde, wir möchten im Fall einer britischen Niederlage in einem Krieg einen Hitler finden, um
uns zu unserer rechtmäßigen Stellung unter den Nationen
zurückzuführen.» Churchill fügte allerdings hinzu, daß leider «Hitlers große Erfolge ihn nicht staatsmännisch gereift
haben» (*London Times,* 7. November 1938), für die Tendenz
seiner oft zitierten Äußerungen vgl. S. 263 f.

4 Daß im Sinne der hier unternommenen Würdigung diese
Frage völlig freizuhalten ist von jeder Tendenz, Gewichte zu
verschieben, einen Sündenbock zu suchen oder ein Vehikel
des «escapism» zu öffnen, soll ausdrücklich betont werden.

5 Als Beispiel solcher frühen Schriften seien genannt: Karl
Jaspers, *Die Schuldfrage* (Zürich 1946); Julius Ebbinghaus,
Zu Deutschlands Schicksalswende (Frankfurt 1946); Friedrich
Meinecke, *Die deutsche Katastrophe* (Wiesbaden 1946); Gerd
Tellenbach, *Die deutsche Not als Schuld und Schicksal* (Stutt-
gart 1947; Ernst Friedländer, *Von der inneren Not* (Hamburg
1947); Gerhard Ritter, *Europa und die deutsche Frage* (Mün-
chen 1948). Vgl. auch den rückblickenden Literaturbericht
(zur Frage deutscher und nichtdeutscher «Wurzeln») von
Andrew G. Whiteside, «The Nature and Origin of National
Socialism» (*Journal of Central European Affairs,* vol. XVII,
April 1957).

6 H. Zink, *American Military Government in Germany* (New
York 1947, p. 132). Über das Problem der Fragebogen und
ihre Auswertung vgl. von amerikanischer Seite die wertvollen Bemerkungen in M. Knappens Buch: *And Call It Peace*
(Chicago 1947, p. 124 ff.). Auf Grund amerikanischen Be-
fragungsmaterials kommt Helen Peak zu folgenden Ergebnissen: Für Unternehmer und freie Berufe 44–50% Nazigegner und 36–39% Mitläufer, für gelernte und ungelernte
Arbeiter sind die entsprechenden Zahlen: 67–68% und
27–29% (zitiert in: Wolfgang H. Kraus, «The German Resistance Movement», *Journal of Social Issues,* August 1946).
– Die im folgenden erwähnte Bemerkung von Schlabrendorff (Ausg. 1951, Anm. 2, S. 343), S. 30.

7 Eine Sammlung ist von J. A. Meier veröffentlicht worden:
Geflüstertes. Die Hitlerei im Volksmund (Heidelberg 1946).
Der Herausgeber stellt fest, daß er noch während des Re-
gimes von allen möglichen Seiten in seiner Sammlung von
«Schmetterlingen» unterstützt worden sei. Vgl. ferner:
Hans-Jochen Gamm, *Der Flüsterwitz im Dritten Reich* (Mün-
chen 1963).

8 Vgl. Riezlers Bemerkungen über die «Experten» (Anm. 1),
S. 328 f., und die von Meinecke über «homo sapiens» und
«homo faber» (Anm. 5), S. 50 ff.

9 Für Hjalmar Schacht etwa ist unzweifelhaft, daß er mindestens seit 1936, seit dem Konflikt auf seinem eigensten Fachgebiet, zur «Opposition von Innen» gehörte. Er wurde von
den Verschwörern selbst gedrängt, im Amt zu bleiben.

Auch an Erhebungsplänen nahm er schon vor seiner Entlassung als Reichsbankpräsident (Jan. 1939) teil, und sein Verbleiben als Minister ohne Portefeuille (bis 1943) war eine der wenigen Konzessionen Hitlers an die «Öffentliche Meinung». All das geht nicht nur aus Schachts Erinnerungsbüchern *Abrechnung mit Hitler* (Hamburg–Stuttgart 1948) und *76 Jahre meines Lebens* (Wörishofen 1953) und seinen Aussagen hervor. Aber der Ansatzpunkt lag für ihn doch sehr sichtbar bei der fachlichen Opposition des Finanzexperten, auch warben seine Ichbezogenheit und taktische Wendigkeit nicht gerade für Vertrauen unter den vom Prinzipiellen her bestimmten Männern des Widerstandes – einen «Seismographen der Zeitereignisse» nannte ihn Dietrich Bonhoeffer im Gespräch mit dem Bischof von Chichester (Eberhard Bethge, *Dietrich Bonhoeffer,* München 1967, S. 835). Für eine günstigere Beurteilung siehe zwei amerikanische Arbeiten: E. N. Peterson, *Hjalmar Schacht, for and against Hitler* (Boston 1954) und E. R. Beck, *Verdict on Schacht* (Florida State University 1955). – Für das Problem des «Im-Amt-Bleibens» vgl. auch Dieter Ehlers, *Technik und Moral einer Verschwörung* (Frankfurt a. M. 1964, S. 36ff.).

10 Neben Graf Helldorff, dem Berliner Polizeipräsidenten, ist als Beispiel hier vor allem Arthur Nebe zu nennen, der, obwohl Chef der Kriminalpolizei und SS-Gruppenführer, sehr aktiv für die Opposition arbeitete und eben in dieser Rolle viel für ihre Information und Abschirmung tun konnte, bis er selbst als Opfer fiel. Sein Verbindungsmann war Hans Bernd Gisevius, der auch von der Geheimen Staatspolizei herkam und dem niemand Mut und Geschicklichkeit in einem gewagten Spiel abstreiten wird. Er ist vor allem durch seine Erinnerungen, *Bis zum bitteren Ende* (zuerst 1945/46 in 2 Bdn. in Zürich erschienen, dt. Ausgabe Hamburg 1948), bekanntgeworden, die eine erste wichtige Quelle zur Geschichte der Widerstandsbewegung gewesen sind, freilich durch viele Unzuverlässigkeiten und mancherlei Ressentiments entstellt. Auf Einzelheiten wird zurückzukommen sein. Auch gegen das idealisierte Bild, das Gisevius in einer neueren Veröffentlichung von Nebe entwirft, *Wo ist Nebe? – Erinnerungen an Hitlers Reichskriminaldirektor* (Zürich 1966),

sind Einwendungen zu erheben. Man wird auch nicht an der Tatsache vorbeigehen dürfen, daß N. einige Zeit lang Leiter einer «Einsatzgruppe» im Osten gewesen ist, ohne daß man deshalb der These vom «Rückversicherungsmotiv» beizustimmen braucht, die E. Crankshaw, *Die Gestapo* (Berlin 1959, S. 225 f.), aufgestellt hat.

11 Interessante Angaben dazu finden sich für das Arbeitsministerium in J. Eckert, *Schuldig oder Entlastet?* (München 1947, S. 196–207).

12 *The Effects of Strategic Bombing on German Morale* (Washington 1947, p. 96). Für den Stand der «Moral», wie sie sich während der Kriegsjahre dem Sicherheitsdienst der SS – nicht ohne schönfärberische Tendenz, aber mit zunehmender Sorge – darstellte, sind aufschlußreich die *Meldungen aus dem Reich,* die H. Boberach in einer Auswahl herausgegeben hat (Neuwied – Berlin 1965).

13 *Germany No. 2* (1939). – Dieses Britische Weißbuch handelt ausschließlich von nationalsozialistischen Ausschreitungen gegen deutsche Juden. – Die im Text zitierten Stellen: ebd., S. 6 f., 18–20.

14 IMT (Anm. 16, S. 347), XXXII, S. 27; jetzt auch abgedruckt in: *Der Nationalsozialismus, Dokumente 1933–45,* hrsg. v. Walter Hofer (Frankfurt/Main 1957, S. 293 ff.). – Weitere aktenmäßige Aufschlüsse auch über Hitlers persönliche Beteiligung und den parteioffiziösen Charakter der Aktion bei H. Graml, «Der 9. November 1938», in *Das Parlament* (Beilage zu Nr. 45 vom 11. November 1953), hrsg. v. d. Bundeszentrale f. Heimatdienst.

15 *Nazi Conspiracy and Aggression* (Washington 1946, I, p. 137 f.; die Sperrungen im Text stammen vom Verfasser).

16 Vgl. dazu H. Grüber, *Erinnerungen aus 7 Jahrzehnten,* (Köln 1968, S. 103–146). Von G., der im Eichmann-Prozeß als Belastungszeuge auftrat, erkennt Hannah Arendt, *Eichmann in Jerusalem* (München 1964, S. 167 ff.) zwar an, daß seine Haltung in der jüdischen Frage stets unzweideutig war, wobei sie in bewußter polemischer Abschattierung ihn zu der «zahlenmäßig kleinen und politisch einflußlosen Gruppe von Personen» rechnet, «die aus Prinzip, nicht aus nationalistischen Erwägungen in Opposition gegen Hitler standen».

Aber auch bei ihm glaubt sie neben dem Eintreten für «privilegierte Juden» in völliger Verkennung der Situation bemängeln zu sollen, daß ihm «Taten» wichtiger waren als «Worte». Für ihr höchst kritisches Urteil über die deutsche Opposition überhaupt, siehe den Schlußabschnitt.

17 Siehe Alfons Erb, *Bernhard Lichtenberg* (Berlin 1946, bes. S. 42–47, 50–53, 61). Ferner: Benedicta Maria Kempner, *Priester vor Hitlers Tribunalen* (München 1966, S. 227ff.).

18 Um nur ein besonders eindrückliches Beispiel zu nennen, sei aus persönlicher Erinnerung die «Bußtagspredigt» erwähnt, die der damalige Pastor Helmut Gollwitzer in der überfüllten Dahlemer Hauptkirche nach den Pogromen des November 1938 hielt; gedruckt in: *Evangelische Theologie* (H. 4, 1951/52).

19 Über den Solf-Kreis s. Arthur Nicolson in: *Spectator* (1945, p. 456) und Pechel (Anm. 2), S. 88f. Die Verfolgung des Kreises begann, nachdem ein Spitzel der Gestapo sich mit Empfehlungsschreiben von Schweizer Freunden eingeschlichen hatte. Einen schönen Nachruf auf Kiep verfaßte die amerikanische Schriftstellerin Dorothy Thompson (in: K. O. Paetel, *Deutsche Innere Emigration,* New York 1946, S. 18ff.). Über Elisabeth v. Thadden ist sehr Eindrückliches in einer Gedenkrede ihrer Schwester Frau Ehrengard Schramm-v. Thadden gesagt worden. Ergänzende Mitteilungen über die Hilfe an Verfolgte verdankt der Verf. Isa Gruner, einer Mitarbeiterin Anna von Gierkes, um die sich gleichfalls Menschen mit unabdingbaren ethischen Überzeugungen sammelten.

20 Berlin 1947. Eine Übersetzung erschien 1947 in New York unter dem Titel: *Berlin Underground.* Das Zitat ebd. S. 116.

21 *Die Neue Zeitung,* 2. September 1947.

22 Vgl. dazu K. D. Bracher, W. Sauer und G. Schulz, *Die Nationalsozialistische Machtergreifung* (2. Aufl. Köln – Opladen 1962, bes. S. 261ff.) sowie die Dokumentation bei L. Poliakov und J. Wulf, *Das Dritte Reich und seine Denker* (Berlin 1959). Die negative Bilanz wird stark betont in: M. Weinreich, *Hitlers Professors* (New York 1946) und F. Lilge, *The Abuse of Learning* (New York 1948). – Andeutungen eines differenzierteren Bildes finden sich schon in Botschafter

Dodds Memoiren. Ein Artikel, «Professoren unter Hitler»,
von Karl Dietrich Erdmann veranschaulicht am Beispiel der
Universität Kiel die zahlreichen «Varianten», die es gab
(FAZ, 16. Juni 1965). Die unterschiedlichen und keineswegs
nur auf die Linie der Unterwerfung verlaufenden Vorgänge
in einzelnen Wissenschaftsbereichen sind in jüngster Zeit in
Vortragsreihen an mehreren Universitäten untersucht wor-
den. Vgl. u. a. den Sammelband *Deutsches Geistesleben und
Nationalsozialismus* (Tübingen 1965). Über die speziellen
Probleme der Geschichtswissenschaft hat der Verf. in die-
sem Rahmen gehandelt (S. 73 ff.). Dazu auch K. F. Werner,
Das NS-Geschichtsbild und die deutsche Geschichtswissenschaft
(Stuttgart 1967) und die kritischen Bemerkungen dazu von
František Graus (VfZ 17, 1969, S. 87 ff.). Unter der Frage-
stellung nach dem Ausmaß der Gleichschaltung und der
Perversion würde auch das vielerörterte Thema «Die Justiz
im Dritten Reich» zu behandeln sein. Von der im Zusam-
menhang mit dem Institut für Zeitgeschichte vorbereiteten
Gesamtdarstellung ist 1968 Bd. I erschienen (*Die Deutsche
Justiz und der Nationalsozialismus,* Stuttgart 1968), in dessen
Hauptteil H. Weinkauff einen aufs Grundsätzliche gestellten
Überblick gibt. Vgl. bes. den Abschnitt «Die allgemeine
Haltung der deutschen Justiz unter dem Nationalsozialis-
mus» (ebd., S. 170 ff.).

23 Vgl. Wilhelm Hoffmann, *Nach der Katastrophe* (Tübingen
1946), S. 122. Einige der im folgenden angeführten Tatsachen sind Röpkes Kapitel über geistigen Widerstand entnommen (Anm. 26, S. 350), S. 87–104. Siehe auch W. W.
Schütz, *Pens under the Swastika* (London 1946) und das Kapitel «Bookstores» in des gleichen Autors *German Home Front*
(S. 216 ff.). Vgl. ferner des Verf. «Der Widerstand beginnt»
in: *Der Weg in die Diktatur* (München 1962, S. 199–219) und
Charles W. Hoffmann, *Opposition-Poetry in Nazi-Germany*
(Berkeley and Los Angeles 1962, passim).

24 Für die führende *Historische Zeitschrift* (HZ) hat der Verf. das
in der in Anm. 22 genannten Abhandlung im einzelnen
nachgewiesen. – Für die Lage der Geschichtswissenschaft,
den Versuch autoritärer Führung auf ihrem Gebiet, wie für
die Wissenschaftsverwaltung im Dritten Reich überhaupt

vgl. auch Helmut Heiber, *Walter Frank und das Reichsinstitut
für Geschichte des Neuen Deutschlands* (Stuttgart 1966).

25 *Neuerscheinungen der deutschen wissenschaftlichen Literatur,
1939–1945,* Teil I (Bonn 1946, S. 131). – Siehe auch den Katalog der Stuttgarter Landesbibliothek über «Deutsche Literatur während der Widerstandsbewegung» (*Deutsche Bücher
1933–1945. Eine kritische Auswahl,* Stuttgart 1949).

26 Röpke (Anm. 26, S. 350), S. 91. Man mag das Urteil dieses
Kritikers, der mit deutschen Dingen immerhin in Fühlung
blieb, dem empörten Absprechen Thomas Manns entgegen-
halten oder den oberflächlichen Feststellungen von William
L. Shirer, nach dessen Meinung die «Innere Emigration
nichts von Wert produzierte – ein erschreckendes Phänomen» (*End of a Berlin Diary,* New York 1947, p. 218, sowie:
Aufstieg und Fall des Dritten Reiches [Anm. 34, S. 351],
S. 256f.).

27 Dazu und zu der Rolle Paul Scheffers vgl. das Erinnerungsbuch von Margret Boveri: *Wir lügen alle. Eine Großstadt-
zeitung unter Hitler* (Olten und Freiburg 1965).

28 Heinrich v. Kleist, *Politische und journalistische Schriften* (Potsdam 1935). – Für das «indirekte Richtverfahren» vgl. R. Pechel, *Zwischen den Zeilen. Ein Kampf für Freiheit und Recht,*
Aufsätze 1932–1942 (Wiesenscheid 1948). Vgl. auch Kon-
rad Ackermann, *Der Widerstand der Monatsschrift Hochland*
(München 1965).

29 Vgl. seinen Bericht in: *Der Totenwald* (Zürich 1946). Die
Ansprache von 1935 ist auf englisch veröffentlicht in: *The
Poet and His Time* (Hinsdale/Ill., 1948).

30 Für die Bibelforscher oder «Zeugen Jehovas» in den Konzentrationslagern vgl. Kogon (Anm. 24, S. 349, S. 41, 269ff.)
und Hanns Lilje, *Im finsteren Tal* (2. Aufl. Nürnberg 1948,
S. 58f. Zum Prinzipiellen ihrer Haltung siehe das 5. Kapitel
in: Friedrich Zipfel, *Kirchenkampf* (Berlin 1965) und jetzt auch
die reich dokumentierte Darstellung bei M. A. Kater, «Die
Ernsten Bibelforscher im Dritten Reich», (VfZ 17, 1969,
S. 180ff.). Insgesamt beliefen sich die Mitglieder der «Frei-
kirchen» auf weniger als 1% der deutschen Bevölkerung.

31 Zitat aus den Akten bei: K. D. Bracher, *Nationalsozialistische
Machtergreifung und Reichskonkordat* (Wiesbaden 1956, S. 72).

32 Für ihre vertiefte Wiederherausarbeitung s. u. a. das Gutachten von H. J. Iwand und E. Wolf, *Die im Braunschweiger-Re-
mer-Prozeß erstatteten ... Gutachten* (hrsg. v. H. Kraus, Hamburg 1953, S. 7 ff.), für die katholische Widerstandslehre das
Gutachten von R. Angermair (ebd., S. 29 ff.). – Für beide
Seiten siehe auch Sonderausgabe «20. Juli» des *Parlament* von
1952 (S. 25 ff.) sowie die Beiträge von Max Pribilla und Walther Künneth in: *Vollmacht des Gewissens* (hrsg. v. d. Europäischen Publikation, Band I, Frankfurt a. M. u. Berlin 1960,
S. 161–165 u. 166–176).

33 Dazu und zum Folgenden: K. D. Bracher, «Anfänge der dt.
Widerstandsbewegung», in: *Zur Geschichte und Problematik
der Demokratie, Festgabe für Hans Herzfeld* (Berlin 1958,
S. 387 ff.). – Zur Geburt des Pfarrernotbundes siehe auch
Eberhard Bethge, *Dietrich Bonhoeffer* (München 1967,
S. 363 ff.).

34 Für die «Deutschen Christen» und die sog. «Glaubensbewe-
gung» s. Hans Buchheim, *Glaubenskrise im Dritten Reich*
(Stuttgart 1953). – Für die im einzelnen keineswegs konse-
quente kirchenpolitische Linie Hitlers und die rivalisierenden
Instanzen vgl. Klaus Scholder, «Die Evangelische Kirche in
der Sicht der nationalsozialistischen Führung», in: VfZ (16,
1968, S. 15 ff.).

35 Von den Büchern, die diese Kenntnis im Ausland schon vor
dem Kriege und während des Krieges verbreitet haben, seien
genannt: N. Micklem, *National Socialism and Christianity*
(Oxford 1939); ders., *National Socialism and the Catholic
Church* (Oxford 1938); A. S. Duncan-Jones, *The Struggle
for Religious Freedom in Germany* (London 1938); Michael
Powers, *Religion in the Third Reich* (New York 1939); Hugh
Martin und andere, *Christian Counter-Attack* (New York
1944). Vgl. die seitdem in Deutschland von protestantischer
Seite erschienenen Hauptwerke: W. Niemöller, *Kampf und
Zeugnis der Bekennenden Kirche* (Bielefeld 1948); H. Herme-
link, *Kirche im Kampf, Dokumente des Widerstands und des Aufbaus der Evangelischen Kirche Deutschlands* (Tübingen – Stuttgart 1950) und für die Jahre 1935–37: *Dokumente des Kirchenkampfes* (hrsg. von Karl Dietrich Schmidt, 2 Teile, 1964 und
1965). Als Einzelstudie, die für den Widerstand im Osten in-

teressant ist, sei erwähnt: Hugo Linck, *Der Kirchenkampf in Ostpreußen 1933–1949* (München 1968). Auf eine noch nicht zum Druck anstehende größere Arbeit von P. W. Ludlow, *The Protestant Opposition to Hitler in the Second War,* sei vorausverwiesen. – Für die katholische Seite die Dokumente in: Johannes Neuhäusler, *Kreuz und Hakenkreuz* (2 Bde., München 1946) sowie ders., *Amboß und Hammer, Erlebnis im Kirchenkampf* (München 1968).

36 Für eine zusammenfassende Erörterung des neueren Quellenmaterials zu dieser Frage vgl. den Aufsatz von Wolfgang Schieder (HZ 1968, S. 346ff.) und die eingehendere Stellungnahme zur sog. «revisionistischen» Literatur (Friedlander, Lewy, Bökenförde) bei B. Ruhm von Oppen: «Nazis and Christians», in: *World Politics* (April 1969, p. 392ff.) sowie den Forschungsbericht in: VfZ (Okt. 1969).

37 Das Manifest von 1935 bei H. Martin (Anm. 35), S. 34. Ein Abdruck des deutschen Textes der Pfingstdenkschrift u. a. in: W. Jannasch, *Deutsche Kirchendokumente* (Zürich 1946, S. 27f.) und bei K. D. Schmidt (Anm. 35), Teil I, S. 695ff.

38 Die Zahlen nach persönlicher Mitteilung von Oberstudienrat O. Köhler. Die in den früheren Ausgaben nach einer amerikanischen Quelle angegebene Zahl für die evangelischen Geistlichen ist danach berichtigt. – Für Einzelschicksale sei etwa auf das Martyrium des Pfarrers Paul Schneider in Buchenwald verwiesen, in: W. Jannasch (Anm. 37), S. 98–116; auch auf die kleine Sammlung von Biographien, die 1955 im Union-Verlag Berlin mit einem – freilich tendenziösen – Nachwort von Otto Nuschke erschienen ist *(Christlicher Widerstand gegen den Faschismus).* Ferner die Biographien bei B. M. Kempner (Anm. 17).

39 Diese Angabe bei: C. Mayer, «The Crisis of German Protestantism», in: *Social Research* (Nov. 1943, p. 426 Anm.).

40 Zur «Stuttgarter Erklärung» siehe u. a. Knappen (Anm. 6), S. 119f.; Auszug aus dem Text bei Niemöller (Anm. 35), S. 527.

41 Für den Bischof von Münster vgl. H. Portmann, *Kardinal von Galen* (8. Aufl., Münster 1959) und ders., *Dokumente um den Bischof von Münster* (Münster 1948). Eine Widerstandsschilderung, «Oldenburg überwindet seinen Gauleiter», in:

Tag, 29. August 1948. Siehe auch: A. S. Duncan-Jones
(Anm. 35), S. 217–219. Für die Volksbewegung in dem zu
90% katholischen Regierungsbezirk Aachen vgl. Bernhard
Vollmer, *Volksopposition im Polizeistaat. Gestapo und Regie-
rungsberichte 1934–36* (Stuttgart 1957).

42 Bis April 1942 waren 7000 protestantische Geistliche einbe-
rufen worden, von denen 698 gefallen waren (vgl. H. Martin [Anm. 35], S. 42).

43 Siehe das Kapitel über «Christliche Solidarität» bei Duncan-
Jones (Anm. 35), bes. S. 254.

44 Selbst in einer so gewissenhaften und abgewogenen Erörterung wie der von Knappen (Anm. 6), Kap. XI und XII, findet man noch einen Nachhall dieses Verdachts.

45 Die Worte sind auf englisch wiedergegeben («If we claim to
be Christians, there is no room for expediency») durch den
Bischof von Chichester (*Contemporary Review,* CLXVIII,
1945, p. 208). Siehe dazu Bethge (Anm. 33), S. 811.

46 Für die Auseinandersetzung mit der jesuitischen und calvini-
schen Lehre s. Lilje (Anm. 30), S. 51 ff. Die Sätze Bonhoeffers in dessen unter dem Titel *Widerstand und Ergebung* von
Eberhard Bethge herausgegebenen Briefen und Aufzeichnungen (München 1951, S. 14f.). Vgl. auch bei Ritter, *Carl
Goerdeler und die deutsche Widerstandsbewegung* (3. Aufl., Stuttgart 1956, S. 473, Anm. 8) – im folgenden wird Ritters *Goerdeler* nach der 3. Aufl. zitiert –, aus Bonhoeffers nachgelasse-
ner «Ethik» den Begriff des «In-Verantwortung-Schuld-auf-
sich-Nehmens» und Mau-Krausnick (Anm. 16, S. 347),
S. 174. – Die Dissertation von Mother Mary Alice Gallin,
Ethical and Religious Factors in the German Resistance to Hitler
(Washington 1955) breitet zwar ein wertvolles, auch zum Teil
ungedrucktes Material aus, geht aber wenig in die Tiefe und
an Zeugnissen wie den zuletzt genannten vorbei. Zur grundsätzlichen Fragestellung siehe jetzt auch Ernst Wolf, «Zum
Verhältnis der politischen und moralischen Motive in der
deutschen Widerstandsbewegung», in: *Der deutsche Widerstand gegen Hitler* (hrsg. v. Walter Schmitthenner und Hans
Buchheim, Köln – Berlin 1966, S. 215ff.). Auf diese Veröffentlichung – abgek. Schmitthenner/Buchheim – wird öfter
noch zurückzukommen sein.

Pläne und Aktionen

1 H. Fraenkel, *The German People versus Hitler* (London 1940,
  p. 70f.). Auch eine sozialdemokratische Gruppe, später
  «Sozialistische Front» genannt, die bis 1936 gearbeitet hat,
  begann schon seit Sommer 1932, die Organisationsgrund-
  sätze der Illegalität und der Kaderbildung festzulegen. Vgl.
  den Rückblick darauf am Ende des Jahres 1933 und die
  Gruppen-Schemata bei E. Matthias, «Der Untergang der
  Sozialdemokratie 1933» (VfZ 4, 1956, Dokument 5,
  S. 201–226). Verkürzter Wiederabdruck (mit Namen des
  Verf. W. Blumenberg) in: E. Matthias und R. Morsey, *Das
  Ende der Parteien* (Düsseldorf 1960, S. 269ff.). – Viel Material über illegale Organisationsarbeit, zum Teil aus Gestapo-
  akten, aber unterschiedslos und unkritisch zusammenge-
  häuft, bei Weisenborn (Anm. 3, S. 344), S. 145ff.: «Der Widerstand der Arbeiter». – Manche interessante Einzelheiten
  über den Weg der demokratischen Linken bei A. Leber II
  (Anm. 7, S. 345), S. 27ff., so über eine gleich 1933 in Berlin
  initiativ werdende Gruppe von Studenten und jungen Arbeitern, die sich «Roter Stoßtrupp» (RS) nannte. Zu den
  Führern gehörte Karl Zinn. – Einen trotz der Lückenhaftigkeit der Quellen mehr systematischen Überblick gibt Hans
  J. Reichardt, «Möglichkeiten und Grenzen des Widerstandes
  der Arbeiterbewegung», in: Schmitthenner/Buchheim,
  (Anm. 46, S. 361), S. 169ff. – Trotz seiner Hochschätzung
  der kommunistischen Widerstandsbewegung spricht auch
  W. Abendroth von der, in der östlichen Literatur meist
  übergangenen, Verwirrung durch den Hitler-Stalin-Pakt
  und die Behinderung durch die Liquidationswelle in Moskau (*Festschrift für Otto Brenner*, Frankfurt a. M. 1967,
  S. 518).

2 Evelyn Lend, *The Underground Struggle in Germany* (New
  York 1938, p. 17).

3 An dieser Überlieferung seiner Partei hat vor allem Julius
  Leber, einer der politisch elementarsten Männer im sozialistischen Lager, in den nach seiner Verhaftung niederge-
  schriebenen Betrachtungen scharfe Kritik geübt (*Ein Mann
  geht seinen Weg*, Berlin-Schöneberg 1952, S. 187ff.). Für die

inneren Auseinandersetzungen in der Krise von 1933 selbst vgl. die Dokumentation bei Matthias (VfZ 4, 1956, S. 181 ff.), insbesondere das Protokoll der Sitzung der Reichstagsfraktion der SPD vom 10. Juni 1933 mit dem Streit über das Problem, ob Emigration «Feigheit» sei, und dem Eintreten Dr. Schumachers für die illegale Arbeit, ferner dessen Aufsatz «Der Untergang der alten Sozialdemokratie 1933» (Anm. 1), S. 250 ff. Für die Gesamtentwicklung im Exil, die ideologische wie die praktisch-organisatorische vgl. Matthias, *Sozialdemokratie und Nation – Zur Ideengeschichte der sozialdemokratischen Emigration 1932–1938* (Stuttgart 1952) und L. J. Edinger, *German Exile Politics and the Social Democratic Executive Committee in the Nazi-Era* (Berkeley und Los Angeles 1956).

4 Vgl. dazu K. D. Bracher, «Stufen totalitärer Gleichschaltung» (VfZ 4, 1956, S. 30 ff.).

5 Rudolf Diels, *Luzifer ante portas . . ., es spricht der erste Chef der Gestapo . . .* (Stuttgart 1950, S. 207), behauptet, daß unter der Berliner SA sich Ende 1933 70% ehemalige Kommunisten, darunter ganze Stürme ehemaliger Rotfrontkämpfer «samt ihren Schalmeienkapellen» befunden hätten. Das Buch ist bei aller Fragwürdigkeit des Autors und seiner Thesen wie insbesondere seiner Berechtigung zu höhnischen Bemerkungen über den «Resistenzialismus» (S. 56) wertvoll durch die genauen Aufschlüsse über die Gewaltsamkeiten der ersten 18 Monate.

6 Siehe den Berliner Aufruf der «Deutschen Volksfront» von 1936 bei Weisenborn (Anm. 3, S. 344), S. 147.

7 Für diese spätere Entwicklung siehe Edinger (Anm. 3), S. 181 ff. Für das Problem einer deutschen Exilregierung vgl. Karl O. Paetel (VfZ 4, 1956, S. 280 ff.). Auch unter der illegalen kommunistischen Bewegung in Deutschland gab es eine bewußt anti-sowjetische Gruppe, die «Roten Kämpfer». Siehe die Dokumentation in den VfZ (7, 1959, S. 458 ff.).

8 Auszüge und Kommentare in E. Lend (Anm. 2), S. 23–30; Paetel (Anm. 19, S. 356), S. 39–41; Jansen/Weyl (Anm. 17, S. 347), pp. 129–132. – Dazu als Quelle: H. L. Brill, *Gegen den Strom* (Offenbach 1946), ferner die Darstellungen bei

Matthias und Edinger (Anm. 3) sowie bei Reichhardt (Anm. 1), S. 200ff., und die Marburger Dissertation von 1957 von Kurt Kliem (Masch.).

9 Für das Schicksal der Parlamentarier in Reich und Ländern vgl. die sorgsam angestellten Ermittlungen von Walter Hammer, *Hohes Haus in Henkers Hand* (2. Aufl. Frankfurt a. M. 1957).

10 Einzelheiten finden sich in Fraenkel (Anm. 1), S. 89–114; Lend (Anm. 2), S. 30–50 (für die Jahre 1933–37); Jansen-Weyl (Anm. 8), S. 78–108; ebenso bei M. W. Schütz, *German Homefront* (London 1943); in den *Inside Nazi-Germany Reports* (New York 1933–1944) und anderen mehr sporadischen Veröffentlichungen.

11 Wenn man dem «SS-Bericht über den 20. Juli» (Anm. 3, S. 344) trauen kann, so war die erfolgreiche Infiltrierungsarbeit hauptsächlich das Werk von Heinrich Müller («Gestapo-Müller»). Als Mitglied der bayrischen politischen Polizei hatte er schon in den Jahren vor 1933 Erfahrungen mit kommunistischen Illegalen. Sicher wurde diese Infiltrierung in der Folge durch die Episode des Hitler-Stalin-Paktes sehr erleichtert. Für die verstärkte kommunistische Tätigkeit, nachdem diese Episode mit Juni 1941 abgelaufen war, s. u.

12 Hierzu und zum Folgenden siehe Jansen-Weyl (Anm. 8), S. 78–81.

13 Vgl. die noch nicht überholte erste Untersuchung der Vorgänge bei Mau, «Die zweite Revolution» (VfZ 1, 1953, S. 118ff.) und Krausnick, «Der 30. Juni 1934, Bedeutung, Hintergründe, Verlauf», in: *Das Parlament* (Beilage B XXV, 1954). – Eine zusammenfassende Darstellung bei Bracher / Sauer / Schulz (Anm. 22, S. 356), S. 934ff.

14 Vergleiche das vom Verf. hrsg. «Pro memoria eines bayerischen Rates zu den Junimorden» (VfZ 5, 1957, S. 104ff.). Es bezweckte, eine «Lawine auszulösen, die das Schandregiment verschlingen könne» – blieb aber unveröffentlicht.

15 *Der Wahrheit eine Gasse* (München 1952, S. 364). Für die Verfasserfrage vgl. Peter Hoffmann (Anm. 1, S. 343), S. 676, Anm. 63.

16 Dazu die systematische Übersicht bei Armin Mohler, *Die konservative Revolution in Deutschland 1918–32* (Stuttgart

1950, besonders S. 174ff.). Zur Kritik vgl. K. Sontheimer, *Antidemokratisches Denken in der Weimarer Republik* (München 1962).

17 Pechel (Anm. 2, S. 352), S. 77. Andeutungen dazu auch in Brünings Brief an Pechel (*Deutsche Rundschau*, Bd. 60, 1947, H. 7, S. 20f.). – Für die Rettung von Brüning durch Prof. Muckermann siehe Pechel (Anm. 2, S. 352), ebd. Von P. abweichend für Treviranus die Darstellung in dessen: *Das Ende von Weimar* (Düsseldorf 1968, S. 399f.).

18 So auch die Auffassung des Biographen W. Adolph, *Erich Klausener* (Berlin 1955). – v. Bose soll geplant haben, den «Stahlhelm» zu alarmieren (Krausnick in: *Vollmacht des Gewissens* [Anm. 32, S. 359], S. 227).

19 Für den klaren Tatbestand der Ermordung Schleichers (und seiner Frau) siehe die Dokumentation in: VfZ (1, 1953, S. 70ff.). Ebd., S. 73, der Abdruck der peinlichen Ehrenerklärung v. Mackensens vor der «Vereinigung Graf Schlieffen», die an der Todesursache wie an den erhobenen Vorwürfen mit einem Verlegenheitswortlaut («regierungsfeindliche Wege») vorbeigeht. Für eine neue Lesart zur angebl. Verbindung Schleicher – Röhm siehe Ritter (Anm. 46, S. 361), S. 475, Anm. 6. Über seinen Verkehr mit François-Poncet vgl. Th. Vogelsang, *K. v. Schleicher* (Göttingen 1965, S. 102f.).

20 Die Erzählung bei Schlabrendorff 1946 (Anm. 2, S. 343), S. 15, wonach er und seine Freunde im März 1933 Niekisch aus einem SA-Keller befreit hätten, ist in späteren Auflagen fallengelassen und wird weder von Bodo Scheurig, *Ewald v. Kleist-Schmenzin* (Oldenburg – Hamburg 1965) noch von Niekisch selbst, *Gewagtes Leben* (Köln – Berlin 1958) bestätigt. Für die Vorgänge vom Juni 1934 vgl. Scheurig, S. 136 und Niekisch, S. 247f.

21 Für diese Ausrichtung vgl. außer den Angaben bei Mohler (Anm. 16) die Studie von Hans Buchheim, «Ernst Niekischs Ideologie des Widerstands» (VfZ 5, 1958, S. 334ff.). Die «Rache für Königgrätz» in: Niekisch, *Politische Schriften* (Köln – Berlin 1965, S. 65).

22 Einzelheiten bei Pechel (Anm. 2, S. 352), S. 81f. Für von Halem vor allem bei E. Zeller, (Anm. 1, S. 343), S. 115ff.

23 So vor allem Gisevius (Anm. 10, S. 354), jetzt erneut und
   ausführlicher in: ders., *Adolf Hitler, Versuch einer Deutung*
   (München 1963, S. 459ff.). Nach Schellenbergs *Memoiren*
   (Köln 1959, S. 90ff.) soll Elser im Verhör gestanden haben,
   zwei unbekannte Personen hätten ihm bei der Vorbereitung
   geholfen. Man habe ihm dann eine Schreinerwerkstätte ein-
   gerichtet, und er habe in kurzer Zeit sein «Meisterstück»
   wiederholt. – Eine solche Erzählung legt die Vermutung nahe, daß die Gestapo die Hand im Spiele gehabt habe, sei es,
   um durch das mißglückte Attentat Hitlers Popularität und
   sein Erwähltseinsbewußtsein zu verstärken, sei es, um seinen Zorn in andere Richtungen zu lenken. Eine dritte Version, die in Kürze auch literarisch vertreten werden wird,
   geht dahin, daß eine radikale Gruppe im SD Hitler tatsächlich habe beseitigen wollen, daß aber einer der Mitwisser ihn
   telegraphisch gewarnt habe, länger als bis zu einem gewissen Zeitpunkt im Saal zu bleiben. – Die ganze Sachlage
   weist eine merkwürdige Analogie zur Reichstagsbrandstif-
   tung (oder zur Ermordung des Präsidenten Kennedy) auf:
   Die Einzeltäterschaft ist nach allen technischen Voraussetzungen einigermaßen unwahrscheinlich, aber Komplizen
   sind bisher nicht nachweisbar gewesen. In einer Untersuchung der Frage durch Dr. Anton Hoch, die in VfZ erschienen ist (Okt. 1969), werden neue Belege für eine Alleintäter-
   schaft beigebracht.
24 *Berlin Diary* (New York 1942, p. 218, 20. Sept. 1939).
25 Vgl. das Kapitel: «Der Widerstand einzelner Gruppen
   1932–1944» bei Pechel (Anm. 2, S. 352), S. 71–113.
26 Schlabrendorff 1946 (Anm. 2, S. 343), S. 41 f.
27 H. Fraenkel (Anm. 1), S. 206–209 und 240–252, erörtert
   daher die Freiheitspartei als Ausdruck einer konservativen
   sowohl wie einer Linksopposition.
28 Tübingen 1954. Vgl. auch ders., «Obrigkeit und Widerstand. Zeitgeschichtliche Gedanken zur ‹soziologischen›
   Sicherung› der Freiheit» (VfZ 3, 1955, S. 297ff.; das Zitat
   ebd. S. 303).
29 In VfZ (Anm. 28), S. 304, macht H. v. Borch mit Recht
   darauf aufmerksam, daß in den Länderverfassungen für
   Hessen, Bremen und die Mark Brandenburg, die ein Wider-

standsrecht etablieren, dieses «soziologisch völlig undifferenziert» bleibt. Es sei zu befürchten, daß ein «Jedermanns-Recht» zur «Niemands-Pflicht» werde.

30 Erste Aufschlüsse dazu in dem Artikel von E. A. Bayne (Anm. 29, S. 351). Sehr viel Material liegt in den Akten des Weizsäcker-Prozesses vor, und Einzelspuren oppositioneller Diplomatie finden sich in den deutschen wie den britischen Akten zur Außenpolitik. Auf einige Beispiele wird zurückzukommen sein. – Für Schmidt siehe Dulles (Anm. 22, S. 349), S. 64, und die Erinnerungen von Paul Schmidt, *Statist auf diplomatischer Bühne* (Bonn 1949). – Eine Übersicht gibt R. Sexau, «Diplomaten unter Hitler», in: *Neues Abendland* (7. Jg., 1952, S. 43–54 und 98–106). Für eine zusammenhängende Untersuchung, die freilich von starken Vorurteilen belastet ist, vgl. Paul Seabury, *The Wilhelmstraße. A Study of German Diplomats under the Nazi-Regime* (Berkeley und Los Angeles 1954). Eine zutreffendere Würdigung in der Rede von Eugen Gerstenmaier (*Bulletin des Presse- und Informationsamtes der Bundesregierung*, 22. Juli 1954; dort auch die Totenliste des Auswärtigen Amtes).

31 Seabury (Anm. 30), S. 144.

32 Vgl. Erich Kordt, *Nicht aus den Akten*, (Stuttgart 1950, S. 61–79).

33 Schlabrendorff, 1946 (Anm. 2, S. 343), S. 16f., und ausführlicher in der Neubearbeitung von 1951, S. 32ff.

34 Siehe auch Dulles (Anm. 22, S. 349), S. 118, und die kurzen Angaben bei Th. Steltzer, *Von deutscher Politik* (Frankfurt 1949, S. 150). Ausführlicher in demselben *Sechzig Jahre Zeitgenosse* (München 1966, S. 116ff.; die Denkschrift im Auszug ebd., S. 270ff.).

35 Neben Quellen, die später zu zitieren sein werden, ist als Unterlage eine Denkschrift von Frau Goerdeler benutzt worden (geschrieben im März 1946). Inzwischen ist für Goerdelers Biographie durch Gerhard Ritter (Anm. 46, S. 361) die Grundlage außerordentlich verbreitert worden. Es wird davon nur für die nötigsten Ergänzungen und Berichtigungen Gebrauch gemacht werden. Eher wird auf Auffassungsfragen kritisch einzugehen sein.

36 Gisevius, *Bis zum bitteren Ende* (rev. Ausg. Zürich 1954,

S. 231–237). In seinem Buch über Hitler von 1963 kommt er darauf nicht zurück.

37 In einer etwas abweichenden Version soll Halder, der Nachfolger Becks, Schacht im Jahre 1938 erwidert haben: «Die Leute, die Hitler zur Macht gebracht haben, sollen ihn auch wieder loswerden... Ihr habt Hitler gewählt... Wir Soldaten durften nicht wählen.» (Dulles [Anm. 22, S. 349], S. 63).

38 Für den Text der Hoßbach-Niederschrift vgl. IMT (Anm. 16, S. 347), XXV, S. 402–413, und *Akten zur Deutschen Auswärtigen Politik* (zitiert: ADAP), Serie D, I, S. 25 ff. – Aus formalen Gründen und aus der Überlieferungsgeschichte des Textes lassen sich einige Bedenken herleiten. Sie berechtigen indessen in keiner Weise zur Skepsis gegenüber diesem «Schlüsseldokument» (Seraphim), erst recht nicht zum Vorwurf der «Fälschung» (Annelies v. Ribbentrop in: *Deutsche Hochschullehrerzeitung,* H. 2, 1962). Naturgemäß sind die Worte des Widerspruchs, die geäußert wurden, weniger ausführlich verzeichnet als Hitlers eigene Ausführungen, an deren Tragweite nicht zu zweifeln ist. Zum Hergang und den Folgen siehe Friedrich Hoßbach, *Zwischen Wehrmacht und Hitler* (2. Aufl. Göttingen 1965, S. 13 f., 180 ff.). Zur Quellenkritik und zur positiven Wertung des Dokuments vgl. Walter Bussmann, «Zur Entstehung und Überlieferung der Hoßbach-Niederschrift» (VfZ 16, 1966, S. 373 ff.).

39 Der Vorwurf Wheeler-Bennetts, *Die Nemesis der Macht* (Düsseldorf 1954, S. 384), daß die Einwände nicht moralisch begründet gewesen seien, ist bezeichnend für die Verständnislosigkeit vieler seiner Urteile.

40 Dafür und für das Folgende, insbesondere für die dokumentarischen Unterlagen, vgl. Wolfgang Foerster, *Generaloberst Ludwig Beck, Sein Kampf gegen den Krieg* (2. Aufl. München 1953). Ferner Fr. Hoßbach, *Von der militärischen Verantwortlichkeit in der Zeit vor dem Zweiten Weltkrieg* (Göttingen 1948, bes. S. 18 f.). Vgl. auch Gert Buchheit, *Soldatentum und Rebellion* (Rastatt 1961, S. 146 ff.). Für die Seekriegsleitung: ebd, S. 158 ff.

41 Darauf hat M. Braubach, *Der Weg zum 20. Juli* (Köln-

Opladen 1953, S. 16) mit Recht verwiesen. Über die Möglichkeit eines «legalen Anfangsstoßes» vgl. Krausnick in:
Vollmacht des Gewissens (Anm. 32, S. 359), S. 318.

42 Augenzeugenberichte dazu finden sich bei R. Andreas-
Friedrich, *Der Schattenmann* (Berlin 1947, S. 15 f.), und bei
Konstantin Silenz, *Irrweg und Umkehr* (Basel 1946, S. 184).
Vgl. auch Kordt (Anm. 32), S. 267 f.

43 Das volle Ausmaß der Vorbereitungen ist nicht nur durch
die Aussagen bezeugt, die Halder und Gisevius vor dem
Nürnberger Gerichtshof machten, sondern wird durch die
vertrauliche Information bestätigt, die Pechel von Beck im
Hause des Generaloberst v. Hammerstein empfing (Pechel
[Anm. 2, S. 352], S. 151).

44 Gisevius (Anm. 36), S. 340 f., sucht Schacht als zivilen
Anstifter des militärischen Putschplans herauszustellen. –
Schacht (Anm. 9, S. 353), S. 18, folgt der gleichen Linie,
weiß aber von der Londoner Aktion nichts. Seine hohe (und
sicher berechtigte) Anerkennung Witzlebens verliert an
Wert durch die Feststellung, der General und er selbst seien
die Urheber des einzigen erfolgversprechenden Staats-
streichplanes gewesen.

45 Vgl. P. Hoffmann (Anm. 1, S. 343), S. 82.

46 Zur Vorgeschichte der Mission und zur Rolle Colvins vgl.
dessen: *Chief of Intelligence* (London 1951, p. 60 ff.; in der dt.
Ausgabe: *Der Meisterspion* (Wien 1955, S. 72 ff.) und Scheurig (Anm. 20), S. 155 f. Einschränkend auf Grund persönlicher Mitteilungen von Schlabrendorff und dem Sohn von
Kleist: Krausnick in: *Vollmacht des Gewissens* (Anm. 32,
S. 359), S. 33c. Indizien für die Mitwisserschaft Becks bei
Foerster (Anm. 40), S. 126. – Für den Verlauf der Mission
vgl. *Documents of British Foreign Policy* (zit.: DBFP) Series III,
vol. II, pp. 683 ff. und die Bezugnahme ebd. p. 101, 125 f.
und III, p. 366. – Der Brief Churchills an Kleist ohne Nen-
nung des Adressaten nach einer Abschrift, in: ADAP
(Anm. 38), Serie D, II, S. 706. Man wird also auch die Mitwisserschaft der Wilhelmstraße – mindestens die nachträgli-
che – annehmen können. Für das Urteil Chamberlains über
Kleist vgl. DBFP, p. 686. Auf die Mission Kleists folgte wenige Tage später noch eine des Majors a. D. Hans Boehm-

Tettelbach, dem es indessen nicht gelang, zu einflußreichen Persönlichkeiten vorzudringen (so bei Ritter und auch bei Hoffmann [Anm. 1, S. 343], S. 86 f.).

47 Es ist wohl kein Zufall, daß die Erklärung mit den gleichen Worten begann, die Beck in einem seiner Vorträge gebraucht hatte («Unusual times require unusual means»). Bei Dulles (Anm. 22, S. 349), S. 61, ist nur von einer Botschaft Becks die Rede. Für den Hergang selbst vgl. Kordt (Anm. 32), S. 251 f. und 279 ff. Weiter sind Zeugenaussagen aus dem Weizsäcker-Prozeß heranzuziehen, die freilich nicht gedruckt vorliegen. Die hier folgenden Angaben beruhen auf persönlicher Mitteilung und sind inzwischen bestätigt durch die Nachforschungen Hoffmanns (Anm. 1, S. 343), S. 689 f., Anm. 81, im Nürnberger Staatsarchiv. Unter den Belastungszeugen fungierte Baron von Vansittart. In einer eidesstattlichen Erklärung vom 12. August 1948 hat er versichert, er habe von Weizsäcker immer als «chief executant» der Politik Ribbentrops betrachtet und halte an dieser Anschauung fest. In der gleichen Erklärung werden die Brüder Kordt als Opportunisten charakterisiert, von denen Vansittart nie den Eindruck gehabt habe, daß sie mit irgendwelchen Personen und Gruppen ernsthaft oppositioneller Art verbunden gewesen seien, und von denen er nie auch nur einen Wink («hint») von einigem Gewicht empfangen habe: In schärfstem Gegensatz dazu hat der Bischof von Chichester nicht nur bezeugt, daß aktive Schritte in Opposition zur Politik Hitlers und Ribbentrops von den Brüdern Kordt und v. Weizsäcker unternommen wurden, sondern auch, daß Baron Vansittart davon wußte. Ferner hat der frühere britische Außenminister in einer eidesstattlichen Versicherung vom 30. September 1947 den Inhalt eines Briefes von Theo Kordt vom 29. Juli 1947 als wahr beurkundet. Dieser Brief erwähnt kurz die Vorgänge vom September 1938 und enthält u. a. die Feststellung, daß der Schreiber während der Jahre 1938/39 in «enger, teilweiser täglicher Berührung mit dem hauptsächlichen diplomatischen Berater der britischen Regierung – Lord Vansittart» – war sowie daß Erich Kordt trotz des damit verbundenen Wagnisses wiederholt nach London kam, um Baron Vansittart von den drohenden Ge-

fahren zu unterrichten, der diese Nachrichten an Lord Halifax weiterzugeben versprach. Das psychologische Rätsel, das die widersprechenden Zeugnisse aufgeben, wird am einfachsten zu lösen sein durch ein Zitat aus einer zweiten eidesstattlichen Versicherung Vansittarts (vom 31. August 1948), in der es heißt: «Die ganze Grundlage meiner Haltung gegenüber Deutschland war, daß es eine wirkliche oder wirksame Opposition dort niemals gab oder geben würde.» Eine andere, keineswegs einleuchtende Erklärung bietet J. Colvin an (*Vansittart in Office*, London 1965, p. 324 f.). Wie weitgehend Vansittart von seinem Gedächtnis im Stich gelassen worden ist, wird noch weiterhin zu zeigen sein. Jedenfalls kann sein Zeugnis die Tatsachen von 1938 nicht erschüttern und die Integrität der beteiligten Persönlichkeiten nicht in Frage stellen. Das gleiche gilt von der in der Quellenfrage zum Teil sehr scharfsichtigen Kritik von Namier, *In the Nazi Era* (London 1952, bes. pp. 75 u. 84 f.) und von Wheeler-Bennetts kritischen Bemerkungen über «unzufriedene Generäle» und «frühere Deutschnationale» (Anm. 39), S. 438. Ernster ist sein Einwand, ob eine englische Verpflichtung zum Kriege auf Grund der deutschen Eröffnungen möglich war. Aber er widerspricht damit seiner eigenen früheren Verurteilung der Appeasement-Politik. Übrigens war die englische Festlegung auf den Krieg in der Krise nach Godesberg für eine kurze Phase durchaus eine Wirklichkeit. Auf die Argumente jüngerer deutscher Autoren (Graml u. Wendt) betr. die Zumutbarkeit der Erwartungen, die von der Opposition an England herangetragen wurden, wird zurückzukommen sein.

48 So bei Krausnick in: *Vollmacht des Gewissens* (Anm. 32, S. 359), S. 335 ff., und Buchheit (Anm. 40), S. 180 ff. Noch ausführlicher jetzt und auf viele neue Belegstellen gestützt die Darstellung bei P. Hoffmann (Anm. 1, S. 343), S. 123 ff. u. Anm. 225 ff. Vgl. auch Erich Kordt (Anm. 32), S. 262 f. u. 269 ff. Auffallend und offenbar abwegig das Urteil von B. Scheurig (Anm. 20), S. 166: Die Opposition hatte die «Chance besessen, aber im Grunde war sie nur zu gewillt, diese Chance nicht zu nutzen». Das Urteil ist um so auffallender, als Scheurig (S. 232, Anm. 98) selbst erklärt, man

wäre gern bereit, sich von Shirers abwertender Skepsis «belehren» zu lassen, aber er vermöge sie an keiner Stelle schlüssig zu begründen.

49 Der Brief vom 11. Oktober 1938 ist im Wortlaut abgedruckt in: *Goerdelers Politisches Testament. Dokumente des Anderen Deutschland,* hrsg. v. Friedrich Krause (New York 1945, S. 57–64). In dem gleichen Brief sagt der Verfasser: «Ich weiß ..., daß diese Diktatoren nichts als Verbrecher sind und daß ihre Wirtschaftspolitik zum Bolschewismus führt. Der Hitlerismus ist Gift für die deutsche Seele» (S. 61).

50 Aussage Theo Kordts im Wilhelm-Straßen-Prozeß am 14. Juli 1948.

51 Dazu Carl J. Burckhardt, *Meine Danziger Mission,* 1937–39 (2. Aufl. München 1960, S. 181 ff.). Ernst von Weizsäcker, *Erinnerungen* (München 1950, S. 173–177); vgl. ferner dazu die Dokumente in: DBFP (Anm. 46), Series III, vol. II, pp. 242, 689–692.

52 Über Trotts Gespräche im Juni 1939 in Cliveden, dem Sitz des Autors, und in London liegt ein Aktenstück vor (ADAP [Anm. 38], Serie D, VI, S. 562–570), das zu schweren Mißverständnissen Anlaß gegeben hat. Zur Berichtigung vgl. den Brief von David Astor (*Manchester Guardian Weekly,* 4. Juni 1956) und meine Einleitung zu einer Denkschrift Trotts von 1942 (VfZ 5, 1957, S. 390 f.). Man muß den getarnten Zweck der Hinausschiebung des Krieges zum Verständnis der Aktion klar in Rechnung stellen. In der Trott-Biographie von Christopher Sykes (*Troubled Loyalty,* London 1968, pp. 239 ff.) erkennt der Autor zwar den «purpose of disguise» und die Tatsache an, daß der Bericht für die Augen von Ribbentrop und Hitler geschrieben war, ist aber wie an vielen anderen Stellen seines Werkes nicht frei von dem Mißtrauen, zu dem der ehemalige Rhodes-Scholar allein schon durch die Tatsache seiner freiwilligen Rückkehr nach Deutschland wie auch durch andere für seine Oxforder Freunde unverständliche Handlungen oder Äußerungen Anlaß gegeben hatte.

53 Es geschah das auf Initiative Weizsäckers. Dazu übereinstimmend dessen *Erinnerungen* (Anm. 51), S. 235, und E. Kordt (Anm. 32), S. 311 ff. Vgl. auch die amtliche Bestä-

tigung des Vorgangs in DBFP (Anm. 46), Series III, vol. VI, pp. 705, 707. Dazu Hermann Graml: «Die deutsche Militäropposition vom Sommer 1940 bis zum Frühjahr 1943», in: *Vollmacht des Gewissens* (Hrsg. v. d. Europäischen Publikation, Band II, Frankfurt a. M. – Berlin 1965, S. 411–474); Gert Buchheit (Anm. 40), insbes. S. 222–260, und P. Hoffmann (Anm. 1, S. 343), S. 143 ff.

54 Es hat in der ausländischen Literatur Behandlung im weiteren Rahmen gefunden bei Wheeler-Bennett (Anm. 39), bei Gordon Craig, *The Politics of the Prussian Army 1940–1945* (Oxford 1953), spezieller in dem noch stark von der Nürnberger Atmosphäre bestimmten Buch des damaligen Anklägers Telford Taylor, *Sword and Swastika* (New York 1952). Von deutscher Seite und zur Frage des militärischen Widerstands sind vor allem die sehr sorgsamen Untersuchungen von H. Krausnick und K. Sendtner zu nennen in: *Vollmacht des Gewissens* (Anm. 32, S. 359), S. 177–384 u. 385–532. Ebd. die Spezialbibliographie von G. Stadtmüller (S. 549–584). Für die allgemeinere Fragestellung siehe H. Herzfeld, «Heer und Staat in der deutschen Geschichte» (VfZ 4, 1956, S. 561 ff.). Für die Marine vgl. Walter Baum, «Marine Nationalsozialismus und Widerstand» (VfZ II, 1963, S. 16 ff.). Für die Unterschiedlichkeit der drei Wehrmachtsteile siehe auch A. Kesselring, *Soldat bis zum letzten Tag* (Bonn 1953, S. 299). Interessante Einzelbeobachtungen zur inneren Situation des Offizierskorps finden sich in dem Buch eines bayerischen Reserveoffiziers, der 1941 zum OKH versetzt wurde und zum Widerstandskreis in Beziehung war (Ferdinand Prinz von der Leyen, *Rückblick zum Mauerweld*, München 1965, passim). Die Behandlung des Themas durch Klaus-Jürgen Müller, *Das Heer und Hitler, Armee und nationalsozialistisches Regime 1933–1940* (Stuttgart 1969) gewinnt ihm im einzelnen noch durchaus neue Seiten ab. So etwa für den Versuch (Sommer 1939) einer konspirativen Kaderbildung, der von Witzleben (damals Gruppenkommandeur in Frankfurt a. M.) und seinem Stabschef v. Sodenstern unternommen wurde (S. 398 ff.). Es sei auch auf die wertvollen Dokumente im Anhang des Buches verwiesen, die in den Fahnen vorlagen, aber in die Neuauf-

lage nicht mehr eingearbeitet werden konnten. Es kann in dem folgenden Abschnitt des Textes nur darum gehen, die Würdigung, die beabsichtigt ist, an dem neuerschlossenen Material zu kontrollieren, nicht aber die Masse des Faktischen zu berücksichtigen.

55 Am 26. Januar 1932 schrieb Groener einem Freund, daß, wenn Hitler zu Gewaltmitteln greifen sollte, er niedergeworfen werden würde. «H[ammerstein] ist der Mann, brutal zuzuschlagen, ganz anders als Seeckt 1923/24» (Übers. von Craig, *Political Science Quarterly*, LXIII, 2, p. 210). Für den Schritt, den Hammerstein zusammen mit dem Personalchef Generalleutn. v. d. Bussche-Ippenburg bei Hindenburg unternahm vgl. Thilo Vogelsang, *Reichswehr. Staat und NSDAP* (Stuttgart 1962, S. 378 f.) und jetzt auch Treviranus (Anm. 17), S. 349 f. Ausführlicher und im einzelnen abweichend, die Angaben bei Kunrat Frh. v. Hammerstein (*Spähtrupp*, 2. Aufl. 1963, S. 40 ff.). Der Personalchef war einer der ersten Generale, die nach der Machtübernahme entlassen wurden.

56 In einigen Fällen wurde früheren Offizieren «nichtarischer» Abstammung von der Reichswehr Schutz gewährt. Aber die Armee trat nicht aus ihrer Reserve heraus, als der Kranz der Vereinigung jüdischer Kriegsteilnehmer vom Ehrenmal Unter den Linden entfernt wurde; sie ließ es geschehen, daß die Regimentsvereine gezwungen wurden, ihre jüdischen Mitglieder auszustoßen. Mit Bezug auf die «Nürnberger Gesetze» genoß die Armee eine gewisse Schonzeit, da die volle Anwendung viele höhere Offiziere, besonders aus den Kreisen des Landadels, betroffen haben würde. Aber auch hier wurde die Praxis ständig verschärft. Als ein Fall unter anderen sei der der jüdischen Witwe des Generals Hoffmann erwähnt, die nach entwürdigender Behandlung im Jahr 1938 Selbstmord beging (Fraenkel [Anm. 1], S. 204). Im allgemeinen trafen die Verhaftungen im November 1938 die bisher noch nicht den schärfsten Maßregelungen unterworfenen nichtarischen Kriegsteilnehmer.

57 Vgl. die Briefe Stieffs (VfZ 2, 1954, bes. S. 300). – Für Reichenau und Blaskowitz: Ulrich von Hassell, *Vom anderen Deutschland* (Zürich 1946, S. 92 [11. 10. 1939] u. 97 [betr.

29. 10. 1939, geschr. am 6. 11. 1939]) sowie Schlabrendorff 1951 (Anm. 2, S. 343), S. 59; ferner Buchheit (Anm. 40), S. 208 ff. Erwähnt sei auch, daß der Widerstand gegen den berüchtigten Kommissarbefehl Hitlers vom Mai 1941 mehr von taktisch-militärischen als von grundsätzlichen Erwägungen ausging. Dazu jetzt eingehend Heinrich Uhlig, «Der verbrecherische Befehl», in: *Vollmacht des Gewissens* (Anm. 53), S. 287–410.

58 Fraenkel (Anm. 1), S. 202 f.

59 Zur Kritik der militärischen Jugenderziehung siehe Hoßbach 1965 (Anm. 38), S. 58 f.

60 Dazu: Johann Adolf Graf Kielmannsegg, *Der Fritsch-Prozeß 1938, Ablauf und Hintergründe* (Hamburg 1949) und Hermann Foertsch, *Schuld und Verhängnis, die Fritsch-Krise im Frühjahr 1938 als Wendepunkt* (Stuttgart 1951). – Zur «Wachablösung»: G. Buchheit, *Ludwig Beck* (München 1964, S. 106 ff.). – Für Keitel vgl. die Erinnerungen, Briefe, Dokumente des Chefs des OKW, die W. Görlitz unter dem Titel *Verbrecher oder Offizier?* (Göttingen 1961) mit deutlich apologetischer Absicht herausgegeben hat.

61 Derjenige Teil des Tagebuchs von Hermann Kaiser, der erhalten geblieben ist und dem Verfasser vorlag, umfaßt die Zeit vom 7. Januar bis 3. August 1943. Ergänzungen finden sich in einem fragmentarischen Bericht von Ludwig Kaiser, der als Kriegsgerichtsrat im Stabe von General Olbricht diente. Beide Brüder waren in einer Lage, die ihnen erlaubte, sehr wesentliche Aufzeichnungen zur inneren Geschichte des Widerstands zu machen. Hermann, Studienrat in Wiesbaden, ein tiefreligiöser Mensch und ein Idealist von reinstem Wasser, fiel als ein Opfer des 20. Juli. Ein Teil des Fragments seines Tagebuchs ist veröffentlicht worden in: *Die Wandlung,* 1945–1946, Heft 5, S. 530–534.

62 Ein besonders schlagendes Zeugnis dieser Art findet sich für Rundstedt in den Aufzeichnungen des Freih. v. Neubronn, «Als deutscher General bei Pétain» (VfZ 4, 1956, S. 249 f.). – Eine Antwort auf die «Versuchung», die man wohl als typisch ansehen kann, wurde von Generalfeldmarschall v. Kluge gegeben: «1. Keine Teilnahme an einem Fiasko-Unternehmen. 2. Ebensowenig an einer Aktion gegen

Hitler. 3. Ist nicht im Wege, wenn Handlung beginnt»
(Kaiser-Tagebuch, 21. Jan. 1943).

63 Dulles (Anm. 22, S. 349), S. 90.

64 v. Hassell (Anm. 57), S. 212 (16. 6. 1941).

65 Der Brief vom 17. Mai 1943 ist (als Beilage zum Kaiser-
Tagebuch) abgedruckt (in Faksimile) bei Ritter (Anm. 46,
S. 361), S. 352ff. Der Brief an Kluge (25. Mai 1943) ebd.,
S. 359f.

66 Vgl. Marion Gräfin Dönhoff, *In memoriam 20. Juli 1944*
(Hamburg 1947). – Friedrich Meinecke, der in Berührung
mit Beck kam, nennt ihn einen «echten Erben Scharnhorsts»
(Anm. 5, S. 353), S. 146. Weitere persönliche Zeugnisse
(u. a. von Fechter, Spranger und Sauerbruch) liegen aus dem
Kreise der «Mittwochsgesellschaft» vor, zu der sich hohe
Beamte und Gelehrte zweimal monatlich in Berlin trafen.
Von der aktiven Opposition gehörten zu ihr Popitz, Jessen
und v. Hassell. Beck war der einzige Militär in diesem Kreis
und ein «natürlicher Mittelpunkt». Einige seiner dort gehaltenen Vorträge sind erhalten in den von Hans Speidel herausgegebenen *Studien* (Stuttgart 1956). Die Zitate am Schluß
dieses Abschnitts aus Speidels Einleitung und aus Becks
Vortrag: «Die Lehre vom totalen Krieg» (S. 13 u. 249). –
Für den Familienhintergrund und für den Ulmer Prozeß
vgl. Buchheit, *Ludwig Beck* (München 1964, S. 10ff. u. 21f.)
sowie Peter Bucher, *Der Reichswehrprozeß* (Boppard 1968).

67 Zu dieser Einzelfrage vgl. Joachim Kramarz, *Stauffenberg*
(Frankfurt a. M. 1965, S. 42ff.). – Außer der Biographie
von K. liegen vor eine von Bodo Scheurig (Berlin 1964) und
eine des Potsdamer Militärhistorikers Kurt Finker (Berlin-
O. 1967), die trotz einer gewissen dogmatischen Befangen-
heit und der sehr überspitzten These von der Ost-Orientie-
rung Stauffenbergs seinem Lebensweg und seinem soldatischen Denken durchaus gerecht wird. Auf die Stellung der
Opposition zwischen Osten und Westen wird zurückzukommen sein. – Für die Jugendgeschichte vgl. das Erinne-
rungsbild von Theodor Pfizer, «Die Brüder Stauffenberg»,
in: *Robert Boehringer. Eine Freundesgabe*, hrsg. v. E. Boehringer u. W. Hoffmann (Tübingen 1957, S. 487ff.), und zur
Würdigung die Rede von Paul Graf Yorck von Wartenburg

bei der Einweihung der Friedhofskapelle in Lautlingen (wiederabgedruckt in: VfZ 12, 1964, S. 250ff.). Dokumentarische Unterlagen – Briefe und Aufzeichnungen – fehlen leider durchweg. Die Schilderung bei Karl Michel, *Ost und West: Der Ruf Stauffenbergs* (Zürich 1947) ist nicht ohne Substanz, entgleitet aber in mißlicher Weise in das Gebiet des «Edelkitsches». Die stärksten persönlichen Zeugnisse, besonders die des Germanisten Prof. Fahrner, finden sich bei Zeller (Anm. 22). Die Portraitskizze Zellers ist wiederabgedruckt in: VfZ (12, 1964, S. 222ff.). Das im Text zitierte Zeugnis für 1936 ebd., S. 255. – Vgl. jetzt auch Hoffmann (Anm. 1, S. 343), Kap. X, I; und für das Verhältnis zu Stefan George dessen Aufsatz in: *Jahrbuch d. Deutschen Schillergesellschaft* (XII, 1968, S. 320ff.). Ebd. bisher unbekannte Jugendgedichte von Stauffenberg.

68 Viele Einzelnachweise hierzu lassen sich aus dem Buch von Dulles (Anm. 22, S. 349) und den verschiedenen Tagebüchern und Memoiren gewinnen, sowie aus der Darstellung von Graml (Anm. 53), S. 411ff. Ein mehr systematischer Überblick, eine Art von «Aufmarschordnung», die freilich unvollständig und undifferenziert ist, findet sich bei Pechel (Anm. 2, S. 352), S. 237f. – Für die «Abteilung z. b. V.» wurde eine ungedruckte Aufzeichnung von Frau Haag benutzt. Auf die Rolle dieser Abteilung und Groscurths wird zurückzukommen sein.

69 So jetzt auch in der Neuausgabe (Frankfurt a. M. 1959, S. 54).

70 Zu den Pariser Vorgängen: W. v. Schramm, *Der 20. Juli in Paris* (Wörishofen 1953). Vgl. für Stülpnagel Hans Speidel, *Invasion 1944* (Tübingen und Stuttgart 1949, bes. S. 83ff. und 133ff.) und E. Jünger, *Strahlungen* (Tübingen 1949, bes. S. 525f.); ferner den Artikel von E. Weniger in: *Sammlung* (4. Jahrg. 1949, S 475ff.). Für Hofacker s. A. Leber II (Anm. 7, S. 345), S. 259ff., und eine ungedruckte Aufzeichnung von Dr. G. Frhr. v. Falkenhausen, deren Kenntnis ich M. Braubach verdanke. – Für «Rommel und den Widerstand» vgl. Krausnick in: VfZ (1, 1953, S. 564ff.). Eine besonders lebendige Darstellung der Pariser Vorgänge bei Baumont (Anm. 1. S. 343), S. 194–228. Für Hofacker vgl.

Otto Kopp, *Widerstand und Erneuerung* (Stuttgart 1966, S. 209 ff.). Im übrigen sei darauf verwiesen, daß die Art, wie der Aufstandsbefehl in Prag, Wien, Paris und in den einzelnen Wehrkreisen befolgt (oder nicht befolgt) worden ist, von P. Hoffmann in einer Reihe von Aufsätzen untersucht wurde und zusammengefaßt (Anm. 1, S. 343), Kap. XI, 3. u. 4., zur Darstellung kommt.

71 Ein kleiner, aber für das Amateurhafte bezeichnender Zug ist von Meinecke berichtet worden (Anm. 5, S. 353), S. 146. Danach kam Hermann Kaiser zu ihm, um sich bei dem Historiker der deutschen Erhebungszeit nach Einzelheiten der Organisation einer patriotisch-revolutionären deutschen Gesellschaft in den Jahren 1812/13 zu erkundigen.

72 Dazu das Urteil von P. E. Schramm, der aus seiner Erfahrung im Wehrmachtsführungsstab bezeugt, daß trotz der Millionen von Fremdarbeitern die Fälle von Sabotage in den Jahren 1943–1945 an Zahl verschwindend gering waren (*Remer-Prozeß* [Anm. 32, S. 359], S. 79). Zum Zusammenbruch der Heeresgruppe Mitte vgl. die Dokumentation durch H. Gackenholz in: VfZ (3, 1955, S. 319 ff.).

73 Ein gut Teil dieses Dilemmas kommt ungewollt zum Ausdruck in: Wolfgang Müller, *Gegen eine neue Dolchstoßlüge. Ein Erlebnisbericht zum 20. Juli 1944* (2. verb. Aufl. Hannover 1947). Der Verfasser (der sogenannte «Vorschriften-Müller») war Frontoffizier im Osten und nahm als Kommandeur der Infanterieschule Döberitz am Aufstandsversuch des 20. Juli teil. Das Buch enthält viele interessante Einzelheiten, aber es bezeugt mehr die Gefühle elementarer Empörung im Offizierskorps, das aus seinen besten Traditionen sich gegen die Naziführung auflehnen mußte, als ein klares Durchdenken der Situation. Während der Verfasser sich mit Recht gegen eine Dolchstoßlüge wendet, die den Verlust des Krieges auf die militärische Opposition abzuschieben sucht, wird er des Konflikts, der von führenden Persönlichkeiten durchzukämpfen war, kaum gewahr. – Zum Grundsätzlichen vgl. auch Johann Dietrich v. Hassell: *Verräter? Patrioten!* (Köln 1946) und für eine breitere Analyse der Probleme das im Vorwort erwähnte Buch von M. Boveri (Anm. 13, S. 347).

74 Dies und das folgende bei Schlabrendorff (Neuausg. 1959, Anm. 2, S. 343), S. 107 ff.

75 Schlabrendorff (ebd, S. 45 f.) gibt an, daß er von diesem Plan Sir Ogilvy-Forbes noch kurz vor der Abreise der britischen Botschaft Kenntnis gegeben habe. – Nach Pechel (Anm. 2, S. 352), S. 153, erklärte Brüning bei einem Gespräch in London im Sommer 1939, Hammerstein sei der einzige General, der Hitler beseitigen könne, ein «Mann ohne Nerven». Als Pechel dies Hammerstein mit einem Gruß Brünings berichtete, soll dieser gesagt haben: «Gebt mir nur eine Truppe, dann wird's an mir nicht fehlen.» Hammerstein blieb auch nach der Verabschiedung eine führende Gestalt unter den Verschwörern bis zu seinem Tod im Jahre 1943. In einer Besprechung, die in seinem Hause gegen Ende 1941 stattfand und an der Beck sowohl wie Goerdeler teilnahmen, einigte man sich auf eine Aktion, die Witzleben, der damals Oberbefehlshaber West war, ausführen sollte. Pechel wurde beauftragt, ihn einzuweihen, und Witzleben erklärte sich zum Handeln bereit; Vorbereitungen dazu wurden getroffen, aber im März 1942 hatte sich Witzleben einer Operation zu unterziehen. Einen Monat später wurde Pechel verhaftet und Witzleben seines Kommandos enthoben (ebd., S. 155 f.).

76 Die bisherige Kenntnis beruhte wesentlich auf E. Kosthorst, *Die Deutsche Opposition gegen Hitler zwischen Polen- und Frankreichfeldzug* (Stuttgart 1954). Ferner auf Sendtner (Anm. 54), S. 383 ff., und Kordt (Anm. 32), S. 355 ff. Die im Text erwähnte und an Information sehr reiche Darstellung von Harold C. Deutsch, *The Conspiracy against Hitler in the twilight of war* (Minneapolis 1968), liegt auch in deutscher Übersetzung vor: *Verschwörung gegen den Krieg. Der Widerstand in den Jahren 1939–1940* (München 1969). – Die Papiere Groscurths sind von Krausnick und Deutsch inzwischen veröffentlicht worden (*Tagebücher eines Abwehroffiziers 1939–1940*, Stuttgart 1969). – Seitenangaben aus dem Buch von Deutsch im folgenden nach dem Original.

77 Für die bisher unbekannten Tatsachen betr. Reichenau und Halder vgl. Deutsch (Anm. 76), pp. 69 ff. u. 196 f.

78 Zur Frage der «Zossener Akten» und der «Chronik krimineller Taten der Parteigewaltigen», die Hans von Dohnanyi
führte, vgl. die Aufzeichnung seiner Frau bei Bethge
(Anm. 33, S. 359), S. 1096 ff. – In diesem Zusammenhang
sei auch hingewiesen auf W. Bussmann, *Die innere Entwicklung des deutschen Widerstands* (Berlin 1964, S. 20), der sich
des Befehls des Generalquartiermeisters Wagner erinnert,
alle Greueltaten der SS sorgfältig zu registrieren.

79 Dazu die Feststellungen bei Hoffmann (Anm. 1, S. 343),
Exkurs. Für die Pariser Attentatspläne und die Vorbereitungen Tresckows ebd., S. 307 ff.

80 Nach Schlabrendorff (Anm. 2, S. 343), S. 112, hatte Olbricht am Ende des Jahres 1942 noch um 8 Wochen Zeit gebeten, um die Vorbereitungen für die Machtergreifung in
Berlin, Köln, München und Wien zu vollenden. Ende Februar 1943 sagte er: «Wir sind fertig. Die ‹Initialzündung›
kann in Gang gesetzt werden.» Nach dem Attentatsversuch
des 13. März wurden die Vorbereitungen überholt. Dies
führte zu den versiegelten Befehlen vom Herbst 1943. –
Zum Folgenden ebd., S. 116–123 und Hoffmann (Anm. 1,
S. 343), S. 328 ff.

81 Pechel (Anm. 28, S. 352), S. 162–164, und Schlabrendorff
(Anm. 2, S. 343), S. 123 f. Für das Folgende ebd., S. 169 f.,
und Hoffmann (Anm. 1, S. 343), S. 336 ff., bes. Anm. 101.

82 Die Versionen über Bussche, Kleist und Breitenbuch weichen (bei Dulles, Pechel, Schlabrendorff u. Zeller) in Einzelheiten voneinander ab. Am genauesten auch hier wohl
Hoffmann (Anm. 1, S. 343), S. 378 ff. Für Axel v. d. Bussche siehe dessen: «Eid und Schuld», in: *Göttinger Uni-
versitätszeitung* (II,7). Die Worte von Kleist-Schmenzin bei
Scheurig (Anm. 20), S. 187, und K. v. Hammerstein
(Anm. 55), S. 236.

83 Auf den 20. Juli selbst soll hier nicht eingegangen werden.
Es sei für die Lagerskizze und alle anderen einschlägigen
Fragen (Bombe, Nachrichtensperre etc.) wieder auf die aus-
führlichen Darlegungen bei Hoffmann (Anm. 1, S. 343),
XI, 1, verwiesen.

84 Vgl. seinen Artikel: «Gedanken und Ereignisse» in: *Schweizer Monatshefte* (Dez. 1945, S. 537–559). Weitere Belege bei

Franz Reuter, *Der 20. Juli* (Berlin 1946) sowie bei Dulles (Anm. 22, S. 349) und Gisevius (Anm. 36).

85 Schlabrendorff (Anm. 2, S. 343), S. 129 (in der Auflage von 1951, S. 175 mit leichten Abwandlungen). Die beiden folgenden Zitate ebd., S. 195 u. 203f.

86 Die Vernichtung seines Tagebuches wird als ein unersetzlicher Verlust gelten müssen. Eine wesentliche Quelle für Canaris sind die Aussagen Lahusens (IMT [Anm. 16, S. 347], II, S. 485f.; III, S. 7ff.). Darstellungen bei Karl Heinz Abshagen, *Canaris* (Stuttgart 1949) und Jan Colvin, *Chief of Intelligence* (London 1951 – seit 1955 auch in deutscher Übersetzung vorliegend); das Weizsäcker-Zitat in den *Erinnerungen* (Anm. 51), S. 175. Das deutsche Zitat über das «Ende Deutschlands» in: *I Documenti Diplomatici Italiani* (8. Serie, XIII, Rom 1953, S. 46). – Vgl. auch den Artikel «Canaris» von H. Krausnick, in: *Neue Deutsche Biographie,* Bd. 3 (Berlin 1957, S. 116ff.)

87 Dies mit Bezug auf das Plädoyer des Generalstaatsanwalts Dr. Bauer im Remer-Prozeß. – Der «Fall Oster», der zuerst durch die Aussagen des holländischen Oberst Sas (Dulles [Anm. 22, S. 349], S. 80f.), dann durch die niederländische Untersuchungskommission (The Hague 1949) auf quellenmäßig sichere Grundlage gestellt worden ist, hat im sog. Witzleben-Kreis eine aufs Prinzipielle gehende Erörterung gefunden (*Vollmacht des Gewissens* [Anm. 32, S. 359], S. 46ff. u. 507ff.). – Ritter (Anm. 46, S. 361), S. 270f., spricht bei aller Anerkennung des moralisch-politischen Antriebs von einer «überflüssigen Tat». Was die in der Tat festzustellende Wirkungslosigkeit der Warnungen betrifft, vgl. den Aufsatz von Jean Vanwelkenhuyzen, «Die Niederlande und der ‹Alarm› im Januar 1940», in: VfZ (8, 1960, S. 17ff.). – Für alles Tatsächliche und eine adäquate Interpretation vgl. H. Graml, «Der Fall Oster», in: VfZ (14, 1966, S. 27ff.) und H. C. Deutsch (Anm. 76), pp. 91ff., 318f.; betr. den Versuch von Oster, die englische Flotte zur Verhinderung der Norwegen-Expedition zu alarmieren (vgl. ebd., pp. 324ff.). Erwähnt sei (nach privater Mitteilung), daß Oster schon am 6. November durch Albrecht Graf von Bernstorff eine Warnung an den holländischen Gesandten in Berlin hatte gelan-

gen lassen. Ferner hat auch Weizsäcker im Rahmen der diplomatischen Möglichkeiten gewarnt. Der frühere belgische Gesandte, Vicomte Davignon, hat bezeugt, daß der Staatssekretär in keiner Weise versuchte, ihn zu täuschen oder seine Wachsamkeit bez. eines möglichen Durchmarsches durch Belgien und Holland einzuschläfern (Weizsäcker-Prozeß, Exh. 142). Ebenfalls erging über Rom eine Warnung. Als das ruchbar wurde, entsandte Canaris zur Untersuchung des Falls Josef Müller, damit er sein «eigener Gendarm» sein konnte.

88 Schlabrendorff (Anm. 2, S. 343), S. 176. Siehe auch B. H. Liddell-Hart, *Jetzt dürfen sie reden* (Hamburg 1950, S. 364), wo sich Äußerungen Hitlers zu den Generalen im Osten finden, die den von Schlabrendorff berichteten in der Tendenz ähnlich sind. Nach dieser Quelle sagte Hitler u. a., wie sehr er Stalin beneide, der die Generalität so gereinigt und fanatisiert hätte, daß er nicht immerzu auf Skrupel und Einwendungen stoße.

89 Emil Henk, *Die Tragödie des 20. Juli 1944* (Heidelberg 1946, S. 30–32). Es bestehen jedoch Unstimmigkeiten zwischen den Angaben von Henk und den tatsächlichen militärischen Plänen im Februar/März 1943.

90 Der deutsche Wortlaut lag nicht vor. Der Text ist die Rückübersetzung von einem in die amerikanische Ausgabe des Schlabrendorff-Buches durch die Herausgeber eingefügten Zitat. Vgl. für ähnliche, wenn auch nicht wörtlich gleiche Ausführungen: Gustav Dahrendorf, *Der Mensch das Maß der Dinge* (Hamburg 1955, S. 70f.).

91 Übersetzung einer Charakterisierung, die sich in dem Flugblatt des «American Committee to Aid Survivors of the German Resistance» von 1949 findet.

Ansätze zur Neuordnung

1 Über Bosch vgl. die Biographie von Theodor Heuß, *Robert Bosch, Leben und Wirken* (Stuttgart und Tübingen 1946). Die Verbindung mit Goerdeler wurde hergestellt durch Th. Bäuerle (ebd., S. 674). Einzelheiten über den Bosch-

Kreis in Pechel (Anm. 2, S. 352), S. 209. Vgl. ferner Ritter (Anm. 46, S. 361), S. 157ff., und die Veröffentlichung des Schweizer Publizisten Otto Kopp, *Widerstand und Erneuerung* – mit der Niederschrift von Hans Walz («Meine Mitwirkung bei der Aktion Goerdeler») und dem Beitrag d. Herausg. über ‹Theodor Bäuerle und der Bosch-Kreis» – (Stuttgart 1966, S. 93ff. u. 167ff.).

2 Goerdelers *Politisches Testament* (Anm. 49, S. 372), S. 19–46. Ein «Programm für den Frieden der Welt» (1938) findet sich ebd, S. 47–52.

3 Ebd., S. 53–55.

4 Anhang zum Kaiser-Tagebuch. Ein Teilstück der Denkschrift ist veröffentlicht worden in: *Die Wandlung* (1945/46, S. 536f.). Vollständiger Abdruck bei Ritter (Anm. 46, S. 361), Anh. VII.

5 Im Faksimile abgedruckt ebd., zwischen S. 352f.

6 Tagebücher *Vom anderen Deutschland* (Zürich 1946, S. 363f. [10. 7. 1944]). – Zu ihrer Würdigung vgl. auch das Geleitwort des Verf. zur Neuausgabe von 1964 (Frankfurt/M., Fischer Bücherei), nach der in den späteren Abschnitten durchweg zitiert werden wird.

7 Die Tagebücher (bes. S. 243–245 [21. 12. 1941], 295 [22. 1. 1943], 315 [9. 5. 1943], 327 [4. 8. 1943]) widerlegen die Annahme, daß Hassell keine Berührung mit der Linken hatte und, wie behauptet wird, entsetzt war über den Radikalismus der jüngeren Generation. Hassell seinerseits sah im Gegenteil in Goerdeler «eine Art Reaktionär» (ebd., S. 228 [20. 9. 1941], 295 [22. 1. 1943]). Die hier angedeuteten Meinungsverschiedenheiten werden später zu erörtern sein.

8 Ebd., S. 330 (19. 8. 1943).

9 Vgl. dessen Bericht «Der Weg in den inneren Widerstand», in: O. Kopp (Anm. 1), S. 76–97. Für die katholisch-monarchistische, z. T. separatistische Anti-Hitler-Bewegung in Bayern s. James Donohoe, *Hitlers Conservative Opponents in Bavaria 1930–1945* (Leiden, 1961).

10 Die Zitate bei Scheurig (Anm. 20, S. 365), S. 195 u. 282.

11 Zur Frage des gespannten Verhältnisses zwischen Junkertum und Nationalsozialismus vgl. auch die statistisch unter-

baute Untersuchung von Lysbeth W. Muncy in: *Review of Politics* (Oktober 1947, pp. 499 ff.).

11 a Für seine Beziehungen zu Goerdeler und seine Erlebnisse nach dem 20. Juli vgl. seine Lebenserinnerungen: *Von Preußen nach Europa* (Stuttgart 1969, S. 147 ff.).

12 Zur Würdigung seiner Person, seiner Tätigkeit in der Weimarer Zeit und seiner Rolle im Widerstand vgl. Hans Herzfeld, *Johannes Popitz, ein Beitrag zur Geschichte des deutschen Beamtentums, Festgabe für Fritz Hartung* (Berlin 1958, S. 345–366). Die zitierte Maxime ebd., S. 346.

13 Gisevius ([Anm. 10, S. 354] in der 1. Aufl., II, S. 221, in späteren Aufl. gestrichen) gibt der (bestreitbaren) Meinung Ausdruck, daß der Fall Popitz «ungleich krasser» lag als «der sowieso umstrittene ‹Fall› Schacht». Er erklärt, er habe ihm ablehnend gegenübergestanden, sei aber später tief beeindruckt worden durch Popitz' Aufrichtigkeit und seine «Leidenschaft, begangene Fehler wiedergutzumachen». Trotz des hierdurch erweckten Eindrucks von Intimität weiß Gisevius so gut wie nichts über Popitz' Tätigkeit.

14 Pechel (Anm. 2, S. 352), S. 227, schildert sie als den «blonden Engel» des Gefängnisses in Ravensbrück. Sie war die Schwägerin von Eduard Waetjen, eines Freundes von Moltke, der dem Deutschen Konsulat in Zürich zugeteilt war und neben Gisevius als Verbindungsmann zwischen Dulles und der deutschen Untergrundbewegung diente. – Für das Folgende vgl. Dulles' Kapitel «Himmler» (Anm. 22, S. 349), S. 185–210. Über den Aktenfund von Dulles und über Langbehn siehe auch Ritter (Anm. 46, S. 361), S. 539, Anm. 40 u. S. 562, Anm. 39; über Goerdelers Mitwisserschaft ebd., S. 361.

15 Hassell hat offenbar erst nach Langbehns Verhaftung von dem Annäherungsversuch an Himmler gehört. Er schreibt ([Anm. 57, S. 374], S. 332 [13. 11. 1943]) von «der offenbar gewachsenen Abneigung erheblicher Kreise gegen Geißler» (Popitz). Auch Ritter (Anm. 46, S. 361), S. 362, betont «Abkühlung» seit Herbst 1943.

16 Vgl. Hassells Eintragung am 20. September 1941 (Anm. 57, S. 374), S. 228: «Herz (Schacht) ist offenbar über die Lage ganz klar, aber immer wieder durch seinen maßlosen per-

sönlichen Ehrgeiz, verbunden mit charakterlicher Unzuverlässigkeit, beeinträchtigt.» Daß Schacht keine Rolle bei dem Putsch spielte, ist auch die Meinung des «SS-Bericht», Schacht selbst (Anm. 9, S. 353), S. 38 f., ergeht sich in etwas billigen Polemiken gegen die Unzulänglichkeit der «Zivil-Verschwörer», die vorzeitige Aufstellung von Programmen und die Verteilung von Ministersesseln. Die Angabe der Memoiren (76 Jahre, S. 532) über eine Sondierung Hassells kurz vor dem Attentat betreffend Eintritt in ein Kabinett Goerdeler findet in anderen Quellen keine Stütze und ist gleichfalls stark polemisch gefärbt.

17 Das Zitat bei A. Leber I (Anm. 7, S. 345), S. 92. Für das Folgende vgl. Dulles (Anm. 22, S. 349), S. 136. Nach Henk (Anm. 89, S. 382), S. 12, war auch die Marine an einem von Leuschners Artikeln interessiert, und Canaris benutzte diese Verbindung als Brücke zu sozialistischen Kreisen. Die Angabe Pechels vgl. (Anm. 2, S. 352), S. 202. – Die «blauen Gläser» scheinen allerdings in das Reich der Fabel zu gehören. Eine zusammenfassende Würdigung jetzt bei G. Leithäuser, Wilhelm Leuschner, ein Leben für die Republik (Köln 1962). Das Zitat ebd., S. 184.

18 Hassell (Anm. 6), S. 277 (9. 6. 1943).

19 Für die Breite der Beziehungen zu beiden Persönlichkeiten und die Widerstandstätigkeit Jakob Kaisers überhaupt ist sehr aufschlußreich: Elfriede Nebgen, Jakob Kaiser, der Widerstandskämpfer (Stuttgart 1967). Seit Juli 1934 fanden regelmäßig Treffen mit Leuschner statt (ebd., S. 40). Sie führten die aus verschiedenen Welten Kommenden zu enger Zusammenarbeit. Ein Hauptteil des Buches von E. Nebgen ist dem Goerdeler-Kreis gewidmet, auf das Inhaltliche der Beziehung zwischen ihm und Kaiser wird zurückzukommen sein.

20 Die Verbindung zu den Hirsch-Dunckerschen Gewerkschaften durch Ernst Lemmer wird von Ritter (Anm. 46, S. 361), S. 292, erwähnt. – Für die vielen persönlichen Anknüpfungspunkte – auch im Ausland – vgl. A. Leber II (Anm. 7, S. 345), S. 77 ff. Dazu insbes. für die Verbindung zur Internationalen Transportarbeiter-Föderation: H. Esters und H. Pelger, Gewerkschaften im Widerstand (Hannover 1967). – Für die konsequent oppositionelle Haltung des «Allgemeinen Arbei-

terverbandes in der besonderen Lage der Freien Stadt Danzig vgl. Ernst Sodeikat (VfZ 14, 1966, bes. S. 150ff.). In einem Privatdruck (*Schrieb Günter Grass eine Danzig-Saga?* Hannover 1965) betont Sodeikat mit Recht, daß weder in der *Blechtrommel* noch in den *Hundejahren* der Kampf, den ein großer Teil der Danziger gegen die terroristische Gleichschaltung bis 1939 hin geführt hat, in irgendeiner Weise erwähnt wird.

21 Nach Frau Goerdelers Denkschrift (Anm. 35, S. 367).

22 Vgl. die Gedenkworte, die Zuckmayer Mierendorff und Haubach gewidmet hat, sowie die Gedächtnisrede Haubachs auf Mierendorff, wiederabgedruckt bei Paetel (Anm. 19, S. 356), S. 105–115. Zu der Angabe Steltzers (s. Anm. 34, S. 367), S. 74. Über Haubach vergleiche W. Hammer, *Theodor Haubach zum Gedächtnis* (2. Aufl. Frankfurt 1957), darin auch eine Mierendorff-Rede.

23 Ein Gedenkartikel auf Reichwein und seine volkspädagogische Tätigkeit (von A. v. Machui) findet sich in: *Die Sammlung* (Oktober 1945); vgl. auch Hans Bohnenkamp, «Gedanken an Adolf Reichwein», in: *Pädagogische Studien* (Schriftenreihe der Pädagogischen Hochschule Niedersachsens, Heft 1, Braunschweig 1949), und jetzt die Biographie des Engländers James L. Henderson (*Adolf Reichwein,* deutsche Übers., Stuttgart 1958).

24 Pechel (Anm. 2, S. 352), S. 204; ferner J. Leber (Anm. 3, S. 362), S. 281ff., und Steltzer (Anm. 34, S. 367), S. 75.

25 Eine abgekürzte Ministerliste bei Kaltenbrunner (Anm. 2, S. 343), S. 210. Die von Goerdeler zusammengestellten Listen und ihre verschiedenen Abwandlungen bei Ritter (Anm. 46, S. 361), Anh. IX. Der Text gibt daraus ein Konzentrat, weitgehend übereinstimmend mit der letzten Liste vom Juli 1944. – Für den entscheidenden Einfluß, den bei der Kabinettsplanung die Beratungen Goerdelers mit dem Kreis um Kaiser–Leuschner hatten, vgl. Nebgen (Anm. 19), S. 165ff.

26 Zitiert nach: *The Christian Science Monitor* (18. Januar 1945, p. 7).

27 So durch die Darstellungen und Materialsammlungen von G. Glondajewski und H. Schumann zur Neubauer-Poser-

Gruppe, von G. Nitzsche zur Saefkow-Jacob-Bästlein-Gruppe und von I. Krause zur Schumann-Engert-Kresse-Gruppe, erschienen in der Schriftenreihe *Beiträge zur Geschichte und Theorie der Arbeiterbewegung* (Heft 16, 18, 22; Berlin 1957, 1957, 1960). – Für keine dieser Gruppen ist indessen, wie auch Gerhard Schulz feststellt, vor der Endphase des Krieges «eine über örtliche Erscheinungen hinausreichende Tätigkeit nachgewiesen» (*Über Entscheidungen und Formen des Politischen Widerstandes in Deutschland, Festgabe für Ernst Fraenkel* [Berlin 1963, S. 89]). Für einen zusammenfassenden Überblick vgl. auch den Abschnitt «Die Kommunistische Partei Deutschlands» in der früher schon genannten Abhandlung von Reichardt, «Möglichkeiten und Grenzen des Widerstandes der Arbeiterbewegung» (in: Schmitthenner/Buchheim [Anm. 46, S. 361], S. 183–199). – Auf die Frage des Verhältnisses zwischen dem Nationalkomitee «Freies Deutschland» und der innerdeutschen Opposition wird zurückzukommen sein.

28 Dies nach W. W. Schütz (Anm. 23, S. 357), S. 165. – Ein *Report on the 20th of July, 1944* (hrsg. vom Vorstand der Sozialdemokratischen Partei Deutschlands mit dem Sitz in London, 1944). der sich auf Angaben eines kurz vorher eingetroffenen Refugiés stützt, schätzt, daß «die Zahl von bewußten Anti-Nazis sich auf 35 bis 40 Prozent belief. Zum größten Teil sind sie sozial-demokratische Arbeiter. Aber in der Zahl sind auch viele Intellektuelle mit sehr abweichenden politischen Meinungen eingeschlossen.» – Für politische Verhaftungen während des Krieges siehe auch die Listen in dem von der gleichen Stelle hrsg. *Weißbuch der deutschen Opposition.*

29 Ebd., I, 2, S. 101 f.

30 Nach Joel Sayre (*New Yorker*, 11. August 1945, p. 63). Auch Gabriel A. Almond (*Current History*, Mai/Juni 1946) kam nach der Durchsicht von Gestapo-Akten zu dem Schluß: «The actual resistance was larger and more varied than indicated.»

31 *The Contemporary Review* (Okt. 1946, p. 203). Vgl. dazu die näheren Angaben im Kapitel «Die Opposition und die Alliierten».

32 Henk (Anm. 89, S. 382), S. 48–51; Ritter (Anm. 46, S. 361), S. 545, Anm. 68, erhebt gegen diese Angaben wohlbegründete Bedenken, aber noch bedenklicher dürfte es sein, die Angaben Haubachs und anderer gegenüber der Gestapo über ihre geringe Gefolgschaft beim Worte zu nehmen.

33 Vgl. die Liste bei Ritter (Anm. 46, S. 361), Anh. X. Siehe ferner Kaltenbrunner (Anm. 2, S. 343), S. 50ff. – Auch diese Listen waren nach dem Zeugnis von Frau Nebgen (Anm. 19), S. 117ff., Ergebnisse gemeinsamer Beratungen Goerdelers vor allem mit dem Kreis um Kaiser und Leuschner. «Wer hier nachträglich Prestigefragen hineintragen wollte», fügt die Vertraute Kaisers hinzu, «würde der Gesinnung der Persönlichkeiten und der Wahrheit ... wenig gerecht werden.»

34 Damit soll hier schon Einspruch erhoben werden u. a. gegen das Pauschalurteil von Hans Mommsen, es handle sich um «Widerstand ohne Volk» (Schmitthenner/Buchheim [Anm. 46, S. 361], S. 76). Auf andere Thesen seines Aufsatzes «Gesellschaftsbild und Verfassungspläne des deutschen Widerstandes» wird im nächsten Abschnitt einzugehen sein.

35 Vgl. dazu Ritter (Anm. 46, S. 361), insbes. S. 513, Anm. 15, u. S. 523, Anm. 71, und einen Vortrag von C. v. Dietze in: *Mitteilungen der List-Gesellschaft* (1960/61, S. 95ff.).

36 Für frühere Entwürfe (1938/39) aus dem Kreis vor allem der Abwehr, die sich im Nachlaß Groscurth fanden, vgl. Mommsen (Anm. 34), S. 124ff. Für sie trifft das in dem genannten Aufsatz etwas freigebig verwandte Prädikat «autoritär» ohne Zweifel zu. Ebenso für den in den gleichen Zusammenhang gehörenden Verfassungs-Entwurf von F. A. Schmid-Noerr (Hoffmann [Anm. 1, S. 343], S. 231f.).

37 Hassell (Anm. 6), S. 332–336 (Anhang).

38 Es fällt demgegenüber auf, daß H. vorschlug, gewisse Einrichtungen der NSDAP (NSV, Arbeitsdienst, Arbeitsfront) beizubehalten. Daraus wie aus den Anklängen an Steins organisches Staatsdenken oder aus der zurückhaltenden Formulierung bez. der «Mitarbeit des Volkes» zu schließen (Mommsen [Anm. 34], S. 128), daß dies Programm keine «Alternative» zu Hitler und praktisch eine Militärdiktatur

bedeute, geht entschieden zu weit. Erst recht gilt das von
der für die Pläne von Popitz, Hassell und Jessen (ebd.,
S. 132) gewählten Charakterisierung: «halbfaschistische
Züge».

39 Hassell (Anm. 6), S. 107 (Januar 1940).

40 Der Entwurf für das Gesetz über den Ausnahmezustand ist
offenbar verlorengegangen. Die Richtlinien Popitz' und sein
Gesetzentwurf von 1943 bei Hassell, ebd., S. 345 ff. (Anhang) u. 336 ff. (Anhang). Das vorläufige Staatsgrund-
gesetz sah u. a. eine Neueinteilung der Länder und einen
qualifizierten Zentralismus vor. Das gab Vorschläge wieder,
die auf die Epoche von Weimar zurückgehen und die Popitz
selbst schon 1929 vertreten hatte (*Volk und Reich der Deutschen,* Berlin 1929, II, S. 328–362). Hassell (Anm. 6),
S. 107 (28. 1. 1940), meinte nicht zu Unrecht, daß Popitz'
Pläne zu sehr vom «praktischen Verwaltungsmann» und zu
wenig «vom politischen Empfinden her» gedacht seien. –
Dazu modifizierend und auf breiter Grundlage (z. T. gestützt auf die Vorträge von Popitz in der Mittwochsgesellschaft) die Ausführungen von H. Herzfeld (Anm. 12). Mit
Plänen für eine «Neugliederung des Reiches» und eine
«Raumordnung» war insbes. F.-D. v. d. Schulenburg befaßt. Vgl. Albert Krebs, *Fritz-Dietlof Graf von der Schulenburg* (Hamburg 1964, S. 269 ff.).

41 Hassell (Anm. 6), S. 126 (19. 3. 1940). Für die breitere legiti-
mistische Strömung im bayerischen Widerstand vgl. auch
Donohoe (Anm. 9), passim.

42 Hassell (Anm. 5), S. 190 (13. 7. 1941). Vgl. dazu auch Ritter
(Anm. 46, S. 361), S. 296 ff. Nach Paul Herre, *Kronprinz
Wilhelm. Seine Rolle in der deutschen Politik* (München 1954,
S. 236), widersprach der Kronprinz im März 1943 seiner im
Juli 1941 gegebenen Erklärung aufs schärfste. Für Prinz
Louis Ferdinand vgl. dessen Erinnerungsbuch, *Als Kaiseren-
kel durch die Welt* (Berlin 1952, S. 358 ff.). Besonders lebhaft
war für ihn sein Lufthansa-Kamerad Dr. Otto John tätig
(siehe *Parlament,* Sonderausgabe zum 20. Juli, S. 2). Durch
ihn ist auch die Zustimmung Leuschners und Kaisers bezeugt. Selbst Leber soll sich haben gewinnen lassen.

43 Hassell (Anm. 6), S. 200 (20. 9. 1941).

44 Für das Zitat (das bei Mommsen übersehen ist) wie für die im folgenden erörterten Verfassungspläne Goerdelers vgl. Gerhard Ritters Veröffentlichung von 1946 in: *Nordwestdeutsche Hefte* (I, Nr. 9, S. 6–14). Inzwischen ist in seiner Goerdeler-Biographie (Anm. 46, S. 361) eine erheblich größere Anzahl von Denkschriften teils erörtert, teils veröffentlicht worden (vgl. die Zusammenstellung ebd., S. 512f., Anm. 12, und die Abdrucke Anh. I u. II). Ferner sind durch W. von Schramm, *Beck und Goerdeler* (München 1965), die von Ritter nur sehr teilweise abgedruckte Denkschrift «Das Ziel» und eine andere, mehr geschichtlich rückblickende, für die der Titel «Der Weg» vorgeschlagen wird, veröffentlicht worden. – Für die Datierung von «Das Ziel» auf Dezember 1941 überzeugend Mommsen (Anm. 34), S. 269f., Anm. 109. Ebd., S. 266, Anm. 68, auch eine berechtigte Kritik an der offenbar überspitzten These, daß beide Denkschriften «Gemeinschaftsarbeit» Goerdelers und Becks seien. Goerdeler benutzte Gedanken Becks, aber ist doch wohl alleiniger Autor.

45 Hassell (Anm. 6), S. 214f. (21. 12. 1941 Fortsetzung). Trotts Kandidat für die Kanzlerschaft war übrigens Martin Niemöller. Hassell erwähnt (ebd.), daß Goerdeler seine guten Beziehungen zu den Sozialdemokraten betonte und daß er (sowohl wie Beck) «weniger positiv» bezüglich des Kronprinzen sei. Weder sein Name noch der des Prinzen Louis Ferdinand kommt in den Tagebüchern später als im Dezember 1941 vor. – Doch spielt Louis Ferdinand noch eine Rolle bei der Lochner-Sondierung vom November 1941, so bei dem Stockholmer Gespräch mit dem Bischof von Chichester im Mai 1942 (s. u.).

46 E. Nebgen (Anm. 19), S. 186 u. 139.

47 Das richtet sich in erster Linie gegen die klischeehaften «Abstempelungen» in der östlich orientierten Literatur. Aber auch Mommsen (Anm. 34), der ebenso wie das Vorwort von Schmitthenner/Buchheim (Anm. 46, S. 361) selbstverständlich weiß, daß die Gedanken von Personen nur im Gefüge ihrer Zeit und nicht von abstrakten Forderungen her begriffen werden können, neigt zu Plakatierungen. Damit soll nicht der Wert seiner wesentlich soziologischen Interpretation be-

stritten werden. die viele wichtige Gesichtspunkte herausstellt. Aber es wird dabei nicht nur die Vielfalt der Herkunft
der «Honoratioren» und bei so manchem von ihnen der Sinn
des «Dabeibleibens» als «Kollaboration» verkannt, sondern
auch die «pluralistische Gesellschaft» und der «Interessenpartikularismus» gegenüber jeder Art von Gemeinschaftsden-
ken (das als «romantisch» verurteilt wird) als schlechthin
gültiger Maßstab verabsolutiert. Erst gegen Ende hin
(S. 161 f.) wird mit der Betonung des «anthropologischen»
Ansatzes der stärkste und doch keineswegs so «politikfrem-
de» Motivbereich auch der Verfassungspläne berührt.

48 Überlegungen dieser Art haben bekanntlich auch beim Entwurf des Bonner Grundgesetzes eine Rolle gespielt. Daß
deshalb – oder überhaupt – man den Widerstand in seinem
politischen Gedankengut zum «Ahnherrn der Bundesrepublik» machen könne (Mommsen [Anm. 34], S. 74), ist nie
die Meinung des Verf. gewesen. Aber ebenso verfehlt ist es,
in ihm «nur» (!) – oder wesenhaft – die Fortsetzung der antidemokratischen Opposition gegen Weimar zu sehen. Sehr
ernsthaft zu erwägen sein dürfte hingegen die Frage, ob die
im ganzen unwirksam gebliebenen Planungen, von denen
hier gehandelt wird, nicht über ihren zeitweiligen Mißerfolg
hinaus doch positivere Beachtung verdienen und ob die Suche nach dem «deutschen Weg» nicht der Lage zwischen
«Westen und Osten» in bestimmter Hinsicht entsprach (siehe folgenden Abschnitt).

49 Schlabrendorff (Anm. 2, S. 343), S. 150. Über die Aufrufe,
die geplanten Regierungserklärungen usw. vgl. Ritter
(Anm. 46, S. 361), S. 374 f. und S. 544 f., Anm. 66 f., sowie
Anh. XI; ferner Pechel (Anm. 2, S. 352), S. 213 ff. und
304 ff. Für die Einheitsgewerkschaft vgl. Ritter (Anm. 46,
S. 361), S. 293 sowie A. Leber II (Anm. 7, S. 345), S. 81, für
Ansätze schon im Mai 1933.

50 Pechel (Anm. 2, S. 352), S. 213.

51 Gegenüber der Verkennung von Goerdelers Haltung in dieser Frage sei verwiesen auf seine aus dem Jahre 1942 stam-
mende Aufzeichnung über die «Deportation der Leipziger
Juden» (veröffentlicht von H. Krausnick in: VfZ 13, 1965,
S. 338 f.).

52 Diese Lesart findet sich in Aufzeichnungen von Mr. L. P. Lochner und ist hier ins Deutsche rückübersetzt. Zu den Aufrufen vgl. Anm. 49.

53 Vgl. dazu den Aufruf an die Presse, den Goerdeler plante (Pechel [Anm. 2, S. 352], S. 311).

54 Vgl. Schlabrendorff (Anm. 2, S. 343), S. 154–156; Pechel (Anm. 2, S. 352), S. 321 f. – Dazu Ritter (Anm. 46, S. 361), S. 291 ff. und passim, und die Denkschriften bei Schramm (Anm. 44), S. 119 ff., 172 ff. und 200 ff.

55 Immerhin versprach die Anfang 1944 konzipierte Rundfunkrede, daß dem «Siedlungsbedürfnis des deutschen Volkes ... gegebenenfalls zu Lasten ungesunden großen Grundbesitzes Rechnung getragen» würde.

56 Ein wesentliches Zeugnis dafür, auf dessen Einzelheiten in dem Abschnitt über die Kreisauer zurückzukommen ist, bei Hassell (Anm. 6), S. 260 (22. 1. 1943).

57 Ebd., S. 214 (12. 12. 1941 Fortsetzung) u. 260 (22. 1. 1943).

58 Pechel (Anm. 2, S. 352), S. 321; Schlabrendorff (Anm. 2, S. 343), S. 109–111.

59 Charakteristisch für die Aufzeichnung von Schlange – Schöningen vom März 1940: «Es darf keine neue Revolution geben, sondern eine Evolution.» Aber mit dieser Abwehr ist zugleich das Bewußtsein verbunden, daß mit dem Sturz Hitlers nicht der «infernalische Kreislauf deutscher Geschichte, sondern eine neue Geschichte zu beginnen» habe (*Am Tage danach,* Hamburg 1948, S. 121 f.).

60 Eine allgemeine Beschreibung des Kreises und eine kurze Charakterisierung der einzelnen Mitglieder findet sich in einer Aufzeichnung der Gräfinnen Freya von Moltke und Marion Yorck, (15. Okt. 1945). Pechel (Anm. 2, S. 352), S. 116–119, hat sich eng daran angeschlossen. – Das Kapitel bei Dulles (Anm. 22, S. 349) über den Kreisauer Kreis enthält einige Zusätze, ist aber nicht frei von Irrtümern und Mißverständnissen. – Zu vgl. sind die beiden erwähnten Bücher von Steltzer (Anm. 34, S. 367), der ein sehr aktives Mitglied des Kreises war. Die sehr eingehende und materialreiche Darstellung des Holländers Ger van Roon, *Neuordnung im Widerstand* (München 1967) verzeichnet – in Kurzbiographien – 19 Mitglieder. Für Ergänzungen und kritische

Bemerkungen vgl. E. Gerstenmaier in: «Der Kreisauer Kreis» (VfZ 15. 1967, S. 221 ff.). G. möchte (S. 227 f.) statt Leber eher den jüngeren Schulenburg als Mitglied des Kreises nennen, auch betont er stark die engere Gruppe, die in Berlin regelmäßige Begegnungen sowie eine besonders enge Lebensgemeinschaft im Winter 1943/44 hatte.

61 Vgl. van Roon (Anm. 60), Anh. 1, S. 477–497. Das Zitat S. 493.

62 Ebd., S. 208 u. 234.

63 An die Tatsache, daß er wegen vorgeschützter «Weltfremdheit» vom Volksgerichtshof nur zu 7 Jahren Zuchthaus verurteilt wurde, haben sich sehr verletzende Verdächtigungen geknüpft. Zu ihrer schlüssigen Widerlegung vgl. F. von Schlabrendorff, *Eugen Gerstenmaier im Dritten Reich. Eine Dokumentation* (Stuttgart 1965, bes. S. 30 ff. u. 49 ff.).

64 Dulles (Anm. 22, S. 349), S. 147. – Unzweifelhaft gehört G. unter den Kreisauern zu denjenigen, die lebhaft auf Aktion drängten, er hat insbesondere die religiösen oder ethischen Bedenken gegen ein Attentat zu widerlegen sich bemüht (vgl. VfZ [Anm. 60], S. 232 ff.).

65 Ritter (Anm. 46, S. 361), S. 307 f., legt diese Tatsache wohl zu weitgehend im Sinn der Einflußnahme Goerdelers aus und verkennt die Nähe der Beziehungen Schulenburgs zu den Kreisauern. Zur Persönlichkeitsschilderung siehe Zeller (Anm. 1, S. 323), S. 105 ff., und A. Krebs (Anm. 40), passim.

66 Vgl. die Briefzitate in: A. Leber I (Anm. 7, S. 345), S. 199 f. Der Abschiedsbrief (vgl. Gollwitzer / Kuhn / Schneider [Anm. 7, S. 345], S. 241 f.) gehört zu den bewegendsten Dokumenten seiner Art.

67 Van Roon (Anm. 60), S. 539 ff.

68 H. J. Graf von Moltke, *Letzte Briefe* (Berlin, 7. Aufl. 1957, S. 17 ff.). – Die Zitate im Text nach eigener Übersetzung aus dem Original (*A German of the Resistance*, 2. Aufl. London 1948, pp. 26–29).

69 Für die Bemerkungen betreffend Frankreich ist wohl zu berücksichtigen, daß dort erst im Laufe des Jahres 1942 von einer organisierten Widerstandsbewegung die Rede sein kann und daß in der ersten Zeit der Anteil der Kommunisten ver-

hältnismäßig stark war. So auch van Roon (Anm. 60),
S. 337. – Sehr berechtigt ist zugleich aber der Hinweis Moltkes, daß bei aller Anerkennung der geistigen Haltung anderer Völker, «ihre Lage leichter ist als unsere; moralische
und natürliche Pflichten fallen bei ihnen selbst für den
Einfältigen zusammen, während bei uns ein offenbarer
Konflikt der Pflichten vorliegt» (Anm. 68), ebd. Für Verbindungen zur niederländischen Widerstandsbewegung vgl.
die Dokumente (aus dem Jahr 1942) in: VfZ (14, 1966,
S. 209 ff.).

70 Die wichtigsten Dokumente lagen dem Verf. zunächst in
Abschrift vor, sie wurden dann veröffentlicht in Steltzers er-
stem Buch (Anm. 34, S. 367), S. 154–169, und in seinem
Erinnerungsbuch wiederholt. – Sie sind von van Roon auf
10 komplettiert worden (Anm. 60), S. 542–571. Dazu treten noch Denkschriften einzelner – von Moltke besonders
zu erwähnen: «Ausgangslage, Ziele und Aufgaben vom
24. 4. 1941» –, von Einsiedel, Trotha und Schmölders (ebd.,
S. 498–541).

71 Dulles (Anm. 22, S. 349), S. 111. Siehe auch A. Leber I
(Anm. 7, S. 345), S. 164 f.; ebd. und bei Gollwitzer/Kuhn/
Schneider (Anm. 7, S. 345), S. 217, Auszüge aus den ergrei-
fenden Abschiedsbriefen.

72 Vgl. van Roon (Anm. 60), S. 590 f.; die Briefstelle ebd.,
S. 227.

73 Die Entwürfe bei van Roon (ebd., S. 556–560). Verfasser
war «im wesentlichen» van Husen (Steltzer [Anm. 34,
S. 367], S. 75). Dies wird (in persönl. Mitteilung) bestätigt
von Gräfin Moltke, mit dem Zusatz, daß die Entwürfe ausführlich bei dem Pfingsttreffen von 1943 erörtert worden
seien. Man wird annehmen dürfen, daß ihnen auch Moltkes
englische Rechtspraxis und seine Schulung im internationalen Recht zugute gekommen ist. Von ihm selbst gezeichnet
ist der Entwurf zum Verhältnis von Kirche und Staat und
zum Bildungswesen.

74 van Roon (Anm. 60), S. 570 f.

75 Soviel muß gegen Ritter gesagt werden, wobei zugleich eine
gewisse Absetzung von den scharfen Gegenthesen Margret
Boveris deutlich sein wird. – Der Vorwurf anti-pluralisti-

scher Grundhaltung und des darin begründeten Mangels an
«Modernität» wird besonders in dem Aufsatz von
H. Mommsen (Anm. 34), passim, erhoben.

76 Hassell (Anm. 6), S. 331. Aus der Tagebucheintragung
(S. 260 [22. 1. 1943]) ergibt sich, daß die Konferenz tatsächlich im Januar 1943 stattfand; Hassell ist ein sehr genauer Be-
richterstatter, wie sich in diesem Fall nachprüfen läßt. – Auf-
fallenderweise sieht Gerstenmaier im späteren Rückblick
nicht (wie im Text bezeugt) in den «wirtschaftlichen und sozialen Ansichten» den Kern des Gegensatzes, sondern in der
Neigung Goerdelers und der Älteren «zu einem mehr oder
weniger korrigierten Parlamentarismus der Weimarer Zeit
zurückzukehren» (Anm. 60), S. 239. Zugleich lobt er allerdings auch (S. 245) den von van Roon (Anm. 60), S. 270 f.,
angestellten Vergleich, der seinerseits, ohne wirtschaftliche
und soziale Fragen hervorzuheben, immerhin den Kern des
Konflikts näher berührt mit dem Zitat aus einem Brief
Moltkes (vom 9. 1. 1943): «Jeder Versuch auf die Grundsätze vorzustoßen, wurde von der anderen Seite in leicht
Verbindliches umgebogen.»

77 Nach Angabe der Gräfinnen Marion Yorck und Freya von
Moltke.

78 Vgl. van Roon (Anm. 60), S. 74.

79 v. Moltke 1948 (Anm. 68), S. 38 Anm. – Vgl. auch ders.
1957 (Anm. 63), S. 15 f., 40 und 68 (Gräfin Moltke). Zu
dem scharfen Ausdruck «Goerdeler-Mist» bemerkt die
Herausgeberin mit Recht, daß er sich auf die leichtfertige
Methode bezieht, aber nicht auf Goerdelers «persönliche
Integrität, aufrechte Tapferkeit und Unermüdlichkeit».

80 Siehe Anm. 76.

81 Vgl. Gerstenmaier (Anm. 60), S. 250 ff. Die im folgenden
zitierten Zeugnisse aus den letzten Briefen (Anm. 68),
S. 41 f., 54 ff., möchte Gerstenmaier in einer Teil-Erklärung
als Ergebnis der zwischen ihm und Moltke verabredeten Linie einer Verteidigung, also als Tarnmanöver für den Fall einer Panne beim Herausschmuggeln der Briefe, interpretiert
wissen. Er fügt allerdings selbst hinzu, daß Moltkes Bericht
«im Entscheidenden wahr gewesen sei».

82 Nach Abendroth (Anm. 1, S. 362) soll die Initiative von den

Kommunisten ausgegangen sein. Dafür findet sich kein Beleg. – An die Frage des «Spitzels» hat sich eine weitschichtige Erörterung geknüpft. Der Russe Melnikow glaubt, daß der dritte Mann bei der Unterredung ein Student Thomas gewesen sei, ein standhafter Kämpfer, und sieht damit die «Verleumdungen der Westdeutschen Historiker» als widerlegt an (*Der 20. Juli, Legende und Wirklichkeit*, Berlin 1965, S. 145 f.). G. Ritters Nachforschungen (Anm. 46, S. 361), S. 471, Anm. 19, bei dem Inhaber der Wohnung, in der die Zusammenkunft stattfand, ergaben indessen einen ganz anderen Namen. Kurt Finker (Anm. 67, S. 376), S. 242, übergeht den Meinungsstreit über diesen speziellen Punkt. Hingegen haben andere Historiker der DDR behauptet, Himmler habe mit der «Reaktion» geliebäugelt und erst zugegriffen, als mit der Hereinziehung der Kommunisten das Spiel ernsthaft zu werden begann; so A. Norden (*Weltbühne*, Nr. 13, 1947) und A. Ackermann (*Einheit*, Dez. 1947). Auch O. Winzer, *Zwölf Jahre Kampf gegen Faschismus und Krieg* (Berlin 1957, S. 210) vertritt die Meinung: Himmler schlug zu, als durch das Zusammenwirken der Kreisauer Sozialdemokraten mit den Kommunisten die «nazistische Blutherrschaft» ernsthaft gefährdet wurde. – Eine andere, noch tendenziösere Version (die Opposition habe die Kommunisten über Goerdeler[!!] an Himmler verraten) bei Werner Plesse (*Zeitschrift für Geschichtswissenschaft*, H. 6, 1954, S. 834 ff.). Michael Voyan gibt der um nichts besser begründeten Vermutung Ausdruck, die Kommunisten hätten den Putsch sabotieren wollen (*The Cambridge Journal*, Dez. 1948, p. 154).

83 Henk (Anm. 89, S. 382), S. 54. – Für die oft zitierten Worte Stauffenbergs: «Wir brauchen Leber, ich hole ihn raus...» und den Brief an Frau Leber vom 18. Juli siehe Hoffmann (Anm. 1, S. 343), S. 447, und Leber (Anm. 3, S. 362), S. 292.

84 Die Äußerungen von Gisevius in der ersten Aufl. und der amerikanischen Ausgabe (die für den geschaffenen Eindruck entscheidend sind), erscheinen in der Ausgabe von 1954 teils abgeschwächt, teils in der Polemik gegen Zellers «Heldenepos» verschärft, in der Substanz aber erhalten (vgl. [Anm. 36, S. 367], S. 532 f.: «Superpreuße», «militanter So-

zialismus»; 559 f.; «Militärdiktatur der wahren Nationalisten...»; weder will er auf das Totalitäre verzichten noch
auf das Militärische, noch auf den Sozialismus).

85 Dulles (Anm. 22, S. 349), S. 218. – Was die «Reklamation»
Stauffenbergs – und bis zu einem gewissen Grade der Kreisauer – durch die kommunistische Literatur betrifft, die unabhängig von Gisevius sich zum Beispiel zur These steigert
(Finker [Anm. 67, S. 376], S. 327), daß ihre «Möglichkeiten
hin auf Humanismus und Demokratie in der DDR reali-
siert» seien, so ist dazu im nächsten Kapitel noch eingehender Stellung zu nehmen.

86 Vgl. Karl Michel, *Ost und West, Der Ruf Stauffenbergs* (Zürich 1947). Das Buch kann, wie erwähnt, nur mit schärfsten
kritischen Vorbehalten als Quelle benutzt werden. Es ist
weithin romanhaft. Aber in einigen Kernbestandteilen, den
Ausführungen über Stauffenbergs Ablehnung jedes totalitären Systems und der Schilderung seiner Behandlung des
Einsatzes der Anti-Sowjet-Freiwilligen im Osten ist echte
und wertvolle Information erhalten, wie durch Zeugenaussagen aus dem Kreis seiner Mitarbeiter bestätigt wird.

87 So van Roon (Anm. 60), S. 461, auf Grund von Briefen und
mündlichen Aussagen. Auf die außenpolitischen Denkschriften der Kreisauer (ebd., S. 511 ff. und 550 ff.) und auf
die besondere Rolle von Trott wird zurückzukommen sein.

Die Opposition und die Alliierten

1 Neben den schon erwähnten Kreisauer außenpolitischen
Dokumenten (siehe Anm. 87 des vorigen Abschnitts) wären
zu nennen, die (früher unbeachtet gebliebenen) Aufsätze
von Hassell aus der Kriegszeit (*Monatshefte für Auswärtige Politik,* Aug. 1941, Juni u. Dez. 1943), von Graml neuerschlos-
sene Materialien aus dem Bundes-Archiv und die von ihm
nachdrücklich herangezogenen Aufzeichnungen von A. P.
Young. Bei entsprechend vorsichtiger Benutzung ergeben
auch die sogenannten Kaltenbrunner-Berichte einiges. Für
Trott liegt, wie später belegt werden wird, viel neues Material vor, sowohl in Dokumenten wie in Analysen. An allge-

meineren Darstellungen seien genannt: H. Krausnick/
H. Graml, «Der deutsche Widerstand und die Alliierten»
(Anm. 53, S. 373), S. 475–522, sowie der eingehendere und
eingreifendere Aufsatz von Graml, «Die außenpolitischen
Vorstellungen des deutschen Widerstands», in: Schmitthen-
ner/Buchheim (Anm. 46, S. 361), S. 15–72. Schließlich sei
die Dokumentation: *Europa-Föderationspläne der Widerstands-
bewegungen 1940–1945,* gesammelt und eingeleitet von
W. Lipgens (München 1968), erwähnt, die im angedeuteten
Gesamtrahmen eine Auswahl außenpolitischer Zukunfts-
programme des deutschen Widerstands bringt (ebd.,
S. 100–176).

2 So die Argumente bei Graml (Anm. 1), S. 24 f., und bei
Bernd-Jürgen Wendt, *München 1938. England zwischen Hitler
und Preußen* (!) (Hamburg 1965, S. 36 ff.).

3 Vgl. das abwägende Urteil von H. Herzfeld, «Zur Problematik der Appeasementpolitik», in: *Geschichte und Gegen-
wartsbewußtsein. Festschrift für Hans Rothfels* (Göttingen 1963,
S. 161 ff.) und mein Vorwort zu der deutschen Ausgabe von
M. Gilbert und R. Gott, *Der gescheiterte Frieden* (Stuttgart
1964).

4 Veröffentlicht in der Londoner *Times,* 17. Okt. 1938, p. 16.
Es handelte sich um eine Sendung von London nach den
USA.

5 Vgl. die sehr dringlichen, auf Präzedenzfälle sich beziehen-
den Warnungen Trotts in einer von mir veröffentlichten
Denkschrift, die im Frühjahr 1942 nach England gesandt
wurde (VfZ 5, 1957, S. 393). – Ein besonderes Mißgeschick
dieser Art traf Goerdeler (Ritter [Anm. 46, S. 361],
S. 171 f.). – Ebd. auch über den Zwischenfall mit Vansittart,
der mit seinem Vorwurf des «Landesverrates», in welcher
Form er auch gefallen sein mag, an die Befremdung Neville
Chamberlains anläßlich der Mission Kleists erinnert und so
das gleiche Motiv des Mißtrauens belegt. – Um so absurder
übrigens auch in diesem Zusammenhang – ganz abgesehen
von den offenkundigsten Fakten der diplomatischen Vorgeschichte des Zweiten Weltkrieges – der im neonazistischen
Schrifttum, ähnlich wie in den Erinnerungen Ribbentrops
(Anm. 35, S. 352), erhobene Vorwurf, nur Anzeichen deut-

scher Uneinigkeit oder die direkten Eröffnungen der deutschen Opposition hätten England zum Krieg gegen
Deutschland ermutigt. Siehe dagegen H. Krausnick, «Deutscher Widerstand und englische Kriegserklärung» (Beilage
zum *Parlament*, 4. Jan. 1956).

6 *Times*, 7. Nov. 1938, p. 12.

7 Goerdelers politisches Testament (Anm. 49, S. 372),
S. 47–52. – Dazu Ritter (Anm. 46, S. 361), S. 216f.

8 Vansittart erwähnt in der angeführten eidesstattlichen Erklärung (Anm. 47, S. 370) mehrere Unterredungen mit
Goerdeler. – Nach Hassell (Anm. 6, S. 383), S. 109 (1. 2.
1940), ließ Vansittart Goerdeler noch im Februar 1940 eine
Nachricht – übrigens nach dieser Quelle recht auffälliger Art
– zukommen: «So leicht werde jetzt die alte Reichsgrenze im
Osten nicht mehr durchzusetzen sein.»

9 Vgl. seinen Bericht (Anm. 2, S. 343), S. 42f.; für Pechel
(Anm. 2, S. 352), S. 292f.

10 Da sich über ihn in der Literatur irrtümliche Angaben finden, sei erwähnt, daß er in Königsberg als eine Art For-
schungsassistent am Historischen Seminar tätig gewesen
war – mit dem Ziel einer wissenschaftlichen Untersuchung
über das Korridorproblem. – Nach 1945 habe ich vergebens
mit ihm Fühlung wieder aufzunehmen versucht, aus Gründen persönlicher Dankbarkeit, wie auch, um von seiner intimen Kenntnis der deutsch-englischen Beziehungen in den
Vorkriegsjahren Nutzen zu ziehen.

11 Für Chamberlains Rede: *Hansard's Parlamentary Debates*
(Vol. 352, pp. 566ff.). – Die Aufzeichnung ist gedruckt und
in Faksimile wiedergegeben bei E. Kordt (Anm. 32, S. 367),
S. 367 u. Anh. Gegenüber der abträglichen Interpretation
des Mißverständnisses durch Namier, *In the Nazi Era* (London 1952, pp. 101–103) ist durch die exakte Untersuchung
von H. C. Deutsch (Anm. 76, S. 379), pp. 158–171, die bona fides von Kordt eindeutig erwiesen worden.

12 Für Goerdelers Sondierungen und die Aktion Wirths, der
im Februar 1940 einen Brief an Chamberlain gelangen ließ,
siehe Ritter (Anm. 46, S. 361), S. 258ff. Eine weitere Aktion Wirths in Paris ist bezeugt (für April 1940) durch einen
Aufsatz des Senats-Vizepräsidenten E. Pezet: «Contre Hitler

et la guerre – une mission secrète de l'exchancellier Wirth»,
in: *Revue Politique et Parlementaire* (April 1958, pp. 289–305).
Die Angabe bei Dulles (Anm. 22, S. 349), S. 82, die als
Datum auch den April angibt, bezieht sich offenbar auf
die erfolglos gebliebene Pariser Sondierung.

13 Deutsch (Anm. 76, S. 379), pp. 102–148 und 349–352. Für
den «X-Report»: pp. 289–301. Vgl. ebd. auf S. 302 die verschiedenen Zeugenaussagen zur Frage der territorialen Zugeständnisse, die gemacht waren (östliche Grenzen von 1933
oder von Ende 1938?).

14 Vgl. Hassell (Anm. 6, S. 383), S. 112ff. (22. 2. 1940) und
130ff. (15. 4. 1940), und Lonsdale Bryans, *Blind Victory*
(London 1952, pp. 60ff.). Ferner die kürzere Version in:
VfZ (1, 1953, S. 347ff.).

15 Hassell (Anm. 6, S. 383), S. 111 (14.–17. 2. 1940). Das Folgende ebd., S. 134. – Über den Besuch vgl. Sumner Welles,
The Time for Decision (New York – London 1944),
pp. 91–120, und die Tübinger Diss. von H. Rochau (1969).

16 Dazu die Angaben bei Sir Samuel Hoare, *Complacent Dicta-
tor* (London 1947, pp. 277f.).

17 Dazu eine Denkschrift seines Bruders, Dr. Heinz Haushofer, sowie eine Würdigung durch W. Stubbe, in: VfZ
(8, 1960, S. 256f.). – Einiges Material findet sich in Hassells
Tagebüchern und den Akten des Weizsäcker-Prozesses sowie in Edmund A. Walsh, «Die Tragödie Karl Haushofers»,
in: *Neue Auslese* (März 1947, S. 27). Siehe auch über
Albrecht Haushofer und seine Freunde: R. Hildebrandt,
Wir sind die Letzten (Berlin 1949) und die Kieler Diss. von U.
Michel, *Albrecht Haushofer und der Nationalsozialismus* (1964).

18 Einen zusammenfassenden Bericht von J. Wallenberg brachte zuerst Dulles (Anm. 22, S. 349), S. 179–184. Ausführlicher dazu Ritter (Anm. 46, S. 361), bes. S. 320ff., 333f. u.
337 sowie Anh. VI. Dazu Schramm (Anm. 44, S. 389),
S. 225ff.

19 Vgl. Ritter (Anm. 46, S. 361), Anh. VII.

20 Van Roon (Anm. 60, S. 392), S. 507ff. – Das Zitat ebd.,
S. 512.

21 Für Trott liegt seit längerem ein umfängliches und material-
reiches Manuskript vor, das Frau Clarita von Trott für An-

gehörige und Freunde verfaßt hat. Eine darauf beruhende Zusammenfassung ist gedruckt in: *Ein Leben für die Freiheit* (Kassel 1960, S. 13–50). Verwiesen sei ferner auf die Rede von Eberhard Bethge bei Einweihung eines Adam-von-Trott-Studentenheims (VfZ II, 1963, S. 245), auf die Veröffentlichung von Dokumenten durch den Verfasser in: VfZ (5, 1957; 7, 1959; 12, 1964), insbes. auf die Einleitung zu der letztgenannten Dokumentation: «Trott und die Außenpolitik des Widerstands» (VfZ 12, 1964, S. 300–310) und auf die Neuherausgabe seiner Dissertation (*Hegels Staatsphilosophie und das internationale Recht. Mit einem Geleitwort von Hans Rothfels*, Göttingen 1967). In Anm. 52 auf S. 372 wurde ferner die Trott-Biographie von Christopher Sykes erwähnt (*Troubled Loyalty*, London 1968), die unsere Kenntnis bereichert, aber in der Grundauffassung in vielen Einzelheiten zu Einwänden Anlaß gibt. Vgl. dazu die kritischen Bemerkungen d. Verf. (FAZ, 28. Febr. 1969). Eine stark revidierte Ausgabe ist in Vorbereitung.

22 (Siehe Anm. 52, S. 372). Die Mission, die Trott unternahm, und die im folgenden zu besprechende Aktion sind vorweg durch Mißtrauen und Mißverstehen seiner Haltung schwer belastet worden. Das Mißtrauen ging so weit, daß einer der alten Freunde Trott bei dem intimen Berater Roosevelts, dem Richter am Supreme Court, Felix Frankfurter, geradezu denunzierte (ebd., p. 269 u. 317). – Andererseits liegt eine Fülle von Zeugnissen vor dafür, wie ungemein stark Trott als Persönlichkeit gewirkt hat. Sein Freund David Astor sprach von ihm als «The greatest member of my generation in any country that I have met».

23 Auszüge aus Morleys Tagebuch in: *Human Events* (22. 2. 1946). Im folgenden vgl. meine Veröffentlichung: «Adam von Trott und das State Department» (VfZ 7, 1959, S. 518ff.). Die Einleitung zu den Dokumenten liegt der Darstellung im Text zugrunde. Leider ist es nicht gelungen (auch dem Engländer Sykes nicht), entsprechenden Zugang zu britischen Akten zu erhalten.

24 Das Aktenfaszikel im State Department trug den Vermerk: «Subject, Espionage Activities, Adam von Trott in US». – Die «Beschattung» durch Agenten des FBI wird bestätigt

durch Dr. Brüning (persönliche Mitteilung); Trott spricht in einem Brief an David Astor von der Verdächtigung seiner Absichten durch bestimmte Kreise «of passionate destructiveness».

25 Mit weitgehendem Mißverständnis sieht Sykes (Anm. 52, S. 372), p. 309, in diesem Vorbehalt einen Beweis für die wiederholt von ihm behauptete «ambiguity» und «inconsistency» Trotts.

26 Immerhin sind einige Nebenwirkungen zu erwähnen. Nicht nur daß Trott, wie er schrieb, lernte, von einem entfernten Blickpunkt «Europa als Ganzes» zu sehen, er hatte auch Gelegenheit, von Washington aus eine Denkschrift an Lord Halifax gelangen zu lassen, die in ähnlichem Sinne wie das Memorandum für das State Department eine Änderung des «approach to the German mind» dringend empfahl und für eine konstruktive europäische Zusammenarbeit warb. Es ist sehr wahrscheinlich, daß diese Denkschrift den englischen Außenminister gerade in dem Zeitpunkt erreichte, als die Vermittlung des Papstes auf dem Höhepunkt war (H. C. Deutsch [Anm. 76, S. 379], p. 157). Sie mag zu der positiven Antwort beigetragen haben. Außerdem veranlaßte Trott (diese Tatsache ist früher schon erwähnt worden [s. Anm. 34, S. 351]) den ihm damals besonders nahestehenden Wheeler-Bennett zu einem unterstützenden Memorandum, das betonte, die demokratischen Mächte hätten einen Verbündeten in Deutschland unter den Patrioten jeder Klasse und jedes Berufes (vgl. die Dokumente VfZ 12, 1964, S. 313–318).

27 Dies auf Grund einer Aufzeichnung von L. P. Lochner. Daß sich die Fühlung darauf beschränkt habe, die Haltung Roosevelts zu einer monarchischen Restauration auszukundschaften (Ritter [Anm. 46, S. 361], S. 516f. Anm. 34), trifft nicht zu. Für die Erfahrung von 1944 vgl. Lochner, *Always the Unexpected* (pp. 294 ff.).

28 (Siehe Anm. 9, S. 353). Das Treffen ist zuerst bekanntgeworden durch den Bericht des Bischofs: «The Background of the Hitler Plot», *Contemporary Review* (Oct. 1945, pp. 203–208); wiederabgedruckt in ders., *The Church and Humanity* (London 1946, pp. 165–176); sehr viel ausführli-

cher behandelt und insbesondere durch den Briefwechsel
Bischof Chichesters mit Anthony Eden erweitert in einem
in Göttingen und Bonn gehaltenen Vortrag, auf deutsch
u. a. gedruckt in: VfZ (5, 1957, S. 364ff., dazu meine Vor-
bemerkung ebd.).

29 Daß Goerdeler hinter seinem Versuch stand, Ritter
(Anm. 46, S. 361), S. 328, ist insbesondere auch im Hinblick
auf die stark sozialistischen Töne der Erklärung Schönfelds
ganz unwahrscheinlich. – Daß man in Kreisau von der Reise
nach Stockholm wußte (wenn auch nicht die Initiative zu ihr
nahm), scheint gesichert, (van Roon [Anm. 60, S. 392],
S. 314 u. Anm. 11). Für das noch zu erwähnende Memorandum von Schönfeld sowie das von Trott vom Ende April
1942 die persönliche Autorschaft zu Gunsten einer Kreisauer
Gemeinschaftsarbeit einzuschränken (ebd., S. 302 und 314),
geht offenbar zu weit. Vgl. die Veröffentlichung: «Zwei
Außenpolitische Memoranden der deutschen Opposition»
(VfZ 5, 1957, S. 388ff.).

30 Das vom Bischof von Chichester überlieferte Zitat wird bestätigt von Bethge (Anm. 9, S. 353), S. 811, der nur bezweifelt, daß Bonhoeffer in diesem Zusammenhang von Hitler
als «Antichrist» gesprochen habe. – Auch das folgende Zitat, das Dulles (Anm. 22, S. 349), S. 147, zuerst gebracht
hat, findet sich bei Bethge (S. 834), freilich in etwas abwei-
chender Version.

31 Für die Vorbereitung der Reise und den «Kurierausweis»
vgl. Bethge (Anm. 9, S. 353), S. 846ff. Für den Bonhoeffer
Familienkreis vgl. die Erinnerungen von Sabine Leibholz-
Bonhoeffer, der Zwillingsschwester Dietrichs, *Vergangen –
Erlebt – Überwunden* (Wuppertal 1968), ebd. auch zusätzliche
Briefe des Bruders. – Bekanntlich wurden alle vier Mitglie-
der der Bonhoeffer-Familie hingerichtet oder ermordet. Ihr
Schicksal ist mit dem der Abwehr eng verflochten. Wäh-
rend die Gestapo der Auslandstätigkeit der «Christlichen
Verschwörer» auf der Spur war, gab eine «Devisenverfeh-
lung» den Anlaß zum Losschlagen. Dohnanyi, über dessen
außerordentlich aktive Rolle in der politischen Verschwörung Übereinstimmung herrscht, hatte verfolgten Juden zu
Vermögensübertragungen nach der Schweiz verholfen. Dies

erlaubte Himmler, gegen die Abwehr vorzugehen (April
1943). Oster wurde seines Postens enthoben, wenige Monate später auch Canaris.

32 Im englischen Original: «Statement by a German pastor at
Stockholm – 31st May 1942», veröffentlicht in: VfZ (5,
1957, S. 395 ff.).

33 Als ein solcher Vertreter war Trott in Aussicht genommen.
– In der ausführlichen Fassung von 1957 (Anm. 28) schildert
der Bischof die detaillierten Verabredungen, die für den Fall
weiterer Fühlungnahme getroffen wurden.

34 Die Briefe sind zuerst in dem Vortrag (Anm. 28) des Bischofs wiedergegeben worden. Abdruck des englischen
Textes in VfZ (5, 1957, S. 376 f.). – Der im folgenden erwähnte Hinweis von Trevor-Roper in: «The Philby Affair»,
in: *Encounter* (April 1968, p. 20).

35 Siehe die erwähnte Mitteilung Vansittarts (Anm. 8). Noch
zwei Jahre später will Hassell (Anm. 6, S. 383), S. 223 (24.
1. 1942), von Burckhardt gehört haben, die Andeutung
«Grenzen von 1914» habe in London «wegen Bescheiden-
heit» überrascht. (!)

36 Diese Angabe ist enthalten in Alexander B. Maleys Artikel
(Anm. 29, S. 358), S. 7. Hassells eigene Tagebücher bezeugen nur ([Anm. 6, S. 383], S. 203 [4. 10. 1941]), daß die
«Proposition» in Amerika auf «sehr guten Boden» gefallen
sei und daß ein Treffen mit einer «authorized person» in Lis-
sabon vorgeschlagen werde. Hassell selbst war skeptisch
hinsichtlich dieser Mitteilung. Der Inhalt der «Proposition»
bezog sich wohl eher auf den monarchischen Restaurations-
gedanken (ebd., S. 200 [20. 9. 1941]) als auf den im Text erwähnten Vorschlag.

37 Schramm (Anm. 44, S. 389), S. 89 ff.

38 Vgl. P. Kluke, «Nationalsozialistische Europaideologie»,
in: VfZ (3, 1955, S. 243) und L. Gruchmann, *Nationalsozialistische Großraumordnung* (Stuttgart 1967).

39 Lipgens (Anm. 1), S. 143 ff.

40 van Roon (Anm. 60, S. 392), S. 118. – Es hieß dann in dieser
abgeänderten Fassung weiter: «Die russischen Gebiete bis
zum Ural unterstehen dem Bundesstaat, aber nicht als voll-
wertige Glieder, sondern – mindestens vorläufig – in der

Form von Schutzbefohlenen. – Dieser Absatz betreffend die russischen Gebiete ist in einer 3. Version vom 20. 6. 1941 (ebd., S. 518) fortgelassen, offenbar unter dem Eindruck des bevorstehenden Bruches mit der Sowjetunion.

41 Abgedruckt in: VfZ (5, 1957, S. 392–395) u. (12, 1964, S. 318–322). Van Roon meint ([Anm. 60, S. 392], S. 302 u. 308 – s. auch Anm. 29), daß bei der Veröffentlichung beider Denkschriften sie zu sehr vom Ganzen des Kreisauer Kreises «isoliert» worden seien. Aber die Wir-Form und die Nähe zu Kreisau widersprechen nicht der Tatsache, daß die Autorschaft Trotts durch die ihm eigene geistige Handschrift (im Fall der 2. Denkschrift auch durch Handschrift im wörtlichen Sinn) einwandfrei bezeugt ist. – Die Ausführungen zur 2. Denkschrift im Text folgen der in der VfZ (Anm. 52, S. 372) gegebenen Einleitung.

42 Siehe S. 270 u. Ritter (Anm. 46, S. 361), S. 334f.

43 Vgl. ebd., Anh. VI u. S. 338f.; ferner Schramm (Anm. 44, S. 389), S. 255ff.

44 Pechel (Anm. 2, S. 352), S. 213–220. Dazu Ritter (Anm. 46, S. 361), S. 530f., Anm. 29.

45 Vgl. dazu des Verf.: «Der Komplex Versailles», in: *Monat* (März 1969, S. 53ff.).

46 Dulles (Anm. 22, S. 349), S. 175.

47 *American Historical Review* (Jan. 1948, p. 338). – Tatsächlich sind die Berichte bis zu Roosevelt gelangt, wie mir ein Student, der in der Hyde Park Library gearbeitet hat, mitteilen konnte.

48 Dulles (Anm. 22, S. 349), S. 166 (im Original: «was frozen» – S. 132 –; die Übersetzung gibt das nicht voll wieder).

49 Günter Moltmann hat geglaubt, die früher (auch von ihm) vertretene Ansicht, daß die Casablanca-Formel von Goebbels als wertvolle Waffe begrüßt worden sei, revidieren zu sollen. M. weist statt dessen auf einen direkten Zusammenhang zwischen der Erklärung vom Januar und Goebbels' Rede zum totalen Krieg vom 18. Februar 1943 hin (vgl. G. Moltmann in: VfZ 12, 1964, bes. S. 34, Anm. 53). – Zu dem Gesamtproblem vgl. auch Paul Kecskemeti, *Strategic Surrender* (Stanford 1958, bes. pp. 119ff.).

50 Dulles (Anm. 22, S. 349), S. 176f.

51 Die Eintragungen finden sich unter dem 12. August 1943
und dem 14. April 1944 (Harry C. Butcher, *My Three
Years with Eisenhower*, New York 1947, pp. 386 und 518). –
Die These vom improvisierten Charakter der Casablanca-
Formel hat Churchill zurückgenommen (*Memoiren*, V/2,
Bern 1952, S. 315); vgl. dazu die sorgsame Untersuchung
von Moltmann, «Die Genesis der Unconditional Surrender-
Forderung, in: *Wehrwissenschaftliche Rundschau* (VI, 1956);
in überarbeiteter Fassung in: A. Hillgruber (Hrsg.), *Probleme
des Zweiten Weltkrieges* (Köln – Berlin 1967, S. 171 ff.).
Für die Diskussion über die Formel im Alliierten-Lager,
insbesondere die Bedenken Stalins in taktischer Hinsicht,
vgl. *Foreign Relations* (USA) 1944, vol. I, pp. 484 ff. Was
die Wirkung der Forderung insbesondere auf den deutschen
Widerstand betrifft, so übt M. scharfe Kritik an dem Buch
von Anne Armstrong, *Unconditional Surrender, The Impact
of the Casablanca Policy upon World War II* (New Brunswick
1961). Die Kritik ist nicht unberechtigt im Hinblick auf eine
unzureichende Quellengrundlage, übersieht aber ihrerseits
die Zeugnisse für die Bemühungen der Opposition, die
fraglos schwer empfundene Belastung durch die Formel
abzuwenden. Es sei hier eine Feststellung aus den Erinnerungen A. v. Kessels erwähnt, die Formel habe «sechs
Jahre Aufbauarbeit der aktiven Opposition gegen Hitler
in Frage gestellt – wenn nicht vernichtet» (Dulles [Anm. 22,
S. 349], S. 166). Im übrigen ist insbesondere auf die Bemühungen von Trott in Stockholm zu verweisen (s. u.
Anm. 72). Nur von Moltke liegt aus dem Dezember 1943
eine Äußerung vor, in der die alliierte Forderung als berechtigt akzeptiert wird (van Roon [Anm. 60, S. 392],
S. 584).

52 Sie sind in interessanter Weise behandelt worden – nicht so
sehr mit Bezug auf die deutsche Opposition, sondern mehr
auf das allgemeine Problem des Übergangs vom Krieg zum
Frieden und auf die besondere amerikanische Tradition aus
dem Bürgerkrieg – wie die Situation ideologischer Kriegs-
führung überhaupt – in dem Aufsatz von Alfred Vagts,
«Unconditional Surrender vor und nach 1945», in: VfZ (7,
1959, S. 280–304).

53 Dieser Gesichtspunkt wird besonders betont bei William L. Langer, «Political Problems of a Coalition», in: *Foreign Affairs* (Oct. 1947, pp. 84 f.).

54 James F. Byrnes, *Speaking Frankly* (New York 1947, p. 186).

55 Robert E. Sherwood, *Roosevelt and Hopkins* (Rev. Ed. New York 1950, p. 360).

56 Gollancz (Anm 24, S. 349), S. 139.

57 Vgl. Anm. 47.

58 Hansard, *Parliamentary Debates* (vol. 402, p. 1487).

58a Dulles (Anm. 22, S. 349), S. 171 ff.

59 «Trott und die Außenpolitik des Widerstands» (VfZ 12, 1964, S. 513).

60 van Roon (Anm. 60, S. 392), S. 585.

61 Das entnahm die Gestapo aus einer Vernehmung des Hauptmanns Kaiser, der auch eine Notiz für Stauffenberg zu Verhandlungen mit der Feindseite ausgearbeitet habe. Dies und eine Notiz bei Kaltenbrunner (Anm. 2, S. 343), S. 146 f. Ebd., S. 506 f., die Angabe, daß auch Beziehungen zu Eisenhower bestanden hätten oder aufgenommen werden sollten. – Die Notiz ist auch gedruckt bei Ritter (Anm. 46, S. 361), Anh. XII, dazu S. 396 u. 550 f., Anm. 104.

62 Dulles (Anm. 22, S. 349), S. 174.

63 Ebd., S. 217. Über die Haltung Schulenburgs und den Plan seiner Durchschleusung durch die Kampffront siehe auch Ritter (Anm. 46, S. 361), S. 386 ff., und die Angaben bei Kaltenbrunner (Anm. 2, S. 343), S. 308 ff. – Ferner: für die «Westöffnung» Hans Speidel, *Invasion 1944* (Tübingen – Stuttgart 1949, S. 133).

64 Hassell (Anm. 6, S. 383), S. 287 f. (15. 8. 1943).

65 Die Angabe (so u. a. bei Dulles [Anm. 22, S. 349], S. 219), daß Trott in Stockholm die Sowjetbotschafterin Mme. Kollontaj gesehen habe, ist nach allen persönlichen Zeugnissen irrig (s. VfZ 12, 1964, S. 509). Aber daß er den Versuch gemacht hat, läßt die Berichterstattung der US-Botschaft in Stockholm vermuten (so auch M. E. Gallin [Anm. 46, S. 361], S. 132).

66 Vgl. Peter Kleist, *Zwischen Hitler und Stalin* (Bonn 1950, S. 233 ff., 243 ff. u. 256 ff.). Für Hassell, Trott und Schulenburg: S. 242. Das Zitat von Clauss ebd., S. 280 f.

67 So Andreas Löwenfeld, «The Free German Committee», in: *Review of Politics* (14, 1952, S. 357).

68 Zu diesem allgemeinen Thema seien angeführt von kommunistischer Seite: Walter Ulbricht, *Zur Geschichte der deutschen Arbeiterbewegung 1933–1945*, Bd. 2, (4. Aufl. Berlin 1955, S. 211 ff.) und Erich Weinert, *Das National-komitee Freies Deutschland* (Berlin 1957); von seiten beteiligter Offiziere: Jesco von Puttkamer, *Irrtum und Schuld* (Neuwied – Berlin 1948) und Heinrich Graf von Einsiedel, *Tagebuch der Versuchung* (Berlin – Stuttgart 1950); vgl. ferner die zusammenfassende Darstellung von Bodo Scheurig, *Freies Deutschland, Das Nationalkomitee und der Bund deutscher Offiziere in der Sowjetunion 1943–1945* (München 1960).

69 Vgl. Werner Plesse «Zum Antifaschistischen Widerstandskampf in Mitteldeutschland 1939–1945, in: *Zeitschrift für Geschichtswissenschaft* (H. 6, 1954) und die Angabe betreffend die Bildung nationaler kommunistischer Komitees in Deutschland ebd., S. 824 f.

70 Melnikow (Anm. 82, S. 395), S. 42, und Finker (Anm. 67, S. 376), S. 103.

71 Die Gestapo hätte gewiß gerne einen solchen Zusammenhang nachgewiesen. Um so mehr Gewicht hat es, wenn in den Kaltenbrunner-Berichten festgestellt wird: «Unmittelbare Verbindungen nach der Sowjetunion und zum Nationalkomitee haben nach den bisherigen Feststellungen nicht bestanden» ([Anm. 2, S. 343], S. 507; ebd. auch das «Stacheldrahtzitat»). Nach einem früheren Bericht (S. 114) soll Trott sich in Schweden das Programm des Nationalkomitees verschafft haben, er sei allerdings zu dem Ergebnis gelangt, daß es kein für die weitere Entwicklung Deutschlands positiv zu wertendes politisches Gewicht, sondern «nur einen propagandistischen Nutzeffekt für die Gegenseite hat».

72 Vgl. dazu Sykes (Anm. 52, S. 372), S. 414 f., 423 ff. – Bei der Rückkehr von der zweiten Reise traf Trott in Berlin die nahbefreundete Christabel Bielenberg. Nach ihrem Bericht, *The past is myself, the experiences of an Englishwoman in wartime Germany* (London 1968, p. 145) sagte er zu ihr: «From now on this is a German affair. We must rid ourselves of this

regime by ourselves and believe me, if you believe nothing else, it will and must be done before the Allies have to do it for us.» Während der Vorbereitung des Manuskriptes zum Druck geht mir von Henrik Lindgren ein auf schwedisches Material gestützter Aufsatz «Adam von Trotts Reisen nach Schweden 1942–1944» zu, der als Beilage eine bisher unbekannte Denkschrift Trotts von 1944 enthält und manches im Text Gesagte bestätigt, anderes ergänzt (s. VfZ 18, 1970, S. 274–291). – Erwähnt sei, daß das schwedische Material die Angabe in den Erinnerungen A. v. Kessels bestätigt (s. VfZ 12, 1964, S. 322), daß Trott beim zweiten Besuch hauptsächlich auf die «Geste» drängte, daß beim Sturz des Regimes die Luftangriffe auf Berlin eingestellt würden.

73 Dulles (Anm. 22, S. 349), S. 211 u. 221.

74 Ebd., S. 178.

75 Es ist nach Titel, Überlieferung und Inhalt (Nachdruck auf «balance of power») unwahrscheinlich, daß sie, wie Ritter (Anm. 46, S. 361), S. 384 f., vermutet, mit einer von der Gestapo in den Papieren des Grafen Schwerin-Schwanenfeld gefundenen Broschüre «Europa (?) zwischen Ost und West» identisch ist. (Siehe Kaltenbrunner [Anm. 2, S. 343], S. 34.) Nach Frau von Trott war die Denkschrift die letzte Aufzeichnung, die für den Freundeskreis gemacht wurde. Sie sei ihrem Mann so wichtig gewesen, daß er sie nicht habe vernichten wollen, sondern versteckt habe. Eine in einem Schrebergarten vergrabene Abschrift habe nicht wiedergefunden werden können.

76 Fr. Lenz, *Wirtschaftsplanung und Planwirtschaft* (Berlin 1948, S. 48). Frau von Trott (Anm. 21), S. 146, erläutert die Formel im Anschluß an die Kreisauer Dokumente: «Der Mensch ist nicht Objekt, z. B. von Gewerkschaftsmanagern. Er bestimmt auch nicht nur formal – wie in Weimar – seine Welt mit. Er ist im Gegensatz dazu Träger der Arbeitswelt. Diese soll nicht eine Art Abbild der bürgerlichen Welt werden, sondern etwas Neues, das sich selbst seine Formen gibt. Auf diese Weise soll der Persönlichkeitswert erhalten bleiben. – Eine solche neue, noch nicht dagewesene Ordnung läßt sich nicht wie eine Formalverfassung des parlamentarischen Systems übernehmen. Man kann hier zu-

nächst weitgehend nur in Symbolen wie dem ‹Persönlichkeitsprinzip› und dem ‹Realprinzip› reden.»

77 Dulles (Anm. 22, S. 349), S. 165 (jedoch nach eigener Übersetzung). Ritter (Anm. 46, S. 361), S. 382 und S. 546, Anm. 74, übernimmt die gegen Zellers Wiedergabe berechtigterweise gerichtete Kritik von Gisevius, mißversteht aber selbst die eigentliche Pointe der Trottschen Denkschrift als taktische Drohung: Es könnte sich «recht wohl eine Verbindung beider Völker und eine gemeinsame ganz Europa bedrohende soziale Revolution entwickeln, die vielleicht auch auf die im Reich lebenden Fremdarbeiter übergreifen und damit – so wird man zu schließen haben – auch die westliche Welt bedrohen» könnte. Bei Gisevius selbst findet sich auch in der Auflage von 1954 (Anm. 36, S. 367), S. 334 f., immer noch das nur bitterer gewordene Mißverstehen Trotts, «dieses so viel bewunderten Diplomaten».

78 Dies ist das unzweifelhafte Hauptthema der romantischen Erzählung, die Karl Michel um Stauffenberg herumgebaut hat (vgl. Anm. 67, S. 376). Für die «Befreiungsarmee» vgl. auch Kleist in: Scheurig (Anm. 20, S. 365), S. 199 ff. – Über Fraternisierung zwischen Deutschen und Fremdarbeitern vgl. u. a. *The Christian Century* (18. April 1948, p. 488).

79 Dulles (Anm. 22, S. 349), S. 184.

80 Zitiert bei Franz Reuter, *Der 20. Juli* (Berlin 1946, S. 31).

Zusammenfassung und Ausblick

1 Das Zitat ist der Denkschrift von Frau Goerdeler entnommen (Anm. 35, S. 367).

2 Vgl. als Beispiel: J. Fr. Steier, *Treblinka, Die Revolte eines Vernichtungslagers* (Oldenburg 1966) und H. G. Adlers allgemeinere Feststellungen in «Selbstverwaltung und Widerstand in den Konzentrationslagern der SS» (VfZ 8, 1960, S. 221 ff.). – Ergänzend zum früheren Text möge hier auf zwei sehr andersartige, aber ebenfalls eigentümliche Schauplätze einer besonderen Art von Widerstand verwiesen werden, auf das Kabarett; siehe H. Heiber, «Widerstand der Intellektuellen – Werner Finck und die ‹Katakombe›», in:

Monat (18, 1960, S. 35–45) und auf Geheimopposition im Berliner Rundfunk (s. die Veröffentlichung unter dem Titel: *Darauf kam die Gestapo nicht – Beiträge zum Widerstand im Rundfunk,* Berlin 1966).

3 *Social Research* (XXI, 1964, pp. 73–93; die Zitate pp. 81, 85 u. 93). Dazu die Erläuterung in einem Leserbrief an die FAZ (21. März 1969). – Auch G. Barraclough (Anm. 20, S. 348) möchte – nicht unähnlich Romoser –, wenngleich auf Grund breiterer und doch sehr bestreitbarer Analyse, die Ursache des Fehlschlags der deutschen Opposition letzten Endes in «dem Morast des deutschen Idealismus» sehen, seiner Verachtung der Politik als einer untergeordneten Beschäftigung und «seinem Bestehen darauf, daß das einzige, worauf es wirklich ankomme, der kategorische Imperativ individueller Moral sei» (ebd., S. 34). – Auch dies ein Urteil, das mit den originalen Zeugnissen keineswegs verträglich ist.

4 *Eichmann in Jerusalem* (München 1964, S. 132ff.). – Die entsprechenden Abschnitte waren in den Aufsätzen der Zeitschrift *The New Yorker* und der amerikanischen Buchausgabe nicht enthalten. Die «anderen Fragen» beziehen sich auf die Widerstandslosigkeit der Juden bzw. ihre aktive und passive «Mitarbeit» an den Vernichtungsaktionen.

5 *Mandate for Resistance. The Case of the German Opposition to Hitler* (Baltimore 1969).

6 «The Legend of the 20th of July 1944», in: *Social Research* (XXIX, pp. 109ff.).

7 George F. Kennan, *American Diplomacy* (Chicago 1951, p. 142).

8 van Roon (Anm. 60, S. 392), S. 509.

9 VfZ (1, 1953, S. 563ff.).

10 *Reise durch den letzten Akt* (Hamburg 1947, S. 152f.).

11 Dönhoff (Anm. 66, S. 376).

Weiterführende Literatur

Zu Leben und Werk von Hans Rothfels

Werner Conze: Hans Rothfels. In: *Historische Zeitschrift* 237 (1983), S. 311–360.

Hans Mommsen: Geschichtsschreibung und Humanität. Zum Gedenken an Hans Rothfels. In: Aspekte deutscher Außenpolitik im 20. Jahrhundert. Aufsätze Hans Rothfels zum Gedenken. Hrsg. von Wolfgang Benz und Hermann Graml (Schriftenreihe der Vierteljahrshefte für Zeitgeschichte, Sondernummer). Stuttgart 1976, S. 9–27.

Klemens von Klemperer: Hans Rothfels (1891–1976). In: Path of Continuity. Central European Historiography from the 1930s to the 1950s. Ed. by Hartmut Lehmann and James van Horn Melton. German Historical Institute Washington/D. C. 1994, pp. 119–135.

Verzeichnis der Veröffentlichungen von Hans Rothfels 1918–1976. Erarbeitet von Bernhard Mann. In: Aspekte deutscher Außenpolitik im 20. Jahrhundert (s. o.), S. 287–304.

Bibliographien

Bibliographie des deutschen Widerstandes. Hrsg. von der Forschungsgemeinschaft des 20. Juli. 3 Bände. Pullach 1984.

Bibliographie zur Zeitgeschichte. Beilage zu: *Vierteljahrshefte für Zeitgeschichte*, Jg. 1–36 (1953–1988), seit 1989 als jährliches Sonderheft der Zeitschrift.

Vgl. auch die Literatur- und Quellenverzeichnisse der nachstehend genannten Werke von P. Hoffmann, A. Kaufmann/L. E. Backmann und Detlev Graf von Schwerin sowie die Tagungs- und Sammelbände: Aufstand des Gewissens, Widerstand, Der Widerstand gegen den Nationalsozialismus.

Quellen und Literatur

Karl Dietrich Bracher: Die deutsche Diktatur. Entstehung, Struktur, Folgen des Nationalsozialismus. 6. Aufl. Frankfurt/M. – Berlin–Wien 1979.

Hermann Graml (Hrsg.): Widerstand im Dritten Reich. Probleme, Ereignisse, Gestalten. Frankfurt 1984.

Peter Hüttenberger: Vorüberlegungen zum «Widerstandsbegriff». In: Theorie in der Praxis des Historikers. Hrsg. von J. Kocka. Göttingen 1977.

Arthur Kaufmann/Leonhard E. Backmann (Hrsg.): Widerstandsrecht. Darmstadt 1972.

Lothar Kettenacker (Hrsg.): Das «Andere Deutschland» im Zweiten Weltkrieg in internationaler Perspektive. Stuttgart 1977

Der Kreisauer Kreis. Porträt einer Widerstandsgruppe. Begleitband zu einer Ausstellung der Stiftung Preußischer Kulturbesitz. Bearbeitet von Wilhelm Ernst Winterhager. Berlin 1985.

Richard Löwenthal/Patrick von Zur Mühlen (Hrsg.): Widerstand und Verweigerung in Deutschland 1933–1945. Bonn–Bad Godesberg 1982.

Militärgeschichtliches Forschungsamt (Hrsg.): Aufstand des Gewissens. Militärischer Widerstand gegen Hitler und das NS-Regime 1933–1945. 2. Aufl. Herford 1985.

Widerstand. Ein Problem zwischen Theorie und Geschichte. Hrsg. von Peter Steinbach. Köln 1987.

Der Widerstand gegen den Nationalsozialismus. Die deutsche Gesellschaft und der Widerstand gegen Hitler. Hrsg. von Jürgen Schmädeke und Peter Steinbach. München–Zürich 1985.

Widerstandsbewegungen in Deutschland und in Polen während des Zweiten Weltkrieges. Schriftenreihe des Georg-Eckert-Instituts für internationale Schulbuchforschung, Bd. 22/I. Hrsg. von Karl-Ernst Jeismann. Braunschweig 1979.

20. Juli. Portraits des Widerstands. Hrsg. von Rudolf Lill/Heinrich Oberreuter. Düsseldorf–Wien 1984.

Dorothea Beck: Julius Leber. Sozialdemokrat zwischen Reform und Widerstand. Mit Briefen aus dem Zuchthaus. Berlin 1983.

Heinrich Bücheler: Carl-Heinrich von Stülpnagel. Soldat – Philosoph – Verschwörer. Frankfurt/M.–Berlin–Wien 1989.

Christof Dipper: Der deutsche Widerstand und die Juden. In: Geschichte und Gesellschaft, 9. Jg. (1983), S. 349–380.

Romedio Galeazzo Graf von Thun-Hohenstein: Der Verschwörer. General Oster und die deutsche Militäropposition. Berlin 1982.

Rudolph-Christoph Frhr. von Gersdorff: Soldat im Untergang. Frankfurt/M.–Berlin–Wien 1977.

Eugen Gerstenmaier: Streit und Friede hat seine Zeit. Ein Lebensbericht. Frankfurt/M.–Berlin–Wien 1981.

Helmuth Groscurth: Tagebücher eines Abwehroffiziers 1938–1940. Hrsg. von Helmut Krausnick und Harald C. Deutsch. Stuttgart 1970.

Ulrich Heinemann: Ein konservativer Rebell. Fritz-Dietlof von der Schulenburg und der 20. Juli. Berlin 1990.

Hans von Herwarth: Zwischen Hitler und Stalin. Erlebte Zeitgeschichte 1931 bis 1945. Frankfurt/M. 1982.

Peter Hoffmann: Claus Schenk Graf von Stauffenberg und seine Brüder. 2. Aufl. Stuttgart 1992.

Julius Leber: Schriften, Reden, Briefe. Hrsg. von Dorothea Beck und Wilfried F. Schoeller. München 1974.

Henry O. Malone: Adam von Trott zu Solz. Werdegang eines Verschwörers 1909–1938. Berlin 1986.

Freya von Moltke/Michael Balfour/Julian Frisby: Helmuth James von Moltke 1907–1945. Anwalt der Zukunft. Stuttgart 1975.

Helmuth James von Moltke: Briefe an Freya 1939–1945. Hrsg. von Beate Ruhm von Oppen. München 1988.

Ders.: Völkerrecht im Dienste des Menschen. Dokumente. Hrsg. und eingeleitet von Ger van Roon. Berlin 1986.

Josef Müller: Bis zur letzten Konsequenz. Ein Leben für Frieden und Freiheit. München 1975.

Klaus-Jürgen Müller: General Ludwig Beck. Studien und Dokumente zur politisch-militärischen Vorstellungswelt des Generalstabchefs des deutschen Heeres 1933–1938. Boppard am Rhein 1980.

Ger van Roon: Widerstand im Dritten Reich. 3. Aufl. München 1984.

Bodo Scheurig: Henning von Tresckow. Eine Biographie. Oldenburg 1979.

Fabian von Schlabrendorff: Begegnungen in fünf Jahrzehnten. Tübingen 1979.

Gregor Schöllgen: Ulrich von Hassell 1881–1944. Ein Konservativer in der Opposition. München 1990.

Klaus Scholder (Hrsg.): Die Mittwochs-Gesellschaft. Protokolle aus dem geistigen Deutschland 1932–1944. Berlin 1982.

Detlev Graf von Schwerin: Dann sind's die besten Köpfe, die man henkt. München 1991.

Die Weizsäcker-Papiere 1933–1950. Hrsg. von Leonidas E. Hill. Frankfurt/M.–Berlin–Wien 1974.

A. P. Young: Die «X»-Dokumente. Die geheimen Kontakte Carl Goerdelers mit der britischen Regierung 1938/1939. Hrsg. von Sidney Aster und Helmut Krausnick. München–Zürich 1989.

Veränderte Neuauflagen von wichtigen, im Buch ausgewerteten Werken

Peter Hoffmann: Widerstand – Staatsstreich – Attentat. Der Kampf der Opposition gegen Hitler. 4. Aufl. München 1985.

Die Hassell-Tagebücher 1938–1944. Ulrich von Hassell – Aufzeichnungen vom Andern Deutschland. Nach der Handschrift revidierte und erweiterte Ausgabe. Hrsg. von Friedrich Frhr. Hiller von Gaertringen. Berlin 1988. Zum Auffinden der anders paginierten Tagebuchstellen ist im Anmerkungsapparat des vorliegenden Buchs jeweils das Datum der Eintragung angegeben.

«Spiegelbild einer Verschwörung». Die Opposition gegen Hitler und der Staatsstreich vom 20. Juli 1944 in der SD-Berichterstattung. Hrsg. von Hans-Adolf Jacobsen. 2 Bände. Stuttgart 1984. (Der 1. Band ist unverändert; der neue 2. Band enthält 986 Seiten zusätzliche Dokumente sowie Register für das Gesamtwerk.)

Personenregister

(enthält nicht Autorennamen, nicht den Namen Hitlers; für die Opfer der Widerstandsbewegung ist der Todestag beigefügt)

Beck (Forts.)
190, 192, 198, 206, 208,
211, 218, 222, 238, 249,
266, 271, 278, 296, 308,
368–370, 376, 379, 390
Becker, Carl Heinrich
(1876–1933), 1925–1930
preuß. Kultusmin. 196
Bell, Georges (1883–1958),
ab 1929 Bischof von
Chichester 203, 280–283,
286f., 335, 354, 361, 370,
390, 402f.
Bergengruen, Werner
(1892–1964), dt. Schrift-
steller 81
Berggrav, Eivind
(1884–1959), norweg.
ev. Theologe, Bischof
von Nordnorwegen und
Oslo 232
Graf von Bernstorff,
Albrecht (*1890, †22./
23. April 1945), bis 1933
Botschaftsrat an der deutschen Botschaft in Lon-
don, dann Bankier; Guts-
besitzer 115, 381
v. Bismarck, Herbert
(1884–1955), 1933/34
Staatssekretär im preuß.
Innenministerium 117
Blankenhorn, Herbert
(*1904), Legationsrat,
1940–1943 an der Ge-
sandtschaft in Bern 115
Blaskowitz, Johannes
(1883–1948), General-
oberst 141

v. Blomberg, Werner
(1878–1946), Generalfeld-
marschall, 1933–1938
Reichswehr-, dann Reichs-
kriegsminister 117, 120,
137, 143f., 146
v. Bock, Fedor (1880–1945),
Generalfeldmarschall,
Oberbefehlshaber ver-
schiedener Heeresgruppen;
1942 verabschiedet 157,
162
Boehm-Tettelbach, Hans,
Major a. D. 369
Bohle, Ernst Wilhelm
(1903–1960), Gauleiter,
Leiter der Auslands-
organisation der NSDAP
116
Bolz, Eugen (*1881,
†23. Januar 1945),
1928–1933 Staatspräsident
von Württemberg 187,
199
Bonhoeffer, Dietrich (*1906,
†9. April 1945), evang.
Pfarrer 86, 90, 92, 96,
175, 207, 280–285, 292,
339, 354, 361, 403
Bonhoeffer, Karl
(1868–1948), Professor
für Psychiatrie (Vater
v. Dietrich und Klaus B.)
129, 281
Bonhoeffer, Klaus (*1901,
†23. April 1945), Rechts-
anwalt, Syndikus der
Deutschen Lufthansa 176,
281, 403

Bormann, Martin
(1900–1945), Landwirt,
Reichsleiter, ab 1941
Leiter der Parteikanzlei
190, 344

Bosch, Robert (1861–1942),
Industrieller 112, 179, 207,
382

v. Bose, Herbert (* 1893,
† 30. Juni 1934), Oberre-
gierungsrat, Pressereferent
v. Papens 108, 365

Bouhler, Philipp (1899–1945),
SS-Obergruppenführer,
Chef der Kanzlei des
Führers 82

v. Brauchitsch, Walther
(1881–1948), Generalfeld-
marschall, 1938–1941
Oberbefehlshaber des
Heeres 121, 129, 146, 157,
162

v. Bredow, Ferdinand
(* 1884, † 1. Juli 1934),
Generalmajor, 1932/33
Chef des Ministeramts im
Reichswehrministerium
108

v. Breitenbuch, Eberhard
(* 1910), Rittmeister 166,
380

Graf Brockdorff-Ahlefeldt,
Walter (1887–1943),
General der Infanterie
123

Brücklmeier, Eduard (* 1903,
† 20. Oktober 1944), Dr.,
Legationsrat im Ausw.
Amt 115

Brüning, Heinrich
(1885–1970), 1930–1932
Reichskanzler 108, 116,
118, 194, 274, 365, 379,
401

Bruns, Georg (* 1908),
Beamter im Auswärtigen
Amt 115

Buchholz, Peter, kathol.
Gefängnisseelsorger in
Plötzensee 33, 345

v. Bülow, Bernhard
Wilhelm (1885–1936),
1930–1936 Staatssekretär
des Auswärtigen Amtes
115, 126

Burckhardt, Carl J.
(1891–1974), Professor
für Geschichte, 1937–1939
Kommissar des Völker-
bundes in Danzig 132, 404

Frhr. v. d. Bussche-Ippenburg, Erich (1878–1957),
General d. Art. a. D., bis
1935 Chef der Heeres-
personalabteilung 374

Frhr. v. d. Bussche-Streit-
horst, Axel (1919–1993),
Hauptmann 166, 380

Butcher, Harry C., Captain
im Stabe General Eisen-
howers 300

Canaris, Wilhelm (* 1887,
† 9. April 1945), Admiral,
1935–1938 Leiter der Ab-
wehr-Abteilung im Wehr-
machtsamt, 1938–1944 des
Amtes Ausland/Abwehr

Canaris (Forts.)
im OKW 125, 136, 154,
171, 175, 196, 278, 382,
385, 403
Chamberlain, Neville
(1869–1940), 1937–1940
britischer Premierminister
122, 126–129, 131, 261 f.,
266, 273, 369, 398 f.
Churchill, Winston
(1874–1965), 1939/40
Erster Lord der Admira-
lität, 1940–1945 brit.
Premierminister 57 f.,
126, 262 f., 265, 290, 297,
300–304, 352, 369, 405
Clauss, Edgar, sowjetruss.
Mittelsmann in Stockholm
310, 407
Colvin, Jan, Berliner Korrespondent des «London
News Chronicle» 125
Conwell-Evans, Philipp 265
Cooper, Alfred Duff
(1890–1954), 1937/38
Erster Lord der Admira-
lität 262
Cripps, Sir Richard Stafford
(1889–1952), 1940–1942
Lord Geheimsiegel-
bewahrer 262, 273, 290
Curtis, Lionel (1872–1955),
All Souls College Oxford
227, 234, 238, 245

Dahrendorf, Gustav
(1901–1954), Redakteur,
Sozialdemokrat, 1932/33
M. d. R. 177, 197

Daladier, Edouard
(1884–1970), franz.
Politiker, Radikalsozialist,
1933/34 u. 1938–1940
Ministerpräsident 129
Davignon, Vicomte (* 1887),
1936–1940 belgischer Bot-
schafter in Berlin 381
Delbrück, Justus (* 1902,
†23. Oktober 1945),
Regierungsrat a. D., Fabri-
kant, ab 1940 im Stab von
Canaris 175
Delp, Alfred (* 1907, † 2. Fe-
bruar 1945), Dr. phil.,
Pater S. J. 33, 230, 345
Dibelius, Otto (1880–1967),
Generalsuperintendent
i. R. 207
Diels, Rudolf (1900–1957),
Ministerialdirektor, 1933
Chef der Gestapo in
Preußen, 1934–1943
Regierungspräsident
(Köln, Hannover) 363
v. Dietze, Constantin
(1891–1973), Professor für
Volkswirtschaftslehre an
der Universität Freiburg
207, 234
Gräfin Dönhoff, Marion
(* 1909), Dr. rer. pol. 29,
340, 376, 411
Graf zu Dohna-Schlobitten
(-Tolksdorf), Heinrich
(* 1882, † 14. September
1944), Generalmajor,
1939–1943 Chef des Gene-
ralstabes im Feldheer und

Fechter, Paul (1880–1958),
Dr. phil., Schriftsteller
und Literaturhistoriker,
Leiter des Feuilletons der
DAZ 376

Fellgiebel, Erich (* 1886,
† 4. September 1944),
General der Nachrichten-
truppe 154

Ford, Franklin L., Offizier
im Nachrichtendienst der
US-Navy 51

Frankfurter, Felix (1882–1965),
amerik. Jurist und Politiker,
1939–1962 Richter am
Supreme Court 401

Freisler, Roland (1893–1945),
ab 1942 Präsident des
Volksgerichtshofes 238,
255 f.

Frhr. v. Freytag-Loring-
hoven, Wessel (* 1899,
† 26. Juli 1944), Oberst i. G.,
Abteilungschef im Amt
Abwehr 154

Frhr. v. Fritsch, Werner
(1880–1939), General-
oberst, 1934/35 Chef der
Heeresleitung, 1935–1938
Oberbefehlshaber des
Heeres 120 f., 139 f., 146,
159

Fromm, Friedrich
(1888–1945), General-
oberst, 1939–1944
Chef der Heeresrüstung
und Befehlshaber des
Ersatzheeres 148, 151,
157, 160

Fürst Fugger von Glött,
Josef Ernst (1895–1985),
Landwirt 186

v. d. Gablentz, Otto Heinrich
(1898–1972), Dr. rer. pol.,
bis 1934 Abteilungs-
leiter im Statistischen
Reichsamt Berlin 233

Gaevernitz, siehe v. S(chulze)-
Gaevernitz

Graf von Galen, Clemens
August (1878–1946),
Bischof von Münster 93

Geißler, s. Popitz (Deck-
name in v. Hassells Tage-
büchern)

George, Stefan (1868–1933),
deutscher Dichter 151,
153, 377

Gerard, James Watson
(1867–1951), 1913–1917
amerik. Botschafter in
Berlin 45, 55, 349

Frhr. v. Gersdorff, Rudolf
(1905–1980), Oberst i. G.
155, 165

Gerstenmaier, Eugen
(1906–1986), Konsistorial-
rat im Außenamt der
Evang. Kirche 90, 231 f.,
249, 254 f., 367, 392,
395

Geßler, Otto (1875–1955),
1920–1928 Reichswehr-
minister 187, 199, 209,
266

v. Gierke, Anna (1874–1943),
Sozialpädagogin 356

Hochhuth, Rolf (* 1931),
deutscher Schriftsteller 87
Hoepner, Erich (* 1886,
†8. August 1944), Generaloberst, 1938 Kommandeur
der 1. leichten Div., 1942
als Oberbefehlshaber der
4. Panzerarmee entlassen
123, 198
v. Hofacker, Cäsar (* 1896,
†20. Dezember 1944),
Prokurist der Vereinigten
Stahlwerke AG, Oberst-
leutnant d. Res. 155 f.
Hopkins, Harry L.
(1890–1946), politischer
Ratgeber Präsident Roose-
velts 302
Hoßbach, Friedrich
(1894–1980), 1934–1938
Chefadjutant der Wehr-
macht beim Führer
und Reichskanzler, 1945
Oberbefehlshaber der
4. Armee 120, 368
Huber, Kurt (* 1893,
†13. Juli 1943), Professor
für Psychologie und
Philosophie in München
36
Hugenberg, Alfred
(1865–1951), Dr. rer. pol.,
Minister für Wirtschaft
und Ernährung in Hitlers
Kabinett bis Juni 1933
107 f., 138, 186
Hull, Cordell (1871–1955),
1933–1944 Staatssekretär
im State Department 274

Husen, Paulus van (* 1891),
Oberverwaltungsgerichts-
rat 231

Jacob, Franz (* 1906,
†18. September 1944),
Schlosser, Kommunist
112, 257, 386
Jaspers, Karl (1883–1969),
Philosoph 353
Jessen, Jens Peter (* 1895,
†30. November 1944),
Professor der Staats-
wissenschaften an der
Universität Berlin,
1942–1944 als Hauptmann
Abteilungsleiter beim
Generalquartiermeister
des Heeres 206, 209, 222,
249, 376, 388
Jodl, Alfred (1890–1946),
Generaloberst, 1939–1945
Chef des Wehrmacht-
führungsstabes 168
John, Otto, Dr. jur., ab 1936
Syndikus der Deutschen
Lufthansa 176, 389
Jünger, Ernst (* 1895), dt.
Schriftsteller 34, 82
Jung, Edgar J. (* 1894,
†1. Juli 1934), Rechtsanw.
und Publizist 106–108

Kaiser, Hermann (* 1885,
†23. Januar 1945), Stu-
dienrat, Hauptmann d.
Res. des Ersatzheeres 148,
150, 175, 238, 375 f., 378,
383, 407

Roesch, Augustinus, S.J., ehem. Jesuitenprovinzial 230

Rommel, Erwin (* 1891, † 14. Oktober 1944), Generalfeldmarschall, ab 1941 Kommandeur des Afrikakorps, 1943 Oberbefehlshaber einer Heeresgruppe in Norditalien, 1944 in Frankreich 147, 156, 308, 377

Roosevelt, Franklin D. (1882–1945), 1933–1945 Präsident der USA 268, 278–280, 299f., 302, 401f., 405

Rosenberg, Alfred (1893–1946), 1933–1945 Reichsleiter des Außenpolitischen Amtes der NSDAP, Beauftragter für die weltanschauliche Schulung der NSDAP, 1941–1945 Reichsminister für die besetzten Ostgebiete 75, 82, 116

v. Rosenstock-Huessy, Eugen (1888–1973), Rechtshistoriker und Soziologe, 1923–1933 Professor in Breslau, 1933 Emigration in die USA 229

v. Rundstedt, Gerd (1875–1953), Generalfeldmarschall, 1942–1945 (mit Unterbrechung 1944) Oberbefehlshaber West 162

Rupprecht, Kronprinz v. Bayern (1869–1955) 210

Sack, Karl (* 1896, † 9. April 1945), Ministerialdirektor und Chefrichter des Heeres 176

Saefkow, Anton (* 1903, † 18. September 1944), Maschinist, Mitglied des Zentralkomitees der KPD, 1933–1939 in Haft 112, 202, 257, 386

Sarré, Marie-Louise, Bildhauerin, September 1943–April 1945 in Haft 189

Sas, Gijsbertus Jacobus, niederländ. Oberst, Militärattaché in Berlin 173, 381

Sauerbruch, Ferdinand (1875–1951), Professor für Chirurgie 376

Schacht, Hjalmar (1877–1970), Dr., 1924–1929 und 1933–1939 Reichsbankpräsident, 1934–1937 Reichswirtschaftsminister, 1937–1943 Reichsminister o. Portefeuille 118f., 188, 191, 268, 353f., 368f., 384

Scheffer, Paul († 1963), Journalist, Chefredakteur des «Berliner Tageblatts» 274, 358

Schellenberg, Walter (1910–1952), SS-Brigadeführer im Reichssicherheitshauptamt (Abt. Polit. Geheimd.) 190, 366

Stichwortregister

Die Deutsche Bibliothek – CIP-Einheitsaufnahme

Rothfels, Hans:
Die deutsche Opposition gegen Hitler:
eine Würdigung / Hans Rothfels.
Mit einer Einführung von
Friedrich Freiherr Hiller von Gaertringen. –
Zürich: Manesse Verlag, 1994
(Manesse Bibliothek der Weltliteratur)
ISBN 3-7175-8208-9 Gewebe
ISBN 3-7175-8209-7 Ldr.

Umschlag und typographisches Konzept:
Hans Peter Willberg, Eppstein